花荣股海操盘笔记

——追求高概率与确定性

花荣 著

经济管理出版社

ECONOMY & MANAGEMENT PUBLISHING HOUSE

图书在版编目（CIP）数据

花荣股海操盘笔记：追求高概率与确定性/花荣著．—北京：经济管理出版社，2022.6
ISBN 978-7-5096-8441-2

Ⅰ．①花…　Ⅱ．①花…　Ⅲ．①股票交易—基本知识　Ⅳ．①F830.91

中国版本图书馆 CIP 数据核字（2022）第 086439 号

组稿编辑：陈　力
责任编辑：高　娅
责任印制：黄章平
责任校对：董杉珊

出版发行：经济管理出版社
　　　　　（北京市海淀区北蜂窝 8 号中雅大厦 A 座 11 层　100038）
网　　址：www.E-mp.com.cn
电　　话：（010）51915602
印　　刷：唐山昊达印刷有限公司
经　　销：新华书店
开　　本：720mm×1000mm/16
印　　张：36
字　　数：518 千字
版　　次：2022 年 7 月第 1 版　　2022 年 7 月第 1 次印刷
书　　号：ISBN 978-7-5096-8441-2
定　　价：98.00 元

修身，投资，助人，玩天下

证券投资是个伟大的职业，也是个异常"毁人"的职业，如果你是股市投资者，一定会对此感受颇深。

现代社会，每个人都有对事业和财富的梦想。相对来讲，男人，年轻人，更需要一份责任，你的成功与否，决定着你的家庭的生活质量。如果你没有一个有钱的父亲，也没有遇上一位家财万贯的公主，那么你别无选择，只有想办法让你自己成为一个有钱的父亲，让你的女儿成为骄傲的公主。

这样，"修身，投资，助人，玩天下"就成了现代人实现人生价值的必要过程！

无疑，我们生活在一个不可预见的社会，生活在一个意外之财随时发生的时代，没有人能无视"财富非常道"这一事实。要想获得人生中的这种"非常财富"，希望自己幸运的人必须学会新的生存方式，及时顺应社会发展的新变化。

我们目睹了21世纪的快速发展，20世纪80年代"万元户"是令人美慕的，而现在1万元早已不是个新奇的数字，许多人一个星期就可能轻松赚到。在瞬息万变的社会环境下，死守着一份打工薪水是不够的，必须想办法获得第二份或者其他更快捷的一些收入。

股市则给稳健者提供了"第二份薪水",给聪明人提供了更快捷的收入可能。

大多数中国人更注重传统知识的学习,而忽视胆识的积累。而"修身,投资,助人,玩天下"正是胆识积累和精彩人生的四步骤。

笔者作为中国第一代职业操盘人士,长久以来一直想写一部中国股市专业投资原理与技术的书籍,精研理论和亲身经历都是股民积累胆识、获得运气和提高技能不可或缺的途径。

如果你爱他,送他去股市,那里是天堂;如果你恨他,送他去股市,那里是地狱!

在纷繁的股市秘闻中,精英投资高手总是最变幻莫测、最引人关注的人物。人们对于这些处于股市食物链顶端的猎食者又爱又恨。职业操盘手在中国股市中有很强的传奇性和神秘性,一般人很难接触到,而本书总结的正是他们炒股的独到思想、纪律和原则。

没有品尝过牛市的浓浓烈酒、没有经历过熊市的漫漫长夜,就很难说对资本市场有充分而全面的了解。

"淘尽黄沙始见金",股市交易史如一条不息的川流,江面的波澜与涟漪,或许能吸引眼球,但真正的负重致远,却在深层处。

股海中的高手,无一不是从无数激烈的战斗中成长起来的。他们在股海中翻过风、起过浪,也被风浪冲激过。被风浪冲激过的人都知道,股海其实是一条惨烈的金色大道,看上去全部是金银珠宝,上了阵却要流血拼杀。

股海风云诡谲,谁有一套听风观浪的绝技,谁就可以在这股海中捞上几笔。"股海自有黄金屋,股海自有颜如玉",但是如果没有正确的理论指导,没有上乘的武功研习,恐怕股海就不那么温柔了,美人鱼会变成大鳄鱼。

本书是笔者多年炒股心得的浓缩总结,希望有缘、有慧根的人读完本书后,在"修身,投资,助人,玩天下"的途中少走些弯路,在股海中让自己少流些血,多钓几条能为自己带来自由的"大金鱼"。

为了生活的精彩、家庭的幸福，把你的潜能多激发出来一些吧！

百战成精、千炼成妖，成精成妖之前最起码要做到不糊涂吧！

休闲工程师

花荣

序二

股市投资是美好的职业

　　股市投资是一份高贵的职业。投资者可以超越尘世的喧嚣，置身于自己的独立意志之中。他可以随身带着他的赚钱工具：一台看行情、下买卖单的电脑，也许还有一份操盘手册——《百战成精》。他没有老板也没有雇员，可以随心所欲地支配自己的时间，可以想干自己一切想干的事情，吃、喝、玩、乐、游、秀、骂，等等。

　　人不一定要富有，但一定要独立。当然，富有也是很重要的。所以，要做股市投资者，就要做一个成功的股市投资者。要成为一个成功的股市投资者，就必须学会"自我造钱"的本领。把你的金钱种子投在神奇的股市里，然后很快地收回更多的钱，这样的生活多么值得人们去追求，许多人也会因此羡慕你、效仿你、帮助你、嫉妒你。

　　投资是一份美好的职业，但是追求任何美好的东西都是需要付出代价的，做股市投资者也是这样。要想做一名合格的股市投资者，就必须学会像孙悟空那样的七十二变，会腾云驾雾，会耍金箍棒。也就是说，要当人间神仙，就得先修成神仙的武功。股市投资者武功的最高境界是"超级系统""盲点获益""热点投资""人生赌注股""凌波微步"。

　　有缘的读者即将阅读的是一本专门讲述关于股市投资者修炼武功的技术

读本。与其他讲解股市投资技术的书籍不同，本书涉及股市最优投资技术的理论，其中的主要内容代表了中国股市投资技术的"少数人"的水平，其核心思维是许多先驱付出了难以想象的代价形成的。有缘的读者如果能够在这些高级投资技术上多下些功夫，同时清醒地认识自己，可能会有意想不到的收获。

好书改变命运，智慧创造人生！投资岁月，快乐着一点儿也不痛，但是如果武功不到家时，有时也会很痛。

事实已经证明，读有用书，需要多读、多理解、多琢磨；练成某项高级武功，也需要一些时间的磨砺，这种努力是值得的，也是成为股市"斗战胜佛"的必由之路。

美好的未来在等着我们！下面就让我们跟随老投资侠客们的最优投资思维，踏上一条崭新的、神奇的、充满诱惑的投资之路吧！

来吧，伙计，不要客气！

股市投资者

花荣

目 录

上篇　股技

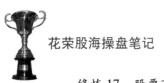

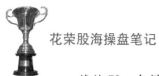

中篇　股辑

下篇 股机

上篇　股技

工欲善其事，必先利其器。

第一部分

觉醒录

所谓股海中的努力，就是顺应大势而有逻辑的活动。

修炼 1
行家里手的关键技术综汇

在股市中，怎样才能保持客观清醒，不犯大错，并且抓住明显机会？

股市里面的因素，大部分是混沌的，但是有少部分是确定的，真正的行家里手就是找寻股市里面的这些罕见的确定点，然后进行组合，心态平和地抓住它，过程也许会波折，但最终是赢家。而赌徒们则是被情绪所引导，根据情绪胡思乱想、胡乱下注，也有运气好的短暂时刻，最终，久赌必输。

在股市中成为赢家的关键技术，就是抓住关键的确定点，最后兑现成为利润。

那么，中国 A 股中的关键性的确定点都有哪些呢？下面我们就来总结归纳。

一、大盘的关键点

1. 沪深股市的本质

（1）中国 A 股是政策市、主力市、消息市。

（2）股市的顶、底、活跃期都是由政策、大主力、消息造就的，真正的精确市场点可能会因为趋势的惯性作用而推迟一段时间，但是在政策底顶出现后就应该警觉了。而市场的活跃期基本上都是由大主力制造的，这中间一定会有反复，但在出现反复之后，大主力和消息面都会给予较有力的反击。

（3）在中国 A 股，融资作用的重要性是明确的，投资是为融资服务的，当大主力对市场有所求，特别是有融资需求时，大主力才有发动行情的积极性。

（4）顶的压制主要是为了防范指数过高而出现的崩溃杀伤力，底的托盘主要是为了维护国家资产的安全性。

2. 游资的力量

在市场热度起来、趋势明朗的时间段，会有各路游资对市场趋势进行推波助澜并造就热点板块机会。

3. 趋势的反馈

中国 A 股投资者大多数是情绪化的，因此无论涨跌，一旦一个趋势形成，其惯性力量是强大的，这个趋势很难在小空间和短线内扭转。

4. 历史规律

（1）历史上，中国 A 股牛市持续的最长时间是 2005 年底到 2007 年底的股改牛，两年时间；第二大牛市的持续时间是 2014 年下半年至 2015 年上半年的融资牛，一年时间。

（2）中级行情的持续时间往往是一个月左右。

（3）熊市调整时间常常可达五六年，这中间容易在年底年初出现短暂的中级行情。

二、个股的关键点

1. 价格

（1）制度性价格。制度性价格主要指现金选择权、面值、不下调的净值等。

（2）主力成本价格。主力的成本价格必须是明确的，比如说拍卖价格、协议价格、定增价格、大宗交易价格，不能是技术分析的。

主力必须是活的，不能已经被跌死。主力持续介入的迹象要明显。

最理想的是与大股东有关联的主力，有重组能力的主力，综合力量强大的主力。

（3）主力的花招。主力的花招主要有以下几点：

1）定增。如果主力注入大股东的资产，在注入前可能会压住股价，这样可以压住定增价格，可以让注入的资产折算出更多的股份。

2）业绩"洗澡"。当一个新大股东进入后，喜欢通过计提把过去的包袱一下子甩干净，重新上路。计提会导致股价巨亏，也会导致股价出现一个重要的低点。

3）减持。让部分股东以减持的名义压制股价。

2. 时间

主力的复苏和活跃常常在以下几个时间点：

（1）重组题材爆发期。

（2）拉高出货期。

（3）大盘活跃期。

（4）个股成为热点期。

（5）大盘暴跌后。

3. 热点题材

主力重套股和借壳上市股是做"大菜"的，是做长线的。

趋势股和热点题材是有短线效率的，也是重要的活力目标。短线思路主要有：

（1）游资的短线热点。热点题材与价量关系结合起来进行分析。

（2）爆破点的有效性。分析统计短线爆破点的有效性，并抓住其中的机会。

（3）趋势和时尚的力。每个时期常规主力和游资都会制造流行时尚股，这也是重要的机会。

三、操作的关键点

1. 中庸

股市实战，心态很重要。股市中的失误，有时不是路的坎坷，而是心的疑惑。

（1）不同品种的组合。

（2）时间成本的组合。

（3）持仓与低吸高抛的组合。

（4）筹码与资金的组合。留有余力，保持优雅。

2. 依据与坚持

（1）依据要硬。

（2）事件进程要把握好。

（3）个股与大盘的关系要把握好。

（4）盈利模式的效率要把握好。

3. 盈利模式

（1）无风险套利。

（2）人生赌注股捕捉。

（3）热点题材的波段操作。

（4）暴跌之后的抄底。

修炼 2
怎样发现暴利极品股

股市中短线暴涨股出现的最常见三种方式是：①大题材造就的阶段热点

行情。②主力重套股复活造就自救行情。③借壳上市、资产重组造就的"乌鸡变凤凰"的连板行情。

下面就来总结一下选股、选时以及操作需要注意的一些细节：

一、大题材股

1. 突发大题材

（1）突发大题材往往造就的行情最为猛烈，但是操作难度也比较大。

（2）龙头股在三个板以内都可以考虑。

（3）对于类似行情一定要敏感，动作要快，研究力度要大。

（4）经典的例子有雄安行情、科创板设立行情、新冠肺炎疫情行情。

2. 社会大题材

（1）社会大题材有两次机会，一次是第一次的短线爆发机会，另一次是在题材结束前还有持续的相应信息行情，有时龙头股还有上升通道行情。

（2）第一次机会有时带有选择题的性质，要考验投资者的事先研判能力。

（3）其后的持续机会，可以根据信息面爆破点、大盘节奏、个股技术面来判断，但是一定要在题材完结前撤退，题材出尽时股价容易大跌，杀伤力比较强。负题材要注意题材了结时的利好性。

（4）经典的例子有香港回归题材、北京奥运会题材。

3. 习惯大题材

（1）熊市的防守题材最为典型的例子是贵州茅台、中国平安、招商银行。

（2）牛市的主要题材是牛市确立后券商爆发出一轮大行情。

（3）有时会出现政策导向题材，如科技国产题材、资产重组题材。军工股也容易出现短线活跃题材。

（4）有时会出现社会进步题材，比如网络科技题材。

二、主力重套自救股

1. 定增被套

主力重套的最常见方式是熊市中定增锁定被套，其中的二级市场属性的重仓被套需要注意。

2. 大盘暴跌被套

大盘猝不及防地突然暴跌，这时暴跌前的短线强势股再度出现强势需注意。

3. 长线坚守被套

长时间熊市后的市场转强，有些相对低位的"螺旋桨王股"明显走强可以注意，没有明显走强时不能重仓埋伏。

4. 协议转让被套

（1）大规模的协议转让，协议接受方有二级市场机构属性但又没有控制权，这常常是市值管理的征兆迹象。

（2）有时，持续大规模的大宗交易也要注意，特别是接受方与大股东有关联的迹象值得注意，经典例子为京威股份。

三、乌鸡变凤凰股

1. 业绩巨亏"大洗澡"

新大股东得到股权后的业绩"大洗澡"，是股价历史低位的迹象。特别是新大股东是央企更需要注意，经典的例子是南国置业。

2. 出售资产

非本业的新大股东得到股权后，不断地出售公司的原有股权。经典的例子是绿景控股。

3. 要约收购

要约收购股权达到30%控制权以上之后的股价压制行为，因为大股东注入自己的资产希望股价低一些，占的股份数量多一些。

4. 解决同业竞争

法规规定，大股东不能与上市公司进行同业竞争，并且有时间限制，如果大股东持股数量比较大，原有的基本面差、市值小，则容易"乌鸡变凤凰"。

四、作业

这部分内容非常重要，不能只看一遍，要经常把所有股票翻一遍，然后对照着找寻中线潜力自选股。

修炼 3
老狐狸的 30 年实战职业经验浓缩

第一条经验　关于宏观架构

中国 A 股是政策市、主力市、消息市、融资市、周期市，A 股中有大主力，大主力可以决定 A 股的底部区域、头部区域、活跃时间、挤泡沫时间、箱体时间，大主力的操作是有策略、有规律的，维稳是大主力的死穴，遇疯大主力一定会有态度与行动。

大主力的游戏模式是：笼筐套鸟。

解释：

（1）有重大政策预示政策底，政策底后还会有一个市场底，市场底会低于政策底，市场底距离政策底不远，10% 左右，在市场底会有活跃的大盘指标股，大盘指标股会扼守某个重要指数位。

（2）有重大消息预示政策顶，政策顶后还会有一个市场顶，市场顶会高于政策顶，市场顶距离政策顶不远，10% 左右，在市场顶会有大规模的融资、再融资，会有清查违规资金的行动，"国家队"级别机构出货会很坚决。

（3）活跃期的起势通常会有大消息，起势点火的板块通常是金融板块（银行股的点火力度强于券商股，全启动的点火力度最大），在牛市发生一个阶段后券商股必有一段较大的行情。

（4）无论是活跃期，还是挤泡沫期，趋势的力量是强大的，而且会形成

正反馈，"顺势者昌，逆势者亡"。牛市做多要坚决，熊市做空也要坚决，要两手硬。阶段趋势形成后的短线逆势利润很重要，短线波动和大波段顶的逃跑速度非常重要。

（5）平稳时间，个股的戏要看存量常规机构（比如公募）的抱团取暖节目（白酒、绩优药、家电，主要手段是 MCST 线上支撑），游资节目也不能放过，游资通常是根据热点题材来编写剧情，没有社会事件时，次新股有市值小的特点（主要手段是 MCST 线下的价涨量增，单日涨停或者大量的连续）。

（6）基本面（分红满意度）决定股价的下限，资金面（供求关系）决定股价的上限，大主力调控市场的有效性也需要空间与时间的配合（某些点位有效且短期有效），不可能是万能的。题材消息的刺激性以及主力的积极性与市场情绪有关（爆破点的应用）。市场每个阶段有影响市场的主要矛盾消息，市场强弱与板块强弱有周期（牛熊表现、年度表现、板块强弱表现）轮动的特点。

（7）统计的手段：K 线的指数波动区间（箱体忍受空间）、强势市场需要的大盘量能、板块强弱的波动规律（幅度、时间）、金融股波动的规律（指数下跌幅度与脉冲幅度及维持时间）。

量比榜统计的是个股的涨幅持续度，是应该一涨就卖还是一涨就追？特点榜统计的是阶段战法有效性。利好榜统计的是爆破点的波动规律。技术指标的跟踪是让自己做到有知者无畏以及克服情绪化实施计划性。

（8）通向真实客观的道路，必须首先踏过谎言和梦境。最常见的谎言是利益角度选择性告知（不同群体的利益角度是不同的且是零和游戏），A 股中的经典股市理论是适合成熟市场与非 A 股的，大多数人在社会上就不一定正常，在股市中"中暑"得更为明显和普遍。

（9）每个阶段要有框架总结策略、常规盈利模式（无风险、爆破点、赌注股、做空）与应变计划措施。这条很重要，要落实到细节。

第二条经验　关于盈利模式

A 股只能波段操作，选时是最重要的技术，要有风水轮流转的意识，要有成熟具体持续的盈利模式，要建立自己的强大空军，要有风控原则，又要有足够的耐性和中庸性。

解释：

（1）长线持股一定躲不过股灾，重仓遇到股灾是一个人在和平时期能遭受到的最大打击，负向改变人生，千万别让这个打击落到自己头上。

（2）市场的强弱与大盘的成交量有关，大盘成交量大证明市场强，大盘成交量小则证明市场弱，不要管市场（价格）高不高，也不要管市场（价格）低不低，只看市场强不强。

（3）在市场强时逢低做多，长多短空（超买）；在市场弱时逢高做空，长空短多（超跌）。要学会用期指做空，做空能获得熊市收益，更重要的是能抑制"永动机""永炖机"的人性弱点。

（4）要学会固定收益投资，无风险套利技术的具体表现形式是全额要约收购与现金选择权、面值保护、净值保护、供需失衡。要有硬性刚性的判断，不能主观臆测。这是职业投资者的生存底线。

（5）机会通常与双规价格、信息优势、资金优势、大成交量后的强市场、暴跌后止跌自救、有主力的持仓成本和持仓轻重、上市公司的基本面变化趋势、事件题材热点、大盘的强弱背景有关。

（6）知己知彼，百战不殆。对市场上现存的其他投资机构的盈利模式要熟悉、不排斥，在必要的时刻要伏击。市场上其他常见的盈利模式有"国家队"的"反技术、逆人心、配合扩容，极端时刻指标股逆反，主标的是金融股"，公募基金的抱团取暖的维护市值方式，游资的热点题材突击方式，借壳上市资产重组的运营方式。

（7）忌讳的盈利模式："永炖机"、"永动机"、纯基本面、纯技术面。凡是硬性利益逻辑不直观的盈利模式都属于赌博，A股投资与其他投资者和大庄家的博弈，不是与公司、K线、电脑博弈，是多维动态的，不是静态的电子通关游戏。

（8）花门的常规盈利模式包括无风险套利、强势爆破点、底部极端赌注股、弱势逢高做空这四种。这条要落实到细节与自己熟练的小绝招，统计、总结是日常功课。

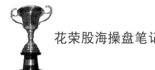

（9）要阶段统计市场的盈利模式，根据盈利模式来选股，用盈利模式来赚钱，而不是用个股来赚钱，爱的是钱，不要爱股。用盈利模式来选股，对常规的盈利模式套路要熟悉，并且持续用常规盈利模式扫描市场，确定自己的阶段有效盈利模式。

你自己下面几个月的盈利模式是什么，需要有书面的计划、原则。

第三条经验　关于实战技术

实战技术必须与大盘背景、盈利模式、中庸挂钩，与价格、时间、热点、题材、交易制度、概率、资金力量、市场规律习惯有关。

解释：

（1）真技术的误解。多数人认为通常的技术分析、基本面分析就是真技术，不是，这些只是学习真技术的基础，就如乘法口诀、四则混合运算，是解析几何、立体几何的基础，高考拼的解析几何、立体几何，不是乘法口诀、四则混合运算，这些也要会，但是只懂这些对付高考还不够。

（2）真技术是强势机构的利益目的行为破解，以及其后根据行动参照物的合理心理博弈，有条件的话要进行合理的效率刺激。这里常见的强势机构利益目的有：融资（"国家队"、上市公司）、维稳（"国家队"）、市值管理（公募、部分上市公司）、牟利（强势量能、制造题材）、题材概念热点（游资）、自救（被套机构、资产重组）。

（3）真技术的具体努力方向：市场的真实客观认识，盈利模式的总结与构建，大盘系统的阶段趋势认识，个股硬线索的找寻发现、跟踪与破案，合适时机的介入与兑现，资源与力量的积蓄。

（4）在所有实战技术概念中，操纵（非法、合法）、信息（非法、合法）、价格（成本、趋势、反馈）、时间（选时、年化收益率）、概率（资金实力、惯性规律、机会组合、交易制度、资源优势）等最为重要。

（5）市场是需要我们时刻熟悉的，状态是需要不间断地作业维持水平的，这与运动员的每日训练一样，需要保持能力记忆值，保持智力专业性。每周重要信息的审阅与跟踪要时刻不懈。职业的人干职业的事，想在股市中赚钱就必须付出相应的努力，有学习的努力，有工作的努力，有资源的努力，有基础素质的持续提高努力。想不劳而获，首先要看看自己的资本。

（6）中庸才能长久，才是真职业。什么是中庸？是恰当，是组合，是攻击性和防守性兼顾。比如说强市中应该选择个股组合、机会组合、价格成本组合；在抄底和头部疯狂时应选择激进策略与品种的稳健组合，在大盘安全时应选择适当的激进品种。

（7）股市是混沌的，你了解的确定性越多，你赢的概率也就越大，这个确定性主要体现在价格和时间上，最好两者都确定，最起码要确定一个因素，并因此引申出爆破点和年化收益率的概念。

（8）研判趋势、高低要有客观依据，不能感觉情绪化，最常见的数据应用要成为统计和作业习惯，如成交量、均线趋势、MACD、MCST、量比、成交金额、回头波、内外比、业绩好坏原因、流通股东概况、再融资规则。

（9）洞悉市场阶段的关键点。市场每个阶段都会有一个或者几个因素影响主力的操作，影响人们的心理，影响市场的热冷门，要心中有数，有框架有细节，不能情绪化。爆破点除了对统计结果的认识，还需要对兑现机会流动性的认识。

（10）对于信息的应用，数据信息与结果的统计观察非常重要，不能凭直觉和其他人的言语来做决定，比如业绩差、小非减持、机构习惯、定增前压盘等这些关键因素要有数据支持，许多结果经常有意外的机会和风险。

修炼 4
游资机构热点、概念的炒作规律

股市中存在着一股以投机事件题材为主要思维的机构力量，它们是股市中的热点板块制造者，如果能够对它们的操作习惯加以熟悉了解，会对我们的波段操作提供很大的帮助，这个方法对于短线投资者非常重要，一定要注意，一定要了解，一定要学会。

下面对 A 股中的游资机构热点、概念的炒作规律做一个归纳总结。

一、机构对什么事件、概念感兴趣

1. 新闻力度、突发性很重要

一般来说，某个事件出现，如果新闻热度足够大，机构就会进行炒作，越是突发性的炒作力度越强，越是第一次性的力度越大。

如果新闻力度一般、事先有预期，则炒作力度会有限。

如果大家都有预期，只是最后一个公布时点，则要防止"利好出尽是利空"的情况出现。

2. 期货涨跌有关联的事件

如果事件能够刺激关联的期货品种暴涨，对于相关股票的影响也会很大。但是注意，对于期货的刺激要大，最好是连续涨停，短时间内不容易平息的事件容易操作一些。

3. 常见的事件

常见的事件有：重大社会事件（如奥运会）、重大政策决策事件（如雄安、自贸区）、重大天灾事件（如疫情）、重大企业经营事件（如化工厂爆炸）、导致期货价格重大波动的事件、影响某个行业的商品价格的事件。

4. 常见的板块

常见的炒作板块有：直接受益企业、直接受益行业板块、黄金板块、期货关联板块、汇率关联板块、医药股、军工股、价格上涨受益股、订单大增受益股。

二、机构炒作的力度与时间

机构炒作的力度、时间与事件的影响力度、持续时间、对公司业绩的影响力度有关。

1. 一次性的

这是短线波段的炒作，炒作力度与大盘背景有关，与新闻的震撼力度和媒体宣传力度有关。

2. 有一定时间持续性的

这是波段炒作，每当有新闻点出来时都会爆发一下。

3. 影响业绩的

对业绩影响不大的都是短线的，如果对公司业绩影响很大，特别是质变性影响的，相关受益股可能会成为长牛股。

三、历史上的经典事件

（1）新冠肺炎疫情。

（2）雄安新区设立。

（3）上海自贸区的设立。

（4）高速公路的 ETC 推广。

（5）科技产品的国产化政策。

（6）猪肉涨价。

（7）科创板的设立。

（8）供给侧结构性改革。

四、机构的常规事件炒作

如果没有重大新闻热度的事件时，机构也会有一些习惯性的炒作行为。常见的有：

1. 中央一号文件

常常是农业股，时间是每年年底、次年年初中央一号文件发布前。

2. 年报预告

常常是业绩超预期的、最先公布年报的、高送转的、ST 摘帽的。

3. "两会"关注热点

热点要热，如果热度不够则不一定。

4. 跟随美股的比较大的热点

特别是新鲜事物的科技热点。

修炼 5
复盘方式和复盘笔记

在 A 股要想获得满意的投资收益，排除运气因素外，有三个方向的主观努力我们始终不能懈怠：第一个是客观环境的熟悉和适当盈利模式的建立；第二个是有效过硬的信息收集、比较和积累；第三个是操作计划的制定、优势习惯的强化和突发应变能力的提高。

这三个主观努力方向应该是要求严格的，要通过具体的复盘感觉和有实际数据、证据的复盘笔记来体会、比较，最后形成行动计划。

复盘的方式和复盘笔记是非常重要的，复盘就是把大盘和个股的 K 线图全部看一遍，把关键点、波动规律、波动目的记下来，这是有具体的细节要求的，下面把复盘的具体原则细节和注意点总结如下：

一、复盘的关键因素

1. 国家对于股市的当前要求和调控方式

常见的宏观调控方式有：复苏刺激、相对稳定、紧急稳定、坚决稳定、泡沫抑制、坚决抑制。

调控的方式具体包括："国家队"的直接行为、业内和央企窗口指导、舆论宣传调控、重要指数权重股的涨跌。

2. 宏观因素

宏观因素有：历史波动区间、目前的关键数据、目前关键数据与历史数据的比较、影响目前趋势的关键题材、盈利模式的确定。

常见的盈利模式有：做空、做多、蓝筹股、重组股、低风险股、防守反击、中线波段、赌注股，等等。

需要注意的是，宏观框架是非常重要的，先有框架再有细节战术，而绝大多数投资者是只有细节战术没有宏观框架，这是一个非常致命的弱点，是个经典外行特征。

3. 细节因素

最重要的细节因素有：基准价格、价格趋势、基准时间、有效时间段、时间爆破点、重要题材信息以及目的、重要信息的作用时间和价格点。

个股众多，信息也众多，人是有情绪的，所以你的判断必须要有基准和比较，不能捡了香瓜忘记了西瓜，也不能熊瞎子掰棒子，老是注意最新的，而最新的可能也不错但不是最好的，缺乏基准判断和比较出最优秀品种是许多人的方法论缺陷。

二、关于大盘的复盘

1. 趋势题材情绪

正在发生的趋势题材情绪是什么，释放得怎么样？过去的历史情况大概怎么样？要将现在的时点与有效历史比较一下。

2. 给大盘波段定性

用大盘成交金额、生命均线、MACD 指标给大盘波段定性。

大盘成交金额最重要，要统计出阶段的有效数据基准，用目前的金额与有效基准比较。再结合生命均线、MACD 指标确立盈利模式和仓位。

三、常见的主力动向规律

1. "国家队"动向规律

极端指数时刻和极端波动的调控。

2. 常规机构动向规律

每个阶段，公募券商会根据政策基本面的研究宣传行为倾向。

3. 游资活动规律

关注的题材、热点、事件。

4. 个性事件

某个个股的短线目的性股价操纵。

5. 重套机构的自救

对于成本价和公司信息要结合起来判断分析。

四、关于个股的复盘笔记

1. 短线爆破点

个股刺激的事件题材，根据《百战成精》《千炼成妖》《万修成魔》先统计胜率，再找寻有效爆破点。

2. 波段强势股

主力正在运作的强势股，以及运作规律、题材和目的。

3. 符合盈利模式股

主要是牛市热点强势组合，平衡势热点，超跌反弹中即时潜力股（超跌和题材热点）。

4. 无风险套利股

逻辑依据要硬。

5. 人生赌注股

特别是机构重仓股、基本面质变逻辑股。

大盘暴跌，以及股价（年报）"大洗澡"时要格外注意。

修炼 6
新时期机构影响股价的方式特点

大资金进出市场、进出个股必然会影响大盘、个股的涨跌。

不同的机构有不同的买卖形式，目前市场中庄家形式主要有：大盘调控庄、常规波段庄、游资题材概念庄、大股东庄、资产重组庄、爆破点短庄。

我们必须知道标的股是哪个类型庄家的爱好，它们的波动形式是怎样造成的，波动的原因、目的、弱点是什么。知己知彼，百战不殆。

下面就来分类总结一下，也可以作为顺应大盘前提下的盈利模式。

一、大盘调控庄

1. "国家队"

"国家队"的操作风格主要是平准市场，过热了就出货压制一下市场，过冷了就拉升激励一下市场。反技术，逆人心。

"国家队"调控市场的最常见股票是金融股，大干时动银行，小干时动券商，保险、多元金融是配合的。

另外，在大盘短线大跌后，市场在相对低位时反弹的规律，经常是第一天是大盘指标股强势，第二天是中小市值股强势。

2. 指数基金

保险公司、银行对指数的申购赎回也能影响大盘的涨跌，可以作为判断指数大波段两极位置的一个参考。

二、常规波段庄

1. 公募券商保险

公募基金有最低持仓限制，保险、券商的资金量大，它们通常是长线持股风格，因此在弱势市场中持股会抱团取暖，在弱势市场中，一些有经验的个人投机者也会根据 MCST、MACD 指标在合适时机短线操作上证 50 强势股。

2. 北向资金

北向资金也存在着波段操作的规律，也可以适当地研究其操作风格与大盘波动之间的规律，利用这个规律波段参考。

三、游资题材概念庄

1. 大游资

大游资主要是做大热点大题材的板块，这是我们做短线需要重点研究的课题，也是小资金要下功夫研究的方法。相对来说，如果小资金肯花精力研究股市，又客观认识市场的话，小资金的操作比大资金容易。小资金的"韭菜性"主要体现在技能学习方向不对和努力不够。

大游资优势也会对"国家队"操作的板块中的一些个股推波助澜，这个机会也是 A 股中非常重要的机会。

2. 小游击队

有些大户、机构热衷于操纵市场，前赴后继，他们主要喜欢操作一些小市值股和次新股，我们对这类个股的阶段规律也需要研究，也可以适当研究一下龙虎榜规律。

四、大股东庄

1. 再融资

可转债属于利于投资者的融资手段，但是上市公司有转股压力。

定向增发对原持股者不利，给予了机构大户双轨筹码的机会。投资者要对正在定向增发的个股压盘有警惕性，也要注意大盘暴跌后正在定向增发的个股有维护市值的需求；同样，在定向增发解禁时，定向增发机构获利对股价有压制作用，定向增发机构被套对股价有活跃作用。

2. 大小非减持

大小非减持肯定是利空，在弱势中、在个股相对高位时对股价的打击是显而易见的。

但是也需要注意，在大盘平稳期或者强势期，许多规模比较大的大小非在减持期间成了波段庄家，这其中根据技术分析有伏击机会。

五、资产重组庄

1. 资产重组

公司的资产重组一般都会有机构配合，否则难以连续涨停。

要特别注意那些利用年报巨亏"洗澡"的重组公司，这是洗壳、重新构筑基本面甚至机构解套的常见手段。

2. 被套自救

在弱势市场中，机构被套是常见现象。但是要注意结合大盘背景，以及要注意被套的机构必须要有后续资金才可以，不能是那种已经套死的机构。

六、爆破点短庄

1. 小利好事件

总结经常出现的有效爆破点，也是我们最常使用的短线盈利模式。

2. 市值管理

有些股票是有市值管理机构的，其波动是有其规律的，只要大盘一活跃这类股票就比一般股票活跃，这类股我们复盘时也需要注意。

修炼 7
波段操作的实战原则

波段操作是一个组合顺势战法，是股市中最常见最先进的方法，这种方法既把握机会又防范风险的思维，既适用于散户，又适用于大户和机构，一再被老股民和赢家证明这种方法最适合于在 A 股市场中运用。

但是这个方法也需要使用者有一定的基础和专业素质，要有一些判断大盘和判断个股的原则，并且随着大盘和个股的股价波动还要有一个主动性的买卖调整动作，下面就把我自己的波段实战原则总结归纳一下。

一、对大盘要有一个定性判断

1. 弱势

弱势的特征是大盘成交量低迷，重要指数均线向下。

2. 强势初期

在大盘长时间低迷（距离上一轮牛顶要 4 年以上）后的放量启动时，通常是大盘价涨量增，初期市场一调整便会很快反击。

有时候低迷股市中出现的中期行情与大牛市的强势初期很像，不用区分，操作原则是一样的。

3. 强势中期

第一次强势冲击波出来后，如果只是一个大板块强势，那么行情很容易在一个月内结束。行情在一个月内结束并跌势凌厉跌破30日均线，这就是中级行情的特征，也是中级行情结束的特征。

如果大盘第一次强势后，缓慢地调整到30日均线附近指数得到支撑，大盘再度上涨，这就说明行情是牛市不是中级行情，牛市将进入中期阶段。

4. 强势末期

牛市末期的征兆是，大盘上涨已经超过半年以上且已经出现过一次因为政策警醒导致的大跌，但是市场又再度上涨，且新股民赚钱效应还比较明显。

这时，股市指数跌破10日均线就要格外警醒减仓，比较凌厉的跌破20日均线一定要清仓，否则对你的打击会非常严重，有些人一辈子追悔莫及。

5. 相对低位平稳期

相对低位的平稳期有两种情形：

第一种是市场经过三四年的下跌，低位无量横盘，数次出于各种原因下跌，又收回，指数指标股已经跌不动了。

第二种是"国家队"调控指数迹象明显，指数在10%以内的箱体波动，强势指标股或者金融指标股定期活跃。

二、不同时期的原则思维

1. 弱势

此时，只适合期指做空和持有现金选择权、安全面值、不下调的净值保护的品种，而且这些品种需要有过硬的确定性和满意的年化收益率。

弱势中是不宜持有技术分析和基本面分析选出来的股票的。

2. 强势初期

此时，应以即时热门题材股、低位赌注股、爆破点股为主要组合。

热门题材股的买卖换股调整以MACD指标为主要参考。

低位赌注股的买卖换股调整可以SAR指标为参考。低位指标股应是长时间价格最低、业绩"洗过澡"的强股东筹码集中股或者强股东借壳重组股。

爆破点股根据爆破点买卖即可。

3. 强势中期

此时，应以即时热门题材股、上升通道股、券商股（未出现过大涨）、爆破点股为主要组合。

热门题材股的买卖换股调整以 MACD 指标为主要参考。

上升通道股的买卖换股调整以重要均线支撑为参考。

券商股要吃一波大的波段，第一个涨停可以追，满意后结束，但不能在涨势结束你还在持股。

爆破点股根据爆破点买卖即可。

4. 强势末期

此时，应以即时热门题材股、滞涨的放量绩优蓝筹股、爆破点股为主要组合。

热门题材股的买卖换股以大盘和个股的 10 日均线指标为主要参考。

滞涨的放量绩优蓝筹股根据大盘的 10 日均线和个股的 MACD 指标赚点小钱即可。

爆破点股根据爆破点买卖即可，但大盘指数凌厉跌破 10 日均线，就不要执迷于爆破点了。爆破点的利润与系统风险相比微不足道。

5. 平衡势平稳期

此时，应以即时热门题材股、调控大盘指数板块（通常是金融股或者当时的公募抱团流行股）、小市值筹码集中股为组合。

大盘的 MACD 指标一定要重视，个股上能赚点小钱（5%以上）即可。

三、波段操作的其他原则

1. 组合性原则

股票的数量和种类要组合，选择介入的时机，被动性操作与主动性操作相结合。

2. 数据指标原则

要用金额、量比、强弱度、年初至今涨跌幅、股东力量进行排序比较，要用 MACD、SAR、MCST 指标评估。

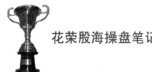

3. 每周信息研究

每周都要研究个股重要爆破点和跟踪重要题材。

4. 永远关注相对低位股

绝对成本高低标准是机构的持仓成本（大小非成本）、重要均线方向、MCST。

相对高低标准是 MACD 和重要均线支撑线。

高位的股票不论什么理由都不买。

5. 卖股票不能忘

A 股的最高技术也是最重要技术就是要会卖股票，要会做空，要会长时间空仓不操作。

修炼 8
评判一只股票的核心原则

我们在股市中投资、套利，必须面对的一个问题是选股、评判股票。

许多人对待这个问题很认真，但是不够严谨，或者个人偏好性的东西、感觉性的东西太多，而不是用硬性客观的原则来过滤、比较和评判，这都是股市投资、套利行为的大忌，如果你原来没有硬性客观的原则来选股、研判股票，无论你是什么人，你都是外行，必须要改、要变。否则，财神不会看好你。

那么，怎样选出一只好的股票，怎样研判一只股票的好不好，怎样比较不同股票的好坏，我觉得可以用下列原则过滤、筛选、比较和评判。

一、热点

在股市中，热点与盲点是最重要的。

强势选热点，弱势找盲点。

1. 短线热点

股市中的短线热点是：这只股票短线时大家的信息、情绪怎么样？短线的技术状态怎么样？短线的媒体鼓噪率怎么样？短线是不是有什么说道？

游资对于短线热点很重视，这是他们的盈利模式，全国也有大量的短线爱好者。短线赚快钱、赚大钱也几乎是所有股市参与者的梦想。

2. 中线热点

A股中也有中线热点，许多大资金、类公募资金有底仓限制，进出不那么灵便，这样他们的投资风格就是中长线，他们有制造、选择中线热点的需求，券商研究员也会为此帮他们设计、造势。

中线热点与国家行业导向、行业政策、行业替代趋势、大资金的防守进攻倾向有关。

中线热点通常是以年度左右的时间为周期的，并且风水轮流转。

一般情况下，强势重势，弱势重质。

3. 盲点

强势无盲点，只有弱势中容易出现盲点。

弱势中盲点有两种：第一种是市场太差，泥沙俱下，一些低风险甚至无风险的品种也出现难以置信的价格，甚至大家对低风险性、无风险性的品种不相信，熟视无睹；第二种是既然往上不好做，就往下打出空间，最常见的手段是给个股进行业绩"洗澡"，用年报业绩巨亏的基本面"洗澡"手段打出个股的中线低点，最悲观的情绪+最强大的逻辑=暴利。

二、题材

在股市，上市公司规模非常大了之后，题材越来越重要，有题材才能制造热点，有热点股价才能涨，才能众人拾柴火焰高。

1. 短线爆破点

短线爆破点是指能让股价短线涨一下或者涨几下的事件，短线爆破点是比较常见的，力度也是有限的。

这个涨一下或者涨几下，必须是大概率的、习惯性的、有机构愿意主导的、众人认为理所应当的。

越是超预期越好，越是不及预期越不好，另外对于中线的爆破点，要注意见光死的A股规律习惯。

2. 业绩质变题材

有的股出于各种原因，比如资产重组、行业复苏、政策倾斜、技术升级、时代发展等，可能会出现业绩质变，变好者可能股价中线趋强，变差者可能股价中线趋弱。

3. 爆发性题材

大的爆破点，出乎意料的大事件、大政策会导致受益股爆发急涨行情。

这种情况能够快速地改变一只股票短线活性，要接受这种客观规律，选股应对思维要快，要果敢地行动。

三、主力

热点情绪是股价波动的第一原因，第二原因就是主力的买卖行为。

1. 即时活性

即时活性主要从量能、量比、强弱度、攻回波、成本线来判断。

2. 被套主力

主力重套出黑马，前提是主力必须是强大的、活的、有反击能力的。

3. 规律性

有些股票、流通股东、题材事件，都有其规律性。发现这些规律，统计熟悉这些规律性，利用这些规律性，是职业行家里手常年不懈的日常工作。

四、价格

价格趋势是股市投机的最重要课题。

价格有绝对的确定性价格，也有相对的阶段性价格。

1. 制度性选择权

主要是指刚性的现金选择权、面值、上移的净值。

2. 市场成本

主要指市场成本、主力成本。

在顺应趋势的前提下，你的相对成本有优势就有利润，成本优势越大利润也越大，但要考虑主力的自救能力。

3. 供求关系

一切商品的价格由供求关系决定。

价格的趋势有反馈规律，反馈规律的强大超乎人们想象，直至崩溃。

单位时间的资金冲力决定股价的涨跌。

五、趋势

趋势力量是强大的，只有顺势才能发挥你的能力。

1. 大盘趋势

"顺势者昌，逆势者亡"，不存在逆势的绝招，只存在逆势的运气，久赌必输。

2. 个股趋势

个股必须顺势，必须符合七个股市判断逻辑。

3. 趋势的两极

判断大盘个股的趋势两极，是赚大钱的技术，也是不赔大钱的技术。

六、适合性

每个人的自身情况是不同的，必须适合自己，必须升级自己的资源和能力。

1. 目的性

清楚自己的目的，手段切合自己的目的，拒绝情绪化赌博，千万不能行为失控。要用原则衡量，要用不同的手段、品种比较。

2. 个性化

清楚自己的优势，在机会来临时，将优势发挥到最大，劣势抑制到最小。

3. 升级

主要是升级自己的基础素质、专业能力、资源、力量、优势通道。不能固化自己，不能失去社会博弈性。

修炼9
职业操盘的成熟套路

作为以炒股为主要生存手段的职业操盘手，既要有见多识广的百招会，更要有自己的独门绝技一招鲜，这是股市赚钱的杀招，自己吃香的喝辣的就靠它了，下面就亮出我自己的股市杀招，招数全部写出来了，就看你自己的悟性了。希望股友们能学会，这样以后咱们分工协作互助，既可以节省我的一些时间，也可以增加你的财富，达到双赢。

第一种方法　集合竞价法

（1）9：25集合竞价出台，到9：30连续竞价有5分钟观察时间。

（2）用换手率排名。

（3）找寻换手率排名靠前且涨幅在1%~4%的股票。

（4）前面K线不能有大阳线，比如说昨天的涨幅不能超过5%。

（5）不能是由于消息面刺激导致出现的现象，用百度查证。

（6）确定几只放在自选榜上。

（7）连续竞价后，量比放出，股价在当天均线上运行。

（8）从盈利模式、板块热点、大盘情况、个性题材等角度，努力发现强势原因。

（9）观察当天大盘情况，如果大盘情况可以，逢低买进。

（10）这个方法主要用于大盘特别好的超强势市场，要用多股组合。

第二种方法　热点板块法

（1）在盘中用板块指数排名。

（2）指数涨幅特别突出的板块值得重视，比如板块指数涨幅要第一名且涨幅超过5%。

（3）该板块最好是低位初步发动，已经连续涨升到高位则不保险。

（4）找寻该板块量价关系最强的股，有可能是龙头。

（5）在潜在龙头有冲击涨停架势的时候买进。

（6）如果龙头已经涨停，则注意该板块中尚未涨停的最强的股票。

（7）在大盘震荡的低点买进。

（8）这种方法需要留有预备队，补仓。

（9）这种方法主要用于大盘平衡势时，不能重仓。

第三种方法　短线爆破点法

（1）熟读《千炼成妖》《青蚨股易》。

（2）用统计法则发现有效盈利模式。

（3）确定短线盈利模式，找寻短线爆破点。

（4）把有短线爆破点的个股列在自选榜中。

（5）观察大盘，在大盘安全时才能行动。

（6）相比较，找寻其中的强势股买进。

（7）这种方法适合超跌反弹、平衡、强势。

（8）事先功课要做充分，成功率要高于第一种方法。

（9）可以重仓重点股。

第四种方法　中线逻辑短线操作法

（1）熟读《百战成精》《千炼成妖》《万修成魔》《青蚨股易》。

（2）复盘阶段大盘的波动特点，并发现大主力行动规律和机会关键点。

（3）确立自己的阶段盈利模式，这个盈利模式要适应大盘特征、个股特征、自己的情况。

（4）复盘所有个股。

（5）找出中线逻辑强的个股，主要是阶段主力逻辑股、主力重套股、低价质变股、重要题材股。

（6）放在自选榜上观察。

（7）在大盘安全、个股指标好且强时买进。

（8）虽然是中线股，也要高抛低吸，涨幅大时相比较一般股卖出，最好

是留有盈利持股。

（9）自选股用短线状态最好的作为贝勒级核心资产，用中线最有把握的作为中线核心资产。

（10）这种方法是我目前的主要操作套路。

修炼 10
好股票的标准是什么

在我的股市概念里，能涨的股票是好股票，正在涨的、马上要涨的股票是短线好股，未来有很大可能出现一大波涨幅的是中线好股，未来有极大概率涨到某个价位的是确定性好股，最常见的好股就是这三类，它们在大盘强势、平衡势、弱势中的表现又有具体的变异形式，下面我就来总结一下。

一、强势中的好股

强势中的好股主要体现在热点题材和量价关系上。

1. 强势中的短线好股

（1）热点板块中的强势股。该板块是强势板块，选其中的最强股。

（2）初步激活的筹码集中股。这个筹码集中股指的是，要么螺旋桨股，要么十大流通股中持仓机构明显。

（3）K 线正强逻辑的起涨股。主要指正反击、该跌不跌、正向连续等逻辑股。

（4）大盘短线调整后又走强的前期强势股。强势股被大盘的偶然意外下跌拖累止跌后再度走强。

（5）MACD 良性的明显强盘面股。强盘面股指的是调整时明显托守某一价位，指数强时明显有大买单。

（6）强势的短线爆破点股。近期有爆破点，大盘调整时抗跌，大盘上涨时不弱于大盘。

（7）大盘强势时低位首板股。大盘强势时，在 MCST 线下方冲击首个涨停的股可以适量追板。

（8）出现非实质利空低开后走强股。最常见的是小非减持或者其他小利空。

（9）出现个股利好消息表现强劲股。个股出现利好，股价表现明显强劲股，有的是主力重仓股的启动信号，有的是吸引了新游资进驻。这种股票在上午开盘后 30 分钟内就可以看清楚。

2. 强势中的中线好股

（1）正在走强的大题材股。这个题材是大家公认的较大题材，最好是首次的。

（2）中级行情阶段主流强势热点股。有时一个中级行情或者一个波段行情的主流热点股就是一个行业热点，也可能是一个概念热点。

（3）趋活的主力重套股。持仓量大、套牢重的股票，开始明显地初步走强。

（4）低价基本面质变股。在强势中，低价小市值的基本面质变股容易超涨。

（5）走上升通道的逆势筹码集中股。走上升通道的逆势筹码集中股，往往志向远大，在支撑位和指标价位中短线潜力兼备。

二、平衡势中的好股

平衡势中的好股主要体现在主力的活性和短线爆破点上。

1. 平衡势中的短线好股

（1）平衡势中的短线爆破点股。近期有爆破点，这个爆破点经过前期的统计证明。

（2）规律明显的强庄股。每个阶段有箱体波动的强庄股，要博弈性地伏击，与强势的追涨不同，要低吸。

（3）筹码集中股遇上爆破点。历史证明，这种活跃性是大概率机会。

（4）MCST 线下特强势。特别是低价股和冷门股出现这种情况。

（5）消息面刺激的波段游资热点股。条件要严格，热点热度要大一点，快进快出。

（6）成交量最稀少的股。根据大盘的低点，争取买在下引线，只适合小资金。

2. 平衡势中的中线好股

（1）MCST 线上的强势指数权重股。特别是上证 50 中的强势股，公募基金的抱团取暖习惯，常常是绩优医药、白酒、保险、银行股。

（2）在大盘低点的业绩"大洗澡"股。年报前的业绩"大洗澡"股，最好是一次性的，业绩"洗澡"目的是为新股东洗壳的或者为二级市场机构主力质变基本面的。

（3）绩优大盘股的低于面值转债。特别是绩优金融股的转债，这种转债安全性高、股性活跃。

三、弱势中的好股

弱势中的好股主要体现在确定和超跌上。

1. 弱势中的短线好股

（1）严重超跌股。中线超跌+短线超跌+超短线跌不动的股=超跌反弹。

（2）恐慌后的强逻辑股。最恐慌情绪+最强逻辑=最佳机会。

（3）指数大跌后的新强势热点股。常常是金融股或者小市值次新股。

2. 弱势中的中线好股

（1）全额要约收购股、现金选择权股。现价低于现金选择权，同时要考虑到可靠性和效率。

（2）低于面值且效率高的转债。正股符合万能公式，转债溢价不高且低于面值。

（3）大盘低位时借壳迹象明显股。要分批定投，保持良好心态。

修炼 11
怎样判断市场机会的涨升空间

一个市场机会的潜力性质主要用年化收益率来判断。

决定年化收益率的关键因素有两个：一个是短线效率，另一个是单位时间的涨升空间。

关于短线效率技术，也就是选时技术、爆破点技术，花氏理论已经多次探讨研究，这次我们就来研究一下市场机会的涨升空间。

一、大盘机会的空间

当市场运行于涨升行情时，投资者要能研判出主升浪行情的上涨潜力和涨升的大致空间范围。这样投资者可以根据此次机会的涨升潜力和上涨空间采取适宜的投资策略和相应的持股周期。

行情的上涨空间主要通过以下四个方面进行研判：

1. 从涨升的节奏进行研判

（1）持续稳定单边的容易是大行情。如果大盘的涨升是持续稳定的，以上升通道形式展开的，市场容易出现持续正反馈以及心理惯性逻辑，这样的行情容易持久且有一定的涨升幅度。

（2）波折过多容易熄火。如果大盘的上升保持着一波三折的上升节奏，中途不断出现一些震荡式行情，这样会影响正反馈效率，也容易让获利盘出现叛徒，这样的行情空间会受到影响。

2. 从量能上进行研判

（1）启动初期需要量能且需要不断放大。大盘的成交量能相当于汽车油箱中的油，只有能量充足，才能走远路，且需要不断地加油，才能飞得更高。

（2）量能不够的大盘涨不高。量能不大的上涨，往往是超跌反弹，或者是一些短期利好的预期，或者是一些主力的短期利益诉求，这样的大盘涨不高。

3. 从市场热点研判

热点强烈的行情容易有一定的力度和持续性，且容易延伸扩散。

一个强热点会导致一个中级行情。

一个中级行情结束后，市场不能破位，破位代表着人气结束；如果市场强势调整，再度出现新热点，造就新中级行情，大行情就是由一个个中级行情贯穿累积而成的。

4. 从政策面研判

（1）政策的目的性。一轮强劲的牛市涨升行情是离不开政策面的大力扶持的，中国股市中的数次重大行情都是依靠政策发动和推动的，政策的目的分析很重要。

比如，政策的目的是股改，那么大部分上市公司股改未完成，行情就会继续得到政策及大主力的支持。

（2）逆反政策。当市场的正反馈形成，没有一定的时间和幅度，行情难以逆转，当逆反政策出现后，就需要注意逆反性破位了。

二、个股机会的空间

个股机会的空间是多因一果，需要将前阶段的结果统计与当前市场的情况进行比较来得到一个大致幅度的预计。

1. 与大盘热度有关

弱势的幅度最差，强势的初期一般，强势的中后期往往会出乎意料。

2. 与历史习惯案例有关

前阶段的历史相似案例可以成为参考例子。

3. 与主力的强弱有关

主力的资金实力、主力的市场形象、主力的被套程度，都会决定机会的大小。

4. 与个股的板块热度有关

板块的热度越强，个股的龙头属性越强，涨升力度也就越强。

5. 与个股的市值价位有关

一般情况下，低市值、低价位的股票容易出现大机会。

6. 与个股的持续量能有关

个股的量能也很重要，大机会需要不断的大量能支持。

修炼 12
怎样判断个股主力的强弱

我们选好自选股后，经常要进一步观察这些自选股，观察的目的是发现这些自选股的强弱、股性和主力状态。

个股的短线强弱是可以观察出来的，也可以通过买卖试出来，这可以验证我们事先的分析，并对先前的判断进行加减分。实战中也可以据此决定是否加减仓或者是否换股。这项技术挺重要的，但是注意的人不多，这是花家军的独门技术。

根据我个人的看盘经验，判断主力的强弱，有如下几点经验：

一、有逆反表现，有较强的抗打击力

1. 直接的连续抵抗打击

在突发性利空出来时，股价走势坚挺，这里的突发性利空包括大盘和上市公司两方面。面对这种"突发性"，往往许多机构都没有思想和资金等方面的准备，多数股票都是股价下跌的，而风格硬朗的主力则有能力、有性格顽强抵抗。

这里还需要注意，这种抵抗是连续性的，不能是抵抗了一天，第二天就不抵抗了，甚至于补跌，所以空仓者遇见第一天抵抗不能轻易认定马上追进，有仓位者可以折中减仓一半，或者暂时全减仓也可以接受。

2. 快速反击

有的强庄股遇到打击时，当时是跟随大盘的，但是在大盘止跌后立刻报复性反击。

二、与同类股进行比较

1. 与同板块股比较

板块联动是较为明显的一个规律，常常表现为齐涨齐跌。而较强主力介入的个股，在大部分基本条件相差不大的条件下，则会在走势上强于同类板

块中的个股。

这个板块必须是即时强势板块，如果是弱势板块那就没有意义。

2. 与技术指标类似股比较

股价走势与坏的技术指标乖离。

MCST 是最重要的判断个股强弱的指标。

三、与大盘进行比较

1. 独立走势规律明显

这种独立走势通常是通道走势，有上升通道，也有横向箱体通道。

2. 阳线明显强于阴线

单纯从 K 线判断：一般强主力股多表现为红多绿少，这表明涨的时间多于跌的时间，阳 K 线的实体大于阴 K 线的实体，主力做多的欲望较强，市场的跟风人气也比较旺盛。可经常性观察到，个股在上涨时力度比较大，在涨幅的前列常常看到它的影子；而下跌时幅度却远远小于其他个股，并且成交量高于盘中个股的一般水平。

3. 发现规律

发现强势控制股的规律，比如支撑位、压力位或者技术指标行动点更是重要，这可以让我们更有效率地"劫生辰纲"。

四、股性

1. 有固定的强主力关照

习惯性指强庄股，只要大盘一有表现或者一有其他什么上涨理由，股价立刻就反应。而弱势股则落后大盘一个甚至数个节拍。

2. 成交容易度

强势股的特征是：你挂买单不容易成交，甚至有人立刻挂在高于你的价位；挂卖单很容易成交，立刻有人吃；如果你砸盘马上有接盘或者反击，甚至在大盘强势时，你刚把上方的几档较大卖单吃掉，股价立刻就拉升上涨一个台阶。

弱势股的情况正好与强势股的情况相反。

修炼 13
黄金坑后的经典操作原则

什么叫作黄金坑?

黄金坑是指大盘或者个股意外大跌后立刻呈现强势,股价下跌是快速且有一定幅度的,股价上涨也是快速且有一定幅度的,黄金坑的低点也是买点。

黄金坑的经典表现形式有:

(1) 大盘正在走强势上升通道,突然出现非实质性的大跌。

(2) 大盘在相对底部的区域,突然出现意外非长久性质原因大跌。

(3) 大盘在相对低的区域,出现政府不愿意看到的意外大跌。

黄金坑出现后是比较好的把握机会的时刻,具体该怎样操作,有哪些操作原则和技巧,下面我就做个总结备忘。

一定要学,一定要会。

一、总体把握原则

(1) 必须是强势市场中的非实质性利空导致的意外大跌。

(2) 必须是在相对低的区域出现的意外大跌。

(3) 必须是政府明显不愿意看到的意外大跌。

(4) 必须是意外的大跌,抄底时需要注意分批的原则,另外在节奏上、选股上、盈利模式上也需要有原则和注意点,后面会谈到。

二、前阶段的初步强势股值得注意

(1) 如果大盘的下跌是短线的,比如 1~3 天,那么大盘下跌前的初步最强势股容易在大盘止跌后报复性上涨,走势会比较强(春节假期的复盘笔记也说明了这点)。

(2) 注意上面这点的同时,也需要注意如果大盘下跌时间过长,跌幅过

大，那么大盘下跌前的强势股可能会出现补跌。

三、低风险的品种值得最先注意

大盘大跌时，容易出现尖底，在尖底前后上涨和下跌速度都很快，对于这种抄底性质的操作，既要细致又要稳健，最好是采取分批的策略。

最先抄底的品种应该是：

（1）跌破面值且效率高的转债。

（2）有现金选择权或者全额要约收购价格保护的股票。

（3）已经出现强势的大盘指标股（在大盘反弹迹象明确后应该换成其他股）。

四、抄底的组合性原则

抄底时，如果资金比较大，只买少数股会有一定的操作难度，这样需要建立组合。常规的组合方式有：

（1）有时有领头板块出现，此时可以追涨龙头板块的龙头股。

（2）有时有热门板块，需要作为组合之一。

（3）筹码集中股出现了无量大跌。

（4）成交稀少的股票出现了大跌。

（5）有较大题材的股票出现了大跌。

五、特殊的方法

（1）有大额增持或者回购预案的股票。这些股票容易在大盘初步反弹时实施增持或者回购动作，包括公告都会导致股价大涨。

（2）有非实质性的利空。有些股票（符合万能公式）已经出现了较大幅度下跌，在大盘止跌后的初期，如果公告大小非减持等非实质性利空导致股价低开或者大跌，止跌后需要注意。

（3）近期有利好或者爆破点的股票。在大盘低位开始上涨的初期，利好或者爆破点的刺激比以往要大。

（4）筹码集中股出现强势。大跌容易刺激强庄股，强庄股一旦走强，往往直接拉升，容易连续涨停。

（5）远低于成本线连续价涨量增的股票。这种股票容易是新庄股，往往攻击力度比较大。

修炼 14
怎样判断大宗交易信息

股市分析并不是只有技术分析、基本面分析，信息分析也很重要。另外，分析不是你先入为主地给个理论定论，而是把图形指标信息、基本面分析信息、异动信息、规定披露信息结合股价的波动，找出其中的规律，然后利用这个规律进行实战操作。

大宗交易是常见信息，而且是机构大户的交易信息，同时还往往有数量大、有折溢价率等特点，这些都给我们提供了比较硬的判断依据，对于大宗交易信息的分析判断，是职业投资者的基本功。

那么怎样分析判断大宗交易对股价的影响呢？

一、大宗交易的规则

上海证券交易所在 2013 年修订《上海证券交易所交易规则》时对大宗交易规则进行了重新规定，深圳证券交易所在 2013 年修订的《深圳证券交易所交易规则》中修改了大宗交易的相关规定。

按照规定，证券交易所可以根据市场情况调整大宗交易的最低限额。另外，上海、深圳证券交易所的规定有所不同。

其中，上海证券交易所规定（2015 年最新修订版）：

（1）A 股单笔买卖申报数量在 30 万股（含）以上，或交易金额在 200 万元（含）人民币以上；B 股（上海）单笔买卖申报数量在 30 万股（含）以上，或交易金额在 20 万美元（含）以上。

（2）基金大宗交易的单笔买卖申报数量在 200 万份（含）以上，或交易金额在 200 万元（含）人民币以上。

（3）国债及债券回购大宗交易的单笔买卖申报数量在10000手（含）以上，或交易金额在1000万元（含）人民币以上。

（4）其他债券单笔买卖申报数量在1000手（含）以上，或交易金额在100万元（含）人民币以上。企业债、公司债的现券和回购大宗交易单笔最低限额在原来基础上降低至：交易数量在1000手（含）以上，或交易金额在100万元（含）人民币以上。

（5）其他债券单笔买卖申报数量应当不低于1000手，或者交易金额不低于100万元人民币。

买卖双方事先协商，对股票大宗交易相关事宜达成口头或书面协议。

确定交易日期，买卖双方向各自托管的证券营业部进行大宗交易申报。

二、大小非如何通过大宗交易减持股票

大宗交易申报需要填写的内容包括：

（1）买卖方向（填写：买入或卖出）。

（2）对手方营业部席位号（上证席位号或深证席位号）。

（3）证券代码。

（4）交易数量（如200万股）。

（5）约定号（买卖双方设定的六位数字，如222333）。

（6）交易价格（一般是15：00收盘确定）。

买方与卖方填写的证券代码、交易数量、约定号、交易价格必须完全一致，且买卖方向及对手方席位号不能有误，才能确保交易成功。

三、判断大宗交易信息的技巧

（1）大宗交易可以作为引导信息，通过大宗交易的信息，来分析被交易股票的技术面、基本面、主力面、题材面。

（2）分析大宗交易信息时不能违反万能公式和操作系统，一切个股信息分析都必须符合在大盘安全和个股股价相对合理的前提下。

（3）如果大宗交易的接盘方是机构，对于这个现象要特别注意。

（4）如果大宗交易数量特别巨大，对于这个现象要特别注意。

（5）筹码集中股、机构重仓股的大宗交易要特别注意。

（6）对于壳资源股、有资产重组迹象个股的大宗交易要注意。

（7）在个股的中线低点有启动迹象，出现较大数额的大宗交易要格外注意。

（8）对于大宗交易价格偏离收盘价较大的现象要用后续股价波动结果来进行逻辑判断。有些是大小非给职业出货机构的现象（弱势中，数量不会特别大），有时是融资手段（在相对低位）。

（9）在明显股价高位（包括牛市后期），一切大宗交易都不是好现象。

（10）在大盘的明显低点，出现大宗交易现象可以加分。

（11）如果出现大宗交易后，股价开始逐渐走强是好现象。

（12）如果出现大宗交易后，股价出现一根大阳线后走弱，或者开始逐渐走弱，这是坏现象。

（13）如果出现比较大数额的大宗交易，大盘大跌，导致股价无量跌幅较大，在某个价位有明显护盘迹象，在大盘安全后，该价位下方遇见强势异动时可以短线投机。

修炼 15
股价涨跌的关键规律

决定股价涨跌的最直接原因是供求关系。

决定股价供求关系的因素很多，是多因一果。

这多因中最为常见和明显的因素是：价值力、周期趋势力、题材热度力、主力操纵力。

怎样理解大盘和个股价值力、周期趋势力、题材热度力、主力操纵力？这些至关紧要的定义，其他股市投资理论甚少涉及，是花氏独门思维，下面我们就来解析。

一、股价涨跌基本原理

1. 地平线

上市公司的分红率让投资者满意时的股价是地平线，股市规则规定的现金选择权也是一个特殊的地平线。

股价低于地平线时的股票是有静态投资价值的，股价高于地平线时的股票不具备投资价值，但是有投机博弈价值。

多数 A 股股票在多数时间是不具备静态投资价值的，但有投机博弈价值。A 股市场中的常见投机博弈对手有：其他与你类似的投机者、制造股市周期的大主力、大小非股东、其他常规机构投资者（常常打着投资的旗号，其实是投机）、热点游资机构、财务投资机构、重组机构，等等。

需要补充的知识点是，上市公司的经营不是静态而是动态的，这就延伸出了成长预期、动态地平线、壳价值、重组预期等概念，这些概念相对复杂且专业，我们在后文中会专篇讨论。这篇文章要解决的问题是股市的常规涨跌原理。

2. 股票净买力

股票净买力＝股票买力＋股票卖力。

股票净买力为正，股价就涨；股票净买力为负，股价就跌。

实际上，股票买卖是持续且变动的，因此有必要引入阶段时间的股票净买力概念。单位时间股票净买力的正值越大，股价上涨越猛；单位时间股票净买力的正值越小，股价下跌越猛。

单位时间股票净买力的正负值的异常，常常由机构大户资金的集中密集行为导致，有时也是由散户的情绪共振导致（消息面或者市场情绪面）。

3. 重力

当股价高于地平线时，股票自身就带有重力。

此时，股价涨跌力＝股票净买力＋股票重力。

股价涨跌力为正，股价上涨；股价涨跌力为负，股价下跌。

4. 浮力

当股价低于地平线时，股票自身就带有浮力。

此时，股价涨跌力＝股票净买力+股票浮力。

股价涨跌力为正，股价上涨；股价涨跌力为负，股价下跌。

5. 预期值

事实上，现实股市中还有主力历史成本、习惯定位、预期方向、即刻情绪等，我把这些力量统称为预期值。

预期值常常决定着买家、卖家的出价高低与意见分歧度，它也与股价的涨跌速度有着很大的关系。在股市参与者意见一致时，较小的力量就能导致股价涨跌较大。

6. 股价涨跌

股价涨跌＝股价涨跌力+股价预期值。

二、股价涨跌的常见方式

1. 周期趋势力

因为市场就是各方力量相互作用的结果。

（1）大盘周期。大盘有牛熊周期。

（2）行业周期。上市公司的景气度有经济周期。

（3）热点周期。个股有冷热度阶段周期。

（4）情绪爆破点周期。个股还有各种各样的爆破点，这些爆破点在《千炼成妖》《万修成魔》中有所统计总结。

（5）随机量能。各种各样的随机因素也能决定股价的涨跌，比如大股东的投机嗜好、某个大户的随机买卖，因此这就引申出好公司不一定是好股票、坏公司不一定是坏股票的问题。

2. 题材热度力

题材是第一生产力。

（1）突发强题材。这类题材是游资最爱，常常引发较强的板块行情。

要判断出题材的强度，主要是刺激情绪的强度。

（2）个股利好利空题材。个股利好利空题材往往导致锦上添花或者落井下石。

实战中需要统计发现规律，然后利用规律，特别是对于定期报表等常规

事件。

（3）主力人为设计题材。主要体现在平衡势的热点板块投机、中级行情的热点、大盘新行情的启动或者维持、弱势常规机构的抱团取暖。

（4）壳题材。收购、保壳、业绩"洗澡"、整体上市、避免同业竞争等是一个常规大题材。

3. 主力操纵力

主力是最重要的信息。

（1）重套自救。每当到市场低位时，都会出现许多主力重套股，其中一定有日后自救股，这个机会是大涨幅的重要原因之一。

（2）主力的风格。有些主力机构是有风格规律的，其中的机会需要注意。

（3）即时的量价关系。短线强量价关系是大盘强势背景下最简单的直接机会。

（4）再融资利益。许多进行再融资的公司，为了再融资的利益，会在一些股价活跃上努力。

（5）减持动力。许多大小非的减持是拉升股价上涨的动力，要熟悉这方面的案例。

（6）配合主力行为的信息。上市公司的某些信息是为了配合主力机构一个阶段的操作，这点不能有固化的简单思维，要有连续逻辑，要注意观察其中的盲点。

修炼 16
职业操盘手是怎样炼成的

成功的交易者，是不玩骰子游戏的。纯粹由运气决定的事情，他们会直接回避。就算偶尔接受风险，能接受的也只能是"胜率超过50%"，或者最好"胜率远远超过50%"的决策，并且要有合理的收益风险比、组合增强手段以及资金力量的支持。

其实，除了思维、天赋异于常人，职业操盘手的综合投入也是一般人无法比拟的，一方面练习专业技能，另一方面其付出的时间、精力、代价是90%人的无数倍。这世界从没有什么简单的赚大钱技能，只有亲身经历过，才知道其中的艰辛。

其实职业和业余的差距还是很大的。千万不要试图用自己的业余爱好去挑战别人的吃饭本事，然而总有自以为是的人，觉得一切看上去都很简单，觉得自己出手就能秒杀专业人士，这是一种可怕的想法。

下面我来谈谈优秀职业操盘手不为人知的一些思维、阅历、股功和努力。

1. 基础素质的高低决定专业素质的高低

基础素质主要包括学习记忆能力、独立思考明辨是非的能力、逻辑博弈能力、社会资源的组织应用能力。

2. 胆识能力

见多识广，熟悉历史，走过万里路，敢于打破自限，敢于拓展自己的生活半径。基础素质与胆识还不是一回事，有些基础素质高的人有自限，缺乏应有的冒险精神和超出常人的勇气。

3. 入对门

对于 A 股的本质有客观了解，A 股分红差，法规初衷倾向于融资功能，是典型的政策市、消息市、主力市，所以投资思维必须是选时投机博弈思维，这是经过实践检验过的。

对于操作系统投资思维必须坚持，50 年不变，100 年不动摇。最优秀的操盘手是经历过其他门派死过一次然后皈依操作系统思维门派的，最幸运的是入门就走正道的，最绝望的是入邪门赔钱还超级自信的。

4. 专业阅历

有过散户、大户、机构的阅历，熟悉券商、私募、公募、监管实战角度，了解市场各类参与者的优缺点和规律习惯。

敬畏市场，知道即使正确的股市实战技术也只是一种概率技术；知道六分心态、三分技术、一分运气；知道没有绝对的事物，没有百战百胜的高手。

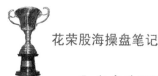

5. 坚定的理性控制力

信奉确定性、高概率、顺势原则，有组合增强手段、资金力量、特别信息、优势的交易渠道和交易权限。

6. 极强的风控敏感力

不会出现股灾失误，不会出现大行情头部的大失误，不会重仓被"黑天鹅"所伤，不会出现任何情况下的大失误。

能心态坦然地接受不可避免的小失误，空仓等待机会的心态平和。

7. 运用社会资源

在资金方面，穷则兼济天下，达则独善其身。在能力方面，穷则学习天下，达则兼济身边。

要注意积累运用专业的社会资源，要用专业资源与其他领域的成功者交换资源，群英结党互助挺重要的，单打独斗难以抗衡社会的各种天灾人祸。

8. 统计分析手段

花门的优势是统计分析总结手段，互助组的工作持续不懈，保持对市场的敏感性，强度和敏锐度应该不弱于专业的情报部门。

框架整体思维、阶段盈利模式（包括做空、固定收益）和市场关键点要时刻心中有数。

9. 快乐投资

炒股是为了生活得更好，不是为了做股奴。

享受快乐投资的过程是一种能力，也是一种素质，更是一种气质。

坚持有知者无畏，坚持开放自己的能量与股友的能量共济。

修炼 17
股票下跌前夕的典型征兆

股市投资技能包括两方面，一方面是抓住机会获利的能力，另一方面是防范风险避免亏损的能力，两者同等重要，但是由于人性贪婪，多数人都是一根筋，更为注意抓机会或者注意学习抓机会的能力技术，而忽视同等重要的防范风险的注意力投入和技能学习，下面我们就来专门总结一下防范风险的技能方法。

一、大盘的下跌征兆

1. 强势时的下跌征兆

（1）当 PSY 指标 80 以上。大盘连续大涨、获利盘比较大时，面临短线回调压力，股指一旦回调大部分强势股容易短线急跌。

（2）连续两根中阴线。强势市场很难连续两日中阴线，出现这种情况说明有大机构出货，需要提高短线警惕，暂缓短线做多行为。

（3）高位跌破重要均线。指数上涨通常是沿着均线或者是上升通道上涨，指数跌破 10 日均线是警示短线风险，指数跌破 30 日均线是警示中线风险。

（4）高位放量滞涨。指数中长线上涨后高位放量（天量）滞涨或者高位放量大跌，第二日依然弱势，需要注意大顶产生。

（5）中级行情敏感时间的断头铡刀。指数中级行情常常是一个月左右的时间，或者是一个重要事件题材的炒作时间，一旦在高位出现断头放量大跌，应第一时间避险。

（6）政策预警后再涨 10%。A 股在出现过热后，管理层会出实质性利空预警，经常是利空震荡后，指数再度上涨，当再度上涨达 10% 左右时，一旦指数出现不良征兆，要格外注意。

2. 平衡势时的下跌征兆

（1）箱体上沿时。当指数箱体波动，指数到达箱体压力位时没有明显价涨量增，要注意指数的回落箱底走势。

（2）热点消退。当指数处于平衡势时，热点、强势板块处于高位消退时，指数存在回调压力。

（3）利空出现。平衡势怕比较大的利空冲击，也怕利好出尽。

（4）技术指标恶性。当主要技术指标处于不良状态时，比如 MACD 处于弱势趋势时，指数下跌概率较大。

（5）箱底长时间弱势。当指数在箱底持续弱势，无力往箱体上沿靠拢，要防止箱底破位。

（6）低量平衡势。低成交量的窄幅平衡势，久盘必跌。

3. 弱势时的下跌征兆

（1）利空出现。弱势市场只要有利空就会有一定程度的下跌。

（2）非实质性小利好出现时。非实质性小利好出现，指数出现高开回补缺口后，容易进一步下跌。

（3）资金紧张时。当社会资金紧张时，比如季度末，大盘容易下跌。

（4）无量阴跌。指数距离30日均线无量时，容易持续阴跌。

（5）无量反弹到30日均线。指数无量反弹到30日均线附近，容易反弹到位出现波段下跌。

（6）技术指标不佳时。当MACD指标不佳时，容易出现周线级别的下跌。

二、个股的下跌征兆

1. 强势时的下跌征兆

（1）高位逆势放量下跌。有一些熊市逆势上涨的股票遇到大盘走强后放量杀跌，这种股票容易长时间下跌。

（2）涨幅较大后调整。前期大涨过，出现常量空头排列走势的个股容易长时间调整。

（3）高位放量滞涨的个股。这是一种机构出货的常见征兆。

（4）"二八现象"中的弱势股。有时一个强势板块，特别是大盘强势板块会对小盘弱势股产生虹吸现象，这种虹吸现象也有一定的杀伤力。

2. 平衡势时的下跌征兆

（1）题材热点兑现。题材兑现或者热点已过的前期热门股容易中线调整。

（2）技术该涨未涨。给出漂亮图形或者规律图形的个股，或者技术给出买进信号的个股，一旦有下跌迹象，常常调整时间较长。

（3）大阴盖大阳。在平衡势中，一些机构的常见出货手段是先拉一根大阳线，然后就出货，这样的股票容易中线大跌。

（4）大盘调整时的弱势股。大盘有明显危险，指标形态与大盘一致的个股，也会同步于大盘下跌，甚至会跌得比大盘还多。

（5）平衡势中下跌股。有时指数的平衡势是大主力 PS 指标股造成的，此时的弱势板块下跌幅度也是很有杀伤力的。

（6）强势板块中的弱势股。这类股票该涨时不涨，一旦该板块下跌时，跌得不比别的股少。

3. 弱势时的下跌征兆

（1）空头低量。均线空头趋势又无成交量支持的个股容易中线下跌。

（2）大阳线后立刻走弱。偶然出现的一个放量大阳线，第二天股价立刻走弱，甚至直接低开的股票，容易中线调整。

（3）出现大阴线。在弱势中，个股出现第一根大阴线甚至第一个跌停后，股价容易中线调整。

（4）出利好不涨。股票出利好不涨，股价容易下跌。

（5）出利空的个股。出利空的个股容易中线调整。

（6）技术指标。在弱势中，大部分普通股票的指标卖出信号都比较准。

（7）抗跌股补跌。有的股票，大盘是跌势时抗跌甚至逆势上涨，大盘一旦止跌或者反弹时开始下跌。

（8）优点突出但走势不理想。没有优点，没有消息，就不会狠狠地套你，你自己或者别人特别看好，但是股价又走势不理想，容易出人意料地下跌。

修炼 18
个股波动规律的研究分类

股票的波动是由人们买卖造成的，人是有性格的，也是有股票买卖方面的性格的，导致了股票也有性格，股票的性格是由关注者的性格集合决定的，是由一个或者几个最强大的关注者决定的。炒股分析股票的性格、股票的波动规律很重要，如果你的资金实力不够强大，只有顺着你关注的股票的性格、波动规律才容易挣钱。

下面，我就自己的经验和统计数据来总结一些类型的个股性格、个股波动规律。这个理论是花氏独门理论，很重要，也很实用，需要有意识并不断地增强这方面的能力。

一、金融股的波动规律

金融股是 A 股中最重要的板块，是带动指数最大的板块，是业绩最优良最稳定的板块，也是规律性特点最明显的板块。

1. 银行股

（1）总体板块波动特点是股价相对稳定，大盘中小波动时抗涨抗跌。

（2）在大盘大跌时逆势护盘托指数。

（3）大盘长期低迷后是新行情的点火板块。

（4）大行情如果落后涨幅太多，一旦补涨也会有一波行情。

（5）基本面最好的银行股在弱势中容易是公募基金的抱团取暖股，走势独立。

2. 保险股

（1）股性类似于银行股，是银行股的同盟。

（2）保险公司是二级市场的重要主力，大盘牛市中初期重仓股一旦启动，强于大盘。

（3）保险公司重仓股曾经有过年底做市值的历史。

（4）举牌过的中小市值股一旦价量关系突出，容易成为连板股。

3. 券商股

（1）在平衡势或者弱势市场中，券商股有时会率先反弹，是反弹的主力板块。

（2）在牛市大行情中期，券商常常会有一轮较大的板块行情。

二、白马蓝筹股的波动规律

这里白马股的突出代表是家电绩优股、金融绩优股、白酒绩优股、医药绩优股、高价绩优股。

（1）是弱势中的活跃股、公募的抱团取暖股、北向资金的重仓股，可以根据 MCST 战法操作。

（2）在牛市中涨幅落后于中小市值股。

三、ST 股的波动规律

（1）非 ST 股变成 ST 股的过程中常常有一轮单边大跌的走势。

（2）因为特殊事件变成的 ST 股，以及壳不干净的 ST 股（债务纠缠）比较危险。

（3）有基本面转暖迹象的央企低价 ST 股在低点和价量关系好的时候存在机会。

（4）干净壳且有资产注入迹象的股票存在着较大机会。

（5）每年年底年初是有摘帽可能 ST 股的活跃期，也是该类股票保壳措施消息出台的时间。

四、筹码集中股的波动规律

1. 螺旋桨股

（1）螺旋桨股通常走势抗涨抗跌。

（2）螺旋桨股的走势常常落后大盘一个节拍。

（3）螺旋桨股喜欢拉尾盘。

（4）在牛市的调整期，滞涨的螺旋桨股会逆势上涨。

（5）螺旋桨股一旦走势连续，常常会出现较大的单边行情。

（6）对于高位的螺旋桨股要防止补跌，这种补跌常常是连续跌停方式的。

2. 十大流通股东有机构的股

（1）要熟悉机构的操作风格，有长线坐轿不动的，有主动攻击的，有押注资产重组的，有专门参与定增的，有押注大消息的，要研究并熟悉机构的操作风格。

（2）在强势市场，技术走强的股要重视。

（3）在弱势市场，机构重仓股如果大跌，要跑快一点。

五、大停牌注入资产股的波动规律

对于大股东准备注入资产的，或者是强机构注入资产的股票，要有关注的耐心，因为一旦抓住机会就是大机会；对于建仓的速度也要有耐心，因为大股东资产注入希望占有更多的股份，这样股价越低对资产注入方越有利，股价上涨无动力，甚至关联机构会希望股价下跌到它们认为的较理想的低价格，所以建仓最好是逢低和分批。

六、次新股的波动规律

次新股的常见主力是游资、解禁的大小非。

（1）次新股上市的第一年具有业绩好、流通市值小、有送转股的潜力，容易成为游资的攻击目标，对于其中基本面好、走势强、符合强势热点的可以多加注意。

（2）对于有大小非减持题材、中线走势相对强的个股可以多加注意。

（3）对于上市时间不长，就立刻成为机构重仓股的次新股可以多加注意。

（4）对于定位较高，基本面走势平庸的次新股要多加警惕。

（5）上市第二年基本面立刻大幅下滑的次新股要特别警惕。

七、机构减持股的波动规律

机构重套股股价走势常常陷入沉闷状态，只有想出货的时间、出利好的时间、大盘连续走强后、符合新热点时才容易出现上涨。

八、阶段强势股的波动规律

每个阶段都会有机构偏好的股，或者因为热点题材而出现阶段活跃股。

（1）这些股总体比其他板块活跃，经常位列板块涨跌的前几名或者跌幅的前几名。

（2）可以根据 MCST 战法操作。

九、弱势股的波动规律

弱势股主要指股价低于 MCST 线且走无量下降通道的股票。

这类股票只要无连续强量、热点题材、爆破点，不能轻易持有；不能因为平庸的技术买点而买进。注意，这是一个常见错误。

十、低价股的波动规律

（1）低价股容易在大盘中线超跌、短线再度大跌后活跃，是暴跌后进行反弹的目标股。

（2）业绩"大洗澡"股在历史最低点有中线潜力（但基本面要分析准）。

（3）要防止面值连续低于 1 元的股，它会 20 个交易日退市。

（4）低价股中的央企小市值股容易出现机会。

（5）低价股中大市值、基本面较差又不连续亏损的股最不活跃。

十一、破净股的波动规律

破净股的走势通常比较沉闷，抗涨抗跌，但是有一个好处是买卖单都比较大，几千万元级别的资金适合在大盘安全期短线套利。

十二、军工股的波动规律

军工股的走势通常是在大盘不好的时候短线急涨一下，一涨就是短线大阳线，但是连续性一般，更不容易出现单边走势。做军工股需要注意消息面题材和短线价量关系的第一时间进出。

十三、科创板的波动规律

科创板的交易规则有别于主板，主要是新股前五天无涨跌停板和此后的涨跌板为 20%。在大盘暴跌时，又由于缺乏散户接盘（50 万元保证金的门槛）容易跌幅较大，可以作为暴跌后的抢反弹品种，也可以作为突发强题材

股的组合之一。

新的注册制创业板也有类似的交易规则，由于门槛低（10万元保证金），应该更有优势，可以适当细加研究。

十四、普通定增股的波动规律

普通定增股主要是吸纳资金投向上市公司自己的经营项目的定增。

（1）这类定增股在定增前期容易出现在某一个稳定价位附近抗涨抗跌的稳定走势。

（2）定增解禁前后，盈利股有一定的风险，被套股在行情适合时有自救动力。

十五、期货关联股的波动规律

期货关联股主要指主营产品是期货交易的品种，或者是期货交易品种的上下游关系品种。

（1）突发大刺激消息容易导致这类股短线较大涨跌。

（2）期货品种长期单边大涨跌会带动关联的股票涨跌。

十六、其他股的波动规律

上述只是一部分板块的总结，还需要对其他板块的波动规律继续总结。

（1）要对一只个股的独特股性进行总结和利用。

（2）有一些机构也会有一些独特的操作风格。

（3）总结的方法是放在自选榜上熟悉，也可以观察统计历史K线规律。

修炼 19
股票大停牌前的常见征兆

股市里没有新鲜游戏，人们的博弈都是围绕着规则和利益展开的，熟悉历史案例能够非常有效地提高投资者的博弈套利能力。股票大停牌进行重大重组甚至完全更换内核，常常能导致股价短线以连续涨停的方式上涨，捕获大停牌股是 A 股中最重要的获利技术和获利手段。现在，我们就以统计历史案例的手段来总结归纳一下大停牌股发动前的征兆迹象，这个技术一定要学，一定要用，一定要学会并用好。

一、实例回放

1. 三六零（601360）

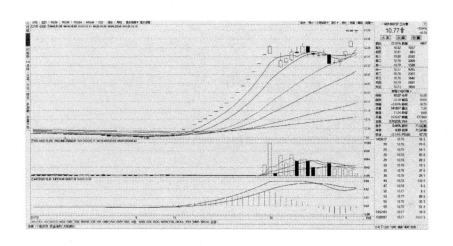

图 1-1-1　三六零（601360）

（1）大盘背景。中小板指数于 2017 年 3 月 7 日停在倒数第二个高点 6870 点，4 月 14 日停在 6867 点，开始了波段下跌，5 月 11 日到达低点 6291 点，6 月 2 日形成双底 2 次低点 6318 点，之后大盘在指数指标股的走强带领下走上了上升通道，6 月 9 日收盘于 6695 点。

（2）停牌前的波段走势。股票停牌前的名字叫江南嘉捷，是个壳资源股。2017 年 3 月 27 日的最高价是 12.59 元，然后股价连续单边下跌一直到 2017 年 6 月 2 日（停牌前倒数第 6 个交易日），跌到最低点 7.96 元，之后的六个交易日是两个两小阳带一阴十字星的组合，2017 年 6 月 9 日停牌。

（3）停牌前的三天走势。两小阳带一阴十字星的走势，停牌前的最后一

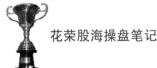

个交易日是阴十字星，上午震荡下跌尾市回收。

（4）规律总结。先于指数下跌，大盘下跌时跌势超过指数，最后波段和最后三个交易日走势弱于指数，尾市有小异动。

（5）复牌后的波段走势。连续 19 个涨停，涨停开盘后横向整理，之后又 4 个涨停。这是知名企业借壳上市的经典案例。

2. 国网信通（600131）

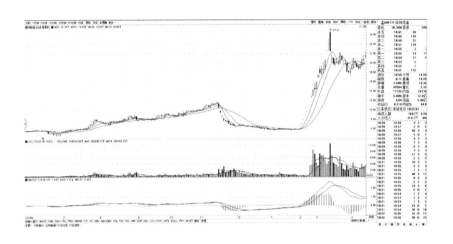

图 1-1-2　国网信通（600131）

（1）大盘背景。2018 年 11 月 15 日前沪指呈震荡下跌走势，11 月 15 日的沪指收盘指数为 2632 点，之后指数又涨了两天，然后开始震荡下跌。2019 年 1 月 4 日沪指跌到阶段低点 2440 点，然后开始上涨，1 月 24 日的沪指收盘指数为 2591 点。

（2）停牌前的波段走势。股票停牌前的名字是岷江水电，是个壳资源股，市场一直有其要被借壳上市的传闻。股价 2018 年 11 月 15 日前走出了强硬的独立上升通道走势，该日收盘价为 11.98 元的阶段高点。11 月 16 日，风云突变，股价开始出现连续跌停的暴跌走势，2019 年 1 月 4 日股价跌到阶段低点 5.96 元。之后横盘走势，1 月 24 日停牌时的价格为 6.19 元。

（3）停牌前的三天走势。停牌前三天的 K 线图为两小阳夹一小阴，最后一个交易日没有明显异动征兆。

（4）规律总结。先是独立上升通道的强势走势，然后先于大盘下跌，跌幅远超大盘，打压迹象明显，最后三次交易稍微强于大盘，最后交易日无明显征兆。

（5）复牌后的波段走势。2019年2月15日复牌，连续9个涨停，涨停开板后，继续强势上涨，股价最高涨到3月13日的27.54元。

3. 国网英大（600517）

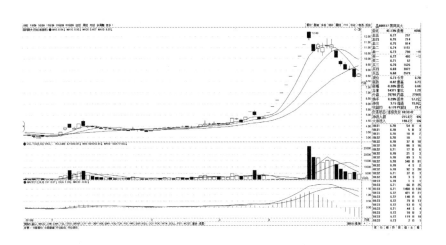

图 1-1-3　国网英大（600517）

（1）大盘背景。2019年1月4日股市见底，之前是震荡下跌走势，之后是上涨走势，且走势越来越强，1月4日的沪市最低点为2440点，3月15日的沪市收盘指数为3021点。

（2）停牌前的波段走势。股票停牌前的名字是置信电气。2019年1月3日，由于大盘前期急跌原因股价处于历史最低价附近3.23元。1月4日大盘见底后，一周内出现了三次涨停，股价上了一个台阶，之后横盘走势，3月15日小阳收盘，股票停盘。

（3）停牌前的七天走势。股价先是两个涨停，然后两根中阴线压低股价，最后一天涨幅不大但有异动买盘迹象。

（4）规律总结。低位股有抢筹迹象，然后横盘，停牌前一周有抢筹迹象，停盘前有压盘迹象，最后一天有买进异动但收盘有节制行为。

（5）复牌后的波段走势。股票复盘后，10个涨停，然后见顶回落。

4. ST昌九（600228）

图1-1-4　ST昌九（600228）

（1）大盘背景。2019年10月14日是该年度箱体波动的上沿位置3007点，随后大盘震荡上飘，指数在2020年1月14日曾经达到过3127点，之后受新冠肺炎疫情影响开始下跌，春节后出现过九连阳的反弹，再度下跌，3月19日指数到达阶段最低点2646点。

（2）停牌前的波段走势。ST昌九在2019年10月14日的股价位于阶段高点，基本面处于年报预亏的状态，11月27日股价跌到阶段低点后开始横向波动，之后受疫情影响股价跌到历史性的低价5.43元，开始横盘，停牌前的最后三天，连续三根阳线，其中两天涨停。

（3）停牌前的三天走势。股价先是打压四天，之后连续三根阳线，其中两天涨停，最后一个交易日开盘后直接冲击涨停，股价收在6.13元。

（4）规律总结。有过明显打压，也受到大盘下跌带动，股价停牌前达到过历史最低价，停牌前股价有先打压后强势异动征兆。

（5）复牌后的波段走势。复盘后，股价连续 8 个涨停，开板后短期强势横盘后股价再度上涨 50%。

5. 绿景控股（000502）

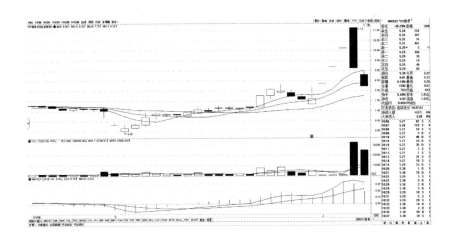

图 1-1-5 绿景控股（000502）

（1）大盘背景。2020 年春节前半年，深市指数箱体震荡，春节后宽幅震荡。

（2）停牌前的波段走势。春节前，股价长期低位独立横盘，抗涨抗跌。春节后受疫情和大盘下跌影响，股价在 2020 年 2 月 4 日到达历史低价 5.88元，之后股价跟随大盘上涨。

（3）停牌前的七天走势。先是三根强势阳线，然后两天阴线震荡，最后一天低开收阳宽幅震荡，曾经摸涨停，后收出微涨的长上影中阳线。最后一天异动明显。

（4）规律总结。股价长时间低位独立横盘，到达最低股价反击明显，之后出现明显异动。

（5）复牌后的波段走势。复牌后股价连续三个半涨停。

6. 居然之家（000785）

（1）大盘背景。2018 年 10 月 10 日前深成指震荡下跌，之后震荡下跌形成双底，两个底的时间分别是 2018 年 10 月 19 日和 2019 年 1 月 4 日，之后指数震荡上涨。

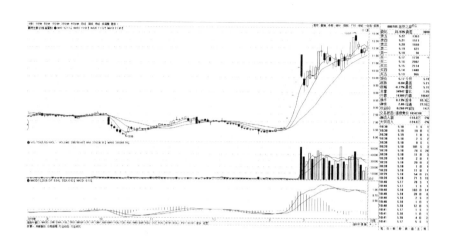

图 1-1-6　居然之家（000785）

（2）停牌前的波段走势。停牌前股票名称为武汉中商。2018 年 10 月 9 日股价长时间低位横盘，10 月 10 日后连续下跌，股价达到最低点 6.09 元，之后形成长时间的双底，2018 年 12 月 25 日到达次低点 6.27 元，2019 年 1 月 9 日为停牌前最后交易日。

（3）停牌前的 5 天走势。连续五根小阳线。

（4）规律总结。有顺大盘跌势打压迹象，在低点附近停牌，停牌前有轻微加仓收集迹象。

（5）复牌后的波段走势。复牌后连续五个半涨停板。

7. ST 宏盛（600817）

（1）大盘背景。2019 年 8 月 6 日（2733 点）至 11 月 4 日沪指震荡上涨，11 月 5 日股价开始下台阶，2019 年 12 月 3 日指数到达波段低点 2884 点，之后沪指上涨，2020 年 1 月 6 日收盘指数为次高点 3083 点。

（2）停牌前的波段走势。2019 年 8 月 6 日至 11 月 4 日低位独立横盘，11 月 5 日股价开始下台阶，2019 年 12 月 3 日股价到达最低点 6.89 元，然后股价上飘收复平台，2019 年底股价洗盘下跌，最后两个交易日出现两个平开后的冲涨停走势，2020 年 1 月 6 日收盘后停牌。

（3）停牌前的五天走势。第一天摸跌停打开的中阴线，跟着两根微涨的小 K 线，最后两天涨停。

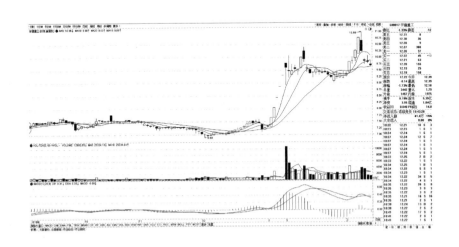

图 1-1-7　ST 宏盛（600817）

（4）规律总结。停牌前一阶段明显弱于指数，并把股价压制在低位，最后几个交易日异动明显。

（5）复牌后的波段走势。复盘后四个涨停。

8. ST 夏利（000927）

（1）大盘背景。2019 年 8 月 29 日指数处于箱体的中间位置深成指 9398 点，11 月 1 日处于箱体的中间位置 9802 点，之后上飘走势，12 月 5 日处于深成指箱体中间位置 9799 点。

（2）停牌前的波段走势。2019 年 8 月 29 日股价是阶段性的高点 4.1 元，之后单边下跌，到 11 月 1 日股价跌到 3.23 元，之后呈独立横盘走势，12 月 5 日的停牌收盘价为 3.62 元。

（3）停牌前的五天走势。小阴线后面是两根中阳线（后一根摸涨停），之后是两根小阴线，最后一个交易日尾市有些异动。

（4）规律总结。最后阶段走势弱于大盘，股价处于低位区停牌，最后五个交易日有异动。

（5）复牌后的波段走势。复牌后五个半涨停。

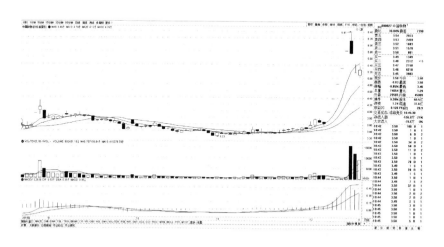

图 1-1-8　ST 夏利（000927）

9. 楚天科技（300358）

（1）大盘背景。2019 年 4 月 10 日创业板指数处于阶段高点 1726 点，之后指数下跌，6 月 6 日创指到达阶段低点 1416 点，然后指数上漂，12 月 9 日指数到达 1721 点。

（2）停牌前的波段走势。2019 年 4 月 10 日股价处于阶段性的高点 9.98 元，之前从 60 元跌下来，之后单边下跌，11 月 18 日股价跌到 6.16 元的阶段低价，之后横盘窄幅波动，12 月 9 日停牌时的收盘价为 6.44 元。

（3）停牌前的五天走势。之前四天小涨，最后一天出现微跌的阴十字星，尾市有微弱异动。

（4）规律总结。走势弱于大盘，在较低价格区停盘，停盘前微弱异动。

（5）复牌后的波段走势。复牌后两个涨停。

二、规律注意点总结

（1）个股 K 线与大盘指数比较更直观。

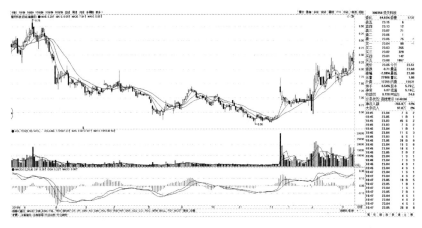

图 1-1-9　楚天科技（300358）

（2）楚天科技重组案例是创业板重组股停牌前后的走势代表，之前创业板法规不许借壳上市，从 2020 年开始，法规已经更改，创业板股票也可借壳上市。

（3）ST 夏利借壳上市案例是基本面差的国企股借壳上市代表，这个例子需要记住的是，第一，国企壳特别是央企壳重组的可靠性更强一些；第二，低位的股票停牌重组有利于重组方注入资产，原本市场传闻重组方借壳的目标是自己控股的国有股份，这也符合正常逻辑，但是国有股份股价处于高位，结果出乎意料的重组方借壳了 ST 夏利。

（4）ST 宏盛重组案例是大股东注资自己控股的壳的典型代表。需要注意的是，停牌时间是股价低位，之前有过买壳行为，有过要约收购控制住壳的行为。

（5）居然之家借壳上市案例是有卖壳事先征兆的壳资源股的案例，这类股需要长期盯牢，遇见大盘相对低点适当中线分批持有。

（6）绿景控股也是事前征兆比较明显的案例，其征兆是一直在卖原有资产，合适的介入点是大盘的阶段低点。以后，遇到大盘弱势中的阶段低点后，翻股票时要把借壳上市题材股作为最重要的工作。

（7）ST 昌九是大股东变换、有重组迹象的案例，合适的介入点是大盘的阶段低点和个股的低点同时存在。这类股出现强势时，可以适当短线高抛。

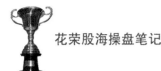

（8）国网英大是央企向自己控制的壳注入资产的案例，这类股合适的介入点是大盘的阶段低点和个股的低点同时存在。

（9）国网信通是吐露风声后股价走强，然后把股价打下来的经典案例。在大盘处于强势时，这类股占组合持仓的比例不能太高，因为在局部时间股价被压制，容易影响心态。

（10）三六零是海归借壳上市的案例，被借壳个股存在着压制股价的征兆。

（11）最后的综合总结：

第一，明显的借壳或者重组迹象有：大股东更换，局部要约实现控制权稳固、大量卖原有资产。

第二，强企业或者大股东借壳上市时希望被注入的资产占有更多的股份，因此希望股价相对低一些。

第三，事先涨幅过大的股有被打压股价的可能，中等涨幅股价的股有被压制股价的可能，而低位的个股在停牌前可能会出现强势征兆。

修炼 20
在超低价股中寻找黄金

在股市中最让人兴奋的事情是消息题材面的超预期以及业绩的良性质变，这两种情况都相对容易产生于低价股群体中，再加上低价股更容易吸引游资的注意，群众基础也好于高价股，因此研究短线投机就不得不研究低价股的机会。股海生涯 30 年，我自己获利幅度较大的个股基本上也是低价股，感觉非常有必要专题研究一下，并把捕捉低价股机会当作一项重要的技术，投入相当的精力。

下面我统计一下 2020 年 1~5 月部分涨幅较大且有可复制操作性低价股的情况，作为一个低价股的经验总结。

一、央企低价股

央企低价股是相对稳健的低价股，退市概率较低。

1. 南国置业（002305）

涨幅情况：2020 年 2 月 4 日股价最低价为 1.61 元，2020 年 3 月 6 日最高价为 3.06 元，后面又有一个"地天板+涨停板"。

内能分析：大股东是央企中国电建（购买大股东股权时领导曾经说过与公司一起建设雄安新区），流通股东中有银河证券被套，大宗交易频繁。

点火因素：房地产板块有些媒体小刺激与板块短暂热点。

2. 供销大集（000564）

涨幅情况：2020 年 4 月 20 日最低价为 1.91 元，2020 年 5 月 20 日最高价为 4.55 元，期间有过两轮凌厉上攻。

内能分析：大股东海航公告将把股权转让给二股东央企供销总社，并有偿还业绩补偿的题材。

点火因素：媒体公布深度发展电商扶贫的消息，电商概念均有所活跃。

二、低价重组股

捕捉重组题材，是投机低价股最重要的模式。

1. 沙钢股份（002075）

涨幅情况：2020 年 2 月 4 日股价最低价为 4.99 元，2020 年 5 月 18 日最高价为 14.75 元，期间有过两轮凌厉上攻。

内能分析：拟收购 GS 公司，钢铁企业进军 IDC 行业。

点火因素：股价见低点后先是跟随大盘上涨，后独立上涨。

2. 莲花健康（600186）

涨幅情况：2019 年 6 月 5 日股价最低价为 1.22 元，2020 年 4 月 10 日最高价为 3.68 元，独立强于大盘的震荡上行。

内能分析：实施重整并执行完毕重整计划，债务危机全面化解。

点火因素：重整计划。

三、个股大题材股

这种情况出现的频率最多。

1. 云内动力（000903）

涨幅情况：2020 年 2 月 4 日股价最低价为 2.34 元，2020 年 4 月 15 日最高价为 6.66 元，期间有过两轮凌厉上攻。

内能分析：混改。

点火因素：股价见低点后先是跟随大盘上涨后又独立上涨。

2. 深康佳 A（000016）

涨幅情况：2020 年 2 月 3 日股价最低价为 4.69 元，2020 年 3 月 11 日最高价为 13.61 元，期间有过两轮凌厉上攻。

内能分析：10 亿元布局半导体产业存储芯片封测项目有望年底前投产。

点火因素：已经启动，被大盘带了一个跌停。

四、主力重套股

这也是一种常见情况。

1. 省广集团（002400）

涨幅情况：2020 年 2 月 4 日股价最低价为 2.70 元，2020 年 5 月 18 日最高价为 7.89 元，期间有过两轮凌厉上攻。

内能分析：机构被重套。

点火因素：借助 RCS 概念炒作，但公司公告暂未开展 RCS 相关业务。

2. 秀强股份（300160）

涨幅情况：2020 年 2 月 4 日股价最低价为 2.70 元，2020 年 5 月 18 日最高价为 7.89 元，期间有过两轮凌厉上攻。

内能分析：机构被套。有时重要股东减持也会出现类似情况。

点火因素：2020 年 2 月 4 日，公司回复投资者提问表示，"春节前公司已通过电话会议和特斯拉确认产品的参数指标；公司已就光伏屋顶玻璃产品向特斯拉报价"。

五、热门题材股

这种情况最多。

1. 模塑科技（000700）：特斯拉概念、转债

涨幅情况：2020年1月5日股价启动价为3.96元，2020年2月11日最高价为16.50元，一口气上攻。

内能分析：转债转股。与嫡系机构被套类似。

点火因素：独立启动。

2. 保变电气（000550）

涨幅情况：2020年2月4日股价最低价为2.64元，2020年3月13日最高价为8.10元，一口气上攻。

内能分析：定增募资不超5亿元。

点火因素：特高压热点。

3. 其他类似案例

九安医疗（002432）、泰达股份（000652）、金健米业（600127）等。

六、股权转让

这是一种常见情况。

合康新能（300048）

涨幅情况：2020年2月4日股价最低价为1.97元，2020年4月8日最高价为6.14元，期间有过两轮凌厉上攻。

内能分析：美的集团间接控股。

点火因素：股权转让消息。

七、业绩质变

这种情况也比较常见。

1. 汉缆股份（002498）

涨幅情况：2020年2月4日股价最低价为2.38元，2020年5月20日最高价为6.96元，期间有过两轮凌厉上攻。

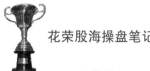

内能分析：2019 年营业收入 61.37 亿元，净利润同比翻倍。

点火因素：特高压概念。

2. 华电能源（600726）

涨幅情况：2020 年 3 月 23 日股价最低价为 1.52 元，2020 年 4 月 23 日最高价为 2.29 元，一口气上攻。

内能分析：ST 摘帽。

点火因素：年报。

修炼 21
职业操盘手的盲点基础技术

有些技术虽然是基础知识，但是非常重要，而且许多人（包括证券公司工作人员和大户）都不知道。学会这些知识能让你显得比较专业，职业操盘手对这些基础知识都是非常清楚并且经常用于实战的。

注：以银河证券海王星为例，其他证券公司软件也差不多。

一、大盘指数即时分时走势图

1. 白色曲线

表示大盘加权指数，即证交所每日公布媒体常说的大盘实际指数。

2. 黄色曲线

大盘不含加权的指标，即不考虑股票盘子的大小，而将所有股票对指数影响看作相同而计算出来的大盘指数。

参考白黄二曲线的相互位置可知：

（1）当大盘指数上涨时，黄线在白线之上，表示流通盘较小的股票涨幅较大；反之，黄线在白线之下，说明盘小的股票涨幅落后大盘股。

（2）当大盘指数下跌时，黄线在白线之上，表示流通盘较小的股票跌幅小于盘大的股票；反之，盘小的股票跌幅大于盘大的股票。

3. 中间的红绿柱线

在黄白两条曲线附近（中间）有红绿柱状线，是反映大盘即时所有股票的买盘与卖盘在数量上的比率。红柱线增长减短表示上涨买盘力量的增减；绿柱线增长缩短表示下跌卖盘力度的强弱。

这是个重要指标，可以把红绿柱线的趋势变化与指数涨跌情况的变化结合起来，用"该涨不涨，理应看跌；该跌不跌，理应看涨"这个原理来判断下一个时刻的指数涨跌。这个原理可以用作指数期货的短线投机、个股的买卖点、尾盘是否跳水。这点很重要，如果有职业操盘考试题，这是必考题。

4. 下方的红绿柱线

黄白曲线图下方的红绿柱线，用来表示每一分钟的成交量，单位是手（每手等于100股）。

5. 指数量比

某个时间的大盘成交手数与昨天同时间的比值，这个指标比较重要，可以说明大盘成交手数的变化和高低价股的活跃性。

6. 委买委卖手数（海王星没有）

代表即时所有股票买入委托下三档和卖出上三档手数相加的总和。

7. 委比数值（海王星没有）

是委买委卖手数之差与之和的比值。当委比数值为正值时，表示买方力量较强股指上涨的概率大；当委比数值为负值时，表示卖方力量较强股指下跌的概率大。

8. 异动窗口

在屏幕的右下角有一个"主"字，点击一下，可以出现异动窗口，主要形式有"封涨停板""低位反弹""主力买入""加速拉升""区间放量""大单托盘"等异动提示，可以进一步分析选择适当股短线投机。

开盘时可以选择今天异动股进一步注意，收盘时看那只股尾市异动进一步分析。

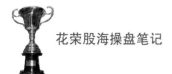

二、个股即时分时走势图

1. 白色曲线

表示该种股票即时成交的价格。

2. 黄色曲线

表示该种股票即时成交的平均价格，即当天成交总金额除以成交总股数。

股价在均线上方运行属于强势走势，股价回落均线附近再度转强是短线买点；股价在均线下方运行属于弱势走势，股价反弹均线附近再度转弱是短线卖点。

3. 黄色柱线

黄白曲线图下方的红绿白线，用来表示每一分钟的成交量。红绿白的颜色，表示买卖方向。

4. 成交明细

盘面的右下方为成交明细，显示动态每笔成交的价格和手数。

5. 外盘内盘

外盘又称主动性买盘，即成交价在卖出挂单价的累积成交量；内盘又称主动性卖盘，即成交价在买入挂单价的累积成交量。外盘反映买方的意愿，内盘反映卖方的意愿。

6. 量比

是指当天成交总手数与近期成交手数平均的比值，具体公式为：现在总手/［（5日平均总手/240）×开盘多少分钟］。量比数值的大小表示近期此时成交量的增减，大于1表示此时成交总手数已经放大，小于1表示此时成交总手数已经萎缩。

实战中的K线分析必须与即时分时图分析相结合，才能真实可靠地读懂市场的语言，洞悉盘面股价变化的奥妙。

7. 异动窗口

在屏幕的右下角有一个"主"字，点击一下，可以出现异动窗口，主要形式有"封涨停板""低位反弹""主力买入""加拉升""区间放量""大单托盘"等异动提示，可以进一步分析选择适当股短线投机。

修炼 22
大盘的看盘技术

许多炒股人每天都在看盘，但是大多数人都是无套路地看，只是有一种随机的感觉，引发的只是原始情绪冲动。而职业投资者看盘是有成熟的套路、有明确的获利目的的，而且这种成熟的套路是经过多年的经验教训总结的，是有统计数据支持的大概率。有无成熟的看盘技术是判断一个投资者投资能力的重要依据。

先大盘后个股，这个原则不能轻易违反，下面我把市场上比较成熟的看盘技术总结一下。

注意，以银河证券海王星为例，其他证券公司软件也差不多。

一、大盘 K 线图

1. 均线设置

10 日均线、20 日均线、30 日均线、60 日均线、120 日均线、250 日均线。

2. 成交量

这是看盘窗口必须有的内容。

3. MACD 指标

常规设置（软件的自然设置，不用更改）。

4. 常用辅助指标

PSY、KDJ 等。

二、均线的作用

1. 趋势作用

短期均线向上，代表着短线趋势向上；中期均线向上，代表着中线趋势

向上。

短期均线向下，代表着短线趋势向下；中期均线向下，代表着中线趋势向下。

原则上，在未严重超买、超卖情况下，不逆趋势操作。

2. 支撑、压力作用

上升趋势中，短期均线有短期支撑作用，中期均线有中期支撑作用，一旦支撑被跌破就代表着暂时转势，是短期转势或者是中期转势，此刻需要高度警惕。

下降趋势中，短期均线有短期压力作用，中期均线有中期压力作用，一旦压力被突破就代表着暂时转势，是短期转势或者是中期转势，此刻需要高度警惕。

需要注意的是，有时支撑、压力作用与跌破、突破存在着判断难点和模糊状态，此时用 K 线逻辑、价量逻辑和历史相似经验来进一步判断，这方面的技术是一个难点，也是体现技术的地方。

当市场出现支撑、压力和跌破、突破现象时，应有所行动，不能麻木不仁。

均线只是方向，趋势的强度要靠成交量判断。

3. 超买、超卖作用

当所有均线处于多头，股价短线急涨，远离 10 日均线，股价又势竭疲软时，股价处于超买状态，可适当做短线获利了结。

当所有均线处于空头，股价短线急跌，远离 10 日均线，股价又势竭抗跌时，股价处于超卖状态，可适当做超短反弹投机。

可用 KDJ 指标和 K 线逻辑来确定行动点。

三、成交量

1. 判断大盘的最关键指标

在没有违反 K 线逻辑、价量逻辑的前提下，大盘持续的成交量大就是强势，机会就多；大盘持续的成交量小就是弱势，机会就小。

2. 成交量决定着趋势力量

在趋势确定的情况下，成交量越大，这个趋势走得越远；成交量越小，这个趋势越容易反复。

3. 统计量能标准

根据过去一两年的成交量与大盘强弱的规律，统计出阶段大盘强、弱、平衡势区间的量能数值标准，用以指导自己的仓位处置。

这条是个关键技术，是操作系统的核心内容之一，说是最重要的内容也不为过。

四、MACD 指标

量能是中线定性标准的指标，而 MACD 指标是个短线定性指标，MACD 指标是对大盘成交量指标的细化和进一步精确，两者需要结合使用。

MACD 指标出现较强指向时，也需要有所行动。

MACD 指标可以指导股指期货的超短线定性操作，即此时是否可以顺着趋势逢高做空或者逢低做多。

五、常用辅助指标

1. PSY

心理线是个极端指标，判断大盘在连续急涨、急跌时是否超买、超卖。

当心理线给出强烈信号时，行为不能极端，必须是小心翼翼分批地进行。

2. KDJ

当指数远离 10 日均线很远时，可以 KDJ 进一步精确超买、超卖的程度。

六、阶段关键矛盾

市场每个阶段有关键性矛盾，对于这个关键性矛盾一定要心中有数。

常见的关键矛盾有：①政策顶挤泡沫；②政策底刺激市场；③持续趋势的主导因素；④某个管理层特别关注的因素；⑤某个市场情绪因素。

七、主力控盘规律

A股中大主力持股市值多达数万亿元，为了这个市值和融资任务，也为了市场平稳运行，每个阶段大主力都有自己的控盘规律，这个规律会影响大盘的涨跌。分析这个规律，利用这个规律，是职业投资者必须做的功课，也是最重要的必须掌握的技术。

修炼 23
个股的看盘技术

股海投机获利最重要的技术是个股的差价套利，而个股的看盘技术是最重要的先置技术，个股技术需要有成熟的套路，需要较强的大概率，需要逻辑依据强硬，而要避免情绪感觉，下面我就把自己的个股看盘技术总结一下。

注意，以银河证券海王星为例，其他证券公司软件也差不多。

一、个股的中线活跃性

个股的中线活跃性由 MCST 指标来定性：

1. 股价位于 MCST 指标上方的为活跃股

活跃股的买点为 MCST 线附近股价出现支撑，这是平衡势和弱势低点的重要短线实战方法。

2. 股价位于 MCST 指标下方的为呆滞股

在弱势、平衡势大盘背景下，不轻易买进呆滞股。呆滞股无量反弹到 MCST 线附近是个短线卖点。

3. MCST 指标的股性转换原则

当股价有效跌破 MCST 线时应注意止损；当股价第一次有效突破或者盘破 MCST 线时可以适当提高注意力，尤其是热点题材股。

4. MCST 指标的时机原则

弱势、平衡势低吸活跃股，在大盘超跌反弹时或者大盘强势初期，远低于 MCST 线的超跌呆滞股放量走强是较好的短线投机品种，该类品种的第一个强势涨停大概率有续涨可能。

二、个股的短线时机

个股的短线时机强弱由 MACD 指标观测：

1. 短线必看指标

如果短线操作，这个指标必须注意和顺从。

2. 期指必看指标

如果期指操作，这个指标必须注意和顺从。

3. 强势选股指标

如果是大盘强势背景，放量金叉和二次金叉放量可作为选股指标。

4. 止损指标

死叉可以作为止损指标，最常用的止损指标是 10 日均线跌破、负连续 K 线、MACD 死叉。

三、个股的短线爆破点

短线选股最常见的思维就是爆破点思维：

1. 强势市场的小利空

强势市场的小利空、非实质性容易造就短线低点和短线反击。

2. 强势市场的重大利好

容易刺激股价发动。

3. 平衡势市场的消息面

经过统计数据验证的各类消息面刺激，可参见《千炼成妖》。

4. 平衡势市场的技术面

最常见的是 MCST 战法、热点板块龙头战法。

5. 弱势市场中严重超跌战法

超跌后的新强势股。

四、个股的中线潜力

1. 基本面质变潜力

主要形式有资产置换、新优势政策出台。

2. 主力重套潜力

主力重仓被套并且主力是活着的。

3. 大周期起点潜力

周期股在周期重新长期转强的低点。

4. "大洗澡"潜力

有一些新股东入驻的股票,喜欢"大洗澡"业绩的同时也把股价"洗"在了长线低点。

五、复盘个股的要点

1. 明显的异动

主要依据 K 线的七个逻辑判断。

2. 主力特性

主力重仓股初步走强。

3. 盲点套利

根据每周收集的信息跟踪潜力股的中线机会。

4. 大盘的合适点

大盘的合适点主要指中线低点与强势过程中。

主要是市场新热点、放量的技术指标强势股。

修炼 24
借壳上市的运作与暴利机会

"借壳上市"事件是 A 股二级市场上最重要的连板原因,是二级市场暴利的最常见因素,是许多有经验的机构和大户最重要的盈利模式。

我们通常会在上市公司信息公告中看到某某公司借壳上市，但什么是借壳上市？许多证券基础知识薄弱的炒股朋友可能不太了解，下面我来介绍一下公司借壳上市是一种什么情况，以及相关注意事项和过程中的机会风险。

一、借壳上市的形成原因

一般来讲，欲借壳企业购买的上市公司是一些主营业务发生困难的公司，企业在购买了上市公司的壳以后，为了达到在证券市场融资的目的，一般都将一部分优质资产（或者整体）注入上市公司内，实现自己企业的上市。

这样做的目的，是使自己的企业通过借壳的方式达到上市的目的（未上市公司实现上市的渠道有两个，一个是大家熟悉的 IPO 方式，还有一个就是借壳方式）。公司上市的好处是，可以通过股票市场实现融资，而融资渠道是否顺畅是一个企业发展壮大或者抗拒周期风险维持生存的关键因素。

二、借壳上市的变异

借壳上市的原始设计是一种上市的渠道或手段，现实中借壳上市也有一些变异的方式：

1. 壳价值的兑现

有一些亏损公司的主营业务已经无前途，如果不卖壳，有可能退市，这样壳的价值就可能归零，大股东的股权资产严重缩水。卖壳可以使壳卖一个很大的价格（通常是数亿元甚至几十亿元），也可以使自己剩下的股份不严重缩水，甚至大幅升值。

2. 资本管理的形式

许多大企业集团，特别是地方国资集团，可以通过控制上市公司平台进行融资发展企业、经济，扩大资本利润，也有的案例是获得壳公司的某个资产，如牌照、土地等。

3. 市值管理的形式

一些机构通过运作借壳上市，可以通过股价暴涨获得二级市场上的差价，这是一类有实力二级市场机构的盈利模式。

一些券商投行机构也有专门业务，为市场提供壳、提供资产（可获得丰厚佣金），这样一些被套的二级市场机构也有动力。

一些上市公司为了自身股权价值的提升和企业的发展壮大也有吸纳资产的需求动力。

那种认为注册制实施后壳价值归零的观点，就是不了解借壳上市还有二级市场盈利模式的功能。

三、借壳上市的注意事项

1. 识别有价值的壳资源

壳公司要具备一定的质量，具备一定的盈利能力和重组的可塑性，不能拥有太多的债务和不良债权。买壳者不仅要获得这个壳，而且要设法使壳公司经营实现扭转，从而保住这个壳，使这个壳升值并得到市场的高价格认可。

2. 做好成本分析

在购买壳时，做好充分的成本分析非常关键。

购买壳资源成本包括三大块：取得壳公司控股权的成本、对壳公司注入优质资本的成本、对壳公司进行重新运作的成本。其中重新运作的成本又包括以下内容：

（1）对壳的不良资产的处理成本。大多数通过买壳上市的公司要对壳公司的经营不善进行整顿，要处理原来的劣质资产。

（2）对壳公司的经营管理做重大调整，包括一些制度、人事的变动需要大量的管理费用和财务费用。

（3）改变壳公司的不良形象，取得公众和投资者的信任，需要投入资本进行大力宣传和策划。

（4）维持壳公司持续经营的成本。

（5）控股后保持壳公司业绩的成本。为了实现壳公司业绩的稳定增长，取得控股的公司，必须对壳公司注入一定的扶植所花的资金。

3. 其他需要注意的事项

除了考虑上述成本，由于 A 股普遍存在上市公司财务报表的包装现象，还存在信息不对称、壳公司隐瞒对自己不利的信息、相当多的不明事项等问题，因此在买壳时，还应充分考虑壳资源的风险。企业决策层在决定买壳上市之前，应根据自身的具体情况和条件，全面考虑，权衡利弊，从战略制定到实施都应有周密的计划与充分的准备。

首先，要充分调查，准确判断目标企业的真实价值，在收购前一定要从多方面、多角度了解壳公司，甚至先期派驻管理层或者股权委托管理。

其次，要充分重视传统体制造成的国有公司特殊的债务及表面事项，考虑在收购后企业进行重组的难度，充分重视上市公司原有的内部管理制度和管理架构，评估收购后拟采取什么样的方式整合管理制度，以及管理架构可能遇到的阻力和推行成本。

最后，还要充分考虑买壳方与壳公司的企业文化冲突及其影响程度，考虑选壳、买壳及买壳上市后存在的风险，包括壳公司对债务的有意隐瞒、政府的干预、中介机构选择失误、壳公司设置障碍、融资的高成本及资产重组中的风险等。

四、借壳上市与二级市场

1. 卖壳意愿

（1）对股票的基本面、技术面进行壳分析。主要是逻辑判断，流通股东、地方新闻等信息会透露一些蛛丝马迹，有经验者发现的难度不大（但进程把握是有难度的，这也与投机结果有关）。

（2）上市公司公告。会有相关的公告，这个比较简单，这样的公告在平衡势价值一个板左右。

2. 控壳措施

（1）大股东转让。在平衡势背景下，个股股价最低价附近价值三个板左右，个股股价中间位置价值一个板左右。

（2）局部要约收购。如果新股东准备注入的资产较好或者决心较大，在大股东股权未达到防御性控制权（33.4%）或者相对控制权（50%）的情况下，会进行局部要约收购。

花荣股海操盘笔记

3. 处理旧资产

把旧资产卖给原股东、市场或者新大股东自己。

4. 注入新资产

注入新资产常常与定向增发有关。

5. 新基金机构的入驻

绩差股变成绩优股后会吸引公募基金的入驻。

6. 孙子兵法

（1）卖壳意愿阶段，主要是逻辑分析和技术分析。

（2）控壳措施阶段，要注意技术性异动征兆，可以作为强势组合。

（3）处理旧资产阶段，要加大注意力度，注意定增压制股价。

（4）注入新资产阶段，要进行估值比较，进行基本面、题材面、技术面分析，分析涨停打开后是否还有机会。

（5）新基金机构的入驻阶段，要注意获利盘风险，进行正常的基本面、技术面分析。

修炼 25
认清交易真相，突破人性误区

能力提高的主要手段有：认清真相，突破误区，克服外行坏习惯，铸就职业好习惯，扬长避短，建立成熟盈利模式，看准关键点、选准坐标点中庸分批组合操作。

一、交易的真相之一：交易其实是在和概率做斗争

1. 好的交易技术只是一个大概率技术

股市的波动是多因一果，是动态资金博弈的结果，不存在简单绝对的技术。

2. 顺势是最容易的，逆势是最难的

这个势主要指的是确定性、大概率、大盘强量能与大盘的趋势反馈。

3. 操作的科学性也是很好的增强概率的措施

组合手段、熟悉交易规则法规、上市公司公告、大资金力量、合法的信息差会极大地增加胜利的概率。

4. 小概率的大损失必须是零概率的

黑天鹅一定要避免，头部和弱势中重仓长线一定会遇到黑天鹅，不走运的话甚至会遇到人生中最大的劫难。

二、交易的真相之二：A 股存在着大主力

1. 注意 A 股大行情的大顶、大底

A 股是政策市、主力市、消息市，政策、主力、消息造就的市场顶底比政策顶底要滞后一定幅度和时间，这个滞后时间的把握很重要。

2. 在无情绪情况下大盘波动有定期规律

大盘在弱平衡无消息刺激期间，指数走势有一定的规律且会重复数次，要发现这个规律并把握住这个规律。

3. 投资机会是为融资任务服务的

管理层重视融资，而行情机会常常会围绕融资大任务而展开。

4. 重要指标股走势是有特点规律的

一个是极端波动走势的调控，另一个是行情启动的调控。

三、交易的真相之三：交易的是"预期"，不是现实的好坏

1. 业绩的预期

业绩向好预期的排序：极端坏变好，坏变好，好变好，好不变。

业绩向坏预期的排序：极端好变坏，好变坏，坏变坏，坏不变。

2. 题材的预期

题材的预期排序：出乎意料大题材，出乎意料中题材，情理之中但更大一些，低位的情理之中，极端低位的利空出尽。

负题材的预期排序：出乎意料大题材，出乎意料中题材，情理之中但更大一些，高位的情理之中，中高位的利好出尽。

3. 惯性的预期

持续一段时间的反馈是强大的，第一次打击往往会出现反击。

4. 失落的预期

该涨不涨理应看跌，该跌不跌理应看涨。这个原理在股市中应用极广，要格外注意。

四、交易的真相之四：交易的是"强势"，往往是最安全的

1. 只管强不强，而不管高不高、低不低

A 股的投资价值是弱点，博杀博弈价值是优势，因此阶段持续的买盘比股价（市盈率）高低更重要。

2. 龙头的效应

热点板块龙头是最强的、最抗跌的。而板块的弱势股涨时涨的少，跌时不客气。在这方面犯错误是许多人不可克服和屡次重复的，一定要注意。

3. 极端强的就是弱，极端弱的就是强

这只是技术面的，可以用 PSY 指标和管理层的真实态度鉴别。这条对基本面不适用。

4. 孙子兵法的核心是以强胜弱

不处于绝对优势就不玩，不玩以弱胜强的游戏。

五、交易的真相之五：构建合理的交易规则比正确的理念重要

1. 仓位规则

主要参考大盘的量能、个股的硬性底线、MACD 指标。

2. 强弱规则

强弱的标准就是成本线，具体来说就是 MCST 线，10 日均线也是参考。

3. 模糊规则

处于临界时，主要按照七个逻辑判断原理处理。

4. 风控原则

只要看不清、没有明显可靠的年化收益，就按照坏的可能性处理。

六、交易的真相之六：赚钱靠盈利模式，而不是靠技术、个股

1. 无风险套利

要点是可行性逻辑判断与年化收益率。

2. 牛市的强势股

强势的低支撑点与弱势的强量能启动点。

3. 平衡势的有效爆破点

有效题材、主力习惯为主要逻辑。

4. 乌鸡变凤凰

逻辑迹象明显的品种。

修炼 26
上市公告中短线战法综汇

上市公司会公布很多公告，其中有些会对市场交易产生影响，甚至是重大影响、中长期影响，因此研究上市公司的公告，跟踪上市公司的公告是职业投资者的重要功课。

利用上市公司公告选股、选时是一项重要的投资技术，其准确性和可操作性要强于技术图形选股和基本面分析选股，这项技术是比较高级的投资技术，一定要学会，一定要应用到实战中，一定要为自己创造股市利润。

一、业绩定期报告时间表

1. 业绩定期报告时间表

【1 月 31 日】年报预告：中小板（有条件强制）沪深两市主板（有条件强制）、创业板（强制）。

【2 月 28 日】创业板业绩快报或正式年报（强制），3 月之前出年报的可以不披露业绩快报，否则在 2 月底必须披露快报。

【4 月 10 日】创业板一季报预告（强制）年报预约在 3 月 31 日之前的，

最晚在披露年报同时披露一季度业绩预告，年报披露在 4 月的，最晚在 4 月 10 日之前披露业绩预告。

【4 月 15 日】一季报预告：深证主板（有条件强制）、中小板（有条件强制），拟发布第一季度报告业绩预告但其上年年报尚未披露的上市公司，应当在发布业绩预告的同时披露其上年度的业绩快报。

【4 月 30 日】所有年报和一季报（强制）。

【5~6 月】业绩真空期。

【7 月 15 日】中报预告：中小板（有条件强制）、深证主板（有条件强制）、创业板（强制）。

【10 月 15 日】三季度预告：中小板（有条件强制）、深证主板（有条件强制）、创业板（强制）。

2. 爆破点利用

上述时间点，是比较好的爆破点，可以跟大盘情况及历史与即时的统计规律来抓获机会和回避风险。

二、上市公司短线战法

在强势市场时当天最新信息需要随时了解，在弱势市场时当周最新信息需要周末集中了解。主要目的是，了解熟悉市场，增强盘感，积累重要信息。方式是通过东方财富网、金融界网站选取《万修成魔》《千炼成妖》《百战成精》要求的合适情报。

1. 业绩公告（注意标准是超预期）

（1）在强势市场中可以注意短线少量追强。

（2）在弱势市场中注意逢高暂时减持。

2. 股权公告（记录标准是大股东变化、拟变化、举牌）

（1）在强势市场中可以注意短线中量追强，甚至少量追板。

（2）在弱势市场中注意逢高暂时减持。

3. 增持、回购公告（记录标准是额度相对流通市值比较大的）

（1）在强势市场中可以注意短线少量追强。

（2）在弱势市场中注意逢高暂时减持。

4. 重组公告（重组预案、重组上会、借壳、整体上市）

根据统计规律和开板后的技术战法决定短线行为。

5. 其他重要公告

（1）根据统计规律和开板后的技术战法决定短线行为。

（2）筹码集中股需要注意是不是被套主力的启动信号。

（3）如果出现题材概念热点，可以向上市公司进行有关提问。

三、上市公司中线战法

跟踪手段：观察信息进程，等待下一步爆破点，等待合理技术时点。原则上跟踪历史上出现的目前依然有效的有中线跟踪价值的信息。将新的重要的信息加进来，失效的去掉，要有文字信息库，临近"时间、价格"爆破点的放进自选股。

1. 要约收购与现金选择权

（1）判断可靠性。

（2）根据年化收益率与时间点分批中庸操作。

2. 相对效率转债与分级 A

在弱势背景下中短线结合操作。

注意：在集思录上有现成排序资料。

3. 壳资源与重组

（1）逻辑要硬。

（2）考虑大盘安全度。

（3）分批少量中短线中庸结合操作。

4. 定增被套、大宗交易（股权转让）、增持回购

（1）定增被套要考虑大盘和个股技术形态列入组合。

（2）大宗交易（股权转让）要考虑大盘和个股技术形态列入组合。

（3）考虑截止日和大盘低点。

5. 潜在重要信息

（1）主要根据波动统计规律套利。

（2）考虑时间进程和逻辑概率。

修炼 27
再融资前后的股价波动规律

再融资是指上市公司通过配股、增发和发行可转换债券等方式在证券市场上进行的直接融资。再融资对上市公司的发展、生存起到了较大的作用，我国证券市场对再融资功能最为重视。在上市公司进行再融资时有关主力、公司主要股东、券商投行都会有所投入，加之再融资有法规定价规则、具体项目、机构参与，这其中就存在一定的二级市场机会。

下面我们就一起来总结一下股票再融资前后的股价波动规律：

一、配股

1. 定义

配股是上市公司根据公司发展需要，依照有关法律规定和相应的程序，向原股票股东按其持股比例、以低于市价的某一特定价格配售一定数量新发行股票的融资行为。

2. 重要规则

（1）公司连续 2 年盈利，近 3 年无重大违法活动。

（2）本次配售的股份总数不超过公司原有股本的 30%。

（3）配售发行价格不得低于本次配股前最新公布的该公司每股净资产。

3. 除权

除权是指新的股票，持有人在停止过户期间不能享有该种股票的增资配股权利，就是把股东获得的权益从股票市值中扣除。除权主要存在于股票的送转配的登记日后的一天。

（1）沪市除权计算公式。

配股除权价＝（除权登记日收盘价+配股价×每股配股比例）／（1+每股配股比例）

（2）深市除权计算公式。

配股除权价＝（股权登记日收盘价×原总股本＋本次配股价×配股股本）／（原总股本＋配股股本）

这表示，参加配股的只是部分股东，国有或法人股股东、B 股放弃部分配股权。因此，投资者在计算时应仔细阅读配股说明书，区别情况加以计算，以便做出合理的投资选择。

过去曾经有人统计过，深市股票如果有人放弃大量配股（券商又未包销），配股参与者的真实除权价与交易所除权价之间有价差，这其中有一定的盲点机会。

4. 配股前后的波动规律

（1）登记日前多数股票在弱势中股价回落，少数低位股有短线超强走势（特别是筹码集中股、市场形象好股）。

（2）配股缴款期间走势较软，有除权、缴款的压力。

（3）配股缴款完后股价恢复正常走势。如果大盘处于牛市过程中，机构重仓股可能会有短线上扬行情。

（4）配股缴款期限的最后一天的低点有时是短线低点。

（5）社会公众股获配股份的上市交易日期，将于该次配股缴款结束后，公司刊登股份变动公告后，经证券交易所安排，另行公告，在公司公告配股到股份的上市日的前一个交易日晚上收市清算后配股会在账户上显示。如果配股股东有盈利，可能会有抛压。

二、可转债

1. 定义

可转换债券是债券持有人按照发行时约定的价格将债券转换成公司的普通股票的债券。如果债券持有人不想转换，则可以继续持有债券，直到偿还期满时收取本金和利息，或者在流通市场出售变现。如果持有人看好发债公司股票增值潜力，在宽限期之后可以行使转换权，按照预定转换价格将债券转换成为股票，发债公司不得拒绝。该债券利率一般低于普通公司的债券利率，企业发行可转换债券可以降低筹资成本。可转换债券持有人还享有在一定条件下将债券回售给发行人的权利，发行人在一定条件下拥有强制赎回债

券的权利。

2. 重要规则

（1）最近 3 年连续盈利，且最近 3 年净资产收益率平均在 10%以上；属于能源、原材料、基础设施类的公司可以略低，但是不得低于 7%。

（2）我国《上市公司证券发行管理办法》规定，可转换公司债券的期限最短为 1 年，最长为 6 年，自发行结束之日起 6 个月方可转换为公司股票。

（3）赎回条款与回售条款。

（4）转换价格修正条款。

（5）配售比例。

3. 交易规则

（1）T+0 交易。

（2）根据上交所可转债熔断机制规定，上交所上市的可转债涨跌超过 20%将停盘 30 分钟；可转债涨跌超过 30%将停牌至 14：55；在 14：55 以后不进行熔断；可转债开盘涨跌幅超过 20%直接熔断 30 分钟（从 9：30 开始计算），超过 30%直接停牌到 14：55。

根据深交所规定，深交所上市的债券上市首日开盘集合竞价的有效竞价范围为发行价的上下 30%，连续竞价、收盘集合竞价的有效竞价范围为最近成交价的上下 10%；非上市首日开盘集合竞价的有效竞价范围为前收盘价的上下 10%，连续竞价、收盘集合竞价的有效竞价范围为最近成交价的上下 10%。

（3）投资者转股申请通过证券交易所交易系统以报盘方式进行，转换后的股份可于转股后的下一个交易日上市交易。

4. 交易技巧

（1）如果股票质地好、配售比例高、转债条款好，登记日前可能会有小幅抢权动作。

（2）如果股价技术形态处于中高位，除权日可能会有小幅自动除权性质的小跌。

（3）如果转债低于 100 元并溢价不高，一些爱好者喜欢在指数中低位置中线持有基本面、题材面好的转债，风险较低。

（4）有些游资大资金喜欢在指数较低位置持有大量转债，如果遇到大盘转强，此时攻击正股，进可攻退可守。

（5）如果下调可转股价格，对转债构成利好。

（6）在可转债快到期时，如果大盘背景安全，正股大股东为了转债转股，有活跃股价的动力。

三、公开增发

1. 定义

公开增发是增发的一种。发行对象为所有投资公众。

2. 重要规则

（1）三个会计年度连续盈利。扣除非经常性损益后的净利润与扣除前的净利润相比，以低者作为计算依据

（2）发行价格应不低于公告招股意向书前 20 个交易日公司股票均价或前一个交易日的均价。

3. 股价波动规律

（1）以往在弱势时，投资者容易视公开增发消息为扩容利空。

（2）如果股价超跌，比如远低于 20 个交易日均价时，可能会有人护盘。

（3）公开增发完成后，股价可能会弱于一般股票。

四、定向增发

1. 定义

定向增发是增发的一种。向有限数目的资深机构（或个人）投资者发行债券或股票等投资产品。

2. 重要规则

发行对象不得超过 35 人，发行价不得低于市价的 80%，发行股份 6 个月内（大股东认购的则为 18 个月）不得转让，募资用途需符合国家产业政策、上市公司及其高管不得有违规行为等。

3. 应用模式

（1）资产并购型。

（2）财务型。

（3）增发与资产收购相结合。

4. 股价波动规律

（1）在大盘背景安全的前提下，低价参与是一种双规价格盈利模式。

（2）在大盘背景安全的前提下，为了让上市公司、参与者同时满意，股价会在某个价位上抗涨抗跌，遇见大跌时公司有稳定股价的动力。

（3）定向增发完成初期，如果大盘背景可以，增发数量大的股容易活跃。

（4）股东大会、上会审批时处于小的爆破点。

（5）如果被套数量大，解禁日前后是个爆破点，特别是一些有抽屉协议（保底）的项目。

（6）如果被套数量大，解禁后上市公司有动力活跃股价，遇到行情强势或者属于热点时被套机构可能会采取自救行为。

（7）本篇文章的总结需要进一步观察、统计、修正和个性化博弈。

修炼 28
特定时刻的活跃股规律总结

沪深股市运行时间已经接近 30 年，大主力调控市场的风格已经形成，许多常规二级市场机构投资者的投资风格也基本形成，这些风格势必会影响阶段市场并形成一些特定阶段的规律。如果我们能熟悉了解这些风格和规律，无疑能为自己盈利添加较大的概率，现在我们就来对市场的特定时间波动活跃规律做个总结。

一、弱平衡震荡——换手率较大的 MCST 线上股

1. 弱平衡震荡时的常规活跃机构

包括有底仓下限限制的常规机构（比如公募）、具有长线价值习惯的投资机构和大户、想减持的大小非机构或大户。

2. 选股思维

用换手率排名，选 MCST 线上的股，买进时机是股价调整到 MCST 线且受支撑转强的股。

3. 绩优的白酒、医药、家电、消费

这几个板块是常规机构弱势时的传统抱团取暖股，线上的股更活跃稳定一些。

二、突发重大利好救市——次新股

1. 突发重大利好救市的时机

往往是连续大跌，市场情绪特别悲观的时刻。

2. 次新低价股

若遇突发性重大利好公布，往往是价低次新股的活跃期，原来无机构重仓的次新股更容易为新机构认可，建仓也稍微容易。有时，市值大一点的股更猛。

三、强势调整时期——庄股

1. 大盘强势上涨期

这个时间往往是放量异动的强势热点股表现比较好，筹码集中的庄股常常会涨幅不大（有的拉尾盘）。

2. 大盘强势调整期

大盘调整时是庄股的活跃周期。

四、波段急跌——指标股

1. 单日暴跌

指标股容易拉尾盘。敏感消息出台时，指标股开盘就会有所表现，特别是大幅低开时。

2. 连续大跌几日

率先回稳。

3. 大盘反弹明确

可能会股价调整。一些逆势的股可能也会比较弱。

五、超跌反弹——超跌低价股

1. 大盘波段跌得狠且急

这个时间，中线超跌短线有超跌的股容易更为活跃。

2. 波段箱体下跌

如果有重要融资任务，波段箱体下跌的箱底或者沉闷一段时间后，券商股或者次新小市值金融股也常常活跃。

六、牛市确立——金融股组合

1. 点火

金融指标股点火，往往会有多只股涨停。如果是短暂护盘，涨停的极少或者领头的只涨七八个点。

2. 牛市确立

券商股会有一大波。

3. 小市值金融股

在牛市中，小市值金融股往往都会总体表现不错，可以列为组合之一。

4.1 天半内的短线急跌

短线也大跌的前强势股。

5. 上升途中

热点题材股或者价量关系强势股。

七、报表时期——"双高"股

1. 抢沙发的容易炒作

最先公布业绩且较好的股很容易被炒作。

2. 次新双高活跃期

年（中）报公布期及前夕是高公积金、高净资产值股票的活跃周期。因为这样的上市公司有股本扩张的需求和条件，有通过高分红来降低每股净资产值的需要。在股市开始崇尚资本利得和低风险稳定收益后，高分红也已经成为市场保值性大资金的宠爱。

3. 年报业绩"大洗澡"

年报业绩"大洗澡"，巨亏后的下跌，容易是阶段低点。

八、底部低迷区

1. 跌破面值的转债

跌破面值、溢价不多、符合万能选股公式的转债。

2. 折价较多的封闭基金

折价 10% 以上的封闭基金。

3. 1 元附近不会退市股

特别是基本面稳定的未亏损价差股或者大盘央企股，博保壳或者暂时退市后回来。

4. 什么是底部低迷区

有较多的上述三类情况的品种出现就是底部低迷区，没有就不是。

修炼 29
熊市中后期操盘手做什么

有危就有机，有大危就有大机。但是，机会只偏爱那些有准备的头脑！

超级大熊市就是有一定技术的人一个人生大机遇彻底来临了！

那么，在熊市中后期职业操盘手在做什么？这其中有什么内容值得我们借鉴和学习吗？在下次大机遇来临的时候，我们能够把握住吗？

一、熊市中后期的特征和信号

1. 没有大利空，市场不再剧烈波动

目前导致股市缺乏上涨动力，压制股市下行的主要利空有三个：供求关系失衡；去杠杆完成；贸易战的影响已经完结。

只有这三座大山的威力消失，才会进入熊市中后期，市场才不会剧烈震荡。

2. 在熊市中后期新股必停或者有其他救市利好

熊市中后期必定要新股停发，只要一发新股大盘就会跌；必定要经历过降低印花税等直接的救市利好。

而且在停发新股和救市利好政策出台后，市场经历过短暂反弹后还得跌一阵子，甚至出现不小的一段跌幅。

3. 在熊市中后期融资盘要降下来

目前融资盘尚有 8000 多亿元，至少要降到 2014 年上半年的水平，即 4000 多亿元的水平。大股东抵押融资盘也至少要降一半。

4. 无风险机会没人感兴趣

在熊市中后期，无风险机会感兴趣的人很少，甚至业内人士都不感兴趣，只有极少数人感兴趣，当然也有人感兴趣但是没钱了，或者他的股票被套 50% 以上，无风险利润只有 10% 多不解渴。

二、真正的底部和起行情的征兆

1. 事后确认的底部

当市场的真正底部出现时，无人知道是底部，也无人敢相信这就是底部。市场只有从底部走出来，并被反复确认后，才能事后被追认为是市场底部。

底部的形成过程是，无量的盘整被突然的下跌打破，下跌很吓人没有抵抗，但是一两天内又会回到盘整的位置。

2. 起行情的征兆

市场不会自己起行情，市场自己已经没有力量了，起行情只有依靠外力大主力的力量，而且还常常伴随消息政策的变化，比如说新股发行的重启。

目前，一个现场的制度的变化还在等着注册制的实施。

3. 中后期的吃饭做账行情

在熊市中后期也会有中级行情，中级行情往往会发生在每年的年底或者年初，这与大机构年底要做账有一定的关系。

中级行情的发动，热点板块常常是含指数的板块。

4. 底部的个股行情特征

在熊市中后期，大部分机构已经对市场没有信心，不敢再加大资金，但是有一些机构被逼无奈（又有一些资金实力）在挣扎，这些挣扎带来了一些短线机会。

三、熊市中后期操盘手做什么

1. 资产重组和借壳上市

在熊市中后期，新股发行可能会暂停，但是许多壳股的市值已经低于10亿元，借壳上市的成本不高，导致一些公司有借壳上市的动力。

注意：这种事件容易出现在比较干净的壳中（资产处理得比较干净，并有消息意向），国企小市值的混改也有借壳上市的可能。

2. 股权争夺战

有一些基本面比较好的股票，大股东持股比例比较低，会出现玩真的股权争夺战。一些央企也会进一步收购民营优质企业。

注意：那些曾经在高位出现过股权争夺战的公司，在市值低位时可能会玩真的，这样全额要约收购也会是真的。

3. 资产重组

在熊市中后期，被套的机构肯定不会少，这样会有一些机构为了解套，会为上市公司寻找优质资产。

注意：在熊市中后期的K线螺旋桨个股，如果股性是活跃的，股价不是下行趋势的，要格外注意。

4. 小市值基本面好的活跃股

如果宏观经济一般，其他的经济领域赚钱也不容易，那么一些小市值优质基本面股，或者大股东资金充裕的小市值股（通常是金融股、类金融股）会走出横盘箱体的走势。

注意：对于这类股，短线高手可以与这些主力博弈，这些主力的操盘水平普遍一般，只要不追高是有机可乘的。

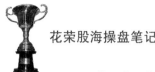

5."国家队"的动向要密切注意

在熊市中后期,"国家队"持股可能会越来越重仓,也存在着浮亏越来越大的可能,要注意它们的自救。

注意:大市值的容易在年底结账期前动作,小市值的可能会跟随热点。它们没赔钱时,操作可能会比较温和,一旦赔钱有压力后也会是"徐翔"的。

6.无风险的机会

现在市场上的转债比较多,随着年限的进展、转股价的调低、债券的年化收益率提高,会出现许多很好的有一定满意度的无风险品种。

注意:这方面机会可能是很重要的熊市赚钱机会,要加大研究力度。

修炼30
弱平衡势中大盘涨跌的规律

沪深股市在最近的一次牛市见顶(2015年)之后,多数时间大盘都运行在弱平衡势之中,而这种特点的市况也在沪深股市历史上占据了最长时间,研究这种市况的波动特点、机会风格、常见风险是每个职业投资者不得不做的功课,熟悉弱平衡势的这些要素并总结出合适的应对措施,将决定着投资者的心态和年化收益率。

以下对系统机会风险进行总结:

一、先跌后涨

1.2018年3月13日至2019年1月4日的全年下跌

从3333点跌到2440点,下跌893点,跌幅26.8%,呈现60日均线压制方式的宽幅下降通道下跌,到达了近几年的最低点,且是年度下跌,几乎所有股均下跌,中间没有明显机会,只有做空的机会。2018年下半年有中美贸易战做空情绪。2019年的跌幅为沪深股市历史上仅次于2008年的第二大跌幅年度。

2. 2016 年 1 月 1 日至 1 月 29 日的熔断下跌

从 3683 点跌到 2638 点，下跌 1045 点，跌幅 28.3%，下跌过程中短线反弹没有超过两天的。该次下跌导致了市场熔断制度的取消，市场有指数下跌熔断情绪。

2016 年 1 月 29 日开始反弹，4 月 13 日到达此次反弹的高点 3097 点，反弹 459 点，反弹幅度 17.4%，反弹空间为下跌空间 44%。反弹过程中遇见重要均线均有阻力。

3. 2019 年 7 月 2 日至 8 月 6 日的贸易战下跌

从 3048 点跌到 2733 点，下跌 315 点，跌幅 10.3%，三段式下跌，先下跌，再横盘，又下跌。

2019 年 8 月 6 日开始反弹，9 月 16 日到达此次反弹的高点 3042 点，没有放量但有券商热点，几乎收复前段下跌失地。

二、先涨后跌

1. 2016 年 9 月 27 日至 11 月 29 日的保险"妖精"上涨

从 2969 点涨到 3301 点，上涨 332 点，涨幅 11.2%，上涨过程中沿 10 日均线上涨，始终的热点是民营保险公司重仓股，带举牌性质的。保险公司曾经一度被媒体称为"妖精"。

从 2016 年 11 月 30 日开始结束上涨步入下跌，12 月 26 日到达回落的低点 3068 点，基本快回到上涨的起点附近。

2. 2017 年 1 月 16 日至 4 月 7 日的金融股点火行情

从 3044 点涨到 3295 点，上涨 251 点，涨幅 8.2%，先沿着 10 日均线上涨，后由 30 日均线、60 日均线的支撑横向偏强地波动。由金融股点火的加大新股发行速度行情。

从 2017 年 4 月 10 日开始结束上涨步入下跌，5 月 11 日到达回落的低点 3016 点，回落上涨起点的下方。

3. 2017 年 5 月 11 日至 11 月 14 日的绩优蓝筹行情

从 3016 点涨到 3450 点，上涨 434 点，涨幅 14.4%，缓慢的小阳线爬升，过程中分化严重，上证 50 中的强势股单边缓慢上涨，中小市值个股连续

暴跌。

从 2017 年 11 月 14 日开始结束上涨步入下跌，12 月 18 日跌到低点 3254 点，跌幅一半左右。

4. 2017 年 12 月 18 日至 2018 年 1 月 29 日的大盘蓝筹行情

从 3263 点涨到 3587 点，上涨 324 点，涨幅 9.9%，缓慢的小阳线爬升，过程中分化严重，上证 50 中的强势股单边缓慢上涨，中小市值个股连续大跌。由于上轮行情只调整了涨幅的 50%，可以视这次行情为上轮行情年初的延续。

从 2018 年 1 月 29 日开始结束上涨步入下跌，2 月 9 日跌到低点 3062 点，跌到上轮上涨行情的七点附近，超越了本次上涨行情幅度的一倍左右。

5. 2019 年 1 月 4 日至 4 月 8 日的贸易谈判预期行情（前一年度超跌）

从 2440 点涨到 3288 点，上涨 848 点，涨幅 34.8%，先是低量上涨，后放量上涨。保险板块领涨，次新金融股领涨。

从 2019 年 4 月 8 日开始结束上涨步入下跌，5 月 10 日到达回落的低点 2838 点，跌幅为涨幅的一半左右。

6. 2019 年 12 月 3 日至 2020 年 1 月 14 日的无放量上涨

从 2857 点涨到 3127 点，上涨 270 点，涨幅 9.5%，缓慢的小阳线爬升，有些放量但放量不明显，之前的蓝筹绩优股走弱，科技股走强。因新冠肺炎疫情扩散而结束。

从 2020 年 1 月 14 日开始结束上涨步入下跌，2 月 4 日到达回落的低点 2685 点，回落砸出了一个新低点，有恐慌情绪出现。

7. 2020 年 2 月 4 日至 2 月 21 日的疫情救市行情

从 2685 点涨到 3058 点，上涨 373 点，涨幅 13.9%，连续的小阳线爬升，因疫情受益概念股是热点。

从 2020 年 3 月 6 日开始结束上涨步入下跌，3 月 19 日到达回落的低点 2646 点，回落砸出了一个新低点，有恐慌情绪出现。

三、规律性总结

（1）波段涨跌的开始特征都是现有一根 50 点以上的中大阴线，或者两根连续的合计50点以上的中阴线组合。

（2）每年1月容易出现大涨大跌的行情，低位容易出现行情，高位容易出现大跌。

（3）低点的起涨都有金融股带动指数，次新金融股通常表现比较突出。

（4）有明显利空推动的指数下跌幅度通常能接近30%，没有明显利空情绪带动的下跌严重的能达到10%，温和的可以参考MACD指标。

（5）年度暴跌级别后出现的上涨行情可达30%左右的幅度，波段暴跌的金融股带动的上涨经常是10%左右，温和的无金融股带动无大成交量的上涨可以参考MACD指标。

（6）一轮稍微大一点的上涨，一旦行情结束，跌幅都比较急且严重，逃跑时动作要坚决果断。

修炼31
弱平衡势中个股盈利模式

在A股中赚钱，许多业余爱好者是单维一根筋的方式，即只是依靠选股的一个方式，而职业投资者是网状思维方式，依靠盈利模式来赚钱，综合性的盈利模式与单纯的选股模式相比，盈利模式的内容除了选股，还需要考虑大盘时机、波动规律、个股的爆破点概率、频率的统计，以及主力的风格习惯、交易规则和包括做空在内的综合市场工具。

近几年股市炒得比较猛烈的题材板块有"雄安概念""创投概念""疫情概念""借壳上市"等，下面我们就来总结一下它们的主要代表股的走势特征，可以据此熟悉游资主力的控盘风格，以期进一步对弱平衡势中个股盈利模式做下归纳总结。

一、雄安概念

1. 冀东装备（000856）

（1）因为区域和行业受益，成为比较正宗的概念，为炒作最猛烈的个股

之一。

（2）连续六个一字板。

（3）开板后强势横盘，中间有一个跌停。

（4）再出现六个空心板的幅度。

2. 华夏幸福（600340）

（1）因为地域附近有地产项目，成为比较正宗的概念，为炒作比较猛烈的个股之一。

（2）连续六个一字板。

（3）直接连续阴线结束。

3. 总结备忘

（1）2017年4月初，媒体公布中央决定设立雄安新区的消息。市场处于中等上涨后的箱体横盘阶段出的题材，该题材炒作结束后大盘出现将近10%的下跌，非题材股受到资金虹吸现象影响下跌较多。

（2）两种炒作方式：一种是流通市值较大且有常规机构已经重仓的股，连续一字板后直接结束；另一种是市值较小且流通股东中以个人为主的股，连续一字板后短暂强势横盘后继续较大幅度上涨。

（3）炒作结束后跌回起点。

二、创投概念

1. 鲁信创投（600783）

（1）公认创投龙头股。

（2）第一个空心板，然后一字板，连续上漂阳线，再度一字板。

（3）大阴线结束。

2. 东湖高新（600133）

（1）因为高新开发区，而成为概念股。

（2）连续两个空心板，强势横盘，再连续阳线。

（3）大阴线结束。

3. 总结备忘

（1）2018年11月初，领导在重要会议上讲话透露，上交所设立科创板。

（2）概念股爆发时，大盘指数位于低位，概念炒作未带动指数上涨。

（3）概念炒作结束时指数连续小幅下跌见到阶段性低点。

三、疫情受益概念

1. 经典例子

可以回顾总结一下疫情时间尚荣医疗（002551，医疗）、航天长峰（600855，呼吸机）的 K 线图，本书后文中的图谱还会进一步总结。

2. 总结备忘

（1）大题材股最强的龙头股通常有两波：一种形式是涨停打开后强势横盘后再起一波；另一种形式是涨停打开后强势调整，调整幅度没有超过一半，随着消息面的继续发酵则又来一波。

（2）有些题材不是很强大，但是也受到游资的猛烈炒作，比如地摊经济概念等，通常都是一波炒作。

四、借壳上市

借壳上市股的潜力表现形式主要有两种：

（1）基本面、题材面好的题材股在涨停板打开后 K 线组合依然强劲的后市很快就存在机会。

（2）基本面、题材面好的题材股在涨停板打开后 K 线组合就结束了。实战中，如果持有可以涨停板打开后先出局，看到 K 线组合依然强劲可以反身杀回。原先未持有，需要放进自选股跟踪观察，等涨停板打开后观察 K 线组合是否强劲。这种观察可以作为一种小资金或者打比赛的盈利模式，这种模式是比较有效的，但以往比较容易被人忽视，要打破这个局限。

五、次新股

次新股的潜力表现形式主要有两种：

（1）基本面、题材面好的次新股在涨停板打开后 K 线组合依然强劲的后市很快就存在机会。

（2）最新上市的金融股在老金融股成为阶段领涨股时，次新金融股容易表现较强，有时超跌的金融股或者有融资题材的金融股也会表现较强。

六、波段强势股（MCST 战法）

MCST 战法的两种经典方式是：

（1）在大盘处于技术调整到位（MACD）后，可以采用强势 MCST 战法，也即选择前阶段股价运行在 MCST 线上方（强势一些的更好），时机选择是股价调整到 MCST 线附近时的再度转强。要从成交金额排行榜中去选，以往的一些阶段强势股概念，比如猪肉概念、芯片概念、大消费概念都可以涵盖在这个战法中。

（2）如果大盘单边大跌后出现反弹，则可以采用弱势 MCST 战法，也即选择前阶段股价运行在 MCST 线下方（中线超跌+短线超跌+低价或者低市值），时机选择是股价短线明显超强。要从量比排行榜中去选。

七、低风险套利

这是一个大盘弱势中战法，这几年比较有效的形式也有两种：

（1）低于面值的溢价不多的基本面好的转债。

（2）全面要约收购。要判断实施的可靠性。

八、期指做空

期指做空的关键要素有两个：

（1）情绪恐慌时做空。

（2）MACD 出绿柱线时的逢高做空。

九、实战应用

今后弱平衡势时间段中实战的组合选股主要有：

（1）上述的八种盈利模式。

（2）经统计证明有效的短线爆破点。

（3）适当的短线主动思维。

修炼 32
实战难点与易错点备忘

　　尽管我们有了较为上乘的武功，有了原则方法，但是我们在实战中依然会出错。犯错情况的出现，主要原因有两种：第一种是因为，正确的方法也只是一种概率，不可能100%的正确，意外的"黑天鹅"更是不可抗拒，对于这种错误我们要坦然接受，要用中庸合适的习惯、手段增强增大原有方法的概率，更为严格地要求时机条件；第二种是由我们的个体主观因素造成的，比如方法不到位甚至是违反方法的习惯性思维、人性弱点、心理因素、主观倾向性等。有些实战错误是我们经常出现的，形成了实战难点和易错点，或者说是我们的实战能力弱点，如果能认识到我们自己的这些弱点并进一步改进增强，将能极大地增强我们的实战能力，提高实战收益。

　　这个工作必须做、经常做，只有这样我们的股功水平才能再上台阶。

一、弱平衡势的情况

　　1. 补仓

　　（1）补仓的动机。补仓是一种增强概率、补救错误的措施。

　　（2）乱补仓。许多人的乱补仓是放松了时机要求原则，只是一种心理本能或者冲动。

　　（3）正确地补仓。正确地补仓要有几个步骤和原则：

　　第一，需要先反思，该品种买进和持有的理由是否依然存在，及第一次错的原因。

　　第二，第一次错的原因是否补仓时还存在。

　　第三，补仓时是否符合大盘的爆破点（超跌或者转强）或者个股的爆破点。

　　第四，补仓后的结束点是爆破点结束后，而不是仓位解套获利，不能因为第一次买进的失误而导致后面的卖出再次失误。

2. 持仓愿望过于强烈

（1）选股。追买短线强势股票是股民不用训练就天然拥有的天性，逆势的股票是存在的，但最终总是追随大盘的步伐下跌，强在一时，补跌总是难免的。

弱平衡势的操作原则是低买高卖，低买也需要有大盘的爆破点或者个股的有效爆破点，而不是买没有爆破点的低位弱势股。

追强必须是追强势热点板块的龙头股，这个板块的热点强度不够不行，板块热点强度够了，追龙头股又有一定的难度，要寻找适当时机，不能放松操作条件，操作难度大的不能勉强、凑合，不能玩修正主义。

（2）仓位。不做不算错。

操作一定要符合爆破点战法，符合战法也要控制仓位，不能犯仓位过大无法出货的错误，这是许多机构大户的常见错误。

无爆破点、无高概率大题材的股要根据 MACD 的卖出信号出局。

二、下跌市的情况

1. 做空

下跌市最严重的错误有：

（1）不期指做空。下跌市的资源与牛市资源同样可贵，不能浪费。

（2）不及时降仓。不但要降仓，而且要第一时间果断降仓，经常是你短线不认可的低点，过两天就是高位价格了。

2. 做反弹

（1）看准了才能做，不做不算错。做反弹的目标必须是低风险品种、初步热点品种、超跌品种，不能是未跌的抗跌品种。

（2）不能慢一步做。不能在最佳时机只买一点，等第一批赚钱了认为反弹明确了再加大仓位，那样容易第一次赚点小钱，第二次加大仓位时赔个大钱。不反弹还好，一反弹吸引你进去了，要么进晚了要么出晚了，反而赔钱。

（3）单根中大阳线。突然性的无明确逻辑的单根中大阳线不追涨，反而要注意逢高减仓。无论个股或者大盘都要这样处理。

3. 抄底

（1）不能相信安慰性的消息。下跌过程中，有关部分、有关股评会为了市场稳定、跌慢一点而说安慰的话，即使符合你的心情也不要轻易相信，要用操作系统原则判断，相反理论不要过早用。

（2）过分执迷于政策底。行情大跌有利好是不足为奇的事情，甚至出台阶段性的救市政策也是正常，因此会有政策底的说法，这是一种正常的社会现象。

政策底很少与市场底重合，往往是多个政策底之后才巧遇市场底，而多数人牺牲在早期的政策底上。

（3）市场底。

第一，强逻辑股遍地。

第二，尖的，强烈大涨。

第三，利空也打不下去，指标股强势守某一点位。

三、牛市情况

1. 短线大震荡

牛市 10 日均线上大震荡往往是一天半内结束，最近一个大跌的强势板块值得逢低合适的时机介入。

2. 逃顶

长时间的牛市后，指数跌破 10 日均线且 K 线负连续，需要格外警惕，且不能轻易抢反弹，容易连续暴跌。

中级行情的头部也需要格外警惕，也有很强的杀伤力。

四、大盘的敏感线情况

大盘处于支撑或者压力敏感点位时容易迷惑，并且要以 K 线逻辑来判断。

五、方法度量情况

好的方法需要多种高概率的配合，也需要严格判断条件，更需要增强概率手段。在大盘高位、在明显下跌过程中没有好方法，也没有好品种，即使强逻辑品种也容易变卦，幅度会受到严重影响。

六、无风险情况

无风险套利品种项目的关键是判断其可靠程度，出现时限拖延情况的要注意。强逻辑品种在时间未确定的时候也需要分批折中建仓，一次性孤注一掷容易出问题。

七、防守与攻击的平衡情况

有时，机会中带有缺陷，或者风险中带有机会，这个时候可以用"时机、品种、手段"三种因素综合组合中庸的方法。

修炼 33
论职业操盘手的修炼

基础素质决定专业技能的高度！

谁拥有有深度有灵魂的思想，谁就拥有潜在的巨大力量！思想给人方向，思想使人富足，思想点亮他人！

一个人一生中总有个觉悟时期，而这个觉悟时期的早晚决定了一个人一生的命运。觉悟，不是此生终止，觉悟，是为了继续前行。

正因为具有修炼的力量和智慧，才有了忍一时风平浪静、退一步海阔天空的洒脱，海纳百川、有容乃大的包容，无中生有、从一至九的创新成长。可见，修炼的力量无法比拟，修炼的智慧是无穷的。正是这种超越平庸的强大，一个平庸人才能成为一个合格的职业操盘手。

"脱蠢、脱锢、脱贫"，这是人生修炼的三大任务，也是职业操盘手必需的修炼。

一、"脱蠢"

1. 人人生而平等

从思想范畴这个层面说，人出生的时候思想都是空白的，所以人人生而平等。

然后随着人的思想成长、环境社会资源的变化、生存半径以及道路的选择、行为力量的作用，不同的人开始了不同的变化并拉开距离，有的成为平庸的人、有的成为附庸的人、有的成为独立的人、有的成为有灵魂有能力的人。

2. 正确的教育、学习改变人

（1）教育、学习改变人。教育绝非单纯的文化知识传递，教育之为教育，正是在于它是一种人格心灵的唤醒。因此说教育的核心所在就是唤醒。

学习是接受教育的过程，也是一个自我教育的过程。

有教育则为文明，无教育则为野蛮。教育的目的是扩大人生的半径、爱的半径、思想的半径、技能的半径、行为的半径、自由的半径。

（2）弱化教育。《商君书》中说："强国之要，务在弱民。虚其心，实其腹，弱其志，强其骨。民可使由之，不可使知之。"

善良进步的强化教育是人进步的途径，培养人进步成长的途径。但是《商君书》儒家文化教育的核心不是扩大人生的半径，而是固化、弱化绝大多数人的人生半径，其目的是维持封建帝王家天下的稳定，这种固化教育和固化文化延续了几千年，在明清达到了高峰，明清时代，人的愚昧也达到了高峰。在宋朝还是帝王与文臣共治天下，到了清朝，大臣都变成了奴才，何况贱民。

教育和学习的最终目的是让我们懂得如何思考，是开化、启迪而不是固化、误解。

不良的教育，是教导所有人成为一个人。但固化教育也不是一无是处，它可以让人们具备由一到九的能力，但没有从零到一的能力。

接受固化教育的人难以质变，这就是封建时代知识分子们的局限性，一方面他们有知识，但同时胆识也被弱化了，在生死时刻可能不如文盲、流氓。

（3）进化教育。进化教育的特征是高教低，是启迪延伸创新，是杂交优势。

绝大多数父母的教育（或者耳濡目染）谈不上是"高教低"，因为这些父母本身就是平庸人，充其量是低教低，大概率的是重复父母的人生（极少数因为运气发生变异）。多数人更谈不上遇到精英人物的教化（甚至抵触，弱势文化容易抵触强势文化，这是人性因素使然）。愿意上进的人，心中应该有一个值得学习的榜样，把他的优点变成你的优点。

3. "脱蠢"的途径与进程

（1）承认自己的蠢。这里说的蠢有点苛刻，可以换一个词"平庸"来替换，"脱蠢"或者用"上进"这个词来替换。

不甘平庸，不满足现状的人，就有上进的动力。

正常情况下，对自己的物质财富不满意但同时对自己的精神财富满意的人称为"蠢"不算苛刻。

（2）做到固化教育的上层。

1）历史知识。世界没有显现游戏，大事件基本上都是重复的，你熟悉了中国历史、世界历史，许多事情都是过去曾经发生过的，非常相似。

2）统计归纳知识。追求真善美，主要是追求真，知道强势群体的套路，要学会了解、统计、归纳、总结。

3）强势地域、强势行业的了解。要对中外强势地域、行业进行了解，要从正面、认可的角度了解，不能从对立面的角度了解；对弱势地域、行业的了解要从对立面的角度了解，不能从认可的角度了解。

4）主动的交际能力。个人的精力、能量是有限的，必须借助社会资源的力量，要顺势借势，不能完全自力更生。

5）一定的优势技能、资源。不惜一切代价拥有个人能实现的至少一项优势技能、资源。第一是生存，更重要的是第二——可以拥有进入社会、圈子的门票和与人交换资源的资源。

（3）自己填充进化教育。

1）独立思考力。要意识到固化教育给自己造成的局限，要敢于冲破这种局限，跨地域、行业、角度思考。

2）逻辑、博弈常识。指正常的逻辑、博弈常识。

3）国际语言。既有英语等生活语言，也有强势地域的思维语言。成长的过程其实就是世界观不断崩塌重建的过程。

4）要有群英互助、帮助人的意识。不能自私，不能只屈辱不反思，弱势要学会妥协、让步。

5）要对愚昧低头。如果你生存的环境中，愚昧力量很强大，不能硬碰硬，要内方外圆，不能与愚昧发生不切实际的战争，要学会摆脱愚蠢、利用愚蠢，学习商鞅。

二、"脱锢"

"锢"是指思想固化不变、身不由己。

（1）"脱锢"的核心是，突破自限和社会固化，解放思想，实现财务身体自由，中庸平和宽容行事。

（2）摆脱落后地域，进军强势地域。这不仅是你对自己的贡献，也是对后代的贡献。当然，要有强烈的意识，也要有充分准备。

（3）摆脱夕阳行业，进军强势行业，特别是强势新行业。

（4）摆脱原有思想、圈子、技能、习惯（如果不满意，想更进一步），建立新思想、新圈子、新技能、新习惯，要有计划、进程、资源、行动、努力，也可以暂时脚踏两只船。

（5）不与强大力量作对，包括法律、趋势、团体、个人。

三、"脱贫"

"脱贫"不难，"脱蠢""脱锢"比较难，90%的人终身愚蠢、画地为牢。

（1）借社会的势。当初地域的势是深圳、浦东，行业的势是房地产，股市的势就是人民币国际化自由兑换与A股完全开放。

其实，股市本身就是有杠杆的（市盈率、券商融资、期指），也是有很好的技能方法的，成功"脱贫"不难，一次牛市就已经足够，关键是你自己"脱蠢""脱锢"了吗？你做好事先的准备了吗？你有足够的胆识吗？你有强大的圈子了吗？

（2）要有自己的事业。爱好也好、传承也好、平台也好。

（3）强势盈利模式。不能是点对点的，不能是搬一块砖就赚一元钱，生病休息就没钱，逆势的；必须是点对多点，一劳多次受益的，顺势的。

（4）让财富成为优秀的副产品。日常"脱蠢""脱锢"，来势（人的一生大概七次）时一举脱贫。

"脱贫"是财富自由、思想自由、身体自由。

成熟是需要用一生完成的功课，它是动态而非僵死的，渐行渐远，愈走愈高。也许所有的人，都应该知道自己需要成长、正在成长，并且能够持续成长，就这样一直成长下去。社会在成长，我在成长，并祝福世间所有的人，能赶在老去之前，成长到智慧、财富、自由的成熟。

修炼 34
行之有效的平衡势战法实务

近几年市场是平衡势的波动特征，如果没有基本面的突变和特殊题材刺激，绝大多数个股难以走出大幅度的单边走势，大多数个股的走势相对平稳，市场的波动机会主要题材在短线趋势上面，个股短线爆发的主要原因是股价调整充分、热点题材刺激以及个性的基本面突变。鉴于此，经过实战检验与不断的修正总结，我发现有三个战法的机会比较多且容易获利，下面我就来做一次细节实务的总结，作为自己的阶段操盘理论指导。

一、赌注股战法

1. 选股思路

主要是选择有重大资产重组可能的中线爆破点个股。

在 2022 年，这类股的表现形式主要是国企改革迹象明显的个股、上市公司控制权发生转让的个股、有明显中线吸引力的大题材股。

2. 操作原则

这类股票的操作方法是在双低位（大盘的箱底远低于 MCST 线的止跌）建重仓中线持有，但要留有意外情况的补仓资金，部分仓位中线持有，部分仓位高抛低吸。

3. 操作细则

（1）如果大盘涨到箱体，个股获利还可以，需要减仓 2/3 以上保住胜利果实。

（2）在大盘箱体下行过程中，仓位资产不能超过 10%，提前建仓不能超过 20%。

（3）在大盘箱体低位，这个战法的仓位占总资产的 40%～50%，这个战法是优先战法，如果这个战法持仓比较重，则需要降低后两种战法的仓位。

（4）后两种战法只能是对这个战法的补充，不能冲击这个战法。

（5）低位建仓后，要留有意外情况的充足补仓资金。在低位该仓位未出现浮赢的时间，第 3 种暂时停止。

二、箱体平准战法

1. 选股思路

大盘是箱体走势，维持这个箱体是需要有权重指标股的规律活动的，根据这个规律活动选股。

在 2022 年，这类股的表现形式主要是强势的权重指标股（根据 CCI 和 MCST 指标选股），或者是大盘箱体低位时股价位于最低位附近的金融股（要短线发现谁当时最强，也可以事先选几只即时盯着）。

2. 操作原则

这类股票的操作方法是根据大盘的箱体位置、强势股的 MCST（CCI）、弱势股的即时价量关系进行操作，短线为主，获利走就不算错。

3. 操作细则

（1）这类股最好只做即时最强的股，只做一个组合（一只强势股、异地低位价量股）。

（2）以短线操作为主，在指数位于箱体中高位时停止操作。

（3）选股条件要严格，不能与"赌注股"争夺资金，要服从"赌注股"的操作。

（4）如果大盘出现"二八现象"时，可以短线这个战法为主操作。

（5）这个战法的操作不能与"低位低振幅股的波段战法"并存，同一时间只选这两种战法中的一种。

三、低位低振幅股的波段战法

1. 选股思路

主要是选股价调整充分有短线反弹和中线股价修复的个股，如果兼具"赌注股""平准股"的特点更好。

在 2022 年，这类股的表现形式主要是近半年股价跌幅最大的一类非实质性问题股、"海王星"软件中的"近期弱势股"、成交量最小的 MCST 线下股、有有效短线爆破点的 MCST 线下股。

2. 操作原则

高准确率的复利短线操作，维持账户的持续稳健增长。复利赚小钱但很少回撤。

3. 操作细则

（1）尽可能地用核心赌注股进行这种操作，只有当核心赌注股处于中间位置、买卖都不合适的情况下，再选次选的赌注股。

（2）在大盘箱体底部时，如果有合适的平准股操作，则应停止这种操作，不能多线作战，防止资金被套影响心态。

（3）在没有合适赌注股、平准股时，可以操作爆破点股和低位小市值股，但是要严格遵守地位原则，要防止利好出尽是利空的情况。

（4）在大盘出现"二八现象"时，这个操作需要停止。

（5）在大盘温和下行时，如果仓位过轻，可以用小市值的赌注股进行这种短线操作。

修炼 35
每年元旦年度选股技巧汇总

元旦，即公历的 1 月 1 日，是世界多数国家通称的"新年"。元，谓

"始"，凡数之始称为"元"；旦，谓"日"；"元旦"即"初始之日"的意思。

每年元旦，我都要重新选一遍股，把符合条件的股票作为新一年的重点的自选股，其中评分最高的 10 只股票列为当年度上半年的最重要的实战备选股。下面我就把每年元旦年度选股的最重要的五个原则条件总结如下：

一、重要题材

每年市场都会有一个或者数个重要题材刺激市场，或者刺激相关概念板块。这些重要题材应该作为重要中线选股的第一原则。

比如，在 2022 年，A 股最重要条件是国企改革和注册制这两个事件。

1. 国企改革概念

2022 年是《国企改革三年行动方案（2020～2022 年）》的最后一年，是出成果年，所以选股时一定要非常重视国企改革概念，特别是其中有重大重组迹象的个股。

2. 创投概念

根据新闻消息报道的情况分析，2022 年全市场实施注册制的可能性非常的大，实施注册制最受益的板块个股是券商股和创投概念。

二、预增扭亏

根据交易所规则规定，年报业绩扭亏的、增长超过 50% 的上市公司必须要在 1 月 31 日以前预告，发布这种预喜公告的股票在公告日常常大涨甚至涨停，这是一个重要的短线爆破点，因此我们在选择短线股时需要选这种有可能发布预喜公告的股票。

三、年度跌幅

在券商的行情软件上有一个"年初至今"的年度涨跌排名，而元旦是去年这个功能的最后一天，我们需要在最后用一次。

一般情况下，我喜欢在年度跌幅比较大的个股中选择符合上述条件的个股，因为风水轮流转，周期循环，去年涨幅比较大的个股多数容易在次年跌幅大，在跌幅比较大有没有基本面问题的个股中会有一部分在次年表现比较好。

四、接近历史最低价

这个条件是对上一个条件的细化，高位下跌的个股与低位下跌的个股还是有一定区别的，我更喜欢股价接近历史最低位的个股。这时的买家是所有持有这只股中的投资者中成本最低的。

五、流通市值小

由于 A 股的分红比较少，投资者的主要收益都是差价所得。相对来说，流通市值小的低价股的活跃性更强，更为容易受到风格激烈的游资所喜好。所以这类股也是我选股的偏好。

但是有一点需要注意，如果这个阶段大盘股市市场热点和偏好，就需要对这个条件做下临时修改。

六、次新送转、机构重仓被套

这是常规选股法都要求的。

七、打分

1. 重要题材打分

第一项根据题材的强度给合乎条件的个股打分，可分为 3 分、2 分、1 分。有明显迹象和明显时间表的打 3 分，有明显迹象的打 2 分，有模糊迹象的打 1 分。

2. 预增扭亏打分

第二项根据题材的强度给合乎条件的个股打分，可分为 2 分、1 分。超预期的暗的打 2 分，比较明的打 1 分。绩优股、基金重仓股、高位股需要剔除。

3. 年度跌幅

属于这个范畴的打 1 分。

4. 接近历史最低价

属于这个范畴的打 1 分。

5. 流通市值小

属于这个范畴的大资金投资者给予小市值打 2 分，中等市值打 1 分；小资金投资者均给予中小市值打 1 分。

6. 次新送转

属于这个范畴的打 1 分。

7. 机构重仓被套

属于这个范畴的打 1 分。

8. 万能公式综合评价

属于这个范畴的打 1 分。

9. 选股排序

积分高者排名靠前，在大盘安全和个股技术状态好时优先实战投入。

修炼 36
公司股权比例关键点归纳

一、67%（2/3 以上）完全控制权

1. 优势

所有重大事项均有一票通过权。

2. 重大事项表决权通过比例

（1）有限责任公司：2/3 以上表决权。

（2）股份有限公司：出席会议所持表决权 2/3 以上。

（3）上市公司：2/3 以上表决权。

3.《公司法》

第四十三条　股东会的议事方式和表决程序，除本法有规定的外，由公司章程规定。

股东会会议做出修改公司章程、增加或者减少注册资本的决议，以及公司合并、分立、解散或者变更公司形式的决议，必须经代表 2/3 以上表决权的股东通过。

第一百零三条　股东出席股东大会会议，所持每一股份有一表决权。但是，公司持有的本公司股份没有表决权。

股东大会做出决议，必须经出席会议的股东所持表决权过半数通过。但是，股东大会做出修改公司章程、增加或者减少注册资本的决议，以及公司合并、分立、解散或者变更公司形式的决议，必须经出席会议的股东所持表决权的 2/3 以上通过。

第一百二十一条　上市公司在一年内购买、出售重大资产或者担保金额超过公司资产总额 30% 的，应当由股东大会做出决议，并经出席会议的股东所持表决权的 2/3 以上通过。

第一百八十一条　公司有本法第一百八十条第（一）项情形的，可以通过修改公司章程而存续。

依照前款规定修改公司章程，有限责任公司须经持有 2/3 以上表决权的股东通过，股份有限公司须经出席股东大会会议的股东所持表决权的 2/3 以上通过。

二、50%（1/2 以上）相对控制权

1. 优势

管理型控制权，多数事项有一票通过权。

2. 多数事项表决权通过比例

（1）对外担保（有限/股份有限公司）：除去利益相关方，出席会议的表决权的 1/2 以上。

（2）股份有限公司创立大会的举行：整个股份有限公司股份总数的 1/2 以上。

（3）股份有限公司创立大会表决事项：出席会议有表决权的 1/2 以上。

（4）控股股东的认定（有限/股份有限公司）：持股 50% 以上。

3. 《公司法》

第十六条 公司向其他企业投资或者为他人提供担保,依照公司章程的规定,由董事会或者股东会、股东大会决议;公司章程对投资或者担保的总额及单项投资或者担保的数额有限额规定的,不得超过规定的限额。

公司为公司股东或者实际控制人提供担保的,必须经股东会或者股东大会决议。

前款规定的股东或者受前款规定的实际控制人支配的股东,不得参加前款规定事项的表决。该项表决由出席会议的其他股东所持表决权的过半数通过。

第九十条 发起人应当在创立大会召开 15 日前将会议日期通知各认股人或者予以公告。创立大会应有代表股份总数过半数的发起人、认股人出席,方可举行。

创立大会行使下列职权:

(1) 审议发起人关于公司筹办情况的报告。

(2) 通过公司章程。

(3) 选举董事会成员。

(4) 选举监事会成员。

(5) 对公司的设立费用进行审核。

(6) 对发起人用于抵作股款的财产的作价进行审核。

(7) 发生不可抗力或者经营条件发生重大变化直接影响公司设立的,可以做出不设立公司的决议。

创立大会对前款所列事项做出决议,必须经出席会议的认股人所持表决权过半数通过。

第一百零三条 股东出席股东大会会议,所持每一股份有一表决权。但是,公司持有的本公司股份没有表决权。

股东大会做出决议,必须经出席会议的股东所持表决权过半数通过。

第二百一十六条 本法下列用语的含义:控股股东,是指其出资额占有限责任公司资本总额 50%以上或者其持有的股份占股份有限公司股本总额 50%以上的股东;出资额或者持有股份的比例虽然不足 50%,但依其出资额或者持有的股份所享有的表决权已足以对股东会、股东大会的决议产生重大影响的

股东。

事实上，我们讲到的 50% 以上，随着公司的发展及资本的引入，51%/52% 的股权经过风投的融资股权稀释后，就会有"1/3 以上"及"1/3 以下"的区别了。

三、33.4%（1/3 以上）防御性控制权

1. 优势

防御性权限，对重大事项有一票否决权。

2. 重大事项否决权

（1）有限责任公司：1/3 以上表决权。

（2）股份有限公司：出席会议的 1/3 以上表决权。

3.《公司法》

对于有限责任公司而言，修改公司章程、增加或者减少注册资本的决议，以及公司的合并、分立、解散或者变更公司形式需要 2/3 以上的表决权通过，换言之，若单独持有或者合计持有公司 1/3 以上的表决权，那么就可以对上述事项进行否决。

对于股份有限公司和上市公司需经出席会议的 2/3 以上表决权通过的事项，由于出席会议有 2/3 以上表决权的肯定是小于或等于整个公司 2/3 的表决权，所以，若单独或者合计持有股份有限公司/上市公司 1/3 以上的表决权，对于需要经过出席会议优势 2/3 以上表决权通过的事项便可以行使否决权。

四、30%收购权

1. 优势

上市公司要约收购线。

2.《证券法》

第八十八条　通过证券交易所的证券交易，投资者持有或者通过协议、其他安排与他人共同持有一个上市公司已发行的股份达到 30% 时，继续进行收购的，应当依法向该上市公司所有股东发出收购上市公司全部或者部分股

份的要约。

收购上市公司部分股份的收购要约应当约定，被收购公司股东承诺出售的股份数额超过预定收购的股份数额的，收购人按比例进行收购。

第九十六条　采取协议收购方式的，收购人收购或者通过协议、其他安排与他人共同收购一个上市公司已发行的股份达到30%时，继续进行收购的，应当向该上市公司所有股东发出收购上市公司全部或者部分股份的要约。但是，经国务院证券监督管理机构免除发出要约的除外。

收购人依照前款规定以要约方式收购上市公司股份，应当遵守本法第八十九条至第九十三条的规定。

收购要约的期限届满，收购人持有的被收购上市公司的股份数达到该公司已发行的股份总数的75%以上的，该上市公司的股票应当在证券交易所终止上市。

五、20%重大同业竞争警示线

同业竞争是指上市公司所从事的业务与其控股股东或实际控制人或控股股东所控制的其他企业所从事的业务相同或近似，双方构成或可能构成直接或间接的竞争关系。

我国学者一般认为，关联企业特指一个股份公司通过20%以上股权关系或重大债权关系所能控制或者对其经营决策施加重大影响的任何企业，是以出现20%是重大同业竞争警示线的说法。

六、10%以上临时会议权

1. 权力

可提出质询、调查、起诉、清算、解散公司。

（1）有限责任公司/股份有限公司：提出召开股东会大会、解散公司之诉。

（2）股份有限公司：提议召开临时董事会。

2.《公司法》

第三十九条　股东会会议分为定期会议和临时会议。

定期会议应当依照公司章程的规定按时召开。代表 1/10 以上表决权的股东，1/3 以上的董事，监事会或者不设监事会的公司的监事提议召开临时会议的，应当召开临时会议。

第四十条　有限责任公司设立董事会的，股东会会议由董事会召集，董事长主持；董事长不能履行职务或者不履行职务的，由副董事长主持；副董事长不能履行职务或者不履行职务的，由半数以上董事共同推举一名董事主持。

有限责任公司不设董事会的，股东会会议由执行董事召集和主持。

董事会或者执行董事不能履行或者不履行召集股东会会议职责的，由监事会或者不设监事会的公司的监事召集和主持；监事会或者监事不召集和主持的，代表 1/10 以上表决权的股东可以自行召集和主持。

第一百条　股东大会应当每年召开一次年会。有下列情形之一的，应当在两个月内召开临时股东大会：

（1）董事人数不足本法规定人数或者公司章程所定人数的 2/3 时。

（2）公司未弥补的亏损达实收股本总额 1/3 时。

（3）单独或者合计持有公司 10% 以上股份的股东请求时。

（4）董事会认为必要时。

（5）监事会提议召开时。

（6）公司章程规定的其他情形。

第一百一十条　董事会每年度至少召开两次会议，每次会议应当于会议召开十日前通知全体董事和监事。

代表 1/10 以上表决权的股东、1/3 以上董事或者监事会，可以提议召开董事会临时会议。董事长应当自接到提议后十日内，召集和主持董事会会议。

董事会召开临时会议，可以另定召集董事会的通知方式和通知时限。

第一百八十二条　公司经营管理发生严重困难，继续存续会使股东利益受到重大损失，通过其他途径不能解决的，持有公司全部股东表决权 10% 以上的股东，可以请求人民法院解散公司。

有限责任公司和股份公司，持有 10% 以上股权的股东都有提议召开临时股东大会的权利，同时对有限责任公司而言，当董事会/执行董事、监事会/监事均不履行召集和主持临时股东会时，持有有限责任公司10%以上股权的股东可以自行召集和主持股东会。

有限责任公司和股份有限公司，持有公司10%以上股权的股东可以提出解散公司之诉。

此外，股份有限公司持有10%以上股份的股东还有提议召开董事会临时会议的权利。

七、5%以上重大股权变动警示线

1. 可能性

上市公司或拟上市公司：认定关联方、上市公司、重大事件披露。

2.《深圳证券交易所股票上市规则》

10.1.3　具有下列情形之一的法人或者其他组织，为上市公司的关联法人：

（1）直接或者间接地控制上市公司的法人或者其他组织。

（2）由前项所述法人直接或者间接控制的除上市公司及其控股子公司以外的法人或者其他组织。

（3）由本规则10.1.5条所列上市公司的关联自然人直接或者间接控制的，或者担任董事、高级管理人员的，除上市公司及其控股子公司以外的法人或者其他组织。

（4）持有上市公司5%以上股份的法人或者其他组织及其一致行动人。

（5）中国证监会、本所或者上市公司根据实质重于形式的原则认定的其他与上市公司有特殊关系，可能或者已经造成上市公司对其利益倾斜的法人或者其他组织。

10.1.5　具有下列情形之一的自然人，为上市公司的关联自然人：

（1）直接或者间接持有上市公司5%以上股份的自然人。

（2）上市公司董事、监事及高级管理人员。

（3）本规则10.1.3条第（1）项所列法人的董事、监事及高级管理人员。

（4）本条第（1）项、第（2）项所述人士的关系密切的家庭成员，包括配偶、父母及配偶的父母、兄弟姐妹及其配偶、年满18周岁的子女及其配偶、配偶的兄弟姐妹和子女配偶的父母。

（5）中国证监会、本所或者上市公司根据实质重于形式的原则认定的其他与上市公司有特殊关系，可能造成上市公司对其利益倾斜的自然人。

3.《证券法》

第四十七条　上市公司董事、监事、高级管理人员、持有上市公司股份5%以上的股东，将其持有的该公司的股票在买入后六个月内卖出，或者在卖出后六个月内又买入，由此所得收益归该公司所有，公司董事会应当收回其所得收益。但是，证券公司因包销购入售后剩余股票而持有5%以上股份的，卖出该股票不受六个月时间限制。

第六十七条　发生可能对上市公司股票交易价格产生较大影响的重大事件，投资者尚未得知时，上市公司应当立即将有关该重大事件的情况向国务院证券监督管理机构和证券交易所报送临时报告，并予以公告，说明事件的起因、目前的状态和可能产生的法律后果。

下列情况为前款所称重大事件：

（1）公司的经营方针和经营范围的重大变化。

（2）公司的重大投资行为和重大的购置财产的决定。

（3）公司订立重要合同，可能对公司的资产、负债、权益和经营成果产生重要影响。

（4）公司发生重大债务和未能清偿到期重大债务的违约情况。

（5）公司发生重大亏损或者重大损失。

（6）公司生产经营的外部条件发生的重大变化。

（7）公司的董事、1/3以上监事或者经理发生变动。

（8）持有公司5%以上股份的股东或者实际控制人，其持有股份或者控制公司的情况发生较大变化。

（9）公司减资、合并、分立、解散及申请破产的决定。

（10）涉及公司的重大诉讼，股东大会、董事会决议被依法撤销或者宣告无效。

（11）公司涉嫌犯罪被司法机关立案调查，公司董事、监事、高级管理人员涉嫌犯罪被司法机关采取强制措施。

（12）国务院证券监督管理机构规定的其他事项。

第七十四条 证券交易内幕信息的知情人包括：

（1）发行人的董事、监事、高级管理人员。

（2）持有公司5%以上股份的股东及其董事、监事、高级管理人员，公司的实际控制人及其董事、监事、高级管理人员。

（3）发行人控股的公司及其董事、监事、高级管理人员。

（4）由于所任公司职务可以获取公司有关内幕信息的人员。

（5）证券监督管理机构工作人员以及由于法定职责对证券的发行、交易进行管理的其他人员。

（6）保荐人、承销的证券公司、证券交易所、证券登记结算机构、证券服务机构的有关人员。

（7）国务院证券监督管理机构规定的其他人。

第七十六条 证券交易内幕信息的知情人和非法获取内幕信息的人，在内幕信息公开前，不得买卖该公司的证券，或者泄露该信息，或者建议他人买卖该证券。

持有或者通过协议、其他安排与他人共同持有公司5%以上股份的自然人、法人、其他组织收购上市公司的股份，本法另有规定的，适用其规定。

内幕交易行为给投资者造成损失的，行为人应当依法承担赔偿责任。

第八十六条 通过证券交易所的证券交易，投资者持有或者通过协议、其他安排与他人共同持有一个上市公司已发行的股份达到5%时，应当在该事实发生之日起三日内，向国务院证券监督管理机构、证券交易所做出书面报告，通知该上市公司，并予公告；在上述期限内，不得再行买卖该上市公司的股票。

投资者持有或者通过协议、其他安排与他人共同持有一个上市公司已发行的股份达到5%后，其所持该上市公司已发行的股份比例每增加或者减少5%，应当依照前款规定进行报告和公告。在报告期限内和作出报告、公告后两日内，不得再行买卖该上市公司的股票。

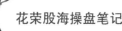

对于上市或拟上市公司而言，持有公司5%以上的股权的股东，应被认定为公司的关联方。

对于上市公司，当持股5%以上股份股东持有公司股份情况发生变化的为上市公司应当披露的重大事件。

八、3%以上临时提案权

1. 权力

提前开小会。

股份有限公司：提案权。

2.《公司法》

第一百零二条　召开股东大会会议，应当将会议召开的时间、地点和审议的事项于会议召开20日前通知各股东；临时股东大会应当于会议召开15日前通知各股东；发行无记名股票的，应当于会议召开30日前公告会议召开的时间、地点和审议事项。

单独或者合计持有公司3%以上股份的股东，可以在股东大会召开10日前提出临时提案并书面提交董事会；董事会应当在收到提案后两日内通知其他股东，并将该临时提案提交股东大会审议。临时提案的内容应当属于股东大会职权范围，并有明确议题和具体决议事项。

股东大会不得对前两款通知中未列明的事项做出决议。

无记名股票持有人出席股东大会会议的，应当于会议召开五日前至股东大会闭会时将股票交存于公司。

九、1%以上代位诉讼权

1. 权力

可以间接地调查和起诉权。

有限责任公司：股东代位诉讼权。

股份有限公司：连续持股180日且持续1%以上股份股东的代位诉讼权。

2.《公司法》

第一百五十一条　董事、高级管理人员有本法第一百四十九条规定的情形的，有限责任公司的股东、股份有限公司连续一百八十日以上单独或者合计持有公司1%以上股份的股东，可以书面请求监事会或者不设监事会的有限责任公司的监事向人民法院提起诉讼；监事有本法第一百四十九条规定的情形的，前述股东可以书面请求董事会或者不设董事会的有限责任公司的执行董事向人民法院提起诉讼。

监事会、不设监事会的有限责任公司的监事，或者董事会、执行董事收到前款规定的股东书面请求后拒绝提起诉讼，或者自收到请求之日起30日内未提起诉讼，或者情况紧急、不立即提起诉讼将会使公司利益受到难以弥补的损害的，前款规定的股东有权为了公司的利益以自己的名义直接向人民法院提起诉讼。

他人侵犯公司合法权益，给公司造成损失的，本条第一款规定的股东可以依照前两款的规定向人民法院提起诉讼。

代位诉讼权发生的前提，通俗来讲，要么是董事、高管违法违章损害公司利益，要么是监事违法违章损害公司利益，如果都有问题，股东则可以直接以自己的名义"代公司的位"直接向法院提起诉讼。

修炼37
怎样分析破解F10公司资料

F10是指键盘上的F10快捷键。在各种股票行情终端软件中，用户通过键盘上的F10快捷键，可迅速查看上市公司的非行情信息，如公司概况、财务数据、公司公告、公司新闻、经营分析等信息数据。

利用F10资料选股，破解相关股票的股价爆破点，破解主力机构的持股目的和公司基本面变化趋势，是股票分析的最重要技术，这个技术的水平高低决定着投资者的能力与盈亏。

下面，我就来总结一下看F10资料信息的一些技巧。

一、最新提示

最新提示是重要信息的简单提示，最重要的几项是：

1. 每股收益

目的是了解目前股价的市盈率，以及公司基本面的成长性，这个数据在公司的年报、半年报前夕很重要，因为公司业绩变化大的需要事先发布预告公告，这些预告公告与业绩报表公告发布日及前后，股价通常都会因利好利空因素波动较大。

2. 流通股本

了解这个股票的流通市值。

强势重势，弱势重质。

通常情况下，小市值股波动大，大盘强势时涨幅大，大盘弱势时跌幅大。近些年，由于机构投资者占市场资金比重越来越大，在弱平衡势情况下，指数权重的综合中线表现经常要强于中小市值非权重股，经常会出现指数表现还算稳定但是下跌个股数量占多数的情况。

3. 特别提醒

这一栏的提示很重要，咨询公司认为的近期最重要的信息放在了这里，要根据这里的提示再进一步查看相关信息的详细内容。

二、公司概况

了解一下公司的行业以及股票所属板块和相关概念，A 股游资有炒板块热点和概念的习惯特点。

要对公司进一步了解，复制公司网址，去网页看看。有信息需要沟通可以通过这个电话联系，如何与上市公司沟通也是职业投资者的一项重要技能，有时会有意外收获。

三、财务分析

那些只看市盈率的股民，肯定不知道这页有"扣非净利润"。好多企业上一年亏损，未来避免戴 ST 帽子，会卖房或者其他资产，来获取一次性收益。这时，光看净利润，会有公司经营大幅好转的印象。

资产负债表里，商誉占比较大的公司要注意。每年 1 月底会有大量公司预亏，其中相当比例的公司是由于商誉下滑计提造成的。

现金流量表非常重要。一个公司如果连续好几年经营现金流为负，那需要认真分析公司业务情况。若公司现金流持续减少，也是比较危险的信号，长线波段持有者需要注意。

四、股东研究

要了解大股东的实力和处境，以及是否有股东转让的意向。

要了解流通股东的持股风格和目的。

五、股本结构

可以了解大小非的上市时间与成本，这点很重要，要注意博弈性。

六、资本运作

可以了解股东的持股变化情况。

七、业内点评

这个栏目是重点信息，需要多花点时间研究。看看是否有重要信息以及大股东的相关承诺，根据重要信息发现股价的重要价格参考点。

看 F10 的水平主要体现在这个栏目中。

八、行业分析

主要提供同行业的各项指标排名。

九、公司大事

这个栏目与"业内点评"同等重要，这两个栏目是最重要的两个栏目。

1. 公司董秘与投资者的互动

有时能发现一些意外的重要信息。

2. 公司大事

有一些重要上市公司公告能引起股价的趋势变化或者存在未来的爆破点。

3. 股吧资讯

公司资料最关键的是"业内点评"和"公司大事",相关股票的股吧中有一个栏目为"资讯",罗列的题目更直接,因而看起来更方便一些。

有关未来的、时点的、业绩趋势的、股权的、承诺的资讯最重要,也是我们需要重点研究和破解的。

十、港澳特色

相关研究机构的评级和业绩预测,这个只能参考并及时发现研究机构和上市公司的动机,不能轻易盲信,许多业绩预测错得比较离谱。

十一、经营分析

多关注公司近几年毛利率变化,能够看出公司经营是否有所改善。一般公司毛利较上年上涨,表明公司经营是在改善的。这一项只有半年、年报数据。这是由于数据是从财报抓取的,而一季报、三季报不披露主营的细分数据。

同行业公司,一般毛利高的公司会好一些。大家可以对比,行业龙头的毛利多数情况下都会好于排在后面的公司。

十二、主力追踪

主要看股东数量变化趋势和筹码集中度,这也是一个比较重要的数据。

十三、分红扩股

看看公司的分红习惯和历史。

十四、高层治理

研究一下高管的经历,看看是否有二级市场或者重组的隐形信息。

十五、龙虎榜

看看其中的机构动向，分析龙虎榜数据也是一项小专业技术，《青蚨股易》中有专文研究。

十六、关联个股

最重要的是查重要股东同时持有的不同股票，特别是二级市场风格明显的流通股东持有的股票。

修炼 38
机构庄家的惯用花招与意图

随着市场机构规模的扩大，机构庄家的炒作手法、技巧、花样也呈现多样化。短线波段投资者如果不了解熟悉机构的这些套路，只看表面异动而跟着感觉走，情绪化地追涨杀跌，就有可能被机构庄家割韭菜。

下面我就股市中机构庄家的炒作套路来进行总结。

套路 1　把利空炒成利好

大扩容影响市场供求关系是利空，但是大扩容又是监管部门的政绩，为了让市场接受大扩容，每当有大扩容新消息出台或者实施时，大主力为了配合新的大扩容都会积极活跃市场。最常见的是重启新股发行、重要新股发行、央企大融资、新的板块设置等举措出台时，有大主力发动金融股活跃市场，甚至启动行情。

有时，有比较重要的新的股市制度出来时，也会有一些配合措施。

但是需要注意的是，有时在大盘弱势时出台一些小的利好措施，反而会引发一些机构出货派发筹码，引起市场短线震荡风险。

套路 2　关键时刻的稳定指数

当市场出现意外的心理性利空，比如一些能够影响 A 股股民心理的重大国际国内事件，过去的案例有"9·11"事件、南斯拉夫大使馆事件、重要人物辞世、短期钱荒、大盘意外的大跌幅等，大主力也会有短暂的稳定指数的行为。

但是这种稳定现象只是针对指数指标股，也只是短暂行为。

套路 3　平常的箱体

随着证金、汇金等央企投资机构的出现，市场的平稳性比以往明显增强，市场经常以箱体震荡的方式波动。注意到阶段箱体的区间指数大概位置，以及箱顶、箱底的活跃股板块，是新时期很重要的分析工作，这个工作非常有助于投资者的波段实战操作。

套路 4　年底的做市值

如果进入 12 月，此时的年线比较难看，主力机构有可能会拉升银行股或者金融股，提高年末的市值，以使当年的收益率不太难看。如果此时的年线还可以，年底做市值的动力就相对比较弱。

套路 5　解禁前后的想法

定增会使市场出现大量的定增禁售股，定增股解禁前主力拉升股价的意愿较弱，一般情况下，别的机构也不太愿意进入这类股。解禁后，如果定增机构是盈利的，股价容易出现定增机构的出货抛压，如果定增机构被套数量较大，且定增机构也有一定的实力，在行情较好时容易为解套而拉升股价。

原始股中的小非解禁时，股价出现抛压。

原始股中的大非解禁时，上市公司的业绩常常较好；如果大非想部分减持，有时还会有一些做市值的行为举措（比如说高送转）。

套路 6 融资前后的想法

定增的套路有两个：

市场化定增，定增前上市公司有维护股价的愿望，股价容易在定增前抗涨抗跌，且此时的业绩容易包装得比较好。定增后，如果定增给资金实力比较大的机构，这个机构有时会演变成为庄家，短线有时也会出现较强走势；如果是给风格平和的机构，则股价容易沉闷。

如果大股东要用资产注入定增，则容易在定增前压制股价，以便大股东能持有更多的股份或者以较低的价格入股。

套路 7 先拉后抛的出货法

有庄股经典的出货方式是，先拉一两根大阳线，紧接着负反击出货，对于这种庄股方式一定要警惕，因为这种出货方式往往跌幅较大较急。

套路 8 大牛股的年底跌停

年底是资金结账期，也是资金紧张期，一些融资规模较大的大牛庄股，容易在 12 月和 1 月出现跳水连续跌停走势，需要格外警惕。

套路 9 风险前的制度暗示

如果管理层突然出台针对某个交易品种的散户限制交易的制度，则需要对该类品种高度小心，也许监管层已经事先了解了此类品种的风险。比如说，在债券大批量违约前，管理层出台了针对债券的散户交易权限的限制。

套路 10 长线机构的经典拉抬方式

长线机构的经典拉抬股价方式，常常是连续的独立小碎阳线，遇见这类初步的 K 线组合，看准后可以适当短线套利。

套路 11 公募的年底年初心态

每年年底，多数公募基金的当年业绩已经成定局，它们常常会为来年做

准备，在年底掉仓换股，或者在最后一两个交易日压低股价。

而新年最初的几个交易日，是公募基金操作相对积极的时间，这个时候走强的公募重仓股容易是当年的新核心资产，可以中线跟踪。

套路12　1月底的财务"洗澡"

每年1月31日是上市公司预告年报业绩的最后时间，在1月底的几个交易日，一些商誉较大的上市公司容易出现商誉损失计提，这个时候要注意此类公司的预巨亏风险。

一些刚刚进行大股东转换的上市公司，或者有实力机构长线财务进驻的上市公司，也容易出现财务"大洗澡"，以便新年度轻装上阵，业绩出现较大的增长。

套路13　牛市中初期的熊市牛股出货

在弱势中持续走上升通道的牛股，一旦大盘走强出现强势，其市场表现往往会明显弱于大盘，甚至有些股会逆势放量下跌。

修炼39
市场中最重要的规律统计经验

技术分析其实是对过去市场波动的总结，经典的技术分析理论基本上都是对成熟市场的历史波动的总结，这样的技术分析有一定的作用，尤其是信奉的资金足够强大时有一定的作用，但是针对A股的多数时间内的多数品种，实战功用是有限的。

有些职业投资者借鉴了技术分析的总结统计思维，又从A股的现实环境背景考虑，每年都总结统计A股市场的当前波动规律，并在实战中利用这些重复的规律现象，实施证明这种有针对性的市场规律总结是更为实用的技术，这也是花家军的独门技术，效果非常好。

下面我来总结一下具体现象规律和方法：

一、阶段强弱的量能数据标准

我们把市场周期分成三个细分阶段：强势阶段、弱势阶段、平衡势阶段。每个阶段的仓位控制方法和具体战术是不一样的，具体的方法可以参考《千炼成妖》。

我们根据大盘的量能情况区分大盘属于哪个阶段，这个区分量能数据标准是随着大盘的市值情况与市盈率高低而变化的，无法固化成为一个不变的数据。这就需要我们进行阶段统计，前一阶段的强势大盘成交量能数据是多少？平衡势的量能数据是多少？弱势数据是多少？要做到心中有数，并根据自己的能力打个富余量。

这项统计工作是最重要的，也是操作系统最重要的一环。

二、阶段高低点的主力容忍度

A股中有大主力机构，这些大主力机构有能力阶段控制市场的指数，它们对股市的高低点也有自己的策略容忍度，从而使股市指数在阶段时间内形成指数箱体波动的规律，发现这个箱体的大概高低点位置是非常重要的，因为有心人可以根据这个箱体的高低点以及高低点的活跃板块进行短线套利。

三、阶段市场的主要矛盾和情绪

市场在每个阶段有主要矛盾和情绪，通常的主要矛盾有：高位抑制泡沫、低位稳定救市、稳定指数扩容。要清楚这个主要矛盾是什么，以及大主力解决这个主要矛盾的主要手段方式，这点对于确立自己的阶段策略非常重要。

市场的主要情绪主要反映在市场当前走势的惯性反馈，强势市场正反馈，弱势市场负反馈，平衡势市场箱体震荡。有时，一个大事件的持续消息面也能带来市场情绪，比如说国际贸易战、国际金融危机、去杠杆、上市公司造假整顿、股改等。

四、阶段活跃主力的风格规律

1. 常规主力的当前风格

比如说"国家队"主力认可的箱体和高低点、公募基金抱团取暖的板块与股价波动风格、游资机构喜欢的板块与炒作幅度，这些都是必须要统计了解的。

2. 特殊主力

如果每个阶段能发现了解一些风格硬朗的活跃主力重仓股，无疑对这个阶段的实战收益有极大的帮助。

五、阶段常规战法的有效性统计

《千炼成妖》《霹雳狐狸》这两本书都总结了一些 A 股的常规战法，这些战法并不是全天候有效的，都是有周期效应的，通过统计发现，当前市场哪些战法有效，哪些战法目前无效。

六、服务于期指的短线波动规律

由于 A 股熊长牛短，因此期指是职业投资者最重要的生存手段，对于最重要生存手段的统计研究工作，自然投入的精力也应该更大一些。

七、阶段市场的牛股与熊股原因

每个阶段，市场都会有牛股和熊股，要分析统计其产生的原因，如果是由机构风格造成的，则需要注意其是否会复制操作。

一般情况下，主力机构喜欢复制盈利模式，而对于具体的个股则会采取弃高复低的做法，这点也需要注意。

八、阶段常规制度题材的股价波动规律

阶段常规制度题材主要指业绩报表公布日、预告日、除权日、股东大会日、节假最后交易日、季度底银行敏感日、ST 戴帽摘帽等，要统计这些敏感时间的股价波动规律，注意机会防范风险。

九、重复出现的有效社会题材

这是指一些特殊板块的涨跌习惯，比如说，危机时黄金涨，中东危机时石油涨，周边紧张时军工涨，大盘暴跌时最重要指标股涨，贸易紧张时稀土涨，人民币升值时航空涨，一个消息出现时收益概念股涨，要对这些板块异动规律进行统计并记住应用。

十、指标股与次新股的波动规律

指标股（金融股）和次新股是 A 股中最活跃的板块，其阶段的活跃规律也值得专门统计分析。

修炼 40
股民常见病症状与诊治方法

股市中的人只有两种：智者知幻即离，愚者以幻为瘾。

一个人知道自己不能做什么，远比知道自己能做什么更重要！智者与愚者相比，智者清醒地知道自己不要做什么，也因为这样，他们才知道自己真正要做什么；当我们知道不要做什么的时候，我们才知道什么对我们来说才是真正有价值、有意义、值得我们去投入的事情。而许多股市收益不满意者则把时间、精力、金钱都花在了不应该的虚幻事物上，甚至执迷于小概率的赌博，输钱也就不奇怪。

通过对众多投资者的交易数据统计，其实在 A 股中赢钱并不需要掌握多么高明的技术，只需要投资者保持正常就足够了，因为绝大多数没有赚钱和输钱的原因是不正常的，而且这些病人是常见病重复犯，并且不自知，甚至犯病成为了习惯还以犯病为荣。

下面，我就把 A 股中常见病总结如下：

一、贪婪与恐惧的人性本能

新入股市的人，有许多会迅速上瘾。股瘾，与毒瘾、毒瘾有类似的状态，幻想性痴迷多动症。不看股票行情难受，有钱不买股票难受，无交易时间的长假期觉得没意思，喜欢无端幻想并伴随吹牛皮。

表现在股市操作上，最常见的现象是"永动机""永炖机"，或者在两者之间来回死循环，贪婪和恐惧占据了思维空间，没有逻辑，行为跟着情绪和感觉走，并且反感正确的股市思维，这是大多数人最常见的慢性的恶性痼疾，有一些基础素质差的人这种症状伴随终身。

这种病症必须去除，否则在股市中的下场挺悲惨的，有时是物质与精神文明双失败，如果进入商品期货市场，还会有人出现神经问题。

治疗这种顽疾的方法是：

（1）要学习，学习花费的精力要超过参加高考。

（2）了解 A 股史，读《操盘手 1》《操盘手 2》《操盘手 3》。

（3）阅读《千炼成妖》《万修成魔》《百战成精》《青蚨股易》，建立自己的操作系统。

（4）有可能的话，结识真正的高手（不是包装出来的啊）。

二、痴迷于错误的或者难度大的理论

1. 什么样的理论是正确理论

正确理论的主要特征是：顺势而为、大概率、系统原则投资、分红价值满意度投资、交易制度套利、规律习惯投机、破解主力、分析有效题材热点爆破点、双轨价格、确定性硬逻辑、合理选时，等等。

2. 什么样的理论是错误理论

错误理论的主要特征是：纯技术分析、纯基本面分析、简单因果、难度大的理论移植于股市理论、利益角度理论、淳朴消息方法、小概率理论、远期理论、忽视供求关系的理论、忽视庄家的理论，等等。

3. 习惯

正确的理论不仅需要知道，更重要的是形成行为习惯，正确的理论主要体现在防范风险；错误的理论主要体现在弱势市场中的大结果有效性。

三、基础素质差但要求高

1. 以机会极限要求自己

基础素质差的人的典型特征是分不清楚黑白，对客观实际不了解，也不了解自己的能力状况，以市场机会的上限要求自己，必然吃亏，吃亏也不长记性，被同一块石头绊倒多次。

2. 没有职业素养，完全随机性情绪化

自控能力差，容易被市场氛围带节奏，即使被人点醒过，自己也知道自己的缺点，但追涨杀跌是天性自动化的。

3. 一根筋，缺乏网状思维

不懂概率，不知道运气的存在，只知道进攻不知道防守，一旦犯下错误，没有纠正错误，把命运完全交给运气。

基础素质差的人进入股市的主要任务，一是有一项娱乐措施，二是接受股市的惩罚。基础素质是专业素质的前提保证，必须先提高基础素质，专业素质才能达到一定水平，如果专业素质实在提高不了，就不适合股市投资。

四、缺乏专业素养常识

1. 忽视股市博弈性

不知道股市其实是动态的多维博弈，思维固化，投资被视为一种宗教信仰，追求主观，追求完美。

2. 没有角度思维，不知道自己的优劣势

自己的投资手段与投资目的不匹配，对赢家的真实情况不了解，没见过高手大机构的盈利模式，相信镰刀的包装宣传。

3. 缺乏专业素质

缺乏耐心，缺乏硬依据，缺乏基本专业技巧，用散户思维想象强大的博弈对手。除了基础的技术分析之外，资金力量、双轨价格通道权限、组合增强概率手段、制度的约束等更是能力的体现，许多外行别说拥有这些能力，甚至都没有听说过。

另外，专业人士进行一项金融游戏之前，一定要了解这项游戏是什么性质的。正和游戏可玩，零和游戏强者可玩，负和游戏不能玩，归零游戏坚决不能碰（除非你想自杀）。

专业技能必须跟专业高手学，自己感悟的代价大且进度慢，机构模式是散户永远接触不到的，怎么自学？市面上的书籍基本上没有专业技能的总结。

五、情绪失控，有压力的补偿性交易

由于股市是一项概率活动，输赢是兵家常态，要了解要接受，坚持持续的大概率必赢，久赌必输。

但是，平时一些综合素质还可以的人，一旦遇到不顺，或者信心膨胀贪心骤起，出于各种原因，导致强压力交易、报复性交易，而这必然使绝大多数人的智商能力大幅度降低，甚至出现低级失误。

职业投资者一定要了解强压力交易、报复性交易的危害，一定要避免这两种失误率极高的交易行为出现。

修炼41
A 股常见赚钱具体模式汇总

隐藏在行为模式背后，并指导行为的是思维模式；隐藏在思维模式背后，并指导思维的是理论统计框架模式。股市投机的关键不是赚钱，而是不能糊涂去赚钱，要明白地赚钱，可复制地持续赚钱，并事前杜绝未知的黑天鹅。

经过几十年的阅历思考、统计研究，我认为 A 股存在着下列可复制的持续赚钱模式：

一、主盈利模式

1. 无风险套利

（1）现金选择权与全额要约收购。

1) 现金选择权。在投资市场中，现金选择权的含义是：交易过程结束后，需要支付交易标的物的一方可以选择实际支付交易标的物，也可以选择以现金方式履行交割手续。

根据《公司法》第七十四条的规定，有下列情形之一的，对股东会该项决议投反对票的股东可以请求公司按照合理的价格收购其股权：

第一，公司连续五年不向股东分配利润，而公司该五年连续盈利，并且符合本法规定的分配利润条件的。

第二，公司合并、分立、转让主要财产的。

第三，公司章程规定的营业期限届满或者章程规定的其他解散事由出现，股东会会议通过决议修改章程使公司存续的。

在证券市场中，第二项情形比较多。

2) 全额要约收购。要约收购是指收购人向被收购的公司发出收购的公告，待被收购上市公司确认后，方可实行收购行为。这是各国证券市场最主要的收购形式，通过公开向全体股东发出要约，达到控制目标公司的目的。要约收购是一种特殊的证券交易行为，其标的为上市公司的全部依法发行的股份。

要约收购的程序：

第一，持股5%以上者须公布信息。即通过证券交易所的证券交易，投资者持有一个上市公司已发行的股份的5%时，应当在该事实发生之日起三日内，向国务院证券监督管理机构、证券交易所做出书面报告，通知该上市公司，并予以公告。

第二，持股30%继续收购时的要约。

发出收购要约，收购人必须事先向国务院证券监督管理机构报送上市公司收购报告书，并载明规定事项。

在收购要约的有效期限内，收购人不得撤回其收购要约。

第三，终止上市。收购要约的期限届满，收购人持有的被收购上市公司的股份数达到该公司已发行的股份总数的75%以上的，该上市公司的股票应当在证券交易所终止上市。

第四，股东可要求收购人收购未收购的股票。收购要约的期限届满，收购入持有的被收购公司的股份达到该公司已发行的股份总数的90%以上时，其余仍持有被收购公司股票的股东，有权向收购人以收购要约的同等条件出售其股票，收购人应当收购。收购行为完成后，被收购公司不再具备《公司法》规定的条件的，应当依法变更其企业的形式。

第五，要约收购要约期间排除其他方式收购。

第六，收购完成后股票限制转让。收购人对所持有的被收购的上市公司的股票，在收购行为完成后的六七月内不得转让。

第七，股票更换。通过要约收购方式获取被收购公司股份并将该公司撤销的，为公司合并，被撤销公司的原有股票，由收购人依法更换。

第八，收购结束的报告。收购上市公司的行为结束后，收购人应当在15日内将收购情况报告国务院证券监督管理机构和证券交易所，并予公告。

（2）面值与现价。债券和货币有面值，现价低于面值有固定收益，单位时间内的固定股收益可以换算成年化收益率，年化收益率满意则可投机。

（3）净值与现价。基金有净值，如果基金里的资产全部是安全的债券和现金，这个净值将会是固定值的或者固定值以上的。现价低于净值有固定收益，单位时间内的固定股收益可以换算成年化收益率，年化收益率满意则可投机。

2. 强势顺势组合

（1）即时热点。即时热点的发现方法：点击"板块指数"，首次出现的指数涨幅第一名板块，且指数涨幅要超过5%以上，涨幅最大或者最先冲击涨停的为龙头股，板块龙头股应是组合标的之一。

（2）价量强势股。价量强势股的定义是：低于MCST的超强价涨量增股（单日冲击涨停或者连续两日巨量价涨量增），或者在MCST线上明显遇到支撑的个股。这类股比较后的优秀者可以作为组合标的之一。

（3）短线爆破点。短线爆破点主要是指利好情绪爆破点，也可以是技术形态或者意外低点后的强势股。爆破点的应用要统计规律作为基础。有明显节奏规律的模式股可以提前一个节奏作为组合标的之一。

（4）活跃重套庄股。重套庄股主要指明显低于定向增发价格的重仓股、经历过连续跌停后依然保持螺旋桨形态的股、十大股东持仓较大的超跌股。

活跃是指 K 线逻辑已经呈现良性状态，昏迷庄股不能盲目持有。

（5）券商股。当强势行情确立后，券商是行情趋热后的最大利好板块，在牛市中常常会有一波较大的涨幅。

3. 弱势顺势期指

熊市中逢高放空期指是最主要的最可靠的盈利模式，但是也要常常统计指数的波动规律，顺规律谨慎地逢高行动。

熊市中逢高放空期指也不能是"永动机"中的战斗机，也要行为规则严密，谨慎从事。

4. 基本面良性质变

（1）借壳上市。借壳上市是证券市场最有魅力的事件，是股价连续涨停的最常见题材原因，是一个重要的盈利模式。

（2）国家政策倾斜。主要指国家的政策补贴和行业供求关系的极大良性改变。

（3）新强势行业。新出现的强势行业。

二、附属盈利模式

1. 暴跌后的反弹捕捉

（1）跌破面值且有效率的转债。最安全最没有心理负担的品种，可以作为想行动又犹豫时的品种。

（2）未亏损的考验面值股。超跌反弹的高概率品种，有保面值的直接动力。

（3）中线超跌+短线超跌+低价小市值股。历史上统计数据支持的现象品种。

（4）小市值金融股。历史上统计数据支持的现象品种，金融股往往是低位维持指数的板块。

（5）恐慌时承接力量强股。恐慌时承接力量强股往往是新机构在建仓该股，这样的股短线爆发力通常比较好。

2. 平衡势市场中的 MCST 战法

（1）线上支撑的绩优指数蓝筹股。这是伏击价值投资抱团取暖股的重要

花荣股海操盘笔记

方法。

（2）线下超强势股。这是猎庄游资股的重要方法。

3. 大题材强热点

大题材强热点应该选择合适标的第一时间介入。

（1）社会性的大题材。社会性的大题材主要是中国第一次举办奥运会、第一次建自贸区、雄安新区建立等。

（2）突发性的大题材。比如2020年的疫情受益概念股。

（3）个性化的大题材。有些上市公司出现的独特的首次的大题材。

4. 合法的个性化优势

（1）双轨价格。比如价格明显有利润空间的一二级市场的价差。

（2）双轨信息。比如合法第一手信息和上市公司公告信息的时间差。

（3）经统计的规律。经统计的主力操作规律，有板块性质的，也有机构风格方面的。

（4）经统计的爆破点。《千炼成妖》《霹雳狐狸》已经列举了许多爆破点类型，这个爆破点什么时候有效，还需要我们的观察、跟踪、统计。

（5）综合资源优势。每个人的社会背景、资金实力都是不一样的，要把自己的优势发挥出来，清楚自己的局限性并抑制住。

修炼42
系统机会密码与个股机会规律

出于市盈率高企以及分红率不满意的客观实际，A股赚钱的真谛不在于价值而在于博弈。如果想依靠技能成为赢家，必须永远下注确定性与大概率的事情。持续这样做，再加上与你的基础素质、社会资源相结合的有意识主观的螺旋上升性正反馈，高贵的投机者何愁不会解放自己、救赎自己，何愁不会成为"花天酒地"的花家军？

久赌必输。在股市，有理论指导的赌博更是输得快和惨，比去拉斯维加斯赌场赌博还要坏，因为在赌场赌，你知道是娱乐，你是有防范心理的，社会舆论是反对的，而在股市中有理论指导的赌则是社会舆论支持的，你是信心满满的甚至可能压上你的资产的绝大部分，一旦输，输的可能就是此生。有些人可能不知道，多数人认为所谓的技术分析、基本面分析行为就是在股市有理论指导的赌，这些所谓的技术分析、基本面分析不过是倡导者的确定性。

实践是检验真理的唯一标准。到底是确定性、大概率的赌，还是小概率的赌，必须要有硬逻辑、统计数据的支持。在 A 股，硬逻辑和统计数据的应用是上乘武功，我们必须要知道、习惯、应用，这点是评判一个投资者水平的最重要考量。

一、系统机会密码

A 股已经存在了 30 多年，根据这 30 多年客观数据的统计结果，我认为 A 股系统（大盘）机会比较简单的可破解密码有下列几条：

1. 供求关系决定价格

将股市的供与求的力量进行比较，将股市扩容速度与投资者入市速度的力量进行比较，供大则主趋势是下跌，求大则主趋势是上涨。这也是长牛长熊的基础。

影响 A 股供与求的两个关键因素是：

第一，国内社会资金是往股市的注入还是抽出。

第二，A 股的国际化开放进程。

这两点是我们判断市场中长线主趋势的最重要依据。

2. 为融资服务的先与后取

A 股是融资市、主力市、调控市。

有所求才有所与，笼筐套鸟、周期循环是客观现实。

A 股初期，有闻新即跌的习惯。鉴于此，后来想要系统性融资或者推出较大的融资政策，大主力会系统性造势，把长线利空转化成为短线利好，造势的手段是指标股（金融股）。

个股融资也常常会有个性的股东主力造势，当然要考虑到股东（以及利益关联方的实力）的现实能力，以及融资的定价制度和后遗症状况。

由于 A 股大部分时间缺乏分红满意度的支撑，造势之后的价值回归是必然，每次的造势红利我们应及时落袋为安，不能浪费机会甚至被这个造势所伤。

3. 大主力集团的底线和顶线

（1）常规的底线和顶线。A 股中是有大主力集团的，大主力集团为了自己的筹码安全与输赢，通常是有阶段的指数底线和顶线的，为了维护这个底线和顶线，大主力通常会通过指标股调控指数和大盘气氛。这个阶段，时间指数底线和顶线的数值需要我们的统计工作来发现。在这里，再次强调一下，博弈背景下的股市，统计是非常重要又为人所忽视的一项技术。

为了维护行业的生存，大主力有时也会根据业内的市场不活跃时的承受度，定期地活跃市场。因此，有人认为 A 股与历史一样，是周期循环的，没有新鲜游戏，每次游戏的内容都是似曾相识的、重复的。

要注意政策顶底与市场顶底的概念，在大的顶底临近时刻会有相关单位的政策消息进行提示。

（2）意外大跌后的机会。缺乏价值支撑的市场，在长时间缺乏买力和赚钱效应之后，一旦受到利空刺激，在负反馈因素积累到一定程度之后，容易出现阶段性的暴跌。

（3）职业主力造就的局部热点和中级行情。市场中存在着游资和职业主力。他们会根据社会和市场的消息热点造就局部热点和中级行情。有效的局部热点需要板块强度（消息刺激度）与赚钱效应的配合，中级行情也需要有成交量的配合。

4. 价值与资金

股市中最重要的两个关键词就是价值与资金。

价值决定股价的下限，资金决定股价的上限。

二、个股机会规律

你赚到的钱都是认知变现，你亏掉的钱都是认知缺陷。所谓成长就是认知升级。而真正的认知，则必须知行合一。因果链并不是直接从事实导向事实，而是从事实导向认知，再从认知到事实。

有知者无畏，先明白再重复明白，就会熟练，熟练也很重要，因为股票博弈需要速度和细节。

A 股中机会主要指重复出现的确定性机会和高概率机会。

1. 确定性机会

（1）制度性现金选择权机会。主要指全额要约收购、现金选择权、面值保护、净值保护的品种（作业：要自己列出具体的品种）。

注意：要进行实施的可能性与年化收益率的博弈。

（2）习惯性的双规价格。主要指品种转换套利、市场转换套利、优势交易权限、合法优势信息等品种（作业：要自己列出具体的品种）。

注意：要有情报人员的素质和股友互助精神。

2. 高概率机会

（1）顺势机会。强势顺势组合的热点、题材及常规爆破点机会（作业：常规爆破点自己总结一下）。

弱势的期指放空机会。

注意：需要盘感和熟练度以及事先备好应变品种。

（2）猎庄机会。MCST 线上的常规机构重仓股的相对低点支撑。

MCST 线下的超强势量能（首个有力度涨停、连续的阳线堆量、庄股的上升通道）。

3. 超预期机会

（1）逻辑比较硬且有成本优势的基本面质变超预期。

（2）股灾机会。

注意：要有耐心和留有后续余地，不能过早地孤注一掷。

4. 阶段规律统计机会

对大盘、个股的重复特点波动要持续统计和利用，这个技术是花氏独门技术，且很实用。

注意：要对《万修成魔》《千炼成妖》《百战成精》常读、重复读，保持统计敏感度。

修炼 43
IPO 上市前股东所持股份的锁定期和减持限制详解

一、IPO 前股东所持股份的锁定期

为了避免大股东和主要管理人员的变动而给新上市的公司带来经营的不确定性和业务的不稳定性，以及为了避免 IPO 前持股股东大比例减持股份而给新上市公司的股价带来冲击导致损害其他股东权益，我国 A 股 IPO 一直对 IPO 前股东所持股份强制规定了锁定期限制，这些股东所持股份在锁定期届满后才能在二级市场上流通。在锁定期内，这些股东所持股份在股本结构中体现为"有限售条件股份"。

目前，针对股份限售的规定散见于《公司法》、证监会的部门规章、交易所的《上市规则》及规范性文件，以及审核方的窗口指导意见中。

1. 控股股东、实际控制人及其关联方

主板、中小板、创业板：

（1）自上市之日起锁定 36 个月。

例外情况：转让双方存在控制关系或者均受同一实际控制人控制的，可以豁免此锁定期。

对中小板公司，还有一种特殊豁免情况：因上市公司陷入危机或者面临严重财务困难，受让人提出的挽救公司的重组方案获得公司股东大会审议通过和有关部门批准，且受让人承诺继续遵守锁定承诺，也可以豁免。

依据包括上交所《股票上市规则》（2014 年）第 5.1.5 条、深交所《股票上市规则》（2014 年）第 5.1.6 条、深交所《创业板股票上市规则》（2014 年）第 5.1.6 条。

（2）上市后 6 个月内股票连续 20 个交易日的收盘价均低于发行价或者上市后 6 个月期末收盘价低于发行价，持有公司股票的锁定期自动延长至少 6 个月。

依据为证监会《关于进一步推进新股发行体制改革的意见》（2013 年）：发行人控股股东、持有发行人股份的董事和高级管理人员应在公开募集及上市文件中公开承诺：所持股票在锁定期满后两年内减持的，其减持价格不低于发行价；公司上市后 6 个月内如公司股票连续 20 个交易日的收盘价均低于发行价，或者上市后 6 个月期末收盘价低于发行价，持有公司股票的锁定期限自动延长至少 6 个月。

2. 普通股东（非控股股东、实际控制人及其关联方，也不存在突击入股情况）

主板、中小板、创业板：自股票上市交易之日起锁定一年。

依据为《公司法》（2013）第一百四十一条：公司公开发行股份前已发行的股份，自公司股票在证券交易所上市交易之日起一年内不得转让。

3. 不存在实际控制人的公司的股东

主板、中小板、创业板：将发行前所有股东按持股比例从高到低依次排列，合计持股比例不低于发行前股份总数 51% 的股东所持股份，自上市之日起锁定 36 个月。

依据为证监会发行部的窗口指导意见（如保代培训），主旨是防止发行人借认定自身为无实际控制人来规避锁定期限制。

4. 突击入股的股东

（1）以增资扩股方式进入。

创业板：申报材料前 6 个月内增资扩股进入的股东，该等增资部分的股份自完成增资工商变更登记之日起应锁定 36 个月。

主板、中小板：刊登招股意向书之日前 12 个月内增资扩股进入的股东，该等增资部分的股份自完成增资工商变更登记之日起应锁定 36 个月。

（2）以受让老股方式进入。

创业板：申报材料前 6 个月内受让股份进入的股东，若该等股份受让自控股股东、实际控制人及其关联方，则该等股份自上市之日起应锁定 36 个月；若该等股份受让自非控股股东、实际控制人及其关联方，则该等股份自上市之日起应锁定 12 个月。

主板、中小板：刊登招股意向书之日前 12 个月内受让股份进入的股东，

若该等股份受让自控股股东、实际控制人及其关联方，则该等股份自上市之日起应锁定 36 个月；若该等股份受让自非控股股东、实际控制人及其关联方，则该等股份自上市之日起应锁定 12 个月。

需要注意的是，以上均依据证监会发行部的窗口指导意见（如保代培训）。这些监管要求也可能随时发生变化或者被弹性处理。例如，考虑到审核需要一定的时间，其中部分情况下的"刊登招股书之日前"换算成"申报材料前"应有一定的时间减少，但也可能在审核中将其等同。又如，"自完成增资工商变更登记之日"与"自上市之日"有着明显的差异，但也有可能被按照后者要求执行。

5. 董事、监事、高级管理人员

（1）主板、中小板、创业板：自上市之日起锁定一年，离职后锁定半年。

依据除交易所股票上市规则外，《上市公司董事、监事和高级管理人员所持本公司股份及其变动管理规则》（2007 年）第四条：上市公司董事、监事和高级管理人员所持本公司股份在下列情形下不得转让：第一，本公司股票上市交易之日起 1 年内；第二，董事、监事和高级管理人员离职后半年内；第三，董事、监事和高级管理人员承诺一定期限内不转让并在该期限内的；第四，法律、法规、中国证监会和证券交易所规定的其他情形。

第五条：上市公司董事、监事和高级管理人员在任职期间，每年通过集中竞价、大宗交易、协议转让等方式转让的股份不得超过其所持本公司股份总数的 25%，因司法强制执行、继承、遗赠、依法分割财产等导致股份变动的除外。上市公司董事、监事和高级管理人员所持股份不超过 1000 股的，可一次全部转让，不受前款转让比例的限制。

中小板还特别规定：离任半年后的 12 月内锁定 50%。

依据为《深圳证券交易所中小企业板上市公司规范运作指引》（2015 年）第 3.8.3 条：上市公司董事、监事和高级管理人员在申报离任 6 个月后的 12 个月内通过证券交易所挂牌交易出售本公司股票数量占其所持有本公司股票总数的比例不得超过 50%。

创业板还特别规定：上市之日起 6 个月内申报离职，则申报之日起锁定

18 个月；上市之日起 7~12 个月内申报离职，则申报之日起锁定 12 个月。

依据为《关于进一步规范创业板上市公司董事、监事和高级管理人员买卖本公司股票行为的通知》（2010 年）：第三，上市公司董事、监事和高级管理人员在首次公开发行股票上市之日起 6 个月内申报离职的，自申报离职之日起 18 个月内不得转让其直接持有的本公司股份；在首次公开发行股票上市之日起第 7 个月至第 12 个月之间申报离职的，自申报离职之日起 12 个月内不得转让其直接持有的本公司股份。因上市公司进行权益分派等导致其董事、监事和高级管理人员直接持有本公司股份发生变化的，仍应遵守上述规定。上市公司董事、监事和高级管理人员应当在《董事（监事、高级管理人员）声明及承诺书》中做出以上承诺。

（2）上市后 6 个月内股票连续 20 个交易日的收盘价均低于发行价或者上市后 6 个月期末收盘价低于发行价，持有公司股票的锁定期自动延长至少 6 个月。

依据为证监会《关于进一步推进新股发行体制改革的意见》（2013 年）：发行人控股股东、持有发行人股份的董事和高级管理人员应在公开募集及上市文件中公开承诺：所持股票在锁定期满后两年内减持的，其减持价格不低于发行价；公司上市后 6 个月内如公司股票连续 20 个交易日的收盘价均低于发行价，或者上市后 6 个月期末收盘价低于发行价，持有公司股票的锁定期限自动延长至少 6 个月。

二、锁定期届满后的减持限制

理论上，IPO 前持股股东所持股份在锁定期内的性质为"有限售条件股份"，之后为"无限售条件流通股份"。虽然性质已发生变化，成为流通股份，但仍然要受到特定股东减持股份的限制。

根据 2017 年新修订的《上市公司股东、董监高减持股份的若干规定》（证监会公告〔2017〕9 号）及深沪交易所相关细则，持有公司 IPO 前发行股份的所有股东均都被纳入监管范围（修订前仅限制持股 5% 以上股东及董事、监事和高级管理人员），需要遵守相关减持规定。主要规定包括任意连续 90 天内通过集中竞价交易和大宗交易减持的股份各不能超过总股本的

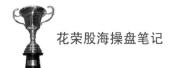

1%、2%（大宗交易的受让方受让后 6 个月内不得转让所受让的股份）等。

修炼 44
每天看盘的几个关键时间点

我看盘的行情软件是银河证券的海王星，所有人可以免费下载。事实上，绝大多数证券公司网站上可以免费下载的行情软件都差不多。

职业投资者和短线爱好者大多花大量时间每天看盘，但看盘是需要角度经验功底的，比如说只有在机构干过，才会知道机构的博弈思维与行为习惯，只以散户的思维看待市场的波动和异动可不行，另外，每天的股票交易都有几个关键的时间点，如果投机者看清楚这几个关键时间点，并做出应对，就能获得更好的短线收益。

这几个重要看盘时间点都有哪些？该怎样应对？

一、开盘前 9：00～9：20

每天交易开始的准备时间，对前一个交易日市场的走势做一个简单的回顾，对当天市场的重要消息、热点题材等做个简单的了解，并对日内市场的走势有个大概的预期。

这个时间可以报单，已经报的单子可以撤单，9：20～9：30 已经报的单子不可以撤单，9：30 以后又可以撤单。

这个时间经常会有一些大涨幅、大跌幅的报单会在 9：20 前夕撤单，所以这个时间的异动不足以采信。需要提醒的是，如果挂单 100 万股以涨跌停板的价格报单后又撤单，容易收到券商风投电话警告。

二、9：20～9：30 集合竞价

这个时间是每天开盘价的集合竞价时间，是观察股票异动的时机，竞价情况往往蕴含着主力的操作意图以及相关个股的强弱情况。

在这个时间的主要注意点包括：

1. 快速做个总金额、量比排序

注意那些第一笔成交总金额、量比排名第一版的股票，排除那样流通盘子大、出利好、K线高位的公司。

然后用万能公式过滤一下，留下几个综合条件相对好的股票作为今天短线的猎物。

2. 注意一下板块指数排名

看看今天的市场潜在热点是什么？如果有多只同板块个股位列总金额、量比排名第一版，这个板块的强势股（高开幅度最大的个股）需要加分。

三、9：30 后第一行动时机

9：30 开始连续交易，其后的十分钟很重要。

1. 快速冲击涨停板

在9：30时，打开涨速排行榜，在强势市场背景中冲击第一只涨停板的个股值得注意，这种第一时间冲板的个股往往有第二天的上涨利润。

2. 强势低开补缺股

在9：30时，打开涨速排行榜，在强势市场背景中，低开较大的股快速补缺，证明该股是短线强势股，需要进一步观察机会。

强势中的大盘也可以这样判断，包括见小利空时间（常见小绝招）。

3. 弱势高开补缺股

在9：30时，打开跌速排行榜，在弱势市场背景中，高开较大的股快速补缺，证明该股是短线弱势股，需要进一步防范风险。

弱势中的大盘也可以这样判断，包括见小利好时间（常见小绝招）。

4. 当天潜力股观察

9：20～9：30时选出的强势股，如果确实强势价涨量增，在大盘强势时间可以注意其机会。

5. 大户博弈

如果大户的重仓股此时的卖盘较轻，此时买股股价容易涨，事半功倍。

四、整个上午

上午看盘要点包括：

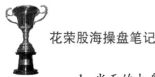

1. 当天的大盘强弱

如果当天上午大盘基本运行在均线上方，这天的大盘基本强势，均线指数逐级抬高更是强势特征。指数在均线位附近强支撑现象出现时是指数超短做多的时机。

如果当天上午大盘基本运行在均线下方，这天的大盘基本弱势，均线指数逐级降低更是弱势特征。指数在均线位附近强压力现象出现时是指数超短做空的时机。

如果当天大盘高开较大且上午走势比较强，下午容易继续走强，当天的指数相对低点可以超短做多（弱势小成交量发生这种情况注意第二天的弱势指数超短空的机会）。需要注意的是，如果指数涨幅连续较大（比如100点），大机构重仓股容易尾市出现大抛单这些股的股价压制在昨天收盘价附近。

如果当天大盘低开较大且上午走势比较弱，下午尾市许多个股容易跳水，当天的指数相对高点可以超短做空（指数箱体内发生这种情况注意第二天的强势指数超短多的机会）。需要注意的是，如果指数跌幅连续较大（比如100点），指数权重股容易尾市出现拉指数现象。

2. 当天的热点情况

注意看指数涨幅情况，如果某个板块明显很强（比如板块指数涨幅5%以上，并有多只个股要冲击涨停的架势），就要注意龙头股的机会。

3. 当天的关注股强弱判断

主要用格兰维八项买卖原则和七项逻辑原理判断。

弱势做空指数与强势做多指数也是这样。

4. 大震荡

如果市场出现消息面的情绪宣泄，上证震荡比较大，容易在10：30这个时间形成短线低点。

五、11：30 收盘前

1. 弱势中的无量拉高

在市场弱势时，如果某天无量拉高幅度比较大，在中午临收市时容易形成短线高点，期指超短爱好者可以注意这个现象并进一步统计当时的市场规律。

2. 大户博弈

上午临近 11：30 时，如果卖盘挂单不大，拉涨停板相对盘子比较轻。

在大盘走势较强时，上午临近收市时如果股价走势比较强，容易吸引中午复盘的短线客的注意力。

六、13：00~13：30

这个时间段是上班族的操作时间。

一些情绪化交易者也会在中午考虑过后进行买卖操作。

一些个股的股价容易在 13：30 左右形成高低点。

弱势市场也容易在 13：30 形成当天的低点。

七、14：00~14：59

1. 机构大户的调仓换股时间

14：00~14：30，此时的股价强弱常常进一步影响最后半个小时的走势。

2. 融资盘时间

14：30~15：00，是融资客卸融资盘或者上融资盘的时间，此时弱势大盘容易跳水、强势大盘容易拉高。

可以用买卖力道指标与指数的波动关系逻辑来判断短线趋势。

3. 期指短线客时间

第一，根据中国金融期货交易所现有的规则，当日结算价是指某一期货合约最后一小时成交量的加权平均价。最后一小时无成交且价格在涨/跌停板上的，取停板价格作为当日结算价。最后一小时无成交且价格不在涨/跌停板上的，取前一小时成交量加权平均价。

如果发现当月合约乖离较大时，看看是否有短线机会。

第二，在交割日，如果次月合约折溢价较大，可以考虑一下次月合约的短线投机机会。

花荣股海操盘笔记

4. 大主力时间

如果当天股指涨幅明显比较大，证金重仓股容易在最后 10 分钟压盘至昨天收盘价附近。

如果当天股指跌幅明显比较大，权重指数股容易拉尾盘 PS 指数。

八、14：57~15：00

这个时间是集合竞价时间，在大盘强势时，可以在这个时间用"涨速排名"指标观察，看看尾市有哪些股在尾盘集合竞价时间进行最后的抢盘，其中的一些股容易成为第二天的短线强势股或者有些个股会出现利好公告消息。

修炼45
怎样设计阶段盈利模式

在股市中，职业投资者用盈利模式赚钱，赌博上瘾者用个股赚钱。

盈利模式即投资者实现利润的方法或者套路，阶段盈利模式就是通过统计阶段有活跃规律的股票的共同刺激因素，通过发现这个共同因素的股票进而套利这个规律的框架思路。

最常见的盈利模式，长线的有借壳上市，短线的有每年 1 月的扭亏公告。这些常见的盈利模式都以战法的形式总结在《千炼成妖》一书中，需要注意的是，盈利模式的选择也是需要有针对性选时的，这样就需要我们要有阶段盈利模式的设计能力。

下面，我就阶段盈利模式的设计，来做一个应用总结。

一、根据行情强弱设计模式

1. 强势市场常见盈利模式

强势市场的主要盈利模式是：

（1）低位初步的明显价涨量增股。

（2）有题材的热点板块。

（3）有短线爆破点的个股。

（4）初步活跃的筹码集中股。

（5）活跃的小盘金融股。

（6）非实质性利空潜力股（比如小非减持公告导致的短线下跌）。

2. 平衡势场常见盈利模式

平衡势市场的主要盈利模式是：

（1）MCST 战法（线上蓝筹股支撑，线下强价涨量增）。

（2）箱底的大主力控盘规律股（通常是金融股）。

（3）强爆破点股。

（4）少量的人生赌注股。

3. 弱势市场常见盈利模式

弱势市场的主要盈利模式是：

（1）安全的有效率的转债。

（2）现金选择权（全额要约收购）。

（3）暴跌后做反弹（超跌的主力重套股）。

（4）期指做空。

二、根据日历时间设计模式

1. 1 月的扭亏公告

1 月，扭亏股、预亏股必须公告，如果统计数据证明有机会就可以短线套利。

2. 年报、季报的股价波动规律

年报、季报会公布预约时间，统计预告规律、年报公布日前后的股价波动规律（当日、前日、后日）进行套利。

3. 年底年初的常见规律

（1）年度弱势市场的年底强势大市值金融股。

（2）年度弱势市场的年底强势筹码集中股（注意，年底也是高位庄股跳水时间）。

（3）年初是资金活跃期，新强势值得注意（注意，如果年初市场一旦弱，要特别警惕）。

（4）1月底因为计提而一次性巨额亏损股（基本面还可以）的股有抄底机会。

4. 长时间牛市后的6月底是危险时间

长时间弱势后的6月底同样危险。

三、根据题材事件设计模式

1. 围绕着大社会题材选股

比如奥运、自贸区、特区、大疫情、战争、人民币涨跌等。

2. 围绕着国家政策大变化

比如行业巨额补贴、国产替代、行业换代升级等。

3. 周边市场的强联动

比如美股、期货市场等周边市场的强热点传导。

4. 个股的强题材

比如解禁、换股、配股、要约收购、举牌、承诺、重要股东大会等。需要统计规律。

四、根据统计规律设计模式

1. 统计机构的活动规律

（1）大主力的控盘规律（指数区间的规律）。

（2）阶段强主力的活跃规律。

2. 战法的有效规律

《千炼成妖》已经总结了众多战法，要发现哪些战法在当前阶段有效。

3. 个股的活跃规律

（1）强势股规律。有些个股只要市场一走强，就非常的强势（有涨停基因），复盘时要发现这样的股，长期跟踪。

（2）大主力重仓股规律。主要是证金持股的活动规律。

4. 市场波动节奏规律

（1）趋势规律。主要趋势分类：涨势、跌势、箱体、两极、分化（强弱指数是谁）。

（2）节奏规律。主要节奏分类：时间、大阳大阴后的表现、MACD等。

最后强调一下，对于职业投资者来说，分析能力很重要，统计能力、侦查能力同样重要。

修炼 46
主力活动规律与股价波动规律

随着大扩容的继续，A股市场中的股票数量越来越多，而相比前几年，A股市场也出现了超级大主力现象。这样，A股的波动花样形式有一些变化，相比以往的市场，主力活动规律与股价波动规律的统计更加重要，只有这样才能让我们对市场认识得更为客观，我们的操作才会更有针对性。

下面是我在2021年春节做的阶段市场规律统计，这样的规律统计应该经常做，这是复盘工作的核心要素。

一、大主力和大盘

1. 指数和系统规律

2020年市场的指数是箱体波动，区间为3200～3400点，主力调控指数的板块主要是证券板块。

进入2021年，3400点形体被突破，春节前指数两波涨破了3600点。主力拉升指数的板块主要是银行板块、白酒板块和其他大市值板块，在这个过程中A股大多数个股下跌，而且是加速下跌，这说明是存量资金的作用（增量资金的进场通常是随着指数的上涨，多数股也上涨）。

2. 个股规律

2020年，市场的个股规律是券商股和部分大市值庄股箱体运动，多数个股中心慢慢下移。

2021 年，市场的个股规律是部分银行股和部分大市值个股向上突破走势，有些中小市值个股也出现连板脉冲走势，多数个股加速下跌。

3. 逻辑分析

2020 年下半年和 2021 年春节前都是存量资金（注意公募基金有最低持仓限制），2020 年的持股是连续的，而 2021 年初是大规模的调仓换股的，这也是每年年初的机构常见举动。

4. 历史规律和后续概率

目前的基本面、资金面状态不支持出现全面大牛市的状态。但是，资本市场非常重要，还有注册制的改革任务需要完成。

平均股价的弱平衡、结构性熊市的状态依然是主旋律，不管指数的涨跌。

二、机会和风险的细节

1. 分化达到了极端

少数个股的冲顶、银行的抬高指数、大部分个股的中心下沉甚至股价崩溃，这些市场的极端分化表现几乎冲击了绝大多数市场参与者的注意力。

这种情况的出现，一方面有大主力的引导，另一方面是年初效应（包括春节前效应），还有强大的虹吸效应。

根据以往的经验，这种情况很难长时间持续。

2. 股价高低的波动规律

高股价第一版的股票大部分走势比较强，低股价的股票普遍走势最弱，大部分股票走势大概率是单边下跌走势。

部分高价股有冲顶方式的连续大阳线，部分超跌低价股（没有退市风险）已经出现止跌迹象，有的已经开始出现反击报复走势。

3. 庄家更加重要

股价要想涨，是否有庄家机构很重要，大股东实力是否强很重要。没有机构资金的操作是真不涨。

4. 涨到高位后回落下跌速度快

高价股上涨是上升通道走势，低价股上涨是连续急攻走势，但是急攻之后回落下跌的速度也很快。

三、实战注意点

（1）格外注意、加大注意对大主力、长线活跃主力的研究跟踪。

（2）加大对现金选择权和低于面值的低溢价效率转债的研究。

（3）用 MCST 战法跟踪高价上升通道股、低位新走强的低价股。

（4）发挥自我优势，注意已经跌透的小盘绩优股、活跃主力重套股。

（5）加大借壳上市盈利模式的研究。

（6）注意阶段有效爆破点的统计。

修炼 47
围观大量交易单的总结感受

有人曾经问我，你认为炒股最重要的五句话怎样概括？

我是这样认为的：

（1）炒股盈利的真谛不是成为高手，而是成为正常人。

（2）"女怕嫁错郎，男怕入错行"，炒股怕入错门，固化信仰！

（3）良言难劝该死的鬼！能使愚蠢的人学会一点东西的，并不是言辞，而是厄运。

（4）投资最重要的技术是统计规律、利用规律，持续顺势选时的大概率和有客观实际有效的阶段盈利模式。

（5）炒股是手段，是为了让生活更美好，而不是成为脱节社会的股奴。

我曾经在证券登记公司、证券经纪公司电脑部工作，统计分析过众多股民的交易记录，下列感想特别强烈，现在总结记录下来，希望对读者有所启发。

一、股市中不正常的人比例大

许多在工作生活中正常的人，在炒股时严重不正常，包括一些成功精明

人士，他们的交易记录严重让人不理解。

最常见的错误方式：

1. 莫名其妙的"永动机"

用所谓的"技术分析"和情绪感觉频繁交易，不考虑系统风险，多赔少赚，小赚大赔，持续赔。

出现这种现象的人群有：纯技术痴迷者、多巴胺旺盛的新股民、有扳本心理的亏钱股民、曾经吃过大亏的"永炖机"，这种现象在许多炒股的业内人士中也比较严重。

病情严重的人自己炒股赔得严重时，害怕并委托他人炒股，即使他人炒得还不错，病人也会对他人赚钱的结果（远超大盘）不满意，然后继续自己赔，这种人比例还不低。

"永动机"方法没有硬逻辑，但是普遍喜欢吹牛，喜欢声称自己是高手，自己的方法有多神，曾经抓的"黑马"有"多黑"。有一个有趣的现象，喜欢说假话的人也喜欢信假话。

2. 只在股价大跌后才卖的"永炖机"

痴迷于某股的"错觉优点"和自己的狭隘偏好，持股坚决不动，平本不卖，赚钱不卖，赚大钱也不卖，赔小钱更不卖，只有在该股出现腰斩之后或者大盘股灾恐慌之时卖股票。

出现这种征兆的人群有：喜欢听消息炒股的人、新进入股市的企业家、半吊子价值投资痴迷者、曾经的永动机失败者、被社会上假神话忽悠的人等。

也有的人是赔得多下不了手，只有在平本后才肯卖，他们在股市中就是经历一次又一次等待解套的煎熬。

"永炖机"普遍对 A 股的真实客观不了解，但是精神胜利法玩得不错，即使结果不理想但坚信这是股海正道，是永不能更改的信仰，而且看不惯正确、客观、专业、大概率的投机方法。需要注意的是，鼓吹"永炖机"思想的人大部分是智商不足，少部分是因为经营利益需求。

二、走火入魔

股市中不正常的人数比例大，但是这些人多数在工作生活中还是正常的，有极少数人出现病情变异，甚至走火入魔。

最常见的走火入魔方式：

1. 把股市当成人生全部

有的股民陷入赌瘾，却不知道除了股市以外还有家庭，还有工作，还有社会交往与其他生活。炒股是赚钱手段，不是消费手段，也不是人生的目的，赚钱是为了享受生活，让人生更美好。

当股市难做时，应该把更多的时间放在股市以外其他更有意义的地方，而不是整天"斗熊"，荒废了其他。更不能有"万般皆下品，炒股人其他事情都不能做"的愚昧思想。

愿赌服输，输了就输了，耐心总结，等待下次机会，大可不必与客观现实较劲，就当是花钱买经验，不可对别人与家人发泄在股市中的不满，那于事无补。

2. 铤而走险

有的人输红了眼，萌生侥幸心理，盲目地上杠杆，甚至用自己（家庭）承受不起的杠杆倍数，一旦失误亏损惨重，甚至遇到人生最大打击，这也是股市失败的最常见结果。股市投资获得胜利，心理因素非常重要，上杠杆人的心态通常都是失衡的。

当然那种因为运气而偶然盈利的人，在情绪亢奋时，也容易上杠杆，妄想一夜暴富，统计数据证明，这种情况失败的概率也很大，因为人们情绪极端时往往就是大盘、个股最高点的时刻。

有些低素质的人，不懂得电子交易的痕迹是抹不掉的，违法交易基本上躲不过惩罚，妄想用坐庄操纵市场、内幕交易等手段盈利，甚至许多散户的梦想就是做这样的人，把这样的人作为自己的偶像。

三、一根筋现象

许多人在股市中思维固化，不会灵活处理具体案例，一旦市场不如意，就手足无措，思维断电，有简单利润不抓，眼睁睁看着亏损扩大。

1. 同某只股杠上了

对一只股票来说，也有牛熊之分，当这只股票牛过之后，将会迎来漫长的熊市，如果在其身上耗，不如趁早割肉，寻找其他更好的机会，一样能够赚回来，但是有人不，某只股一旦买进就变成了亲人，永不离弃，或者不赚它的钱就不行。

2. 执迷于某个目标位

自己主动设置目标位，不到目标位就不卖。

股市中的因果关系是多因一果，你自己的主观愿望无意义，即使是机构的主观愿望与大盘逆势了也是白搭。

3. 执迷于某种风格

有的人执迷于大盘蓝筹股，有的人只玩小盘股，有的人永远长线，有的人只会短线，永不变通。

而股市是周期变化的，是"三十年河东，三十年河西"，我们要统计市场，顺应市场，不能抵触市场。

四、赢家的思维

统计数据证明，"一赢二平七亏"是个常态现象，这个大家也许知道，但是大家可能不知道的是，那个"一"每年还经常变人，这说明有些赢家是因为运气因素造成的。

但也确实存在着极少数常胜赢家，这些常胜赢家即使在 2008 年、2018 年这样的大熊市或者 2015 年 6 月的股灾中也不亏损（或者亏损很少），他们在强势市场中获利也不低，统计他们的实战数据，发现他们的共有股市思维是：

1. 顺势选时思维

赢家普遍有选时思维，只做强势市场，弱势市场空仓不操作（甚至有些人做空）。

有所为有所不为，有时为有时不为，这两点在 A 股非常重要。知道不能做什么比知道能做什么更重要，这点 90% 的人似乎不清楚。

输家往往是人和钱都永远不休息的，小车不倒只管推。

2. 大数方法论思维

赢家认为股市中好的方法也只能达到大概率赚钱，他们坚持大概率的统计方法、重复规律方法，也接受少数的失误，并用组合等手段增大大概率，有主见不固执，有优势也顺应市场的变化。

而输家认为好的方法应该是"1+1=2"。

3. 多因一果思维

赢家认为，股市中的涨跌结果是多方博弈、多因一果，在每个阶段都有一个主因矛盾主导市场，顺应主因忽视次因。股市中最关键的因素是供求关系，最常规的重要因素是机构庄家和热点题材，同时考虑到公募基金等机构的最低持仓限制制度导致的缩容抱团的现象。

输家更倾向于自己的主观立场、习惯臆测与媒体的引导。

4. 优势思维

赢家普遍有自己的优势盈利模式、通道或者其他优势，并且发挥出自己的优势，也知道应用合理的规则。

输家没有任何优势，但是喜欢幻想自己是无敌的。经常有人说新股民是炒股天才，而我相信人的专业素质必须建立在基础素质之上，1万小时的锤炼，是任何人从平凡变成世界级大师的必要条件。

修炼 48
炒 A 股到底该怎样赚钱

关于博弈游戏，有一句非常著名的话：在牌桌上，你要清楚你的利润源在哪儿。假如你不知道，那你就是别人的利润源。

那么，在 A 股中实战，到底该怎样赚钱？你的利润源来自哪里？这个问题非常的重要，是金钱博弈中的首要问题。下面我就此问题进行归纳总结。

一、大资金的利润源

1. 大资金的优劣势

（1）大资金的优势。

1）具备操纵能力。资金足够大，能够实现：坚决的买点就是阶段的低点，坚决的卖点就是阶段的高点，集中性的买卖导致股价涨跌。

2）能付出较高的投入成本。为了获得收益能够进行较高的投入，比如注入优质资产、深入调研、媒体宣传等。

3）有渠道优势。比如有线下买卖渠道。

（2）大资金的劣势。

1）进出不灵便。进出在合适时间内的合适价位区间对手盘不一定足够。

2）有最低持仓限制。公募基金有最低持仓限制，特殊时间有窗口指导。

3）有规则限制。有举牌制度、要约收购制度、先行公告制度。

2. 大资金的利润源

（1）供求关系导致的趋势钱。

1）央行的钱（货币放水）。货币政策的宽紧对于股市供求关系有重要影响。

2）扩缩容供求关系。扩缩容直接影响供求关系，扩容是指融资再融资以及指数上涨，缩容是指指数下跌或者投资者规模急速扩大。

3）政策性导向。政策舆论导向以及"国家队"的实力变化，能在情绪上影响中间资金的倾向。

（2）代表企业价值的钱。

1）业绩增长。上市公司的基本面提高能够抬高股票的下限底价区域。

2）资产重组。资产重组能够快速提高股票的基本面。

3）价格低估。股票价格低于股票的价值底线，能够影响社会资金的购买欲。

（3）博弈的钱。

1）击鼓传花。情绪化"博傻"是普遍现象，赌博心理看谁博弈处理得好。

2）题材心理共振。题材是第一生产力，题材引起的情绪共振力量会引起股价的火热疯狂。

3）优势双轨价格。线下渠道与期权品种是存在着双轨价格的。

二、中小资金的利润源

1. 中小资金的优劣势

（1）中小资金的优势。小资金的买卖可以几秒钟完成，非常灵便，且没有人员、资产、税金等成本。

（2）中小资金的劣势。综合基础素质总体多数比不上机构、职业投资者，投入不够也是普遍现象。

2. 中小资金的利润源

（1）猎庄的钱。

1）游资热点。发现游资的偏好、规律，利用规律、痕迹伏击。

2）机构自救。由于机构操作不灵便，一旦市场出现急跌，大量机构被套是常见现象，所以市场大跌是能够空仓有猎庄经验小资金的福音。

3）机构规则习惯弱点。要研究发现阶段机构的活动规律，以及规则造成的机会。

4）资产重组。统计数据证明，有效的押注资产重组是一项比较简洁高效的技术。

（2）趋势与规律。

1）强势趋势。这是所有不同规模性质资金的最佳、最容易赚钱方式，这点不能忽视。

2）有效爆破点。研究事件、题材、技术形态的阶段影响股价的规律和有效性，是最常见的套利思维。

3）规则的确定性。基本面分析、技术分析都是模糊的，而规则是确定性的、明确的。

4）规律习惯。有熟悉市场客观和阶段规律习惯，同时建立强制自己的有效原则和习惯。

修炼 49
投资内功心法感悟备忘

许多人误以为投资功夫就像武侠小说里的故事一样，是一项简单记忆或者技艺，看一遍书，别人指点一下，就能立刻成为高手，并且永远记忆保持到老，这只是不现实的幻想。其实，真正的高手是像"医生+集体球类项目运动员+侦探"那样，既需要一万小时的刻苦基础积累，又需要足够的实战案例博弈，还需要持续不断的信息发现和状态保持，这是一项复杂脑力劳动，需要基础扎实、博弈天赋、实战案例、状态保持。

下面是我总结的内功心法，有可能比股市专业技术、招式更为有用。

一、克服焦虑，追求有知者无畏

1. 焦虑

由于股市投资事关投资者的输赢，而且场场输赢还比较大，投资者出现焦虑现象是普遍的、常见的。

投资人的焦虑，一般有几种情况：

（1）急于成功，但收获又与预期偏离太大。

（2）追求完美，时刻想挖掘更好的机会。

（3）想赢又怕输，进退维谷，患得患失。

（4）被外部炫耀影响，攀比之心难以遏制。

（5）知识总在快速迭代更新，停下就被淘汰。

虽说没被焦虑折磨过的人不足以谈投资，适当的压力也是无可避免的，但是，长期或者严重的焦虑感，会导致投资者出现莫名其妙的失误（这就是有压力的技术与单纯技术的区别），甚至对人生健康都非常有害。

2. 解除、缓解焦虑的方式是有知者无畏

焦虑产生的最本质原因还是对股市客观、具体案例结果缺乏信心和了解。

如果你的操作建立在确定性因素、有信心的概率、成熟的套路、优势的盈利模式之上，也就是有硬性的强大依据，有知者无畏就能够克服焦虑。

常见的有知者无畏行为有：

（1）规则明确，且社会逻辑明确。

（2）信息明确可靠。

（3）顺大势的组合。

（4）优势明显，包括成本优势、实力优势。

（5）阶段盈利模式明确，买卖点明确。

常见的易产生焦虑的行为有：

（1）逆势持股。

（2）单一重仓持股且不顺。

（3）杠杆过大且标的不十分牢靠。

（4）对于卖点不明确，且持仓不顺。

（5）依据不硬，比如技术分析、基本面分析方面的依据。

二、实业经济与虚拟经济的区别

不从事生产制造的行业，如银行、典当行、信托公司、证券公司、博彩业、体育业可归属于虚拟经济部分；而工厂、农场、加工厂、物流快递、商场、采集业等可归属于实体经济。简单来说，虚拟经济不生产实物，而实体经济是生产或流通实物的。

实物计价的标准比较清晰，就是净资产和景气度；而股票是有市盈率（杠杆和泡沫）的概念和综合博弈溢价炒作的，这也是上市公司与股票的不同，好公司不一定是好股票，坏公司也不一定是坏股票，这点许多人好像很难弄清楚，甚至一辈子理解不了。

与实业相比，股票投资者一定要有下面的概念：

（1）实业是明牌，是能力优势竞争，而股票是暗牌，有众多复杂博弈。

（2）实业好坏一目了然，而股票有价格调节变换、资产重组、再融资等因素存在，这些因素加上股票本身可能是菩萨，也可能是妖怪。

（3）实业只与净资产和景气度有关，股票还与牛熊市、概念、庄家有关。

（4）好企业在实业中就是好的，好公司的股票在价格高的时候也很坏，股灾来了或泡沫严重时会玉石俱焚。

（5）实业是有实业规则的，股市的规则是涨时重势、跌时重质，并且股票的持仓机构偏好和风格是实业人不太容易理解的，优势甚至是非理性和疯狂的。

（6）实业比较犹如体育比赛本身，辨别强弱相对简单；而股票的好坏就像强弱队的博彩，其中是加了让盘和赔率的。

三、方法论的问题

1. 概率的问题

股市中的行为与结果不是"1+1=2"，不是你做了饭就可以吃。它是一种概率，里面有你自己的努力、优势，还有一半在其他人手里（人数众多，甚至综合实力远强于自己），这其中就有运气的因素，这些运气因素可能时刻发生变化，因此投资结果=六分心态+三分能力+一分运气。其中能力只占三分，这点需要足够的心理准备和重视。

2. 风险防范的问题

股市投资是双面的，有利润、有风险，而且是高风险，股谚说，"一赢两平七亏"，而且这"一赢"还每年变化。

对于风险要足够认识，并且要对方法事前论证。这个避险不是从技术分析上去考虑，不能从基本面上去考虑，要从绝对的角度去考虑，比如说，你的方法能不能经受 2008 年的考验，能不能经受 2018 年的考验，能不能经受 2015 年下半年股灾的考验，能不能接受大牛市（必须改变命运）的考验。

3. 优势问题

一定要清楚自己的优势，清楚自己的盈利模式。而不能被别人的选择性告知所欺骗，被不在自己认识范围内的随机性机会所诱惑。

优势的方法是应对，而不是预测；A 股的赢家是正常人，而不是高手（没有高手，自己更要有自知之明），更不是思维糊里糊涂的神经病。

四、客观统计的威力

要想在沪深股市中获得成功，关键是正常而不是超常，大部分人是幻想超常。只要你在炒股时是正常人，你就是《孙子兵法》中的那个"以强胜弱"的强者。

1. 客观的特征

（1）规则。规则是硬性的，技术分析、基本面分析的主观性含量大。

（2）统计。发现阶段的强弱势板块、大主力调控市场的规律、活跃主力的活动规律。

（3）强弱。成本比较，主力的目的和动力侦破。

（4）时机。投机的核心要素就是有利时机，不管高低，只管强弱。

2. 主观的特征

（1）不变的信仰。股场和战场最害人的就是教条主义，越是美好的信仰越是培养炮灰的出处。

（2）难度大的方法。有些方法连发明者自己都是失败者，那么多痴迷者鲜有赢家，你怎么那么自信自己是例外者，工作生活中你突出吗？

（3）模糊的硬性不够的依据。前提模糊，后续和结局就是赌博。

（4）被社会教育固化。思维固化，搞不清楚是非。

五、财富是优秀的副产品

你永远无法赚到超过你认知范围的财富。这个世界最大的公平在于，当一个人的财富大于自己的认知时，这个世界至少有 100 种方法来收割你，直到你的认知和你的财富成正比。一个人的认知一旦扩大，其财富就会立即暴增；反之，一个人的认知一旦变小，其财富也会随之锐减。人永远赚不到超过你认知以外的财富。

1. 周期规律

人的一辈子仅有的几次改变命运的机会来临时，一定是让你忐忑难安甚至要克服巨大压力的。那种让你舒服兴奋并且被大多数人赞同附和的"大机会"，基本不是鸡肋就是陷阱。

中国社会运行的基本特征是：周期运行、物极必反，"三十年河东，三十年河西"。"阶段顺势，极端逆反"是最大的商业智慧。

与趋势作对，很难赚钱；与均值回归作对，很容易破产。但这里面最可

怕的还是后者。因为错过了某个领域的大趋势固然可惜，但幸运的是，我们处在一个机会相当多的时代，各个领域的大趋势你只要赶上一个就能够改变命运。但均值回归要是结结实实挨一刀，那多少年都不见得缓得过来，如果你被强制出局了，牌局再大也和你无关了。

2. 框架思维

纲举目张，抓住主要矛盾，抓住关键性战役。

执本末从，妄想抓住一切机会，就必然一叶障目不识泰山，导致捡了芝麻丢了西瓜，一辈子一事无成，甚至踏入万劫不复的陷阱。

10年10倍收益听起来应该非常令人满意，但年复合收益率其实"也就是25%"左右。人们总是高估了自己1年的成就，而低估了自己10年的成就。《孙子兵法》的核心要素是以强胜弱，做容易的事情，做复利的事情，别与强者硬碰硬，更不能与天为敌。认清周期规律，有知者无畏，选时而动。

扩大你的私人领域，你的可控范围自然就会扩大。如果环境不行，那你的能力强弱区别就不大了。大环境会固化个人的区间，但如果大环境蒸蒸日上，或者是处于一个历史级别的进步增长区间，那人的强弱在行为结果上的差别可就相差太多了。以10年计就是够差一个阶级的，以几十年计差个家族级别也不稀奇。投资之外道理也一样。

如果环境真的不行了，必须要有壮士断腕的果断，迁移是摆脱厄运的唯一途径。

3. 知识、常识和胆识

知识能让人有效地分析，通常来讲知识越扎实能力也就越强。但知识再多，永远还是要面对不确定性。常识能让人看问题更简洁和直击核心规律，无论环境怎么变都不改基础的原则。而无论知识还是常识，最终还是要靠行动力变为真正的投资结果，所以光有"识"而无"胆"，只能空谈。

正所谓真正重要的不是你对还是错，而是你对或错的时候仓位有多少，所以除了专业能力之外，是否有足够的社会资源应用也格外重要。

人生左转是泯然众人岁月静好，右转是不甘平庸杀出条血路，越早有认清自己和环境的觉悟越坦然自在，越左右纠结拿不起放不下越痛苦迷茫。

股市中神经病很多，有名有话语权的神经病也不少，噪声和传言太密集，所以做个理性正常人也不那么容易；欲望和胜负心挥之不去，人性弱点在关键时刻更容易暴露，所以平静淡然很难。这一切是注定永远要面对的问题，所以投资很难。

但是，只要你觉醒了，让品质生活和股海绝技偶尔发个威不费劲，做个正常人真好！

修炼 50
A 股新常态下的针对策略

从 2020 年开始，A 股市场波动出现了新的常态特征：

（1）市场高速扩容后，整体上平均股价的供求关系呈现弱势化。

（2）活跃主力机构的活跃方式有所改变，活跃主力数量总体相对趋少，中小主力的活跃性有所降低，活跃主力虽然数量小了但是实力大了。

（3）由于公募基金等常规机构有最低持仓限制，但是市场平均股价结构化熊市特征又比较明显，因而有趋强汰弱的抱团现象，进而又引发市场资金的虹吸现象。

（4）上述三个原因导致市场相比以往，总体上大盘指数权重股的日常活跃性增强，中小市值股的日常活跃性下降。

（5）市场个股机会的展现形式主要是：大盘股的庄家行情、中小盘游资突击行情、个性化的强题材行情。

一、MCST 线上的独立行情

1. 2020 年的大盘股行情特征

（1）指数权重大主力调控市场思维。

1）调控市场使用的是金融板块（券商）。

2）调控方式是上半年春节前后的攻击波，下半年箱体。

3）每当金融股活跃时有游资合流现象，造成了龙头股现象。

4）重要小指数（创业板、沪深 300 等）权重更厉害。

（2）指数权重庄家股表现思维。

1）外资庄家为主+常规机构的抱团+虹吸现象（白酒）。

2）活跃方式：指数大跌后（或者大跌时的逆势）上涨+MCST 支撑+BOLL 线支撑。

2. 2021 年春节后的强势股迹象

（1）指数权重大主力调控市场思维。

1）调控市场使用的是金融板块（银行）。

2）有 60 日均线或者箱体的嫌疑。

（2）指数权重庄家股表现思维。

1）有调仓换股的迹象（稀土强）。

2）活跃方式：指数大跌后（或者大跌时的逆势）上涨+MCST 支撑+BOLL 线支撑。

二、MCST 线下的急涨行情

1. 2020 年的急涨股特征

（1）题材类型。疫情受益题材类型、科技国产化替代的。

（2）超跌类型。超跌低价游资突击类型、借壳上市类型。

2. 2021 年的急涨股迹象

把握方法：线下超跌低价+量价关系+重组信息+活跃习惯。

（1）题材类型。人民币升值类型、刺激经济货币宽松类型。

（2）超跌类型。超跌低价游资突击类型、借壳上市类型。

三、个性化的强题材行情

常见的个股强题材：

（1）现金选择权。

（2）小市值价量关系。

（3）半年潜力定增（包括时间价格沟通）。

（4）注册制改革前后题材。

（5）转债。

最后的话：这样的统计结果和应对策略应该经常地练习。

修炼 51
A 股获利原理解析认知与实战应用

职业投资老手认为：A 股获利的基本原理是利用客观重复的大概率规律进行优势博弈。这其中有三个关键词：核心客观、重复规律、博弈能力。这三个词构成了 A 股的博弈原理的核心内容。

这三个词看起来简单，记住也简单，但是深刻理解与熟练应用还是既需要捅破窗户纸，又需要有基础素质保证和足够的股市专业阅历的。在现实中，许多的人的行为甚至认知都是与这三个词相悖的，但是又不自知。股市就是这样，让你陷入麻烦的，不是你不知道的事，而是你自以为知道、其实错误的事。

下面，我就 A 股获利原理这个问题，谈谈我的认知和实践应用的具体方法。

一、A 股获利原理解析

与其他股市相比，A 股有极强的特点，与正统教科书的书面描述并不是完全一致的，这点一定要清楚要清醒。

1. 核心客观

（1）核心客观。

1）融资是重中之重。

2）A 股主力市、消息市、周期区间市、能力博弈市。

3）基本面决定股价的上限，资金面决定股市的下限。

4）供求关系决定系统的重心涨跌。

（2）现时客观。

1）现时的指数区间和关键矛盾。

2）现时的强势股群体。

3) 现时的最实际的机会。

（3）反客观的经典表现。

1) 不尊重客观的固化信仰。

2) 表面现象的极端情绪化。

3) 陷入赌瘾的神经病。

2. 重复规律

（1）经常出现且能够把握的机会。

（2）经常出现且阶段有效的爆破点。

（3）确定性制度出现的意外满意价格。

（4）主力习惯的破解。

3. 博弈能力

（1）自己的优势中庸之行。

（2）目的与能力结合，切忌为了赚钱而赔钱，为了致富而更贫。

（3）认知之外的随机机会可以放弃。

（4）正确的方法也需要熟练化、细致化、厚积薄发。

二、A股获利原理应用

为了判断和执行简单，我们把市场机会和个股进行了分类。

1. 强势股与弱势股
强势股和弱势股都有机会，只是把握的方法和时机不同。

（1）强势股。

1) 强势股的特征是 MCST 线上运行。

2) 强势股的操作是逢低，比如 MCST 线的支撑线强势与 BOLL 线战法。

3) 强势股的危险在于极端强势和破 MCST 线。

（2）弱势股。

1) 弱势股的特征是 MCST 线下运行。

2) 弱势股的操作是明显转强，比如强热点的产生与价量关系的超强。

3) 弱势股的风险在于长时间弱势下行趋势。

2. 低风险制度与高概率"博傻"游戏

主要是制度的确定性与乌合之众情绪化的利用。

（1）制度的确定性。

1）转债、现金选择权、安全债券。

2）主要的风险是诚信契约精神。

3）电话沟通的技巧。

（2）乌合之众的情绪化。

1）极端的逆反。

2）意外的逆势。

3）对手盘博弈的灵便性。

3. 选时顺势爆破点与中庸人生赌注

主要是短线高效率思维和长线高概率思维的组合，这也是最常见的两种投资者的思维。

（1）选时顺势爆破点。主力仓位只做大盘强势时的多品种组合高效率股。

（2）中庸人生赌注。主要是瞄准小市值高概率的借壳上市股，但需要耐心地局部分时定投，既要抓住机会，又不能被系统风险所伤。

4. 主动局与破解局

金融游戏的三种状态是做局、陷局和解局。

（1）做局。根据目的需求做局，最常见的方式有：

1）利空转利好。

2）常规的制度需求，或是适应制度需求。

3）常规套路。

（2）陷局。

1）大盘拖累。

2）外行玩砸了。

3）因业务被无奈转移。

（3）解局。

1）借助大盘强势。

2）借助热点强势。

3）被跌疯了。

4）借助设计的新局。

5. 双轨资源优势与意外大机会

这个原则说的是人的基础素质的发挥，以及对"天财"的把握。

（1）双轨资源优势。包括成本的优势、信息的优势、确定性的优势、机构性的优势。

（2）意外大机会。股灾财是"天财"，是花家军战法的格外赏赐，既要避免股灾又要利用股灾。

6. 新知识与个体认知范围

（1）知识、技能、资源、实力是需要不断积累增长的。

（2）错误的思维不能排斥，要了解，适当的时候要利用。

（3）一个人走得快，一群人走得远，互助分工的力量是强大的。

（4）技能是熟练和习惯，应向《偷天陷阱》《落日之后》的男女主人公学习，做那样的自由人。

修炼 52
精选层转板上市中的机会

从 2021 年起，新三板精选层的公司在精选层上市一年后可以申请转成沪深交易所上市。这是一种转板行为，会导致相关股票的供求关系发生改变，这也是一些股票的爆破点题材，里面可能会有一些值得注意的机会，但是机会往往是留给有准备的人的，下面我们就来熟悉一下转板前后的一些规则以及机会分析的思路。

一、上市方式不同

（1）转板上市不涉及新股发行（上精选层时已经发过新股），因此没有首次发行价格，上市首日的开盘参考价为转板公司在新三板精选层最后一个有成交交易日收盘价。

注意：我们需要分析转板公司在精选层最后几个交易日的技术状态，来看看转板之后的机会大小。

（2）转板上市只是变更股票交易场所，没有公开发行新股，因而无须履行注册程序，也就无须经中国证监会核准或注册，由上交所、深交所依据上市规则进行审核并做出决定。

注意：公司转板的几个关键爆破点是，精选层上市一年期左右、转板公告、被批准转板公告。

二、审核时间不同

（1）在转板审核方面，转板上市申请文件与 IPO 上市基本保持一致，而转板审核、问询时限由 6 个月压缩到 4 个月，估计是直接 IPO 的 2/3，沪深交易所基本保持一致。

注意：在这 4 个月的时间内，经分析你认为的大概率转板成功的股如果出现意外的低点（大盘大跌影响）将会是一个低吸机会，一般情况下，基本面好、大股东背景强大、券商重仓股转板成功的概率更大。

（2）从上市总时间来看，精选层挂牌满一年就可以申请转板，加上审核问询时间估计在 18 个月左右，而正常 IPO 上市一般在 2 年以上，有的甚至长达 3~4 年。

注意：精选层上市时也会发行新股，是否认购这些新股要注意，与主板新股不一样，主板新股大概率赚钱，精选层新股破发是常事且数量不低。

三、上市条件不同

（1）转板上市的市值指标，以转板公司向交易所提交转板上市申请日前 20 个交易日、60 个交易日、120 个交易日收盘市值算术平均值的孰低为准。

注意：这个规则容易导致股价为适应相关市值规则而产生一定方向的大概率波动。

（2）转板上市增加流动性指标，要求股本总额不低于人民币 3000 万元，且股东人数不少于 1000 人，60 个交易日股票累计成交量不低于 1000 万股。

注意：看这个指标，可以判断公司转板上市的积极性。

（3）将"首次公开发行比例"调整为"公众股东持股比例"，规定公众股东持股比例达到股份总数的25%以上；转板公司股本总额超过人民币4亿元的，公众股东持股的比例为10%以上。

注意：这个相对容易，如果股票在敏感时间出现集中性的放量上涨异动，则可能是相关信息的扩散。

四、限售期与督导期不同

（1）已盈利的精选层企业，公司控股股东、实际控制人及"董监高"人员转板上市后的限售期为12个月，短于直接IPO的36个月；非营利企业的限售期要求与直接IPO保持一致。没有或者难以认定控股股东、实际控制人的，应当参照控股股东、实际控制人进行股份限售的股东范围，对相关股东所持股份限售12个月。

注意：如果公司股东中存在财务投资且有"庄家"倾向的股东，可以根据解禁时间和两家关系判断股票的活跃性和可能的活跃时点。

（2）转板上市的持续督导期为当年剩余时间及其后2个完整会计年度。但转板公司提交转板上市申请时已在精选层挂牌满2年的，持续督导期间为上市当年剩余时间以及其后1个完整会计年度。IPO上市的持续督导期为股票上市当年剩余时间以及其后3个完整会计年度。

注意：督导期内的公司信息披露可能会规范一些。另外需要注意的是，转板中的投机机会可能更多地存在于转板之前，因此做好提前开通交易权限以及熟悉精选层的交易规则和股票波动特点也很重要。

修炼53
股市新常态下的猎庄技术

近几年市场出现了一些新变化，个股的活跃性总体降低，且分化十分严重，市场虹吸现象明显，这导致猎庄技术的重要性比以往更加重要，我们要更加注意猎庄市场在实战中的应用，同时注意新庄股的新波动特点。

一、股市新常态的典型特征

（1）股票数量急剧扩张，投资者的资金规模相对稳定，总体而言供求关系与以往的小规模市场相比发生了较大变化，大部分股票的常态活跃性下降得比较多。

（2）股市二级市场的监管力度是全世界最严的，加之近几年金融市场去杠杆效应取得了明显成果，中小传统庄家的数量已经非常稀少，导致中小市值的股票向上波动幅度明显下降较大。

（3）指数化基金、ETF 基金的规模明显扩大，它们在市场当中的作用比以往明显，重要指数权重股的活跃性提高了很多。

（4）活跃性的大机构在市场的作用非常大，它们的买卖行为有箱体低吸高抛的平准性，导致股票市场指数的单边持续波动性降低。

（5）少数大机构重仓的股票活跃性提高，一些大市值的指数权重基本面相对好的白马股走势强于大盘、强于绝大多数股，既有价值投资的幌子又呈现庄股的特征，对市场其他股票有明显的虹吸现象。

（6）公募基金的规模对市场影响较大，由于有最低持仓的制度约束，它们的关注点是绩优大盘股中的强势股，对于虹吸现象有推波助澜的效应。

（7）超级大机构根据指数的高低进行阶段性的低买高卖，金融指数权重股是重要的影响指数的板块，银行、保险、证券股依据高低位阶段性活跃。

（8）游资机构的活跃性有所降低，但是依然创造了不少次新股、超低低价股以及热门题材股的短线大涨幅急涨机会。

（9）虹吸现象导致阶段市场出现极端的攀峰和下坠共鸣，当极端走势出现并伴有宣传舆论的共鸣鼓噪效应，极端现象会面临反噬。

二、庄股类型以及实战注意要点

下面资料根据 2021 年第一季度的涨幅榜收集。每年的第一季度是主力机构实施新一年投资计划的关键时间段，在这段时间大机构通常会调仓换股，一些新核心资产也会呈现初步的上涨行情，因此第一季度末是我们利用统计技术发现机构新动向的一个很好时间。

1. 白马权重庄股

（1）宝钢股份是典型走势特征，炒作理由是供给侧改革。

（2）股价持续顽强上涨。

（3）中国国航、华侨城有类似现象，理由为疫情复苏概念。

2. 指数平准活跃股

（1）招商银行是典型走势特征，活跃理由是低位金融权重股。

（2）维护指数的走势。

（3）南京银行有类似现象，是银行板块中的强势股。

3. 次新强势股

（1）南网能源是典型走势特征，阶段热点是碳排放电力热点。

（2）随着热点股价走强后，走势明显属于板块中的强势股。

4. 低价超跌股

（1）严重超跌低价持续上涨股。

1）*ST 众泰是典型走势特征，炒作理由是预重整。

2）股价持续顽强上涨。

3）沈阳化工有类似现象，业绩扭亏为盈。

（2）低价超跌机构重套股。

1）*ST 联络是典型走势特征，炒作理由是业绩扭亏为盈。

2）股价持续顽强上涨。

3）十大流通股东中有私募基金和中植系机构，中植系机构是 2021 年市场中重要的活跃机构，其控股的*ST 胜尔走势也很强。

4）嘉凯城有类似现象，大股东为恒大集团。

5. 题材热门股

（1）阶段热点。

1）华银电力是典型走势特征，炒作理由是碳排放概念龙头，公司参股投资深圳碳排放交易所。

2）股价持续顽强上涨。

3）盛和资源有类似现象，稀土资源股是阶段热点。

（2）个股强势题材。

1）江苏索普是典型走势特征，炒作理由是公司产品醋酸价格上涨，扭亏为盈力度较大。

2）股价持续顽强上涨。

3）宜宾纸业有类似现象，纸业涨价，它是纸业股中的小市值股，大股东是五粮液。

（3）高送转。

1）美瑞新材是典型走势特征，炒作理由是公司披露年报分配预案 10 转增 10。

2）消息公布连续涨停。

3）年报前的高价成长绩优股。

6. 资产重组股

1）森特股份是典型走势特征，炒作理由是大股东股权转让，且新大股东是 2020 年牛股。

2）股价以连续涨停方式上涨。

3）奥园美谷有类似现象，如海通证券重仓、医美概念。

三、这阶段的最后总结

（1）超跌股走势强，高位股走势弱，超跌的低价 ST 最强，2020 年明星白马最弱。

（2）疫情概念股逐渐在走强。

（3）银行股是 2021 年大主力调控市场的重要板块。

四、有上述潜在特征的

这部分需要每个阶段统计规律后，根据自己的能力去选择合适的品种。

修炼 54
怎样判断大盘阶段的高低点

判断大盘阶段的高低点，有一个专门的技术指标 CCI（顺势指标），用这个技术指标结合大盘的 K 线逻辑、阶段规律和控盘权重股动向，能够较大概率地判断近几年的 A 股大盘局部高低点。

一、顺势指标的标准使用方法

顺势指标又叫 CCI 指标，CCI 指标是美国股市技术分析家于 20 世纪 80 年代提出的，专门测量股价、外汇或者贵金属交易是否已超出常态分布范围，属于超买超卖类指标中较特殊的一种。

CCI 指标波动于正无穷大和负无穷大之间，不需要以 0 为中轴线，比较适用于那些短期内涨跌震荡明显行情。

1. 重点提示

盘面中，CCI 只有一条线，一般是用白线表示，也可以自由调成其他色调，周期参数选为 14 日。

2. 用法原理

CCI 的波动范围是正无穷大到负无穷大之间，因此不会出现指标钝化现象。CCI 指标的运行区间也分为三类：100 以上为超买区，-100 以下为超卖区，-100~100 为震荡区。

CCI 在-100~100 的震荡区时，指标基本上没有指导的作用，没法提供明确的建议，这个时候要采用其他的指标。CCI 指标是专门针对较大的涨跌情况设计的，也就是超买超卖时段，可以提供比较好的进场时机，也能及时提供出场时机。

3. 超卖低价区判断

当 CCI 跌破-100 线而进入超卖区时，表明市场价格的弱势状态已经形成，而价格再下跌的空间也不大，之后可能迎来筑底，也可能很快迎来触底反弹。

如果 CCI 指标本来在-100 的超卖区运行，现在突破了-100 线，开始上行，说明超卖区状态基本结束，K 线开始反弹了，股价将上涨，可以选择进场。

CCI 之前在超卖区运行了相当长的一段时间，现在开始掉头向上，表明价格的短期底部初步探明，可以分批建仓。CCI 之前在超卖区运行的时间越长，确认短期底部的准确度越高。

4. 超买高价区判断

CCI 突破+100 线而进入超买区后，如果 CCI 指标曲线一直朝上运行，表明价格依然保持强势，可以继续持有待涨。

CCI 突破＋100 线而进入超买区后，继续一直朝上运行，之后在远离+100 线的地方开始掉头向下，表明多方力量已经疲软，市场强势状态将结束，应考虑卖出。

如果前期的短期涨幅过高，而价格回落时成交量较大，则应该果断逢高卖出。

二、近几年的 A 股波动规律统计

1. A 股波动的指标常见数值

近几年 A 股的 CCI 高低点常见波动值是-150～150，150 以上为超买区，-150 以下为超卖区，-150～150 为震荡区。

2. 用 K 线逻辑辅助判断

用 K 线逻辑判断原则是一个很好的辅助思路。

3. 用指数箱体辅助判断

由于超级主力的存在，超级主力的操盘风格又是有指数规律的，可根据指数规律（箱体的高低位数值）来辅助判断。

4. 用活跃权重股辅助判断

大主力调控大盘是通过金融"三驾马车"中的某一个（也可能数个）板块来调控指数的箱体和稳定。

用这个指标也可以判断阶段强势大盘权重蓝筹的阶段高低点，但是不适合不活跃的没庄的中小市值弱势股（活跃度不够，波动太小）。

用这个方法也可以作为股指期货的高低点判断辅助工具。

修炼 55
平准背景下的 A 股高概率玩法

近几年市场结构出现了一些新变化，最为典型的特征有三个：

（1）股票数量急剧扩张，A 股的市场规模与前几年相比，明显发生了质变，达到了一个历史性的新高度。

（2）指数基金机构与超级大机构成了市场涨跌波动的最重要力量，超级大机构的操作习惯除了与其他机构有类似的特征之外，还有指数平准的倾向。

（3）在局部阶段时间内，个股的走势明显分化，整个市场中的个股总体上可以分为两类：一类为成本线上强势股，另一类为数量更多的股价长时间地在成本线下波动的弱势股。

针对市场的新变化，我们要贴近市场有针对性地应变，才能获得让自己相对满意并客观的投资收益，为此，我根据市场的波动特征统计数据和自己的认知能力总结了如下的 A 股套利新操作法。

一、指数判断并套利法则

1. 常规箱体平准操作法

（1）CCI 指标阶段高低位判断。

1）当 CCI 指标值高于 150 时，为阶段箱体平准习惯规律高位。

2）当 CCI 指标值低于 -150 时，为阶段箱体平准习惯规律低位。

3）当 CCI 指标值在 -150~150 时，短线波动是随机性的，不具备平准性，短线波动可参考 MACD 指标和 K 线逻辑判断。

4）平准的指数主要是沪市指数。

（2）高位的进一步判断。

平准习惯规律高位出现后，需要进一步精确判断和意外判断（是否出现打破箱体的大波段，特别是有大消息出现或者量能明显持续变化时），可以用 MACD 指标和 K 线逻辑（阴线超越，阳线过度，阴线负连续、负反击）进一步细化判断。

（3）低位的进一步判断。

平准习惯规律低位出现后，需要进一步精确判断和意外判断（是否出现打破箱体的大波段，特别是有大消息出现或者量能明显持续变化时），可以用 MACD 指标和 K 线逻辑（阳线超越，阴线过度，阳线正连续、正反击，强势金融股）进一步细化判断。

（4）强势平准板块。

市场平准波动背景下，市场存在着强势平准板块，这个强势平准板块常常是金融板块中一个分支板块（主要是平准沪市指数），有时也会有其他指数权重板块（低位的、阶段基本面好的，或者是非沪市指数的其他常用指数权重股）。

在指数低位且指数未发生明显意外迹象时，一旦平准强势个股（最好是 CCI 指标值也低于-150）出现强势征兆时，可以适当短线投机操作。

（5）期指指数的操作。

1）当细化过的低位出现时，可以做多强势指数，低量的过渡中大阴线后是较好机会。

2）当细化过的高位出现时，可以做空弱势指数，低量的过渡中大阳线后是较好机会，季度底的敏感日前是较好机会。

3）如果指数在箱顶、箱底出现意外的消息面、量价关系重大变化，应顺应意外操作，恪守以往箱体容易出现较大失误（这是高手的常见弱点）。

2. 特殊波段意外操作法

近几年，市场多数时间是平准波动，但也有少数时间出现了意外波动，常见的意外波动有下面几种情况：

（1）意外的大消息刺激。比如 2018 年的去杠杆、贸易战。

（2）大波段后的反向。比如 2019 年初大跌后的修复，2020 年春节后的修复。

（3）年初的机构习惯性做多。2018~2021 年这几年的年初，沪指走势都相对比较强。

（4）传统的操作系统判断。当大波段意外出现时，都会出现传统的量价、均线趋势指向持续特征。

当前的强势量能判断数值是沪深两市加起来超过 1 万亿元。

当前的生命均线相对概率高的是 60 日均线。

（5）意外情况的期指。当意外情况出现后，应该用适当的期指顺应市场投机获利。

二、个股波段低吸高抛法则

目前市场中最常见的个股机会为：指标平准强势类、线下低位潜力类、确定性类、爆破点规律类、阶段热点类。下面我们来总结高概率操作法则。

1. 指标平准强势类

（1）选股。主要是平准板块中的强势股，通常是初步越上 MCST 线的低位基本面好的最强指标股，一些大盘强势蓝筹股也可以考虑。

（2）选时。主要用 CCI 值判断买卖时机，用法同上面总结的沪市指数平准高低判断法则。辅助判断用 MACD、MCST、K 线逻辑。

2. 线下低位潜力类

（1）选股。主要是 MCST 线的主力重套股和借壳上市迹象明显股。

（2）选时。主要用 BOLL 线判断买卖时机，这里主要判断法则是：

1）BOLL 线中轨趋势是股价趋势指向。

2）上行或者平行（大波段下行后）的 BOLL 线中轨位置（配合 K 线逻辑）是短线买点。

3）上轨位置（配合 K 线逻辑）是短线卖点。

4）通道下半区是昏迷区，不轻易持有。

3. 确定性类

（1）选股。主要是现金选择权和低于面值的债券。

（2）选时。无风险利润满意时。

4. 爆破点规律类

（1）选股。存在着有效爆破点。注意是有效爆破点，不是无效的主观爆破点。

（2）选时。根据股价波动规律选择时点，这个时点常常是利好公布前，弱势时可能会延迟，大盘超强时会提前。

5. 阶段热点类

（1）选股。强势新热点板块出现，板块指数上涨较快（5%以上），且龙头股冲击涨停。最好是选择龙头股。

大盘弱势时出现的中级热点，有时会活跃一段时间。

（2）选时。主要根据重要均线的支撑结合 K 线逻辑。

修炼 56
花氏操盘术的"六脉神剑"

经过自己 30 多年的实盘买卖经验教训总结，以及观摩他人的交易结果的数据统计，下面的一些操盘习惯是有利于收益率提高的，也是所有喜欢花式操盘术的人必须掌握的，要想改变命运就必须背会、理解并形成本能。

（1）一定要有空仓的习惯和原则，这是所有的好习惯之首。因为股市是风险市场，空仓是最好的防守措施。选时技术是 A 股的最上乘技术，一定要建立自己的有效操作系统，什么时候能做，什么时候不能做，能做的时候做多少、做什么，要有明确的原则，并把这个核心原则形成本能习惯。这条标准是判断股民是否会做股票的关键性标准，有了这条才能谈得上技术，否则其他因素都是赌博技术，久赌必输。

（2）要进行阶段的规律数据统计，阶段的规律数据统计是最重要的实盘技术。最常见的规律数据有：

1）大盘的波动规律，以及大盘强弱所需的量能标准。

2）市场与机构的主要盈利模式，以及活跃个股的波动形式和原因。

3）常见的爆破点在目前是否有效，并发现当前的有效盈利模式。

4）当前研判市场的有效工具是什么，哪些技术指标最实用，并且根据统计数据进一步精确指标的有效数值。

（3）要进行阶段的有效信息数据积累，并不断地选出有一定确定性机会

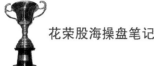

的个股。收集的信息一定要明确，不能模糊臆测。最常见的有效信息有：

1）价格的确定性、时间的确定性。最好两者兼备，至少有一点。

2）重仓机构的价格成本以及后续状态。

3）活跃机构的操作习惯以及它们的关联股票。

4）有关公司基本面重大变化的中线信息和后续重要时点。

（4）买卖股票要有章法，不能情绪化、随机化。买卖股票的常见习惯好习惯有：

1）强势时在开盘、收盘和盘中买股，非强势时只在尾盘买股。

2）强势时组合卖股，非强势时不宜持股数量过多。

3）买股票时价格也要有组合思维，除非有上佳的超短线爆破点。

4）根据市场的强弱和个股的风险性确定仓位。

5）强势根据均线的乖离强弱分批卖股，非强势时赚钱卖就是对的。

（5）任何时候的大盘和股票都要用万能公式、花式逻辑、阶段关键点判断。

1）花式万能选测股公式＝大盘＋题材＋主力＋均线趋势＋MACD＋K 线逻辑＋心理障碍。

2）股市中的实时判断逻辑为：超越、连续、反击、逆反、规律、过度。

3）要发现影响股市阶段趋势的关键点，并跟踪该关键点的变化。

4）股友的消息股也不能让上述三点失控。

（6）有确定性、模糊、多因一果的概念。

1）股市多数时间多数空间是模糊的，少数时间少数空间是确定的，也有少数重负的大概率规律性，重仓抓确定性，长时间的持续追求规律的大概率性，回避市场众多的模糊性。

2）股市涨跌的核心关键是供求关系以及单位时间供求关系强度，操纵和内幕是最先进的技术。操纵和内幕是违法的，但存在合法的"类操纵和内幕"。

3）要培养积累自己的优势交易权限、优势交易资源，尽一切力量以强胜弱，不要指望以弱胜强，不要在对自己的生存环境满意的情况下追求以弱胜强。

修炼 57
股市里的特殊套利手段有哪些

绝大多数人在股市中的投资方法都是教科书宣扬的大众主流思维，最常见的是基本面分析思维（蓝筹价值投资或者强行业成长投资），或者技术分析思维（波浪理论、K 线理论或者综合趋势理论）。根据我几十年股海遨游的经验和教训阅历，基本面分析和技术分析的知识是必须掌握的，但是只凭这些知识就想在股市中获得长久稳定的盈利，根本不够。它们只相当于数学知识中的小学阶段，必须会，但不足以对付高考，对付高考要精通高中的数学知识。为了对付比高考难度更大的股市赚钱考试，一些职业操盘手和职业老股民总结了更具实战性、更适合 A 股赚钱的一些小众方法，现在我就这把小众的类似于 72 变的 A 股特殊投机方法总结一下，供有缘人参考借鉴。

一、平准波段法

平准波段法在 A 股中的常见表现方式有：

1. 指标权重股波段法

（1）统计总结金融指标股的走势规律，发现谁是阶段初步强势股。

（2）跟踪大盘的有效 CCI 值，尤其是重点强势股的有效 CCI 值。

（3）平准板块强势时谁是龙头股（叠加游资力量、次新与解禁规律）。

2. 公募抱团波段法

（1）统计总结阶段初步强势蓝筹股（初步跃上 MCST 线）。

（2）每年年底年初的市场共识板块股中强势股。

（3）注意阶段的大小流行市值是多少。

3. 敏感时间的操作法

（1）意外大跌后波段抄底。

（2）年底年初的放量热点。

（3）次新优质股止跌之后。

二、乌鸦变凤凰法

乌鸦变凤凰法在 A 股中的常见表现方式有：

1. 借壳上市法

（1）有比较硬的资产重组先期证据信息。

（2）部分资金阶段低点定投并低吸高抛。

（3）注意阶段小市值股的系统重心下沉风险。

2. 央企 ST 法

（1）在低价小市值央企 ST 股中寻找潜力品种。

（2）根据个股的量价关系强弱低吸高抛。

（3）注意阶段小市值股的系统重心下沉风险。

3. 低价基本面尚可的机构重仓股法

（1）注意考验面值的基本面尚可的低价股。

（2）注意意外暴跌后的量价关系。

（3）注意成为热点股时的机会。

三、猎活跃庄股法

根据统计数据归纳，目前市场活跃机构有：

1. 中植系（当时统计数据股：*ST 联络）

（1）统计其先期活跃股的活跃规律。

（2）统计其阶段所有持股并跟踪观察。

（3）根据大盘情况和万能公式给予选股组合加分。

2. 海通资管系（当时统计数据股：奥园美谷）

（1）统计其先期活跃股的活跃规律。

（2）统计其阶段所有持股并跟踪观察。

（3）根据大盘情况和万能公式给予选股组合加分。

3. 富国基金系（当时统计数据股：中核太白）

（1）统计其先期活跃股的活跃规律。

（2）统计其阶段所有持股并跟踪观察。

（3）根据大盘情况和万能公式给予选股组合加分。

四、低风险法

低风险法在 A 股中的常见表现方式有：

1. 现金选择权法

（1）注意方案的有效性，可更改或者不可更改。

（2）注意全部要约与部分要约或者反对票的权利。

（3）注意实施前后的规律和年化收益率的满意度。

2. 转债法

（1）年化收益率的满意度。

（2）股性效率怎样，如溢价不多、正股的潜在题材、转股价下调潜力、剩余期限。

（3）抄底性质的股债双飞盈利法或者强势中的折价转股法。

3. 基金套利

（1）债券基金的折价理财法。

（2）敏感时间的货币基金低吸法。

（3）大牛市中的强势指数简单选股法。

五、爆破点法

爆破点法在 A 股中的常见表现方式有：

1. 交易所制度法

交易所要求的信息披露敏感时间。

2. 行政审批法

交易所审批的重要事件双轨时间。

3. 时间确定法

其他题材时间的确定时间。

六、做空法

做空法在 A 股中的常见表现方式有：

1. 平准做空法

箱顶意外的无量高点。

2. 特殊敏感时间做空法

弱势中高位季度底或者有利空冲击的破位趋势中弱势指数。

3. 中级行情

中级行情后高位转弱区域。

七、热点与热点题材法

热点与热点题材法 A 股中的近期表现方式有：

1. 碳中和行情

对龙头股和核心股的走势总结并后续借鉴。

2. 医美行情

对龙头股和核心股的走势总结并后续借鉴。

3. 新能源汽车行情

对龙头股和核心股的走势总结并后续借鉴。

八、补丁原则

1. 统计规律思维的应用

要学会统计阶段市场的机会和风险以及规律。

2. 天道酬勤的有效功课思维

要勤做有效功课并进一步沟通细化（学会打电话）。

3. 宁缺毋滥精益求精的时机

要追求准确率，不能放松对时机的要求。

修炼 58
买股大概率时机的精心研究

任何一个行业想要赚钱，都是需要懂得"3 年入行，5 年懂行，10 年成王"的过程。需要强调的是，这个年限不是轻松的经历，而是必须有足够专业的努力付出，并在统计聚焦、细节博弈、针对性选股、全天候选时等能力上持续提高。对于厌恶风险的投资者来说，选时技术是十分重要的，重要性甚至超过选股，但是这个技术又是许多普通投资者难以自我琢磨提高的。现在，我把我对选时技术的研究感悟总结如下。

A 股市场，在职业投资者群体中比较流行的投资思维有三种：选股为主兼选时机，选时机为主兼选股，选盈利模式为主兼选时机。

下面我就以这三种主流职业投资思维为例，来谈谈买股时机的经验教训。

一、选股为主兼选时机

社会上也有选股不选时的股市投资理论，我认为这种思维是错误的，稍微懂得逻辑知识的人都知道，永久持股不选时必然躲不过系统风险与意外"黑天鹅"事件风险，而这两种风险又是必然会出现的，并会给投资者带来重大打击，同时也会过滤掉一些常见的意外机会，这些意外机会又是相对短线高利润的。

因此，选股技术必然包含着选时因素，否则就是有重大缺陷的选股技术。常见的以选股为侧重点的股市投资技术分类有：

1. 选公司成长性

选股方法：主要选公司的未来成长性，这类股也容易成为几个月以上的长线热点。

选时机方法：用 MCST、CCI、MACD 结合起来选择买卖时机。

2. 选满意年化收益率

选股方法：主要针对现金选择权、转债、AAA 债品种。

选时机方法：在兑付确定性明确、年化收益率也满意时买入，部分高效率转债也可以作为抄底建仓的先期品种（参考大盘的波段低位）。

3. 选机构的主观目的

选股方法：根据指数权重选股。

选时机方法：依据 MCST、CCI 以及 CCI 对称周期性再加上大盘的 CCI 选择买卖时机。

二、选时机为主兼选股

这个操作法认为大盘的相对低位时机很重要，即使个股具有较好的时机也需要根据大盘因素控制仓位和分批节奏。

1. 根据大盘选时机

常见时机有：

（1）大盘持续价涨量增（达到阶段强势标准）时，买股目标是强势龙头股、活跃机构重套股。

（2）大盘较大跌幅止跌后，买股目标是超跌的新强势股。

（3）大盘箱体箱底初步回升时，买股目标是平准强势股、即时初步热点股、有效爆破点股。

2. 根据个股爆破点选时机

统计发现阶段的有效爆破点，根据爆破点选股，根据万能公式选股选时机，根据大盘情况定仓位，仓位根据箱体位置趋势确定，如果大盘强势可以重仓、大盘空头明显趋势则可以放弃。

3. 根据板块热点强度选时机

在大盘常规平衡势背景下：

（1）强势短热点初步出现时，关注龙头股，第一次急跌调整到 10 日均线时也可以少量考虑。

（2）当长线阶段偏好热点龙头出现 MACD 低位时，也可以少量考虑。

（3）负热点出现跌透极限时，也可以适当组合关注。

三、选盈利模式为主兼选时机

许多职业高手炒股是依靠盈利模式赚钱，先确立阶段有效的盈利模式，再根据盈利模式选择个股和时机，这是一种比较先进的职业玩法。

常见的盈利模式有：

1. 借壳上市

选股法：选股信息逻辑必须硬且有群体比较优势。

操作法：

（1）根据阶段低点定投。

（2）阶段低吸高抛降低成本。

2. 有效爆破点

选股法：根据统计规律发现阶段有效爆破点。

操作法：

（1）学习熟练《万修成魔》《千炼成妖》《霹雳狐狸》爆破点。

（2）根据统计规律发现阶段有效爆破点。

（3）进一步精确正视爆破点。

（4）根据大盘和万能公式确定仓位和时机，不能凑合硬来。

3. 发现个股规律

（1）发现阶段活跃主力，根据主力活跃规律进行时机操作。

（2）发现个股的股性，根据股性进行时机操作。

（3）发现制度对股价的制约，根据统计规律并进一步明确信息进行短线伏击。

四、补充的注意点

（1）信息依据和时机选择要高标准，不能凑合，不能犯修正主义。

（2）要注意，在大盘比较恶劣背景下，没有做多技巧，什么都不管用。

（3）要注意仓位的合理性，留有余力，保持优雅，好心态是好运气的前提。

（4）技术要熟练，功夫要扎实，争取做到有知者无畏。

（5）要注意赚钱是目的、招式不是目的，更要注意卖出点的共振。

（6）根据这份技巧总结，制订一个适合自己的操作计划。

修炼 59
职业操盘术与复盘功课要点

职业投资者在股市实战技术上有着很大的不同，业余投资人基本上是以

基本面公众信息、简单僵化的技术理论为基础的随机性的情绪化的感觉赌博，而职业投资者则更强调投资结果的确定和持续行为的高概率，他们为了达到这个目的有着许多针对性的手段，这些手段非常有效但又是业余爱好者难以自悟甚至终身未知的，现在我们就来总结学习一下职业投资者的一些具有专业思维的实战手段。

一、框架、应变与优势

相对于业余爱好者的随机碎片思维，职业投资者是整体框架思维（类似于地图思维）。整体框架思维的主要内容包含进行时思维、应变思维、优势思维。

1. 进行时思维

进行时思维是指通过统计比较历史和现时客观的规律，来发现当时市场的趋势和导致这个趋势的关键因素。

这个思维的注意点是：

（1）市场当前的趋势规律。

（2）导致这个趋势的关键因素是什么，以及跟踪这个（些）关键因素的变化。

（3）有效地应对这个市场趋势的手段和有效盈利模式。

需要注意的是，职业投资者在实战中是用盈利模式赚钱，而不是用个股赚钱，先定盈利模式，再根据盈利模式来选股。例如，2021年上半年，我采用的盈利模式有年报预盈预增公告模式、ST股摘帽模式、北京环球影城信息模式、箱体平准指数与权重股模式等，阶段性地根据这些模式再用万能公式选股。这些有效的盈利模式是通过历史和现实统计数据总结发现的。

2. 应变思维

市场既有阶段性的趋势稳定规律，又必然随着时间的推移有变化。这两种思维是同等重要，必须同时具备。

不变中有变化的手段，变化中有不变的习惯。

这个思维的注意点是：

（1）变化时刻的型与因。

1）变化时刻的型。最常见的方式是原有趋势的突破并伴随量价关系的支持，如果没有量价关系支持的突破是走不远的，并可能会遭受反向报复。

2）变化时刻的因。最常见的因是时间和重要事件的变化，这个时间具体表现是年初年末的机构习惯性行为（调仓换股或者做市值）以及社会资金供给情况（半年底或者资金政策变化）。重要事件指的是股市政策的变化以及重要融资任务与国内外经济金融事件影响。

（2）新趋势产生后应对习惯。

1）强势经典玩法。初步强势股的组合（日与时）+阶段爆破点+硬朗风格机构重仓股组合。

2）平衡势经典玩法。阶段爆破点+无风险套利+少量定投赌注股+明显规律的伏击。

3）弱势经典玩法。做空指数+超跌反弹+无风险套利。

3. 优势思维

要通过发现与比较的手段找到自己阶段性的优势手段，有风张满帆，无风会生活。

二、早盘第一个小时

这是微博的一个专栏，是对上一部分内容的具体和细化量化，包括总结的目的是什么？应该怎么看？

1. 盘面综态

（1）用七个逻辑（如缺口、日红绿柱线、涨跌数比、指数涨跌权重等）发现当天市场的强弱。

（2）用综合指标（箱体位置、CCI、MACD、K线逻辑）发现阶段市场的趋势。

2. 板块冷热

发现热点与副热点以及它们的波动规律，要区分清楚新起热点、长线热点、阶段热点。

3. 个人计划

要清楚自己此时的盈利模式和优势盈利点在哪儿。

4. 中线直觉因素（关注中线的关键点并跟踪是否变化）

比如 2021 年上半年常见的因素大盘成交量、MACD 指标红绿、疫情消息面、注册制扩容消息、国际关系是关键所在。

5. 特性品种跟踪

自己的常规重点股，一种是短线波段的，另一种是长线定投的。

（1）波段平准股。大招，用顺势线指标和 K 线逻辑跟踪。

（2）重组赌注股。小招，用布林线和大盘背景跟踪。

6. 期指练兵

（1）指数高低点的规律情况。

（2）区分清楚强弱指数。

（3）注意时间、事件和资金的关系。

三、花家军午间观象和操盘日记

是整体对上一部分的调整和印证，也要用七个逻辑思维，用分数给予一个整体仓位评价。

四、每日晚盘总结

下述题目是第一特征，选出要用的万能公式。

1. 涨幅榜特征

强势板块是谁，在强势市场中是否有用，不仅要发现谁强，还要观察强度，要发现哪个板块是新起的强势板块，哪个板块是有规律的强势板块。

2. 跌幅榜特征

弱势板块是什么，在超跌反弹后是否有用，要发现跌透的板块。

3. 总金额榜

平准规律的箱体是否有用以及转强突变时刻是否有用，可以作为组合之一。

4. 量比榜

股市强势的组合股之一，并用后选股的持续性来判断大盘的强弱以及阶段强势股的涨跌幅度。

5. 特点榜

主要是提醒阶段的低风险品种与盲点套利品种。

6. 公告榜

发现阶段利好对股价刺激的程度。

7. 偏好榜

判断自己所持股中短线状态较好的股，或者准备买的股。

8. 指数跟踪

再复核判断一下大盘，别因为个股情绪导致仓位失控。

五、海王星常用辅助工具

我常用的指标工具有：

1. 涨速

在大盘强势时，用这个指标发现强势股，再用万能公式确定短线组合品种。

2. 内外比

在大盘强势时，这个榜中涨幅较大的股属于短线组合之一。

3. 回头波

在大盘强势中出现短线下跌时，或者大盘底部意外下跌时，在回头波为零并涨幅不大的股中选短线组合品种。

4. 年初至今

想操作时，在涨幅小的股中发现潜力股。

修炼 60
A 股行情趋势特点与概念热点

股市热点是股市投机的最重要机会之一。

热点的出现，是股市进入可操作阶段的信号，大盘权重股成为热点，更是中级行情的启动信号。但是，市场热点出现后，时间持续性不一致，有的连续表现，有的仅是昙花一现，甚至有的今日涨幅靠前，明日就跌幅靠前。

对市场热点持续性的研判，是短线炒手的必修课，是最重要的上乘短线职业技术，不但能发现板块获利机会，而且能对行情趋势的后续发展判断有很重要的帮助。

下面，我就对这个技术进行一个独门总结。

一、箱体平准热点

近几年市场出现了一些超级大机构，资金额是以万亿元计的，它们的风格是反技术逆人心，在大盘相对的低点做多，在相对的高点高抛，使市场总体运行平稳。

每当沪市指数跌到一个箱体低位时，大主力都会发动权重指标股来维持指数的相对高度和市场的稳定。

1. 整体金融齐动

当金融板块中的"三驾马车"（银行、证券、保险）集体强势躁动，且有数只冲击涨停的个股出现时，这个热点可能会有一定的持续性，并有可能带动大盘出现一段时间的中级行情性质的活跃，强势龙头股往往会持续活跃并有较大的涨幅。

2. 某个金融板块强势联动

有时在沪市指数的相对低位（某个箱体的箱底位置），会有主力拉升某个金融板块中的一个（相对股价低位的那个），使股市保持趋势的相对稳定，此时这个热点往往是短线的一两天行情，这种机会只有提前一个节拍把握，或者把握住最强势的龙头股（往往是次新品种、超跌品种或者即时题材）。

3. 某个金融板块普通联动

在大盘处于弱势时，大多数个股下跌，此时有主力为了稳定市场，使指数跌得不那么难看（造成恐慌），会维持一些金融权重股的红盘，此时这些指数权重股会有些上涨，但涨幅不大，这种情况要小心，不要轻易追涨。它涨幅不会太大，甚至有时第二天会低开，在大盘稳定后也容易出现弱势补跌现象。

4. 重要融资时刻的造势

在有重要大盘股发行或者其他重要融资任务时，为了保证融资任务顺利的实施，主力经常会发动权重金融股的短线活跃来刺激市场的活跃性，这种热点也比较难以把握，当融资任务完成后，市场会再度陷入原有的趋势特征中。

二、特定时间的大盘股热点

有时大盘股是在一定行情背景下的特定时间活跃的，这种活跃性也与机构的处境和操作习惯有关。

1. 年初时间

每年年初是机构操作最积极的时间段，也是机构调仓换股的时间段。

近几年这个时间段都是一年中大盘最强的时间，2018~2021年连续四年在这个时间段都出现了价涨量增情况。需要注意的是，在这个时间段，新走强的低位强势股机会要更大一些，一些2020年就比较强的强势股也可能会进行出货前的波段拉升，由于这最后的波段拉升常常伴随着宣传攻势（以及2020年的强势印象惯势），这种股往往操作不当，过度追高，有较大的风险，一些弱势股的资金也常常被虹吸，如果中线超跌股再度短线急跌，常常会出现一个重要的低点，其中的一些股随后上涨幅度也会比较大。

2. 年末时间

年末时间是机构做市值的时间，一些排名靠前的公募基金独门重仓股可能会发力。

如果当年市场总体比较弱势，机构在年底（11月、12月）有做市值的愿望和动力，一方面是使指数不至于太难看，另一方面是利用大市值股（过去经常是金融股）提升股价市值。

历史上，一些保险公司重仓股和重组股在这段时间也容易活跃。

3. 中级行情尾声时间

每年的6月底是危险时刻，这个时间是资金紧张期，也是这几年容易出现较大跌幅的时间段，比如2015年的股市较大跌幅以及此前的"钱荒"击破1900点都发生在这个时间，所以要适当提高对这个时间的警惕性。

操作态度积极的职业投资者，在看出做空机会时也可以适当做空。

三、较大跌幅之后的热点

由于目前市场中存在着一些超级大机构，这些超级大机构的操作策略之一是见到市场低位敢于入场买股，因此，如果市场出现较大跌幅，在指数止跌后存在着较好的机会。

1. 活跃指标股的热点

此时，新崛起的活跃指标股和超级机构的活跃重仓股值得高度注意。

2. 新崛起的市场热点

此时，市场的上涨空间相对更大，新崛起的市场热点往往涨幅和持续性都更厉害一些。

3. 救市时的热点

如果市场跌幅过急过大，过去遇到这种情况都会出台救市政策，救市政策利好股和最新上市优质股往往涨幅比较大。

四、突发共振热点

突发共振热点常常是由突发事件和突发消息引起的，事件和消息面影响力足够大，常常也会出现部分板块的逆势强势表现。

1. 灾难受益股

常见的灾难有自然现象、局部战争、重大疫情、行业事故等，对应的受益股往往会快速响应。

2. 突发政策消息

过去曾经出现过的类似消息有申办奥运会成功、雄安新区的设立、自贸区的设立等，受益概念股涨幅较大。

3. 区域重大事件

过去类似的事件有上海迪士尼、北京环球影城、海南免税区等，可以回顾熟悉当时的概念股表现情况。

五、策划热点

有些热点是市场机构认可策划的，这些热点往往是年末年初的一些券商研究报告推介并得到大机构认可的，一旦表现，往往是阶段反复发作，甚至是年度活跃板块。

过去曾经类似的有科技产品替代板块、新能源板块、锂电池板块、猪肉板块等。

六、强势市场中的热点

强势市场中的热点比较多，在强势市场一旦发现新热点一定不能放过，在强势市场捕捉新热点是最重要的短线获利技术。

牛市一旦确立，券商股将是最大的获利者之一，一旦券商股走强也需要高度注意。

七、惯常消息热点

惯常消息主要指的是《千炼成妖》中列举的常规爆破点，如果统计数据证明那种爆破点有获利机会，也应该及时把握。

修炼 61
职业操盘手是怎样养股票的

职业操盘手把握股市中的机会，有两种思维：一种思维是以选时机为主、以选股为辅，这种思维的职业实战套路我已经专文总结过；还有一种思维是以选股为主、以选时机为辅，好像更多的股民更习惯于这种思维，下面就把这个思维的实战应用方法做个汇总。

职业投资者都有自己的"鱼塘"。什么是"鱼塘"？其实就是自选股票池。我的自选股票池是按照下列原则建立的：

一、短线盈利模式和爆破点原则

每个阶段我们都要根据常规盈利模式、市场敏感消息面和市场统计规律来发现现阶段有效的盈利模式和爆破点，并进一步选出对应的个股。

近些年最常见的短线模式及其操作法包括：

1. 平准波动法则

在绩优权重指标股中选强势股，用 CCI 指标来跟踪伏击。

对于自己期指投机水平自信的职业投机者，期指也是比较好的投机工具。

2. 市场近期敏感消息面原则

特别是量价关系比较强势的板块个股，经常进入涨幅榜第一的板块，要统计其活动规律。可以用 MCST 结合中短线技术指标来跟踪伏击。

3. 有效爆破点原则

发现阶段有效且已经激活的有效爆破点。

在爆破点爆破前根据 MACD 结合 KDJ 再短线操作。

二、主力状态原则

每个阶段我们都要根据市场统计规律和涨幅明星股的共性研究，发现正在活跃的主力机构和对应的个股。

1. 发现阶段常规活跃的主力是谁

研究其状态和活跃规律，观察和伏击其潜力股。

2. 找出阶段有融资任务的股

最常见的融资任务是定增、转债、配股，根据规则、敏感价格、敏感时间制订攻击其弱点的伏击方案。

3. 找出走势独立有特点的股

进一步分析其 F10 及历史信息，找出能利用的内容。

三、题材状态原则

题材是第一生产力，有题材就会吸引主力机构。

有下列题材的股值得放在自选榜上跟踪并等待合适的时机。

1. 重大重组题材

有蛛丝马迹的股比较多，要选综合比较优势强和短线效率强的，对于突出者可以采取分批定投。

2. 需要时间审批的重大题材

有些题材出了董事会预案后，要么短线价格不适合，要么需要审批时间，我们要放在自选股上跟踪了解，等待机会，这是投资活动的一项重要技术。

如果不放在自选榜上盯着，容易漏掉了。这部分的利润是常规的也是很重要的。

3. 会重复出社会消息的题材

有些社会题材会来回上新闻，这样的股结合大盘情况，会有更高的效率。

四、创新品种原则

沪深股市有炒新的习惯，下列新鲜事物一定要尽快熟悉和注意。

1. 新出现的交易品种

其定价常常会高于一般人的预期，即使初始定位太高，回落稳定后也容易出现一波炒作。

2. 创新制度政策受益受损的股票

这类股票也需要提高注意力，要选一批跟踪，如果快速爆发要有所利用或者警惕。

3. 历史遗留问题的解决

这方面也存在可预见和实际问题，要同实际利益结合评估。

修炼 62
股市臭棋篓子常见臭着

在晋级职业精英之前，普通股民炒股最重要的并不是知道什么是正确的，而是需要知道什么是错误的。

绝大多数股民脑中是一团糨糊——明显错误的、似是而非的、正确的……看似正确的投资观念都混在一起。在炒股的时候造成好坏不分、互相

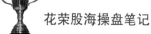

矛盾、犹豫纠结等心理问题，从而影响炒股结果。时间长了，养成坏习惯，就会变成死不改悔的"韭菜"，一边输钱一边自信，一旦走错门，想要再回头已隔万重山……

由于股民易犯的错误至少有上百条，逐条提出并解释不是本书能完成的任务。现拣出几条最普遍最致命最具欺骗性的略加记录和解释：

一、经典的社会错误

下面这些错误在社会上十分普遍，有些还是社会主流媒体倡导的，甚至是经典教科书理论传承的。

1. 用初级理论进行高等级博弈

（1）什么是初级理论？最常见的初级理论是证券从业考试大纲内容、大专院校的金融股市理论，许多书店里的股市理论书籍也是这样论述的，比如说《日本蜡烛图》《怎样看上市公司的财务报表》等，这些理论是必须掌握的，但也是初级的，就如小学算术知识，必须学会，是学习中学数学课程的前提基础，但是还不足以应付高考。在股市中要想持续稳定赢钱，不是小升初，而是高考，甚至比考取"985"的难度还要高出不少。

（2）什么是错误理论？初级理论是必须学的，一方面是学习高级技巧的前提基础，另一方面可以了解众多主要对手的技术状态。但是，用它直接参加股市博弈，则远远不够，冷兵器是不足以应付现代战争的，最强大对手的武器可能是海陆空立体体系武器，你不输谁输？用初级武器参加股市博弈，你以为自己是投资者，但其实是消费者。

股市中常见的错误理论有波浪理论、江恩时间之窗、归零品种交易、巫术在股市中的应用、西方股市的技巧总结、现代社会擒龙术。

现代社会中没有龙，但是确实也有许多人认为擒龙术比较神秘，甚至"高大上"，沉迷其中，甚至走火入魔。

（3）正确的上乘股功。正确的上乘股功必须包含下列因素：能有效地防范风险，理解规则、利用规则进行博弈，客观地了解市场统计市场规律，多因一果地顺势服从大概率并追求确定性，简洁易行，随着时间的推移，能力和财富持续稳健增强。

2. 痴迷不自觉的经典臭棋篓子

股市中经典愚蠢行为有：赌瘾发作丧失自控力，极端固执教条，屡屡碰壁死不悔改，不到黄河不死心，到了黄河还想游过去。

痴迷不自觉的经典臭棋篓子常见特征有：

（1）"永动机"中的战斗机。没有大盘背景的概念，频繁地用技术分析等手段进行短线赌博。尽管因为运气因素，有时也能收获不错的短线收益，但是久赌必输是必然结果。

（2）不选时避险的百年老炖。没有大盘背景的概念，用某个基本面理由押注少数标的。因为运气因素或者碰上牛市，也会有所收获，但是这个收获很难保证，此生必定受到股灾、"黑天鹅"、大熊市的沉重打击。

（3）脱离客观的幻想与精确预测。人一旦陷入幻想预测的状态，非常容易将错误进行到底。

3. 让赌博更有道理

久赌必输，在股市中赌博比在赌场中更坏，在股市中痴迷于所谓小概率赌术的行为更是害自己害家庭。

（1）痴迷小概率的逆势技巧。最坏的技巧不是做一次赔一次，这样的技巧会让人警觉。最坏的技巧是小赢大赔，这会让赌徒依然对运气抱有希望，一直赔到底。

（2）缺乏统计客观配合的正确理论。许多正确的技巧理论是需要客观配合的，不能教条地生搬硬套，要与客观统计数据结果结合起来，既要有上乘武功的熟练性，也要有持续的统计功课保持盘感。

（3）基础素质低。如果基础素质低，分不清楚简单是非，又兼具贪婪和恐惧的心理，那就彻底完了。别说赚钱，就是有实力有家当，也会像袁绍那样败光的。

二、初级花家军错误

下面这些错误多数存在花家军群体中，缺乏网状思维、基础素质对理论的支撑，当然许多非花家军更是这样。

1. 攻击性弱

花家军讲究防守，认为防范风险能力是第一技术，但不能因为讲究防守而影响了攻击力，该进攻的时候攻击力也要强。

中庸之道的核心是适当，不是保守。

2. 缺乏综合实力

花家军讲究的是人生总体智慧、整体综合提升，不仅仅是股市单维技巧的提升。人生资源、人生胆识与股海技巧同等重要。

3. 缺乏决战意识

普通人改变命运需要有决战。

市场没有大机会时，需要股市提供正常生活费用和准备决战资源，一旦大牛市来临，要竭尽全力赚一把。

4. 精神境界需要提高

普通人受到环境影响，容易有思维局限性。

脱贫，需要先"脱蠢""脱锢"，在精神境界上先进一步，超出常人。

其手段是见多识广，熟悉历史、逻辑、博弈常识，有一定的勤奋度。

5. 群英互助

一个人的力量是有限的，一个人走得轻快，一群人走得更远。炒股人生不能封闭，要保持接触社会，并与股友结成工作量、信息思维互助组。

6. 提升人格魅力

花家军不仅是股市赚钱能手，也是人生精英，更是有趣会生活的人，比一般其他行业的人整体综合力量要强。

因为综合素质强，即使不做股市，做其他事情也能做得不错。

修炼 63
需牢记的个股盘面语言征兆

有一些机构在二级市场上操作是有一些个性习惯的，有一些个股的股价活跃是有一些规律套路的，如果我们能对一些机构和个股的活动规律有所了解，将能够极大地提高我们的猎庄能力，我们要收集破解这些个股有效的盘面语言，这种技术能力有效且独门，是平衡势市场中重要的获利手段。

下面，我就一些常见的盘面语言进行记录：

一、买卖盘挂单明显变化

一只中小市值的个股，如果平常多数时间的买卖盘挂单比较小，比如说多数是一两位数的单子，如果突然间买卖盘挂单突然明显变大，比如说挂单全部变成了 3 位数或者更大的数量时，预示着这只股从原来的无主力关注，变成了有主力大户正在关注，后面股价可能会波动。对于有重组前兆的中小市值股出现这种迹象，更要加大注意力。

如果后市出现积极性走势，可以适当做多。如果后市出现消极性走势，则需要防范风险。

二、低位量比持续放大

如果一个 MCST 下方的低位个股长时间低量弱势随机波动，突然开始量比连续放大，分时吃单也比较明显，说明该股开始有机构大户建仓，如果连续几天这样，或者伴随尾市小单下压价位，则更需要注意。如果这个时间是在大盘刚刚跌过的低位，需要注意机构新建仓行为，如果这个时间是在某个制度信息披露的前期（比如年报，或者其他类似的情况），则需要注意是否有什么利好消息。

还有一种情况也经常出现，如一些公募基金新建仓某股时，喜欢走出低位的连续小阳线（包括开盘时低开的），然后最后一根 K 线是大阳线。

三、连续涨停的股开板后不下跌

有些股票因为资产重组等利好导致出现了连板走势，在最后一个涨停板开板后继续走强，下跌的幅度不大就跌不下去了，这样的股后市容易再度出现比较大的单边上涨。

这个现象也可以用于基本面比较好的上市新股，涨板数量比较多的个股在开板后，依然比较抗跌，这样的次新股后市依然容易爆出强势走势，尤其

是中小市值（相对其他金融股）的金融股和属于当时热点行业的中小市值股或者低价股。

四、K 线的前科规律

你用某个选股方法选择了一批股票，进一步精选时要注意研究这些股票的前科 K 线，如果该股一两年历史的 K 线出现过涨停、连板、超越大盘、闻某消息敏感异动、呆滞等明显特征，那么很可能在其后的走势中容易旧病复发，我们可以根据 K 线的前科规律加减分。实战经验证明，这个方法是比较有效的，需要注意。

特别是做某个中长线题材时，历史前科的 K 线规律非常重要；在中级行情初期，这个方法也非常有效，相关股可以作为组合考虑目标。

五、内外比强的大涨幅股

在大盘安全，尤其是大盘初期较强势时（大盘价涨量增且涨幅比较大），外盘成交明显大于内盘成交且涨幅较大（超越大盘）的个股，很可能是有机构大户在短线积极大量买进这只股，这只股容易连续上涨，如果大盘第二天依然较好，该股容易连续表现较好。

但是，需要注意，如果股价涨幅不大，没有超越大盘，即使内外比指标较好，也不一定第二天就表现好，一些冷门大盘股（比如高速公路股）容易出现这样的特征，不能应用错误。

六、大盘大跌时的回头波为零的股

如果大盘出现较大的跌幅，特别是单边下跌临近尾声的大盘较大下跌时，回头波指标为零的涨跌幅不大的低位股，如果大盘止跌或者出现反弹走势，可能会有较好表现。回头波指标为零说明该股已经止跌并有机构护盘，如果该股符合万能公式要求，可能会有短线表现，这个方法经过多次实战检验，相对有效。

七、衍生品种异动

如果大盘突然明显走强，逆回购收益也明显提高，国债等固定收益品种明显异动弱势，说明大盘有可能出现连续上涨的机会。

如果大盘突然明显走弱，逆回购收益也明显提高，国债等固定收益品种明显异动强势，说明大盘可能出现眼前的系统风险，要注意防范。

逆回购收益突然明显提高，是一个重要的提醒信号，而逆回购收益低迷，则什么也说明不了。

另外，期指的折价与溢价也能够说明主力对相关趋势的理解。需要注意的是，如果期指溢价过于严重时，现货指数在交割日容易出现大跌；如果期指折价过于严重时，现货指数在交割日容易出现大涨（新加坡50指数更容易出现这种走势特征）。

八、盯盘精灵

在银河海王星"工具"栏中有"盯盘精灵"这一工具，可以在大盘强势背景下发现短线异动的潜力股，适合多品种组合（加上时机组合+万能公式）操作，这个方法比较适合大盘强势市场。

九、活跃股

在银河海王星软件中（其他券商免费软件中应该也有），有一个"风格"板块叫作"活跃股"，这个板块已经把近期的活跃股甄选出来，小资金短线爱好者可以在这个板块范围内选择符合万能公式的个股，在目前上市股票多达4000多只的情况下，可能会提高选股工作效率。

十、V形反转

在所有的技术走势中，V形反转无疑最令人期待。因为如果发生V形反转，无论是大盘还是个股都有较大力度的上涨，因此，这种走势也是市场持续低迷时，投资者十分向往的。

就大盘走势而言，出现V形反转主要是股指过度急跌导致的，比如跌势

急且大，并导致 PSY 指标低位钝化，之后在一些利好消息的刺激下开始报复性反弹。也就是说，它是由于累计亏损巨大导致的、有内外双重因素刺激的反弹行情。而且，在初期阶段，市场几乎所有的个股全都出现大幅上涨的走势，不久之后个股走势分化，但会出现持续上涨的主流热点，投资者只要抄到了底部，就可以获得十分丰厚的收益。

就个股情况来看，V 形反转更多是由于突发性利多引发的上涨，一般都是有改变上市公司基本面的重要信息突然公布，而在此之前其股价并没有特别的反应，在消息明确之后股价往往持续涨停。或者是之前股价虽有所反应但并不充分，因利好的力度极大，前期上涨不足以反映公司基本面的变化，当信息公布时，股价便急速上涨。当然，也有一些 V 形反转个股是技术上的炒作，是主力资金借助短期题材进行疯狂的拉升，介入的主力资金往往是快进快出。但一般说来，V 形反转多数还是由于重大利好刺激而引发的行情。

还有一种是板块的 V 形反转，如果一个板块中线超跌后又短线超跌，而导致这个板块下跌的虹吸源板块（通常是"二八现象"）出现了超涨后的见顶下跌现象，一旦超跌板块上涨，容易出现 V 形反转，其中还常常衍生出黑马股。

修炼 64
机构的常规套路和个性规律

股市中到处充满着机遇，也到处充斥着危险。投资者在股市中获利的同时更要随时提防庄家的套路陷阱，想要避开就要先识破，了解庄家的习惯行为，下面就主力机构在实战中经常使用的套路做个总结。

一、大盘调控的艺术

1. 目的追求
目前市场存在着大主力，大主力的任务要求是：既要盈利又要保持市场的相对稳定。

2. 常规手段
反技术逆人心，阶段性的箱体操作，有单边大波动后会有逆反波动的反向报复。应阶段性控制相对低位强势的新强势指数权重股。

3. 怎样对付利用

（1）发现阶段的箱体。根据这个箱体高低位，用 MCST 指标和 CCI 指标来监控和实战伏击阶段强势权重股。

（2）发现阶段系统持续机会。根据量能、K 线逻辑、消息面和特殊时间段来判断单边走势的持续性和初步 V 形转折区域。

（3）适当地利用最顺势的期指。一个时间段只做顺势，操作点要控制得非常严格，不能变成"永动机"。

二、阶段任务的程序

1. 目的追求

证券市场也是有阶段任务的，要即时发现这个阶段任务是什么，以此来辅助判断解析大盘走势。最常见的阶段任务有制度性任务、重要融资任务、阶段产业行业的扶持、局部困难的救助。

2. 常规手段

事前短线造势，包括把白事办成红事。

3. 怎样对付利用

提前预见潜力板块和即时捕捉龙头股。

三、常规主力的热点

1. 目的追求

市场存在着有最低持仓限制的常规主力，这些主力需要盈利。

2. 常规手段

制造板块中线热点，中线强于其他板块的反复运作。

3. 怎样对付利用

用海王星的板块指数（个股强度与先后周期）找出这些主力板块的活动规律，根据规律波段伏击。

四、游击主力的题材

1. 目的追求

市场存在着游资主力，这些主力需要盈利。

2. 常规手段

根据阶段热点制造板块中短线热点，这些热点是中线的还是短线的，要根据具体的题材有效时间来判断，中线的根据题材消息发力，短线的就是一次性的（强度要看题材的刺激性）。

3. 怎样对付利用

要阶段发现社会热点，超前分析和第一时间发现活跃股。

五、个性化主力的规律

1. 目的追求

每个阶段都有更为活跃的主力，它们为了盈利会阶段活跃。

2. 常规手段

每个机构有每个机构的习惯和活跃规律，我们要研究发现。

3. 怎样对付利用

研究阶段热门强势股的机构特点、题材特点，并进一步发现它们的活动规律，根据活动规律来猎庄。

六、常规制度的爆破点

1. 目的追求

上市公司经常有融资任务、解禁任务、信息公布任务，会有相关机构为了利益而控制股价的走势，会阶段地产生股性特点，比如说即将配股的股票往往比较活跃，有大股东参与的定增会阶段地压制股价。

2. 常规手段

根据这些机构相关的利益而引导股价。

3. 怎样对付利用

熟悉规则，发现规律，阶段有效地短线伏击。

修炼65
如何判断指数（股价）的支撑位和压力位

近几年，A股市场由于一些超级机构的存在，指数和大部分个股的走势相对平稳，阶段箱体走势是常见现象，股价运行到支撑位上时将会得到一定支撑，很可能会由此反弹而起，而当股价运行到压力位时，将会遭遇抛压，股价很可能会被压下去，尤其是对于短线波段操作者和期指操作者来说，支撑位和压力位的判断基本上能够决定交易的成败，这是我们必须要具备的技能。

现在我们就来总结归纳一下这项技术。从大家熟悉的技术分析角度，我们判断支撑位和压力位的方法有以下几种。

一、通过箱体判断

近几年的沪市指数基本上是箱体以及箱体叠加的走势，一个阶段的指数箱体形态还是比较明显的，如果在箱体底部出现指数权重股的护盘，以及在箱顶位置出现大多股票无力，这将更加明确地印证箱体上下沿的有效性。

股价在一个箱体内运行震荡，那么如果股价在箱体之内，箱体的上沿线将会形成压力，而一旦箱体突破，那么之前箱体的上沿线将会形成支撑。

对于个股来说，要分析个股的走势规律以及与箱体走势的参考股性。

在指数处于箱体平准走势时，个股的股性可以分成下面几类：

（1）有一部分个股的走势是先于箱体甚至领先箱体趋势的。

（2）有一部分强势股的走势是阶段爆破或者上升通道的。

（3）有一部分个股是弱于箱体的。

我们要根据指数箱体和个股的特性选股和实战操作。

二、通过均线判断

这是一种很常用的判断支撑位和压力位的方法，均线系统地反映了一段时间之内的市场平均价，当股价运行在均线之上，均线就会对股价产生支撑作用；反之，则会产生压力。上面是一种传统的趋势走势，近几年指数有时也会以某根重要均线为中轴，上下对称来回波动。

对于个股来说，平衡势的操作思维应该是：线上强势个股的买点应该是MACD的低点，线下弱势股的买点应该是超跌后的止跌回升。

三、通过 MACD 指标判断

单边趋势下 MACD 指标与平衡势中 MACD 指标的使用是不一样的。

对于单边趋势下的 MACD 指标使用，指数金叉与死叉的意义非常重要和强大；而平衡势中 MACD 指标使用，红柱线的拐点与绿柱线的拐点则最需要关注。

四、通过趋势判断

趋势线的画法我们之前详细讲解过，简单来说就是通过连接股价的两个以上高点或两个以上低点形成一条直线，这条直线就是趋势线，股价在其上形成支撑，在其下形成压力。

这种方法对于近几年的大盘则意义不大，但是对于强势股来说，则有着比较强的判断意义。

五、通过前期高点判断

股价前期的高点将会对股价产生一定的压力，然后一旦带量突破了这个高点，那么这个高点也会对股价产生一定的支撑作用。

但是一个阶段的重要低点和高点，则有着极强的支撑力和压力，在这个时点大部分个股都会受到影响。

当然，还有其他一些判断支撑位和压力位的方法，但是总的来说，也都是通过这五种方法衍生出来的，所谓万变不离其宗，我们只要掌握了核心的方法，其他的变化也就能从容应对了。

修炼 66
如何判断后市有获利空间的股价

能发现股价的阶段低点并及时买进，无疑能获得一定的投机利润，只要准确率够高，复利累积起来也非常可观，这也是职业投资者追求的境界。需要说明的是，这种股价低点不是绝对的最低点，而是指相对能获得利润的阶段低点或者还有后市高点的趋势低点。市场常出现洗盘这个词，好像有些后市股价又上涨的前期股价下跌是主力机构刻意制造的，其实，股价的涨跌是由多重因素综合造成的，即多因一果，绝大部分的股价下跌是所有持股者（包括主力机构）都不愿意看到的，除非是主力资金充裕又知道某股后市有重大利好的情况，这种情况极少，一般情况下，主力机构炒股的目的是自己赚钱，尽快地赚钱，赚更多的钱，而不是要故意与谁做对，或者要故意为难谁。

对于股价可操作的低点，主要从下面几个方面进行研究：

（1）存在着较强的上涨因素。这个因素可以是大盘系统、个股消息面、个股的买卖力量优势导致的。

（2）股价已经超跌且下跌因素衰竭。这种情况往往出现恐慌现象（常伴有消息面引起恐慌心理共振），股价下跌较急、较多且成交处于两极（成交稀少或者成交急剧放大）。

（3）股价有一个强大的上涨主因（未兑现的重大利好或者人们已经习惯的正反馈情绪），会因为局部暂时的一个眼前利空因素（非实质的、短线的）而导致股价短线下跌。

下面我就把市场经常出现的股价低点买点做个归纳总结：

一、存在着较强的上涨因素

导致股价上涨的常见原因有大盘上涨、板块热点、主力被套、重要题材。

1. 大盘上涨

（1）在人们心态情绪正面的情形下（人心思涨，或者投资者心态稳定），大盘强势上涨时，股价低位且涨势超越大盘的量价关系强的股机会更大，但有一种情况要注意排除，就是市场普遍是空头情绪中的大盘意外大涨，因为这种情况容易导致大盘第二天就负反击，而头一天涨幅大的个股也容易次日出现较大跌幅。

（2）在大盘处于平衡稳定情形下（人们预期市场涨跌都不大），大盘出现中阳线时，有未来预期或者阶段股价活跃的股（股票软件中有提示）且技术指标处于转折点（可能与原始定义不一样，要自己阶段统计发现）的股机会大。

（3）在大盘处于负面情绪情形下，大盘出现较大的上涨，就是减仓的机会，此时不能轻易追涨，较好的买点应该是股价严重超跌的时刻。

2. 板块热点

（1）新出现的热点是否能够参与要研判清楚，必须强度够的才可以，强度不够的或者习惯性的一天行情热点的板块，不能参与。够强度的股要选择龙头股和比较强的，不能考虑弱的。

（2）导致中级行情的热点板块，出现第一次较急的下跌调整时，在10日均线附近股价止跌时可能是一个短线买点。

（3）对于中线热点要注意股价波动规律和新闻消息的短线刺激。

3. 主力被套

（1）主力被重套股要注意主力机构的状态是活的还是死的，要注意股价的活跃规律及主力的操盘风格。

（2）主力被重套股也要选择时机，常见的时机是大盘明显转好、个股出现利好（优势是人为设计的小利好）或者受大盘大跌影响出现的股价急挫。

（3）所属板块成为热点时，筹码集中股优势股价表现会落后于龙头股一个节拍，但是一旦发作，表现也会比较突出。

4. 重要题材

（1）重大重组题材和再融资题材，要严密注意上市公司大股东的利益，要顺应大股东的利益操作，不能一根筋地主观操作。

（2）突发题材、投机性题材，常常是那些基本面一般、股东中少有公募基金的股票表现更好，基金重仓股（特别是有多只公募基金）往往表现一般。

（3）对于打着价值投资旗号的公募基金中线题材股（阶段景气板块），要研究板块股价波动规律，反复注意，也可以适当注意相关指数基金。

（4）因为大盘大跌导致有重要题材的个股出现低点。

（5）有常规爆破点的个股，要注意其股价处于低位，因为一些爆破点对于高位股可能会有负面作用。

二、股价已经超跌且下跌因素衰竭

1. 长线超跌开始上涨后回吐有限

经历长期下跌后股价稍稍有所回升，随后因投资者情绪不稳（惯性思维）出现的抛压导致股价下跌，低位买入的短线投资者担心利润越来越少而选择落袋为安，乖乖交出筹码。但是，股价下跌幅度却不到之前上升幅度的1/3且持续时间并不会太长。

这是一种比较好的买点，但也是投资者因为心理问题较容易犯错的一种情况。

2. 虹吸分化现象的转折

近几年市场波动出现新特点，指数相对稳定，但是个股分化严重，强势板块虹吸弱势板块的资金，导致强弱板块分化较大，当出现极端反转现象时，低位弱势股一旦走强，机会也不容小觑。

3. 低位抗跌明显

有些个股在长线低位出现较大的下跌（不论什么原因），但股价很快便收复失地，这便是俗称的"空头陷阱"，这种情况表示该股有"人"可以关照，需要进一步综合分析其潜力。

三、股价由于次因导致的下跌

下面这几种经典的K线形态，存在着短线买点。

（1）上升通道过程的头次大跌后的反击形态。

（2）新强势热点板块的第一次急跌并在 10 日均线处止跌。

（3）牛市中的股价突然大跌，或者在期指交割日的大跌。

（4）股价波段阳线或者波段阴线的连续规律走势。

（5）上涨过程中在重要均线处出现下跌衰竭现象或者强烈做多信号。

修炼 67
统计调查技术的实战细节

股市实战中最重要的工作是统计、调查、分析，这点与小说电影中的许多特殊精英（比如詹姆斯·邦德、郑耀先）极其相似，只不过他们为国家机构服务，你是为你自己服务，而且工作内容仅限于股市情报信息。统计调查其实比分析更加重要，因为统计调查技术是分析的前提，但是除了极少数的职业投资者外，绝大多数投资者（包括大多数业内人士）都不做统计调查工作，有的人听说过也不知道在实战中怎么着手。

下面，我就把我在 A 股中做统计调查工作的经验和方法总结如下：

一、大盘的波动性质和区间

1. 统计大盘的趋势性质

要及时发现阶段市场的主题任务、影响市场的关键要素以及阶段市场的波动动力能量，并进一步发现大盘波动的性质，是单边上升牛市，还是单边下跌熊市，或者是箱体区间平衡势。

2. 统计大盘的波动区间和波动特点

对大盘定性之后，还需要对大盘波动的细节（箱体区间、活跃板块、弱势板块）进行了解，并把主要可操作机会和系统风险了解清楚，采取针对性措施，总结出阶段有效的盈利模式和量化的判断工具。

二、把股票根据股性进行分类

1. 箱体平准类型股

大盘的箱体波动是由大主力控制权重指标股造成的，要发现主力控制的指标股具有的特点和时机选择，这其中存在着期指机会与阶段权重股的平准机会。

2. 强势独立股

由于市场存在着相当多的机构有最低持仓限制和大量的信奉长线持股信仰的"永炖机"机构，这样每个阶段都存在中线强势板块，要发现这些机构的活动规律和操作风格。

3. 个股题材推动股

在市场规模扩大之后，众多的个股难以吸引投资者的注意，有些股低迷的时间还比较长，所以分析市场阶段热点、个股短线题材以及个股的长线关键题材非常重要，这点甚至是投资者获得超常收益的关键所在。

三、哪些爆破点能用

1. 要熟悉 A 股市场有哪些常见爆破点

在《万修成魔》《千炼成妖》《青蚨股易》几本书中已经把 A 股市场中的常见爆破点总结归纳了，先是要学习掌握并了解其原理。

2. 发现阶段有效爆破点

书中总结的爆破点并不是每时每刻都有效的，在一个阶段中可能只有少数几个（在大盘单边连续大跌时可能一个都没有）有效，我们要发现哪些有效并总结出其股价波动规律，然后系列组合地伏击操作。

这个工作应该常年在每个交易日坚持，才会有良好的盘感。

四、中线强势活跃股的波动特点

1. 查看板块指数波动排名和特点

以往我们复盘时都是以复盘指数和个股为主，随着市场机构的风格变异，我们也要注意分析板块指数的强弱和技术形态。

2. 找出板块的波动规律和即时强势股

找出阶段的强势板块以及它们的波动规律，在合适的时机操作即时的强势股。

五、中短线低点的转折点特点

（1）涨板后的走势规律。

（2）上涨波段的平均上涨幅度。

（3）跌板后的走势规律。

（4）下跌波段的平均下跌幅度。

（5）股价涨透和跌透的特征。

六、常用技术指标的主要提示点

1. 现阶段中哪些技术指标比较实用

比如 2021 年比较实用的技术指标有 MCST、MACD、BOLL、CCI 和重要均线。

2. 重要技术指标的提示点

比如，在市场处于强势时，MACD 的金叉死叉意义强大；而平衡势中，MACD 的红绿柱线转折点通常就是股价高低点的转折点；而大盘弱势时，MACD 只有卖点有意义。

3. 大盘强弱的量能统计

要发现大盘阶段强势所需要的总量数据。

七、日常利好利空的刺激幅度

1. 利好利空的时效性和注意点

利好利空是否在爆破点时间体现或者是否有反向利用机会，以及股价是否超前滞后反应，这个技术是花家军的独门技术。

2. 利好利空的刺激幅度

发现利好利空的刺激幅度，对于把握利润的幅度有帮助，更好地做到有知者无畏。如果这方面做得不好，有许多投资者碰上了利好，也不一定能操作好，损失了不应该损失的利润。

八、强势次新股的机会特点

市场存在着大量的次新股资源，因此研究次新股的波动规律与其中内涵的机会也很重要。

（1）热点次新股的机会。

（2）金融次新股的机会。

（3）大盘股次新股的机会。

九、中线题材的短线机会点

（1）有中线社会题材板块以及谁是强势股。

（2）有中线个股题材的关键爆破点时间。

（3）重要股东大会时间点的股价波动情况。

十、效率最高的转债

每隔一个阶段，都要对转债梳理一遍，具有下列特征的次新股需要特别注意。

（1）溢价不高且有面值保护的转债。

（2）有潜在中线题材且溢价不高有面值保护的转债。

（3）转股价有大幅下调可能的转债。

修炼 68
A股中最容易赚钱的方法到底是什么

A股中最容易赚钱的方法到底是什么？难吗？不难，但是隔着一层纸，不想尽办法捅破它，也许一辈子也难以自悟。社会上的大众方法肯定不行，人性自发的赌博情绪更不行，只有掌握稀缺小众技术，才是破局关键。

这次讲座的目的是识破这层纸入门，因为我发现许多人读书、看微博不一定能正确地了解花家军战法的本旨，都掺杂了原来的错误的意识，或者只是局部碎片性的接收，在这里我主要是把学习者引入一个正确的框架中，然后精解几个最重要的独门战法，大家根据今天的示范，还要进一步理解、熟练、充实，继续读书，运用实战，进一步提高，直至能够赚钱，然后传授技能，获得实盘公开赛的优秀名次。

一、怎样判断大盘，怎样判断大盘的支撑、压力以及突破

1. 大盘的平准箱体

（1）平准箱体产生的原因（平准基金）。

（2）箱体上下沿的位置判断（K线形态与CCI指标）。

（3）箱体上下沿的力量（金融股与市场重力）。

（4）平准动力股（平准箱体容易把握的机会）。

2. 平准箱体的上下移与突破

（1）机构的敏感时间导致箱体的上下移（年底年初时间）。

（2）大利好利空因素导致的上下移与突破（影响机构心理并形成反馈连续）。

二、怎样评价个股，时刻不能忘并要本能应用万能公式

1. 花氏万能选测股公式

花氏万能选测股公式：大盘+题材+主力+MCST应用+MACD转折点+K线逻辑行动点+心理障碍。

2. 花氏万能选测股公式的实战应用

（1）人生赌注股的应用（中庸组合，选时结合低吸高抛）。

（2）短线爆破点的应用（选股以及定仓位）。

三、目前最有效的盈利模式是什么

1. 平准规律股

（1）用MCST指标发现谁是合适的大盘权重即时活跃平准股。

（2）用 CCI 指标考量目标平准股的高低点。

2. 无风险套利股

（1）逻辑要硬。

（2）跟踪进程和考量年化收益率。

3. 人生赌注股

（1）条件要硬且有比较优势。

（2）中庸定投结合低吸高抛。

4. 短线有效爆破点股

（1）注意统计阶段有效性（比如小停牌的波动规律）。

（2）用万能公式考量仓位。

（3）及时撤出，赚钱就是胜利。

修炼 69
股市平衡势市场中的实战操作要点

近几年的股票市场由于一些超级机构的出现，大盘的波动性明显比以往缓和了很多，指数基本上在一个区域箱体内波动，大波动性单边走势，无论是大盘还是个股都比以往少了很多，主力的操作策略与一般投资者的技术性习惯倾向往往是相反的（反技术，逆人心）。针对目前市场出现的这种新特点，我们必须根据客观规律总结出新的有针对性的应对思维，为此我对市场的波动特点和个股机会风险做了统计归纳，下面这些核心的要点，我们在实战中要注意。

一、需要加强的要素

1. 注意规律股的机会

（1）指数平准股的机会。在指数处于箱底位置时，最常见的平准指数指标股为：

1）强势的 MCST 线上权重指标股，在 CCI 处于统计数据低位时有机会。

2）严重超跌的金融板块，板块呈现低位强势时的龙头股有机会。

（2）强势板块的反复活跃机会。有一些强势板块反复活跃，其经典表现形式有：

1）大主力持续看好的有政策性利好刺激基本面的板块。

2）有主力机构反复关注定期活跃的板块。

3）有持续消息面刺激的板块中的龙头股。

伏击的方法是，根据规律和相关的技术指标，组合时机局部区域定投，有条件的大资金可以主动投机。

2. 注意强势股的低点机会

在平衡势市场中，多数股是低迷沉闷股，少数股一旦活跃，活跃后机构就很难很快出局，会活跃一段时间，可以用行情软件中"活跃股"板块功能跟踪相关强势股，其买进时机有：

（1）技术性低位有大盘的强势带动。

（2）技术性低位有热点题材刺激。

（3）强势过程中遇到大盘意外大跌的打击，大盘止跌后股价转强。

3. 注意超跌股的超卖短线机会

在平衡势市场中，如果有一些个股遇到意外打击，这种意外又是暂时性的，一旦意外利空消息出现，股价也处于较大超跌，应该有一些容易把握的机会（当然这种机会不能指望太大）。

4. 注意新闻和个股题材

在平衡势市场，新闻刺激和个股题材非常重要。

（1）新闻最好是意外的消息新闻。

（2）与融资成功关联的几个题材。

（3）与主力成本有关的题材事件点。

5. 适当加大赌注股中长线机会

如果发现一些股有重组性的赌注股机会，可以适当地加大中长线容忍度，定投结合低吸高抛地操作。

6. 注意给予自己多次机会

这条原则指的是，如果看好一只股，不要一次性满仓，在第一笔买进被套后，注意在合适的价格点有补仓的机会，甚至做好数次补仓的思想准备。

二、需要防范的要素

1. 防个股一日游行情

在指数平稳多数个股弱势情况下，如果遇上个股单日放出巨量长阳，要小心多数情况下是强势一日游，不能轻易地重仓追高，如果有持仓可以适当地逢高减一些仓位，等待回落止跌后再行接回。

根据统计数据，这种操作有较高的时效性。在平衡势市场中，最基本的操作原则是低吸高抛，不是追涨杀跌。

2. 防小利好高开低走

（1）大盘的利好。大盘在箱体高位时，小利好往往作用有限。其带来的短线利润不容放过。

（2）个股的利好。对于弱势股，利好不是特别大，容易高开低走，其带来的短线利润不容放过。

3. 防箱体两端的情绪失控

（1）在箱体两端的情绪。人们的情绪会受到走势和筹码状态的影响，要有箱体平准思维（主力的操作策略是反技术逆人心），在没有明显消息面刺激的情况下，按照既定方针办，不能受情绪影响。

（2）改变箱体的突破。改变箱体的突破大单边走势的出现，应该是消息面刺激加之凌厉的单边连续走势。

修炼 70
新花氏万能公式的难点讲解

在股海生涯中，股友们遇到的最常见问题就是怎样评判一只股在当前阶段的好坏。由于人们的投资目的和偏好习惯是不一样的，所以不同的人对同一只股的评判结果是不一样的。由于花家军战法以短线波段思维为主，短线结果相对于长线来说因果关系相对简单，因此判断起来更容易一些，通过研

究统计影响股价的几个常见因素与股价波动的关系，我总结出了独门的花氏万能公式，用以判断个股的短线区域方向，并用此来解决持股和选时的问题。花式万能公式的名次只是一种形容方式，是一种大概率，并不是真的万能。

万能公式看着挺简单，就是几个名词的叠加。但是由于许多股友的股市基础知识比较薄弱，又有着根深蒂固的固化思维，导致万能公式应用起来并不像想象的那么简单，甚至有的人错误应用而不自知。在这里，我根据一些股友应用万能公式的信息反馈，来讲一下我的应用原则并讲解一些常遇到的难点问题。

一、花氏万能公式的改进

1. 老花氏万能测股公式（1.0 版）

花氏万能选测股公式：大盘+题材+主力+均线趋势+MACD+K 线逻辑+心理障碍。

2. 新花氏万能选测股公式（2.0 版）

花氏万能选测股公式：大盘+题材+主力+MCST 应用+MACD 转折点+K 线逻辑行动点+心理障碍。

二、大盘

近两年大盘的波动形式有了明显的改变，大多数时间是平准箱体波动，小部分时间是小突破形式的波动，2019 年以前那样的大起大落、长时间单边行情波动形式暂时消失了。

1. 箱体平准波动

现在市场大部分时间运行在一个箱体（或者是几个明显的箱体）内，当沪市指数运行到箱体上沿时，大主力不作为（抑或是负作为）让沪市指数重心随机下沉，当沪市指数到达箱体下沿时，大主力拉动相关的金融指数权重股使指数上涨。这种波动形式已经形成了规律走势。

在市场没有特殊情况时，我们要熟悉和适应这种平准箱体走势，克服自己追涨杀跌的自然情绪。

2. 小波段有限的突破行情

市场在大多数情况下是平准箱体波动，但是在局部时间也会有短暂突破箱体的限制，这种突破常见的形式有两种：

（1）每年年底机构做市值或者每年年初机构大规模调仓换股导致的。

（2）比较大的刺激市场的利空利好消息导致的。

三、题材

1. 个股的爆破点消息

找寻刺激个股股价的爆破点消息非常重要，是最重要的选股选时技术。

2. 中线板块的反复活跃

由于基本面的阶段共识，常规有持仓下限的机构导致的某个板块反复活跃。

3. 突发大消息

突发大消息刺激的某个热点板块的短线急炒。

四、主力

1. 平准主力

主要是找寻箱体下沿时间的强势金融股。

2. 股东型主力

股价的技术低点+有效爆破点=短线投机股。

3. 常规主力

极端反复活跃的基本面题材中线强势股。

4. 游资主力

突发大消息刺激的板块个股中龙头股。

五、MCST 应用

（1）由于以往市场以单边突破市为主，所以看重重要均线的趋势。

（2）而现在市场多数时间运行在平稳箱体之内，所以改用 MCST 指标。

六、MACD 转折点

1. 单边市的 MACD 用法

金叉带量是良性行动点，死叉消极是劣性行动点。

2. 平准箱体的 MACD 用法

红柱线的最长点是股价下跌转折点，绿柱线的最长点是股价上涨转折点。

七、K 线逻辑行动点

1. 牛市阶段

选股的要领是价涨量增性的突破股，选时是追初步走强的个股。

2. 平衡势阶段

选股的要领是低吸高抛，选时是选低点有爆破点的个股。

3. 极弱势阶段

选股的要领是选跌透的个股，选时是中线超跌+短线超跌+现时跌不动+机构活动迹象。

八、心理障碍

1. 了解主力

大主力的活动原则是反技术逆人心。

2. 服从统计规律

统计规律比以往更重要，不能让主观情绪化指导操作。

3. 中庸行为

别极端化、孤注一掷，要有分批组合的思维。

修炼 71
短线炒股怎样抓获涨停板

沪深证券交易所对股票、基金交易实行每个交易日价格涨幅限制制度，主板涨幅比例为10%，其中ST股票和*ST股票价格涨幅比例为5%，已经实施注册制的科创板、创业板涨幅比例为20%（包括ST股票和*ST股票）。

短线抓获涨停板是短线交易者都追求的，也是短线投机技术的皇冠，但是这项技术有其概率性，需要大盘的配合，也要注意追强追高带来的额外附加风险，我把我研究抓获涨停板的一些技术总结如下，以供爱好抓涨停板的股友借鉴。

一、股票涨停的方式

1. 无量空涨停

有些时候的涨停是无量就能冲击上涨停，造成这种涨停的原因一般有四个方面：

（1）突发性的大消息利好刺激导致的涨停。抓这种涨停需要抢，有时甚至需要在第二板或者第三板上抢或者在龙头股涨停第一次打开后看时机抢。

（2）板块阶段性的炒作导致的涨停。一些热门股已经活跃了一段时间，可能是中级行情的主流强势股，也可能是平衡势市场中的最热板块强势股，在其股价出现第一次比较大的下跌调整后，再度走强时容易涨停。

（3）中线大题材龙头股见消息的涨停。有些板块是中线主力反复关照的，比如公募公认的基本面当年最强的行业板块，或有集团资金关注的某个概念板块，或是某个有中线大题材的龙头股。一旦出现相关刺激消息后就冲击涨停。

（4）主力筹码集中且重套股涨停。有些主力重仓股因为大盘连续下跌被套后，选择了暂时蛰伏，一旦大盘再度转强，主力会展开自救行动，直接直线拉涨停。

2. 放量涨停

放量涨停通常是股价在经过充分整理之后一举涨停并突破整理平台，放量涨停也分三种情况：

（1）涨停价有争夺的涨停。股价呆滞的时间比较长，主力通过大单拉升股价到涨停（波浪起伏形式的），但是这时抛盘往往比较大，涨停容易砸开，或者涨停价成交比较大，如此震荡反复，让我们感觉股价在涨停板上争斗比

较厉害。遇到这种情况，要看股价与 MCST 的位置关系，如果股价远低于 MCST 线，我就持积极看法；如果股价高于 MCST 线，我就持消极看法；如果股价在 MCST 线附近，后市强就看好，后市弱则看坏。

（2）股价上涨到中部位置震荡一段时间后的涨停。股价上涨到当天的中涨幅位置后开始震荡或者横盘，此时判断股价是继续上涨（甚至涨停），或者横盘，或者回落，要用分时 K 线逻辑（七种逻辑判断）和此时的内外比逻辑（并考虑个股与大盘涨跌逻辑）来判断。

（3）股价先震荡一下然后反击涨停。股价在低位换手比较大，甚至出现过大抛单（有可能是机构输送利益，也可能是有大户出逃），然后股价强势拉升，如果拉升过程抛压不大则可能出现涨停，如果拉升过程又遇见大卖单或者大抛单就需要谨慎。

二、什么样的股票容易涨停

通常来说，判断股票是否强势就看集合竞价之后是高开还是低开，一般大于 2% 为高开的标准，并且在开盘之后的 30 分钟内不能跌破当日开盘价或者昨日收盘价，因此强势的个股不可能回补当日高开的缺口。

一般我们所看到的高开低走的股票都是因为主力利用集合竞价高开诱惑，使散户受到欺骗进场，所以不能只用高开来判断个股，还需要结合成交量综合分析，一般是看在集合竞价结束 9：25 的成交量，如果此时出现大量成交，且波段涨幅较小，是主力利用集合竞价进行试盘扫货的操作，可能会突发利好或者潜在利好，标志着股价启动或者加速上扬。

有时，这个时间内出现成交量增大也可能是媒体（或者券商研究报告）公开推荐，导致散户集中购买，这种情况很难持续，往往在涨幅达到 5% 左右后就会回落。

了解了开盘强势股的成因之后，那么什么样的股票容易涨停？

（1）开盘涨幅大于 5%，交易半小时后外盘大于内盘 4 倍以上，绝大多数时间委比是正数，大部分时间股价线走在股价平均线以上，成交量放大，这种个股当天不仅容易涨停，而且极有可能在次日会再次涨停。

（2）开盘涨幅大于 3%，交易半小时后外盘大于内盘 2 倍以上，绝大多数时间委比是正数，大部分时间股价线走在股价平均线以上，成交量放大，这种个股当天涨停的可能性很大。

（3）开盘上涨超过1%，上午收盘涨幅达到5%左右，外盘大于内盘2倍以上，绝大多数时间委比是正数，大部分时间股价线走在股价平均线以上，成交量放大，这种个股当天涨停的可能性很大（如果当日公布了利好，则可能性更大）。

（4）开盘上涨超过1%，14：30之前，股价波动在1%~3%的涨幅内，股价线与股价平均线交缠或平行，成交量放大，如果外盘远大于内盘的话，差距越大越好，这种个股在尾盘更容易涨停。

（5）14：00之后，股价线呈45°角向上攀升，成交量扩大且外盘与内盘的差距逐渐放大，这种个股在尾盘更容易涨停。

这就是通过开盘价与后续内外盘量价关系捕捉涨停股的方法，在大盘强势时效果比较好，但在市场平衡势、弱势时短线操作的收益十分不稳定，一旦失误，在第二个交易日容易出现较大的跌幅。

三、容易连续涨停股的特征

能够连续涨停板的股票，一般有以下几个特征：

（1）"盘子"小。小盘股才容易连续涨停，大盘股就算涨停，一般第二天也很难再涨停。比如蓝筹股连续涨停的可能性很小。大多数连续N连板的股票，都是中小盘的股，因为打板的资金需求小，才更有可能出现连续涨停。这里的"盘子"，主要说的是流通盘，有些股票虽然总市值不小，但因为有限售股的原因，实际流动股份不大，也有较大可能出现连续涨停。

（2）风口上。能连续涨停的股，一般都是在风口上。比如说强势热点概念股，出现批量涨停。其中的龙头股可能连续出现五六个涨停。风口是不断变化的，在风口热的时候，板块中的很多股都会出现连续涨停，然后出现分化，真龙头继续涨，跟风股开始套人。需要注意区分龙头股与跟风股。

（3）大利好。除了风口上的股会连续涨停外，重大利好的股票也会涨停。比如公司重组，停牌之后复牌，会连续涨停。但这需要长线跟踪有重组征兆的股，并熟悉其相关信息和股性。

（4）成交小。连续涨停的股票，一般会出现惜售，因为往往有大利好推动，卖的人少，买的人多，才会出现涨停，而且每天成交量很小，一开盘就涨停了。而连续涨停的股，一旦放出巨量来，那可能就要开始套人了。当然，有些股票成交不小也能连续涨停，在开始两三个涨停时成交量不大，但接下来放量后还是在继续涨停，因为有新的游资进场进行接力，但一旦接力结束，很容易直接跌停，甚至连续跌停，风险不小。

这就是大多数连续涨停股票的共性，当然有些股票不符合这些特征，也会连续涨停。那就是筹码集中被重套的庄股了（常是股价跌透的低价股和ST股）。

修炼72
如何短线跟庄并快速"吃肉"

散户做股票快速赚钱的最常见方法就是跟庄赚钱，但是跟庄赚钱也不是那么容易，你想赚他的钱，他也想赚你的钱，这就要看双方谁的博弈能力强了。相对来说，如果双方博弈能力差不多的话，小资金跟庄更具有优势，因为大资金只有一个标的，并且操作进出不灵便，一个操作周期需要跨度一定的时间。而小资金面对的是众多股票，可以选取对自己相对有利的标的，也可以在场外等待有利的时机再进场。

对于跟庄者来说，有两类庄股相对容易短线伏击：一类是仓位已经比较重且获利不满意的庄股，它需要折腾获利或者自救；另一类是新进场的庄股，后续资金充足且正在兴头上。下面总结一下这两类庄股的短线伏击方法。

一、怎样短线伏击机构重仓股

伏击机构重仓股的方法有以下几类：

1. 活跃股低吸法

第一步，找到近期主力活跃的重仓股。银河海王星软件（可免费下载）中板块（个股行情板的下面）栏中有一个分类"风格"，其中有一个细分类"活跃股"，这些"活跃股"就是近期主力仓位较重的活跃股。

第二步，判断大盘。先大盘后个股是职业高手的习惯，能极大地提高准确率。

第三步，找到技术指标调整到位的股。用常规技术指标 MACD、KDJ、MCST 判断，找到股价调整到低位的股，再用花氏万能公式和 F10 资料信息过滤一遍，找到合适的股操作。如果没有合适的股不能硬凑合。

2. 被套解禁法

第一步，找到近期刚解禁和即将解禁的股。银河海王星软件（可免费下载）中板块（个股行情板的下面）栏中有一个分类"风格"，其中有细分类"即将解禁""近已解禁"两个板块，列出"一揽子"股放在自选榜上。

第二步，判断大盘。先大盘后个股是职业高手的习惯，能极大地提高准确率。

第三步，观察谁异动。在解禁日或者解禁后一段时间内，谁明显出现强势异动，可以根据个股的综合情况适当短线操作。需要注意的是，这个解禁股必须是定增被套的解禁（用现金认购的，不能是用资产认购的，而且机构需要凶悍和持股量大），不能是定增盈利股和首发解禁股，定增盈利股和首发解禁股容易引发获利盘抛压。

3. 机构重仓独门活跃

第一步，找到目前机构已经重仓的股。银河海王星软件（可免费下载）中板块（个股行情板的下面）栏中有一个分类"风格"，其中有细分类"基金独门""券商重仓""信托重仓""预高送转""被举牌"等板块，选出符合万能公式的股列在自选榜上。

第二步，判断大盘。先大盘后个股是职业高手的习惯，能极大地提高准确率。

第三步，观察谁异动。用 F10 资料过滤到风险并找出符合阶段盈利模式的个股，结合大盘、个股的技术指标状态和异动进行适当的操作。

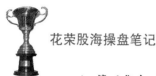

4. 筹码集中股开始活跃

第一步，找到合适的板块和个股。主要找阶段中板块经常涨幅第一的板块中龙头股，K线形态呈现螺旋桨走势的个股。

第二步，分析走势规律。分析它们的波动规律和潜在爆破点。

第三步，根据波动规律和潜在爆破点进行操作。这类股只适合少量操作，不适合重仓。其中分析螺旋桨个股时，要注意其可能的重组题材和热点题材。

二、怎样短线伏击新进场机构股

1. 融资龙虎榜

第一步，融资龙虎榜。个股因融资买入量占总交易量的比例超50%要登上龙虎榜，可以在东方财富网站上查询这类股。

第二步，跟踪捕捉。如果这类股处于低位，一旦良性异动，可以做超短线。注意不能做中线，一旦融资盘杀出来，下跌也会比较急。

2. 大盘大跌后低位股的回头波

第一步，回头波。回头波是指股价在当日盘中拉升过程中出现回落的回调波动特征，是主力机构通过五档卖盘挂大单或特大单打压股价的结果，回头波是股价见顶或阶段性洗盘的结果。

在大盘大跌后止跌时，在当日回头波为零并涨幅小于2%的个股中寻找潜力股。

第二步，跟踪捕捉。通过F10资料和万能公式另选，在合适时机组合投机套利。

3. 远在MCST下的超强势

第一步，量比榜、换手率榜。在量比榜、换手率榜中找寻股价走势超强的个股，最好是盘中接近涨停或者盘后封死涨停。

第二步，用MCST筛选。找出那些在MCST线下方并距离MCST线较远的个股，用F10资料和万能公式筛选。

第三步，参考大盘。在大盘阶段安全时，可以少量投机操作。在大盘不佳时，这招不管用。

4. 个股大涨并具有内外比排名优势

第一步，适用的大盘背景条件。这个方法只在大盘处于中级行情和牛市中才能用，弱势和弱平衡势中不能用。

第二步，内外比。盘中，在内外比榜中找那些外盘靠前涨幅也比较大（但不能涨停）的个股，然后快速用 F10 资料和万能公式筛选。

第三步，大盘时机。用买卖力道对比逻辑找寻买进时机，或者在大盘盘中震荡低点时买进。

5. 新 MCST 线上股

第一步，新强势大盘股。阶段性的第一次有效跃上 MCST 线的大盘绩优蓝筹股，如果是指数指标股可以加分。

第二步，用 CCI 指标跟踪。适当地考虑大盘的阶段高低点并根据统计出来的有效 CCI 指标数据进行操作。

修炼 73
怎样复盘找机会和阶段稳定赚钱

要想在股市中赚钱，有三个关键方面不能忽视，并且要做足功课。这三个关键方面是什么呢？一是关注个股的重要信息（尤其是能够刺激股价较大上涨波动的信息），二是客观地认识当前市场（要坚持勤奋不间断地统计市场客观数据，培养自己的市场感觉），三是培养稳定的心态和职业迅捷的应变思维（有感觉但无预测估值，追求确定性、组合性和社会沟通性，稳利+复利+偶尔暴利+80 分）。

下面我就这三方面做个详细的应用实务解释。

一、A 股中最重要的信息

1. 最重要的大盘信息

（1）国家调控市场的目标。正常情况下，管理层希望证券市场的波动形式稳定，"稳中有涨，涨幅有限"。

"稳中有涨，涨幅有限"这句话表现在 A 股指数上，就是沪市指数的阶段箱体波动，熟悉沪市 K 线的投资者是可以发现沪市指数的波动范围空间和箱体高低点的。如果这点清楚了，结合一些低点个股的有效盈利模式，相对稳定盈利的概率就大大地增加了。

（2）影响市场心理和趋势的大消息。正常情况下的股市波动形式是"稳中有涨，涨幅有限"。

但是有时也会有不正常情况，出现一些影响社会经济的大事件消息，比如贸易战、新冠肺炎疫情等，会导致市场出现阶段性的不稳定，也即阶段性的单边上涨或者单边下跌。当出现这种情况时，要注意把握住这个阶段趋势以及这个阶段趋势完结后的反向纠偏趋势。

一个突破性的单边趋势的完结点可以注意前阶段的低点或者高点（并比较一下利空利好信息的强度），同时要观察管理层的表态（要注意是实质性的表态还是安慰性的表态），也要用 K 线判断逻辑进行印证。

（3）大机构的阶段习惯和实战倾向。常规性的大机构是有操作周期习惯的，最常见的习惯是年底年初的做市值冲动与调仓换股。

年底时间习惯于对于当年年度市场强弱进行一个纠偏反向。年初时间是机构操作积极性最强的时间，这个时间容易出现市场偏强的走势，当然 2016 年的熔断走势也需要防范，该涨不涨理应看坏也不能忽视。

2. 最重要的个股信息

（1）涉及个股基本面变化的重要消息。下面一些板块的股吧资讯公告应该全部看一遍，并做出重要信息记录备忘，一些重要机会一定要抓住。这条是许多股民未知的必做功课。

关键词包括：

1）螺旋桨 K 线股、机构重仓绩差股。

2）微盘、亏损、被举牌、壳资源、要约收购、高质押、承诺注资、低价。

（2）影响机构共振的板块热点消息。有时，一些政策消息、社会大事件、周边市场会影响 A 股市场出现阶段性的机构共鸣共振，一定要清楚受益受损板块并在实战行为上响应。

（3）能刺激阶段活跃的社会消息。一些比较大的社会消息，也会刺激某些板块有投机性主力机构入驻，并根据消息面的阶段刺激定期发作。

二、当前市场的客观机会和风险是什么

1. 大盘现阶段的波动规律评估

（1）对大盘现阶段进行评估。

1）市场是不是正常平准箱体走势、处于箱体的何种位置、仓位控制比例。

2）市场是否处于单边突破走势，期指应该怎样顺势？

3）指数股、大盘股、中小市值股、阶段强势股都是谁，怎样趋利避害？

（2）对个股的走势股性进行分类。

1）顺应箱体的平准强势股都有谁？

2）独立异常的个性股都有谁？

3）低位新潜力股都有谁？

（3）不能放弃必须抓住的股。

1）核心赌注股。

2）无风险套利股。

3）阶段有效盈利模式股。

2. 现阶段常见爆破点对股价的影响规律

（1）大盘股与中小市值股谁强谁弱。要注意虹吸现象，要顺应行动。

（2）常见制度性的爆破点对股价的影响规律。包括业绩预告与公告、重要股东大会、期指交割日、机构解禁、管理层网站信息、专业网站信息。要注意电话复核印证。

（3）常见技术因素对股价的影响规律。包括第一个涨停板、成交金额、量比、板块龙头股。

（4）阶段重点股的股性。每个阶段要有重点自选股，要经常观察技术指标和股价波动的联系规律。

（5）阶段活跃机构。阶段活跃机构都有谁，并找出活跃规律。

三、职业操作技术和行为

1. 常见的基准比较评估

（1）MCST 的应用。

1）主要区分强弱股以及强弱股的操作思维，并特别注意中线超买股和超卖股。

2）关键应用点有：活跃股的低点和破位、低位股的转强、中线超卖股中爆破点和赌注题材。

（2）CCI 的应用。

1）大盘股的局部高低应用。

2）平准股的局部高低应用。

（3）阶段盈利模式。按照盈利模式选股，没有盈利模式不赌博。

2. 职业操作习惯

（1）行为习惯。包括尾市、组合、中庸、分批、追求 80 分。

（2）逻辑判断。七个常见逻辑。

（3）要勤奋沟通印证。要有必要的工作量和保持感觉。

修炼 74
花荣投机技术核心内容浓缩

花荣 A 股投机技术的核心内容如下：

一、刚性策略目的

所有准备工作和实战操作需要符合下列五个思维。

1. 追求确定性

时间确定、价格确定、依据确定。

2. 追求有知者无畏

投资依据要过硬，最重要的刚性依据是股市相关制度与即时客观统计数据。

3. 追求最佳战术效率

最有效率的战术是价格的双轨性、信息的视察性、力量的优势。

内幕交易+操纵市场=最厉害的获利手段，但是这是违法的，是我们不能触碰的红线，但是市场存在合法的时间差信息和有实力机构重仓甚至重仓被套的个股。

4. 花家军的独门突出优势

玩好情报战，制度性套利，猎庄博弈思维。

5. 追求中庸组合性

追求稳健可纠错的利润，追求"七赢两平一亏"的战果，追求可接受的现实，杜绝失控的铤而走险与孤注一掷。留有余力，保持优雅。

二、落地的实战手段

日常的准备工作和实战应用手段有下面五项：

1. 爆破点（选股）

（1）短线爆破点（选股）。

1）最常见的短线爆破点是各种利好公告。

2）是否伏击这些爆破点的前提是近期统计结果，也即这些爆破点在近期是否有股价波动机会。

（2）中线爆破点（选股）。

1）最常见的中线爆破点是历史上有关股权转让、资产重组、要约收购、同业竞争解决、整体上市等预告和承诺。

2）较好的标的是中小市值低价股。

2. 万能公式

（1）大盘规律。

1）大盘箱体平衡走势的规律，一是注意箱体，二是注意 CCI 指标。

2）大盘在大消息作用下的情绪会导致单边突破走势，抓住机会回避风险的同时，要注意反向的大回荡。

3）要注意年底年初的调仓换股导致的活跃震荡走势。

4）要注意板块的极端过度走势的反向报复走势。

（2）短线爆破点操作。

1）要注意 MCST 线下股的爆破点。

2）要注意 BOLL 线下股的爆破点。

（3）中线爆破点操作。

1）要把 MCST 线作为参考点，越低越买，越高越卖，同时注意 MCST 线与价量组合形成的活跃性分析。

2）如果手头有批量中线爆破点股，可以根据时间点、股东实力、题材明确度、力度、MCST 位置来决定谁优先谁等待。

（4）股性。在箱体波动的背景下，要了解股性。常见的股性有：

1）与指数共振走势股。

2）高位风险股。

3）低位带动指数强势股。

4）强势指标股。

5）独立逆势股。

6）阶段强势板块股。

7）机构独立风格股。

3. 无风险套利

（1）现金选择权。关键是判断题材的可靠性、时间进程与满意年化收益率。

（2）转债。关键是转债的安全性、面值保护、折溢价和对应股的潜力。

4. 博弈逻辑技术

（1）盘中博弈判断。

当天分时的判断：

1）大盘的分时逻辑判断。

2）要统计阶段量价、消息的刺激力度并顺应操作。常见的是低位首板的后续性、常见消息的刺激力度。

（2）K 线与信息逻辑判断。用超越、连续、逆反、反击、规律、过度、混沌七个判断逻辑。

这七个逻辑，既可分时判断，也可 K 线组合判断，对消息比照判断也适用。

5. 特殊技术

（1）期指实战。

第一个绝技：箱顶或者箱底的正向消息或者顺趋势逻辑。

第二个绝技：期指交割日的次月品种的严重折溢价的反向。

第三个绝技：季度底（或者弱势月度底）的意外无量高点。

第四个绝技：单边凌厉行情的顺势。

（2）个性优势技术。

1）期指对股指的先导性，特别是指数处于箱体极端位置的突破判断。

2）要注意中级行情的反向机会。

修炼 75
箱体背景的高胜率实战模式

自从几个超级大机构进入 A 股市场以后，大盘指数的波动就明显地平稳了很多，绝大多数基本面正常的个股波动也是相对窄幅的，在这种情况下，要想获得有效稳定的超额收益，就必须适应目前的市场特点，并据此找到几套有针对性的有效实战套路，下面我就市场有效实战套路做个总结，以期对自己的实战有当前背景的理论指导意义。

一、平准股实战要点

平准股是指一些含指数权重较大的股，有大机构的操作下，对于维护市场起到了至关重要的作用。这些个股在市场情绪不稳的低点位区域往往走出强势，维护了市场的稳定局面。

1. 平准强势股

平准强势股是指那些股价位于 MCST 线上的阶段强势指标权重股，它们的基本面比较好，其波动特点是走势较强，股价在 CCI 指标的指引下（CCI

指标高低需要阶段特点数据统计）波动，当大盘处于超跌局面时，如果平准强势股的 CCI 指标也处于低位，这时的平准强势股存在机会，是个波段买点，波段卖点则应选在 CCI 指标的阶段高位。

2. 平准弱势股

平准弱势股是指那些基本面还可以但股价处于阶段低位的金融股，最常见的是券商股或者银行股。当大盘处于超跌局面时，这类股容易出现短暂的一两天集体板块强势，维护市场稳定。其中的龙头股容易出现涨停甚至更大的连续强势走势，在大盘处于超跌局面时要注意发现和抓住这类平准弱势股。捕获方法可以注意板块涨幅排名以及价量关系最强的金融个股。

二、重组赌注股实战要点

重组赌注股是指有大概率实现重组题材爆破的题材股，以低价中小市值为主，有的甚至是 ST 股。选择重组赌注股，选股条件必须要足够硬，不能凑合。

1. 活跃赌注股

活跃赌注股是指股价在 MCST 线上的赌注股，这种股票的操作是根据 MCST 线的支撑和乖离度决定大仓位的买卖，局部仓位的买卖也可以根据 MACD 和大盘进行低吸高抛的操作。

2. 弱势赌注股

弱势赌注股是指股价在 MCST 线下的赌注股，这种股票的操作方法是在大盘的箱体低点和自己的绝对低点（距离 MCST 线相对最远）开始建仓。如果有一批十几只赌注候选股，尽量选题材可能大、股东实力强、爆破时间近并且股价距离 MCST 线相对最远的优先考虑。

三、有效爆破点实战要点

1. 单日爆破点

单日爆破点指的是某股在某日公布利好，利好前买进，公布利好的时间逢高卖出，也可能需要统计公布利好前后几个交易日的股价波动规律短线伏击，比如公布业绩扭亏，是公布日涨还是公布前涨。这种是短差，别等股价爆破涨过了还持有。

2. 阶段爆破点

阶段爆破点是指某板块或者某只股有一个大题材，这个大题材的题材还未兑现，在此时之前只要有新闻消息刺激，股价就猛涨一下。这种股需要在题材爆发前根据 MACD 低点分批介入龙头股，见新闻题材爆破就减仓卖，在大题材爆破前或者第一时间逢高清仓。如果题材完全见光后，股价容易出现有力度的补跌。

四、无风险套利实战要点

1. 确定性

预案出现后，要用社会逻辑判断事件的最后实施性，并且要电话沟通了解。

2. 细节把握好

（1）现金选择权的满意年化收益率。

（2）审批进程，要电话跟踪。

（3）把握履行程序、股权登记日、股东大会的意义、现金选择权的申报。

五、主力重套股实战要点

1. 螺旋桨股

（1）需要关注的是低位螺旋桨股以及短线的强支撑位。

（2）需要详细了解相关信息和主力情况。

（3）如果股价启动需要加大注意。

2. 风格主力股

某一个板块有主力进入，形成了规律走势，要根据规律进行阶段伏击。

（1）要发现阶段强势板块以及龙头股的波动规律，进行有效伏击。比如以往的锂电池板块、军工板块。

（2）要注意一些庄股个股的波动风格和波动规律，进行有效伏击。比如大盘箱底哪些股容易活跃。

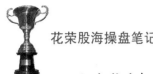

3. 机构重套股

机构重套股一旦启动，容易出现有力度的连续大涨幅。

六、题材热点股实战要点

游资机构经常会根据热点新闻题材发动热点板块。

1. 消息板块热点股

如果出现新闻热点，刺激了相关板块成为新热点，要看板块的热性力度，可操作性的热点板块力度至少是龙头股涨停，涨幅超 5% 的数量也很多。如果板块内存在着许多微涨的个股，这个热点操作难度就比较大。

2. 规律性热点股

有些板块的热点是习惯性的，比如定期发作，需要分析其发作规律，有些是大盘跌到下沿就启动拉动指数，比如强势金融股和超跌金融股，那时要注意最强力度的个股。

七、次新股

1. 注册制新股

注册制新股第一周没有涨停板限制，如果第一天是强势阳线，第二天再强，在第二天可把握的低点存在短线机会。

2. 非注册制新股

非注册制新股存在着涨停板制度，在涨停板打开后依然强势，在可把握的低点存在着短线机会。

3. 金融次新股

金融次新股在涨停板打开后，如果大形态呈现强势，就容易存在根据技术指标短线低吸高抛的机会，在相关板块成为热点时，容易成为板块中的强势股。

八、各种战法的叠加性

上述战法不是分离的，如果有些个股有模式叠加性，可以加分。

修炼 76
花荣短线法宝实战小绝招集锦

近几年的 A 股二级市场处于大扩容状态，宏观经济环境也略逊于前几年的情况，股票长线操作的理念越来越受到质疑，而短线操作周期短，见利快，较少受到意外因素影响，因此深受职业投资者的喜爱。

但是短线实战更需要熟练的技能和适合阶段市场的有效技巧，决不能仅仅依靠多数人不学就会的追涨杀跌的情绪性发挥，那样就变成了情绪化赌博。短线"永动机"赌博与长线"永炖机"赌博一样，最后结果都是久赌必输。

那么如何才能快速掌握短线操作技巧，并尽快在实战中得到有效应用呢？我已经在《青蚨股易》等系列实战技巧书籍里做过总结，现在再根据当前市场的统计数据结果做个最新的补充总结，可能会对短线爱好者有所帮助。

在做总结之前，必须再次强调一下，股市中的所有实战技巧都必须顺势，都必须符合万能公式，离开这两个前提，所有技巧的实战有效性都会受到概率的质疑。

一、低位股配债

（1）银河海王星软件上有"发可转债"板块，可以根据时间查询并电话问询具体发转债的时间。

（2）可以根据交易所的行政审批栏目发现"可转债"的具体公告公布时间。

（3）可以根据大股东股权抵押、大宗交易减持等信息（大股东要认购配售的转债）判断发债的具体时间。

（4）在弱平衡势中伏击低位发行可转债的公告。

（5）在牛市中直接参与配售转债。

二、龙虎榜

（1）融资龙虎榜。如果有相对中小市值的个股因为融资买盘超过买盘的50%而上龙虎榜，可以逢低注意是否有短线机会。

（2）跌停龙虎榜。因跌停上龙虎榜的股票，如果买盘中有大量的机构吃货，在股价止跌后，注意其是否有短线机会。

三、配股预案的股

（1）银河海王星软件上有"配股预案"板块，可以根据时间查询并电话问询具体发配股的时间。

（2）可以根据交易所的行政审批栏目发现"配股"的具体公告公布时间。

（3）可以根据大股东股权抵押、大宗交易减持等信息（大股东要认购配售的转债）判断配股的具体时间。

（4）在弱平衡势市场中伏击有爆破点和符合热点的该板块股，它们的刺激幅度会超过一般个股。对于低位技术走强的个股也可适当关注。

（5）在牛市中直接参与配股。

四、期指折溢价的交割日

（1）在弱平衡势市场中，注意贴水期指交割日的靠近机会。关键时间是期指交割日前夕、交割日、交割日后一日。

（2）在强单边势中，牛市市场超买后容易在交割日单日大跌，熊市市场超卖后容易在交割日单日大涨。包括关注新加坡50和香港50的期指交割日。

五、强势市场中的沪市送红股

在强势市场中，沪市的高送转红股在除权日不能上市，除权日次日红股才能上市交易，其中的中小市值机构重仓股容易在除权日短线上涨。

六、大股东不能参加表决的重要股东大会

大股东不能参加表决的重要股东大会，在股东大会召开前一日下午或者股东大会召开当日，大股东为了让议案顺利通过，股价有可能出现强势。

七、大额增持回购的最后时间

（1）单位时间内的大额增持。如果剩下时间不多，还剩余较大的增持额，注意短线机会。最好电话查询。

（2）单位时间内的大额回购。如果剩下时间不多，还剩余较大的回购额，注意短线机会。最好电话查询。

（3）在大盘短线超跌后，如果大盘止跌，还有较大增持额、回购额的股出现止跌信号或者强势，可以注意短线机会和是否有短线增持、回购公告。

八、强势市场中大涨次日的复牌股

（1）复牌股。强势市场中大涨次日的低位复牌股容易补涨，有时甚至容易涨停，早上开盘时如果高开不多，可以适当注意短线机会。

（2）非实质性利空。在大盘强势时，因为减持等非实质性利空导致的早盘低开，可以在止跌后低吸，这时容易出现短线机会。

九、螺旋桨连续强势出现

（1）螺旋桨个股如果走出初步的上升通道，可能是启动信号，逢低注意短线机会。

（2）在中级行情或者牛市中，大盘如果出现短线超卖性质的调整，滞涨的螺旋桨个股容易短线逆势上涨。

修炼 77
个股特性的实战高效运用

券商软件中基本上都有板块分类，其中有一个"风格板块"，把具有某一种特性风格的股票给统计分类了，这个软件功能是比较具有实战参考价值的。"风格板块"的应用经验总结如下：

一、融资融券

这个板块中的股票允许融资融券，对于开设两融账户的股友比较有用。

1. 融资功能

（1）在大盘超强势时可以选择这个板块中短线量价关系好的股票融资做超短线。

（2）在大盘超强势时，这个板块中的强势热点股容易较猛。

（3）这个板块中的中小市值股一旦走强，容易出现妖股（比如英科医疗是 2020 年涨幅第一名，仁东控股）。

（4）大盘高位退潮时或者利空情绪发泄时，这个板块中的弱势股跌幅也较猛。

（5）大盘突发重大利好时，这个板块的短线低位股容易较猛。

（6）因融券上榜的中小市值股需要注意进一步分析其短线机会。

2. 融券功能

（1）在大盘牛市或者中级行情后期注意融券的机会。

（2）对于涨幅过度的股一旦出现颓势注意融券的机会（比如高位的中炬高新，大股东资金链断了）。

（3）对于出现基本面利空的股注意融券的机会（比如高位的华夏幸福）。

二、近已解禁、即将解禁

这个板块主要列举的是近期有大小非解禁的个股。

1. 近已解禁

（1）原始股解禁。

1）原始股解禁，尤其是小非原始股解禁，会带来抛压，总体来说是利空，尤其是在平衡势、弱势中的利空性更明显，基本面一般的两年次新股容易出现股价单边下沉走势。公告利空时对股价是个负爆破点。

2）在市场特别强时，公告原始股解禁能带来低开震荡，需要观察统计，这个低开震荡是不是短线机会。

3）在个股出现比较大的涨势后，一旦原始股解禁部分杀出，对于股价下跌会有明显的刺激作用。

4）有时，大股东解禁减持，或者重要股东解禁减持，上市公司会给予基本面（业绩、送股）或者其他利好题材的配合，要注意超跌后的造势机会。

（2）定向增发股解禁。

1）定增机构获利的情况对于个股股价有抛压，尤其是在平衡势和弱势。

2）定增机构被套的情况对于个股可能是个小利好，在市场走强时注意这类个股的走势，如果走强可以给予选股加分。

3）分析被套刚解禁不久的定增股要注意被套机构的二级市场实力、持股数量、是否筹码集中，然后进一步分析其潜力。

4）要注意是否出现大宗交易，如果大宗交易是机构接盘或者大股东接盘，可能会有短线潜力。

2. 即将解禁

解禁日或者前后几日是一个爆破点，要根据"近已解禁"个股在解禁日的股价异动情况确定这个爆破点是否有效。

三、业绩预升、预计扭亏、送转潜力、重组股

1. 定期业绩报表

观察年报、半年报公布期间的相关个股（业绩预升、预计扭亏、送转潜力）的股价规律，如果有规律，根据规律进行提前伏击。

2. 定期业绩预报

年报、半年报都有业绩预报期，分析侦查清楚，并统计爆破点是否有效，如果有效可以进行相关的短线伏击。

3. 超预期

除了正常的前一个季度已经预报的公司外，最好是能发现一些超预期的公司。

4. 不容失误

一些前三季度都盈利的公司，有可能年报进行计提导致亏损，一定要侦查清楚，不能猜测，一旦猜错会导致爆破点变成负爆破点。

四、破净资产

如果是国企，特别是央企，再融资一般不能低于净资产。当这些公司进行再融资时，可以跟踪一下股价是否会出现异动。

五、拟增持、拟回购

拟增持、拟回购的公司会实现预告时间。

（1）在大盘出现较大连续跌幅并导致该股也下跌较多时，相关股票容易启动增持回购。

（2）在业绩快报、业绩预告、定期报告披露日期，前十日为窗口期，不得增持。

（3）在出现增持回购时间不多且还剩余较多数量的股票需要增持回购的情况下，可以适当注意相关股票。

六、信托重仓、券商重仓、基金独门

1. 市场走强时

信托重仓、券商重仓、基金独门中的低位强势股可以作为组合之一。

2. 相关个股走强时

在大盘安全时，相关个股一旦走强，容易具有连续性。

七、承诺注资、股权转让

要注意了解相关承诺公告和股权转让时的承诺内容。

八、活跃股

在平衡势市场中，当活跃股第一次调整到技术指标低位时容易有短线机会。

九、近期新低

当市场出现一轮较大跌幅后，可以在这个板块中寻找新潜力股，有些股票会吸引新机构入场。

修炼 78
股市综合信息的实战应用

现在是信息社会，在信息社会中，信息、知识成为重要的生产力要素，和物质、能量一起构成社会赖以生存的三大资源。

在 A 股实战，首先要有正确的实战系统思维，然后结合必要的信息，操作得当就能打胜仗获得收益。以往，我们已经总结了许多实战系统理论和思维，有的股友阅历少，感觉把这些实战理论直接用于具体的操作中有难度，下面我就把这些实战方法结合《东方财富网》提供的公开信息来落地讲解。

一、东方财富网

我只是一个普通网站的阅读者，所使用的信息全部是免费公开信息。下面即将列举的信息基本上都是我每天早上开盘前会巡阅一遍的，看看是否有需要注意和应用的短线信息。如果阅读习惯不同，阅读其他网站也是差不多的。

1. 新股申购

（1）主板新股申购。

1）了解近期新股上市第一天的收益率，来决定是否申购今天的新股。注意，要做得细化一些，哪些股容易破发、哪些股不容易破发，要总结出来规律。

2）把昨天上市的创业板、科创板股票放在今天的自选榜上观察，统计规律发现，昨日强势的注册制新股，如果今天再度强势，容易出现波段短线机会。这个方法在应用前，应该把前期上市新股的第一个星期K线走势熟悉一遍（有时间多熟悉几遍也可以）。

（2）可转债申购。

1）了解近期新债上市第一天的收益率以及全转债市场的折溢价情况，来决定是否申购今天的新债。

2）了解哪些转债近期发行，并观察对应的股票在股权登记日前后的走势规律，根据走势规律做超短线伏击。

3）如果对应股在股权登记日前两日处于技术低位，发行转债可以作为选股加分，因为原始新转债可能获得额外收益。在大盘强势时也可以这样做。

（3）新三板精选层申购。

1）了解近期新股上市第一天的收益率，来决定是否申购今天的新股。注意，要做得细化一些，哪些股容易破发、哪些股不容易破发，要总结出来规律。

2）查阅精选层个股的上市时间，一年后符合条件可以转板，选出候选股票，在大盘和个股的低点少量转板。这个操作要熟悉转板条件（《破贼录》有专文总结）。

2. 股市日历

（1）特别提示。网站已经提炼了的重要公司事件，根据战法和统计规律决定是否采用，采用方法见下面的详细说明。

（2）公告摘要。

1）统计阶段最强公告的涨幅和是否阳线，如果大概率是阳线则需要把握短线机会（强势）。

2）把有重要公告的股票信息记录到信息库中，等到股价低位或者大盘低位时分析是否有机会。

（3）停复牌提示。注意，在停牌期间指数出现大涨，其后复牌的低位个股有补涨机会。

（4）年报季报。

1）统计业绩报表公布日前后的股价波动规律，有机会时可以短线利用。

2）统计业绩快报公布日前后的股价波动规律，有机会时可以短线利用。

3）统计业绩预告公布日前后的股价波动规律，有机会时可以短线利用。

4）统计分红转赠日（沪市红股转增日不流通）前后的股价波动规律，有机会时可以短线利用。

（5）股东大会。重要的事项通过后股价容易涨，大股东不能参与表决的关联交易在股东大会日或者前一日容易涨。

3. 数据中心

（1）龙虎榜。

1）在大盘安全时，相对低位的融资买盘超 50% 的股值得短线注意。

2）跌停板机构大举买入的股值得后续观察。

（2）限售解禁。

1）首发解禁需要警惕。

2）定向增发解禁需要进一步分析成本和统计股价波动规律。

（3）业绩预告。上一个周期的季报会对下一个季报的业绩进行预测，可以事先有数。

（4）预约披露时间。知道哪个公司什么时间公布业绩报表。

（5）个股研报。可以了解自己的股，在大盘强势时有的券商（需要统计）研报有效。

（6）大宗交易。如果是机构接盘的大单子需要注意。

4. 行情

如果周边市场出现大波动并影响 A 股，可以通过这个栏目了解动向。

5. 股吧

综合相对全面地了解一只股的信息。

二、金融界网

1. 机会早知道

一些可能引起板块热点的重要新闻。

2. 概念股大全

限售解禁的数据比较全面。

修炼 79
平准时代的 A 股投机实务

掌握稀缺技术，才是破局关键。

炒股最忌讳情绪化、小概率的赌博，久赌必输！最常见的赌博方式是大众已经形成习惯的常见技术分析和基本面分析。

在 A 股中最实用有效的技术是阶段统计高概率规律、规则的确定性、双轨信息双轨价格与足够的力量。

下面，我就平准时代最重要的几只 A 股投机实务做个浓缩总结。

一、常见经典盘面语言研判思维

1. 日分时红绿柱线

在白黄两条曲线附近有红绿柱状线，是反映大盘即时所有股票的买盘与卖盘在数量上的比率。红柱线的增长缩短表示上涨买盘力量的增减；绿柱线的增长缩短表示下跌卖盘力度的强弱。

应用方法：

（1）通常情况下，绿柱线低点是分时低点，红柱线高点是分时高点，绿柱线缩短红柱线伸长是积极现象，红柱线缩短绿柱线伸长是消极现象。有准备操作的股可以根据这个指标选择买卖点。

（2）逆反情况出现时，该涨不涨，理应看跌；该跌不跌，理应看涨。这种情况容易导致盘中上台阶与尾市单边走势，可以用于通向共振的期指。

（3）弱势情况下，买点都不准，卖点都准；强势情况下，买点都准，卖点都不准。这个原则，也可以用于其他短线技术指标，比如 KDJ 等。

强弱势的标准是价量关系，同时考虑上层框架的高低点，因为有时越是阶段高点越活跃，越是阶段低点越悲观，然后突然反向。

（4）有消息有量能的较大高（低）开，快速补缺是对开盘价的纠正（并有继续纠正的可能）；如果上午积极地保持住缺口，尾市可能会对高（低）开走势进一步加强。

2. 指数的箱体框架

（1）多数时间情况的箱体框架。把箱体分成五份，判断现在的箱体位置和趋势。

（2）股票的分类。

1）平准股是保持箱体框架的。

2）弱势股是单边下跌的（主要是涨幅过度股）。

3）超跌股是独立的（主要是非基本面利空形成的超跌过度股，有爆破点就涨，适合比赛）。

4）活跃股（MCST 线股）。

（3）箱体突破。

1）年底做市值（差年景）。

2）年初机构调仓换股。

3）利好利空的大消息刺激。

3. 盘中选股

（1）箱底初起时，看短线活跃窗口。

（2）箱底大阴惊恐时，看回头波榜上的低位抗跌股，承接力强的放量股更好。

（3）箱体上行大阳时，看板块指数榜上的强势板块龙头。

（4）大盘安全时，看机构规律股（线上活跃股的低位）、低位爆破点模式股。

二、股价短线爆破点、股价中线爆破点的实战应用

1. 爆破点的分类

常规的爆破点收集：

（1）常规题材爆破点：回购、增持、送股除权、重要报表日、解禁、减持、大宗交易、大股东质押、每周上市公司新公告、重要股东大会、举牌。

（2）公开再融资。公开增发、转债、配股。

（3）事件题材。突发新闻、新闻联播、网站头条。

（4）小停牌。定向增发、资产重组进程及规律。

（5）IPO影子股进程。IPO影子股时间进程推断。

2. 爆破点的信息落地

（1）交易所网站。交易所、证监会、药监局审批程序。

（2）行情软件板块分类。即将解禁（已经公告）、送转潜力、业绩预升、预计扭亏、重组预案、承诺注资、股权转让等。

（3）东方财富网站上的"必读（融资龙虎榜）""数据""股市日历"；集思录网站上的"套利股""LOF基金偏离值""转债折溢价（比赛选手明显错误）"。

（4）股吧中的资讯、公告、董秘问答。

（5）统计规律，看谁管用。

（6）万能公式，主要是大盘安全和个股高低点。

三、期指实战实务要点

1. 反对成为"永动机"

（1）一定要控制情绪，只做最有把握的事，不轻易做，该行动时也不能保守。

（2）机构大户行动不便时套期保值。

2. 常见盈利模式

第一个绝技：箱顶或者箱底的正向消息或者顺趋势逻辑。

第二个绝技：期指交割日的次月品种的严重折溢价的反向。

第三个绝技：季度底（或者弱势月度底）的意外无量高点。

第四个绝技：单边凌厉行情的顺势。

3. 注意点

（1）要小心箱顶的放量加速。

（2）相对箱底的无消息更准确一些。

（3）要注意指数中的重要权重股的框架逆反（比如，9月中证500中的中石油）。

四、现阶段几个高概率的特殊投机技巧

1. 近已解禁

注意低价排序、解禁时间、谁解禁、查询股吧公告（数量、价格、机构）、大股东大宗交易。

2. 融资龙虎榜

（1）融资买入量占当日总交易量的比例超50%而登上龙虎榜。

（2）东方财富网龙虎榜数据。

3. 重组预案

（1）找市值小、原股基本面差、重组方案好、技术形态好的股。

（2）根据证监会行政审批进程发现停牌上会时间。

修炼 80
我的独门选股倾向策略点

我有一些自己的独门选股策略，这些思维既是30多年的专业经验教训的积累，也是我50多年对社会的认识了解，我相信这套选股策略在简单逻辑上是非常适合A股的，在实践操作中也是简易可行的和得到有效印证的。

下面我就把自己的这套选股策略做个归纳和概括：

一、核心原则

1. 题材是第一生产力

在沪深股市的历史上，无论大盘行情也好，板块热点也好，个股黑马也好，最明显的启示经验就是题材是第一生产力。其实，这条经验并不是 A 股独有的，而是世界金融投机市场全部公认的。

在 A 股上市公司家数大扩容之后的今天，这个原则愈加重要，能否知行合一决定选股人的专业性程度和实战效率。

2. 资金面和基本面的认识

市场股价的下限由基本面决定，上限由供求关系和主力资金决定。通常情况下的股价下限和资金面强势数据需要阶段性的统计数据支持，并需要对这些数据进行比较。

在 A 股，股价的绝对下限由股票常规分红满意度和现金选择权决定；股价的绝对上限由管理层的意愿态度决定。

3. 大股东和主导股东的重要性

在 A 股，大股东的实力至关重要，比如央企的上市公司在现金选择权方面极少违约，即使价差股退市也全部给予了现金选择权，个股的重组资源和经营资源也是一般公司无法比拟的。当然如果考虑到股价的活跃性等其他因素，我更喜欢那些央企壳股，而对大蓝筹股需要选时应对。

4. 技术周期的循环

近几十年的 A 股二级市场交易史证明，A 股市场更容易"长胖"，而不容易涨高；绝大多数个股的股价波动是周期循环的，涨多后会调整很长时间，跌透后就容易成为下一阶段的黑马。为此，我设计了 MCST 成本线的用法，专门对付平衡势阶段的个股股价高低的研判（该原则研判方法请参见《青蛙股易》一书）。

5. 我自己的实际情况

这个选股策略是根据我自己的实际情况设计的，并不一定适合其他人，如果其他人需要参考，也需要根据自己的实际情况修正。

（1）我的实际情况之一，是大资金中的小资金，具有一定的灵活性，也具有一定的力量和组合性（比如同时持有多只股票组合以及同一股票可以多次补仓），还具有合格投资者的交易门槛（比如 2021 年的重要盈利模式是北交所资金认购新股，无风险暴利）。

（2）我的实际情况之二，我有 30 多年一线交易经验，有散户、大户、机构、专业机构的实战阅历，有一批有一定信任度的股友提供个股信息收集和加工解析结果。因此，追求绝对收益率，回避可操作性的一切风险。

二、2022 年的最新落地选股原则

自己的实际情况是需要有自知之明的，并知行合一；个股的技术周期和大股东、主导股东的信息是券商软件提供的；资金面和基本面的认识，我有一篇文章专门讨论研究；而题材则每年都是不同的，因此，下面的重点分析讨论内容则是 2022 年的选股题材。

下面，我就根据 2022 年的可见题材做个罗列，我们可以根据这个题材依据，结合股价的高低和主力习惯情况进行分数累积选股。

1. 中线爆破点（常规）

这是指比较大的爆破点，主要是指个股的资产重组迹象。

这个选股依据必须是有硬逻辑依据和有优势成本价格保证的，比如有大股东的事项时间承诺和股价处于历史底部区域。

2. 国企改革（2022 年独特）

（1）国企改革三年行动计划的时间是 2020～2022 年，2022 年是最后一年，也是出结果的一年。因此，在国企改革概念中，特别是业绩不理想的国企股中，容易出现资产重组事件，我们需要从各省国资委的《国企改革三年行动实施方案》和网站信息中寻找中线爆破点的蛛丝马迹。

（2）对铁路、电网行业加大研究力度。中央经济工作会议于 2021 年 12 月 8 日至 10 日在北京举行。会议要求，完成国企改革三年行动任务，稳步推进电网、铁路等自然垄断行业改革。

第（2）条是对第（1）条的补充和落地应用，第（1）条中也有些非国企的实用信息。

3. 预增扭亏（常规）

上市公司预计全年出现亏损、扭转为盈或者净利润比上一年下降或者上涨 50% 的情况，应该在本年度结束后的 1 月 31 日进行业绩预告。

可以根据这条规则，寻找合适股票并电话印证再根据爆破点统计规律操作。也可以注意有中线爆破点的个股在利空爆发后的低点进行低吸。

4. 次新送转（常规）

次新股符合高送转条件并在走势出现迹象的个股进行投机性操作，适当注意统计年报公布时间的爆破点股价波动规律。

沪深交易所发布"高送转"新规，对此有了更加明确的规定，核心有三大要点：高送转比例与业绩挂钩；高送转披露时间必须与限售股解禁避开；高送转披露时间必须与重要股东减持避开。上述高送转指的是，深市主板股票 10 送转 5 以上，中小板 10 送转 8 以上，创业板 10 送转 10 以上；沪市 10 送转 5 以上。

要实施高送转，财务条件比其他条件更难以满足，核心要点如下：

（1）最近两年同期净利润应当持续增长，且每股送转比例不得高于上市公司最近两年同期净利润的复合增长率。

（2）上市公司在报告期内实施再融资、并购重组导致净资产有较大变化的，每股送转比例可以不受前款规定的限制，但不得高于上市公司报告期末净资产较之于期初净资产的增长率。

（3）上市公司最近两年净利润持续增长且最近 3 年每股收益均不低于 1 元，上市公司认为确有必要提出高送转方案的，每股送转比例可以不受前两款规定的限制，但应当充分披露高送转方案的主要考虑及其合理性，向投资者揭示风险，且其送转后每股收益不得低于 0.5 元。

5. 冬奥会（2022 年独特）

北京 2022 年冬奥会于 2 月 4 日开幕，2 月 20 日闭幕；冬残奥会于 3 月 4 日开幕，3 月 13 日闭幕。

感觉这条选股条件需要和其他选股条件叠加才可以。

6. 农业（常规）

每年的一号文件常常是关于农业的，因此 1 月常常是农业股活跃的时间。

感觉这条选股条件需要结合大盘并且是短线的，需要与其他选股条件叠加。

7. 小市值（我自己的独特风格）

我喜欢小盘股，因为万一低位小盘股遇到中小幅度下跌，低吸的时候容易抗跌。但是不能因此忽视"二八现象"的虹吸效应。

8. 创投（2022 年独特）

预计 2022 年 A 股主板实施注册制。对应收益概念股是创投和券商。

9. "三胎"（2022 年独特）

预计 2022 年这是一个常规话题。

10. 机构重套（常规）

机构重套自救是股市中的常见现象和需要跟踪的机会。

三、选股条件权重以及结果

以上十项选股条件，越前面的越重要，轨迹规律越明显的越加重要，最后要叠加考虑选股。

修炼 81
平衡势的选股和操作要领

这几年 A 股可能由于一些超级大机构的存在，大盘指数明显平稳了很多，多数时间指数都在一个箱体区域中上下震荡，即使指数偶尔突破箱体，其时间也很短，幅度也很有限。在大盘箱体平准的同时，多数基本面稳定的个股走势也比较有规律，要么是在一个箱体里窄幅波动，要么是突破箱体涨多了就会回调，要么是跌多了又开始上涨。

大盘和个股的走势明显较以往更有规律，如果我们统计发现了这些规律并在实战中加以利用，毫无疑问能极大地提高实战胜率。下面我就这方面的实战做个总结，以期能对自己的实战有理论性的指导。

一、大盘的箱体和时机判断

1. 判断原理1

大盘每年都会有一个高点或者低点，这个高点或者低点是重要的极端参考点位，如果没有特殊消息刺激，指数难以长时间大幅地超越这个点位，因此一旦越过这个点位或者接近这个点位就需要提高反向的警惕性。细节性判断可以参考K线逻辑。

2. 判断原理2

在大盘年度大箱体范围内，指数也可能形成阶段性的小箱体和斜箱体，这些阶段性的小箱体和斜箱体的上下沿可以用画线技术判断。

3. 判断原理3

有时，由于有力度的消息刺激或者量能资金的刺激，指数会局部地出现突破走势。这些突破走势主要用消息面对投资者心理的影响力度或者量能比较来判断。另外，近几年的规律是，大盘喜欢在年底年初或者重大消息出台时出现短期突破，这种突破行情时间很难超过1个月。

二、个股的高低和时机判断

1. 判断原理1

判断个股股价高低使用的指标是MCST。

（1）股价位于MCST位置附近属于大部分投资者的成本区，如果该股是主力重仓股，那么这个价位就是主力的成本区，股价在这个区域附近涨跌均会相对艰难。

（2）股价高于MCST线的股，我们称为活跃股，股价位于高价区，股价波动容易出现大K线。

（3）股价低于MCST线的股，我们称为不活跃股，股价位于低价区，股价波动不容易出现大K线。

2. 判断原理2

股价高于MCST线的股，我们称为活跃股。在活跃股中有两类相对比较容易操作：一类是大盘指标股，另一类是强势板块规律股（也可能是上升通道股）。这两类股的短线波段买点可以参考 CCI，中线波段买卖点可以参考 MCST 线时的 K 线逻辑和远高于 MCST 线时刻的 K 线逻辑。

需要注意的是，股价远高于 MCST 线的股再度加速上涨是高位时刻，也是多数人情绪冲动（包括媒体和业内人士）的时刻，极其容易出现追高的大失误。

3. 判断原理 3

股价低于 MCST 线的股，我们称为不活跃股。在不活跃股中有两类相对比较容易操作：一类是远低于 MCST 线的热点激活股，另一类是中线大爆破点的赌注股。这两类股的短线波段买点可以参考量价关系和大盘的高低点。

需要注意的是，股价远低于 MCST 线的超跌股再度加速下跌是难得的低位时刻，也是多数人情绪冲动（包括媒体和业内人士）的时刻，极易出现杀低的大失误。这类股中一些基本面尚可或者有中线题材的个股是平衡势中的重要中线机会。

三、选股要回避的错误

（1）不要轻易买进没有明显题材的大市值 MCST 线下股，除非有制度性题材。

（2）MCST 线上的题材股不能过度执迷和追高，这类股容易出现比较大的失误。

（3）选择爆破点股时也不能轻易选择线上股。

四、最重要的选股目标

（1）基本面最突出的大市值 MCST 线上股是平衡势中的重要获利资源。

（2）MCST 线下相对股价、时间、题材明显优势的个股是重要获利资源。

（3）当指数处于箱体下沿超跌位置时，大主力会发动超跌的金融板块平准市场的稳定性，这时最强的超跌金融股也是重要的常规获利资源。

（4）突发重要消息有可能刺激新热点，这些新热点的操作可以参考此前类似热点品种的走势特征。

五、仓位控制和实战思维

（1）平衡势中不能轻易重仓，只有在大箱体下沿附近或者特别有把握（依据要严格）的品种才能重仓。

（2）品种的选择要有组合性，单品种不能太多，会影响补仓机会。

（3）对短线利润要注意低吸高抛，不能浪费明显的波段轮回。

（4）要非常注意箱体高位和月底时刻的风险。

（5）最重仓的品种应集中在 MCST 线下最有优势的品种上面，这类股可以适当忽视小箱体的下行波动，乃至逆周期操作。

（6）在宏观经济下滑期，央企小市值或者超低价重组股、受过中线打击的基本面稳定股可以作为大资金组合股。

（7）平衡势中，评估股价的下跌下限和爆破点的有效性非常重要。

【花言巧语加油站】

（1）生活很少通过打击改变人，却几乎总是通过磨蚀。

（2）当你的心变得苛求，当你汲汲于想得到什么，到头来你就会违背自己誓守过的戒律。

（3）鸟儿的安全感，不是它有枝可栖，而是它知道就算树枝断裂还可以飞翔。

（4）世界上本没有什么新鲜事，都是前人玩过的把戏。

（5）我们应该将资源优先投入到最大的瓶颈上，这样自我提升的速度才是最快的。

（6）真正的赢家，最能懂得什么叫观望。

（7）别用你的业余爱好，去挑战别人吃饭的本事！

（8）只有超出本身认知范围的努力才是有突破效果的。剧痛，甚至死亡是突破的专有属性。

第二部分
与孤独为伍

没有可怕的深度，就没有美丽的水面。

独门 1
为什么有人玩股票都是神经兮兮的

　　股市是一个容易产生焦虑的地方，一旦市场震荡，许多人都会有焦虑惶恐的情绪，但是市场涨跌又是一种常见的现象。

　　按照心理学家的说法，焦虑是指某种实际的类似担忧的反应，或者是对当前或估计到的，对自我的自尊心、生存处境、未来发展、财富变化等有潜在威胁的任何情境，所具有的一种担忧的反应倾向。焦虑以恐惧为主要的情绪特点，还有其他多种情绪成分，如愤怒（攻击性）、痛苦以及内疚感、羞愧等。

　　短暂的焦虑，没什么问题，属于一种适应性的情绪。比如，即将要进行一场重要的比赛，这种焦虑，实际上是一种自我调整。只要完成了这场比赛，也就恢复了正常的情绪。且有了这一次经验后，下一次比赛可能就不会

焦虑了。

但是，如果我们不能控制住负面情绪，持续时间太长，那么就有可能会让这种负面情绪变成一种创伤，伤害我们的心灵，也损坏我们的身体。

其实，在股市中，有些人玩股票是神经兮兮的（甚至包括许多大V），不正常的占多数，要么战战兢兢，要么极端狂妄自大，这样不但挣不到钱，还会把身体弄坏。所以说，股市实战技术是"六分心态，三分技术，一分运气"。

我自己也是从新股民、赌民走过来的，也有过投资失败的焦虑。下面，我就自己的经验教训，以及统计股民的心理情绪状态，加之心理、股理知识来谈谈看法。

化解股海焦虑的三大措施：

一、要学会使用正确的方法

1. 要顺势

（1）这里的顺势就是只做强势，不做弱势，绝对不逆势。

（2）这里所说大盘的势，主要是指大盘的成交量、均线趋势。

（3）要严格持仓条件，要学会空仓休息看笑话，反对不看大盘执着于个股。

2. 要学习并投入精力

（1）股市实战以明确高概率的爆破点技术、硬逻辑的无险套利为主，赌注股技术为辅。这些技术可以参考《万修成魔》《千炼成妖》《百战成精》《青蚨股易》。

（2）要学会和熟悉股市赚钱套路，总结出自己的阶段盈利模式，不能用情绪赌。

（3）股市投资一定要投入足够的学习精力，要有套路还要有持续的信息研究，这方面的投入要高于70%的人。

3. 容易产生焦虑的方法

（1）长线方法。A股熊长牛短、分红率差，如果重仓长线，必然会遇到股灾、暴跌、"黑天鹅"，必然会出现情绪焦虑、恐慌，容易出现赚钱不卖，赔小钱不卖，赔大钱卖的情况。

（2）非硬题材、强主力技术。比如价值投资、波浪理论等大众性、学院理论性的技术都是逻辑不够硬，不适合 A 股的，久赌必输。

（3）有错必须改。错误的技术不是不能学，也可以学，学习的目的是了解对手，并有针对性地应对，但别真信真用，那样自己也会经常焦虑的。

要学习硬题材、强主力技术，要学习确定性强高概率的技术。

为了自己的前途，为了家人，有错一定要改，如果你对自己原来的投资结果不满意一定要改，为了自己改，不仅不丢人还很光荣。

二、要合理控制持股仓位

1. 要学会仓位组合

在大盘强势安全时，也不要极端满仓一只股，要多品种组合，防止"黑天鹅"的出现，要用概率跟上大盘的强势安全度。

2. 要学会时机组合

买股操作要给自己数次机会，中庸把握，争取 70 分、80 分，不追求 100 分，也不追求 60 分以下。

3. 极品也要中庸

你最看好的品种，包括无风险套利品种，都要中庸对待。面对股市的不确定性和熊市的威力，你必须要用仓位来防止"黑天鹅"，来保持心态的稳定。

只要你重仓或者有融资仓，一旦股价暂时不顺利，你的心态一定会乱，我也一样，巴菲特也一样。

三、要加强选股的确定性

1. 股市的真谛就是确定性

股市大多数时间、大多数因素都是不确定的，高手的绝技就是追求短时间、少数因素的确定性。

最直接的确定性是时间确定、价格确定，两者兼具最好，至少要有一个确定。

最常见的确定性是题材、主力的确定，习惯、规律、利益、盈利模式要经常统计分析、跟踪、知行合一。

2. 高概率与组合结合

完全的确定比较少，有了一定要抓住。

大多数机会是大概率的，这种大概率不是猜的，是有统计数据支持的，是有基础素质逻辑判断的，也要对少许的小失误有容忍度。

A 股的最大难点是，多数老百姓的基础素质不够，分不清楚世界、股市中的是非曲直，所以可以加强自己的逻辑、博弈、历史知识，这也是我写的股市技术书籍在后半部分的用意。

3. 纠错归零是最后防线

个人的力量终究是有限的，谁也不是神，况且还有状态问题、概率问题，因此出现小错误是必然的。出现小错误时，或者不知道对错时，要及时纠错归零，保持心态的稳定，不能情绪失控或者赌性、报复性发作，让小错发展成大错，股市中的大错足以毁灭一个人、一个家庭。

你已经有了大概率的股市赚钱方法，股市又不会关，赚钱机会以后还会有，没必要赌这一次，你要保持心态健康稳定。

独门 2
怎样捕获连板"妖股"

原问答题目：您在 2021 年短时间内捕获了南国置业、供销大集两只"妖股"，请教老师类似的妖股在挖掘、筛选、介入时间点及后续操作上应把握哪些要点？

一、两只股票的操作总结

2021 年春节假期，我把所有股票翻了一遍，并把 2020 年涨幅大且有规律性迹象的股做了一个统计总结，我把 2021 年的重点选股方向之一放在了低价超跌"洗澡股"上面（另两个方向是金融机构重套股与全额要约收购股）。

我选了 5 只低价超跌"洗澡股"，主要特征是大股东实力强且上市公司当期业绩巨亏（有业绩"洗澡"嫌疑）和股票股价低，其中的两只就是有央企背景的南国置业和供销大集。

南国置业这只股由于当时大盘的成交量比较大，逻辑清晰，操作相对要好一些，重仓，利润也大，且反复操作，可能也与我对银河证券的自营风格比较熟悉有关。

操作供销大集时，大盘的背景不如操作南国置业，第一次建仓时与南国置业当时的仓位都差不多，都是上千万股。可能由于南国置业此前的成功，我感觉到关注供销大集的人比较多，就连以往从不买业绩亏损股的老赵都有了很强的兴趣，我感到了压力，"快快乐乐的牛主任"出于善意，用微信给我发了一些供销大集的负面信息，我复核了一遍该股的选股逻辑，依然感觉挺有潜力的，但是同时我也意识到股市投机的成败只是一种概率，是多因一果，事前的逻辑判断是否正确还要取决于大盘。考虑到这，在获利 5% 后我的稳健账户就卖出了并取消了追踪。此举的目的有两个，一是中庸思维，因为我对此前的股市收益是满意的，股票池中也存在着其他更稳健的品种。二是平息一下一些操作水平差，心态也差的人（比如老赵，老赵连全额要约收购的重庆百货都赔钱了）对该股的期望值，在股市你有善意的心，并不一定会结出善意的果，不懂组合且期望值特别大的人一旦失望容易出现精神问题。所以，供销大集虽然收益也不错，但是总收益比南国置业差了不少。

不过，南国置业、供销大集这两只股的实际走势以及另外几只"洗澡"股的盈利操作结果，极大地鼓舞了我对这种选股方向的信心，而一些绩优股的操作结果不如"洗澡"股，更加坚定了我 2021 年的重点选股方向是低价超跌"洗澡"股。

二、筛选及操作要点

1. 选股要点

（1）绝对股价低。最好是股价在 2~6 元，市值不能过分大（比如五档买盘都是数百万元）。

（2）业绩"大洗澡"。2020 年年报一次性巨亏且不会退市，2021 年业绩会明显大幅好转（不能继续大亏）。

（3）大股东实力强。最好是大股东或者新大股东是央企、有实力的大企业，或者第二大股东实力很强。

（4）有后续题材。后续明显有业务注入或者资产注入题材，且迹象和逻辑比较硬。

2. 操作要点

潜力股也需要好的操作，否则会因为心态出现失误和亏损。

（1）低位中线。低位介入时不能一次性满仓，要控制住仓位，这样才能保持好心态。如果过早地重仓，一旦股价走弱，谁的心态也好不了。

（2）中线也需要高抛低吸。中线股因为大盘无量反弹也需要高抛，不能浪费明显的低量高抛机会，这样可以降低持股成本。

（3）追涨时机。在个股因题材明显放量冲击涨停时加仓追击，这类股的初期上涨都会留有追击的机会。

（4）不能要求完美。你会了这种赌注股的技术，以后还会有机会，没必要在一次的操作中要求完美，比如仓位过重或者卖在最高点，操作中线赌注股保持良好的心态非常重要。

独门 3
如何快速成为散户中的炒股高手

一、看大盘强弱简单绝招

（1）只在股市的强势周期持股，弱势周期不持股。

（2）区分强弱势。大盘成交量持续大就是强势，大盘成交量持续小就是弱势。成交量大小可以参照前次大盘上涨的成交量。

（3）要注意强势的末期及早撤退，强势的末期有哪些征兆？

大盘上涨半年时间以上的连续放巨量不涨。

大盘上涨半年时间以上跌破 10 日均线，且连续两天跌幅比较凌厉。

大盘上涨不到一个月的情况下指数有效跌破 30 日均线或者在 30 日均线处受到强压力。

二、做短线的简单绝招

（1）专门做 MCST 线下连续两根价涨量增的 K 线或者第一个比较强硬的涨停。

（2）专门做 MCST 线上回落到 MCST 线附近并强支撑的主力重仓股。

（3）专门做 MACD 红柱线伸长且放量的个股。

三、做中线的简单绝招

（1）专门做上证 50 中的 MCST 线上绩优股。

（2）专门做低于面值的效率高的转债。

（3）每年 1 月底在大幅预亏的股中选机构重仓被套股，有些公司的巨亏是一次性的"洗澡"，当年的业绩就会大幅好转，这是主力市值管理的最常用手段。

独门 4
怎样利用阶段关键因素操盘

原问答题目：怎么根据大盘成交量（及其他技术指标）、美股涨跌、大主力控盘规律、大众情绪来实盘操作？

一、客观看待大盘的情况

1. 大盘的成交量最重要

目前我暂时是这样看待沪市大盘的连续量能的：持续大于 2700 亿元为强势，在 2100 亿~2700 亿元为平衡势，在 2100 亿元以下为弱势。

2. MACD 判断短线的高低

（1）平衡势中，MACD 良性为低，比如绿柱线缩短，红柱线伸长；

MACD 恶性为高，比如红柱线缩短，绿柱线伸长。

（2）强势中，只回避 MACD 绿柱线伸长。

（3）弱势中，只少量娱乐 MACD 红柱线伸长。

3. 重要大盘指标股的高低

（1）市盈率的历史高低比较。

（2）绝对股价近两年的高低比较。

（3）用近两年的 MCST 线来比较。

4. 个股是否有最强逻辑的标准

（1）要约收购、现金选择权是否可靠？

（2）绩优股的主力成本是否高于市价，主力是否强大？

（3）一般股是否处于历史最低价附近，基本面是否具有变化的赌注性，且有主力被重套，同时适当考虑短线热点与获利盘情况。

二、美股涨跌规律

（1）用历史的波动规律来看，一次大波段的跌幅是多少。

（2）用近期的波动规律来看，近期大涨跌之后就是反向波动。

（3）用股指期货的先导性来看，夜盘的期指对白天的交易有影响。

（4）适当地参考新加坡 50 期指，夜盘的新加坡 50 期指对沪指的开盘有影响。

三、大主力控盘规律

（1）逆反指数涨跌调控，大跌后加大买盘，大涨后出现卖盘。

（2）逆反美股涨跌调控，美股大跌后用力，美股大涨后不用力。

（3）逆反大众情绪调控，大众卖盘多时承接，大众卖盘多时有所市场化。

四、利用大众情绪

（1）大盘大跌时，北向资金持股、高位股抛盘大，这是前段时间绩优股、科技股跌得多的主要原因。

（2）大盘大跌时，现金选择权、要约收购目标股尽管抗跌，也会跌破重要价格关口。

（3）大盘大跌时，中线超跌+短线超跌+短线没有获利盘+强逻辑=抗跌。

独门5
如何翻阅股票并确定潜力标的

原问答题目：您是如何翻阅股票并确定潜力标的股票的呢？有什么好的习惯方法可以传授下吗？

一、股票池（自选榜）

我建立自己的自选榜股票池有三种方法：

1. 图形通翻法

这种方法主要用于市场上涨过程。

看哪些股票有明显图形异动特点，主要是量价关系突出的，符合阶段热点的，上升通道走势、螺旋桨转强的，图形逻辑关系好的，记录下来，然后再复查一遍基本面、主力面、历史信息，选出其中的优秀者建立股票池。

其中的一些股票在股价处于低位且趋强时介入，一般是多数量的组合。

2. 每周重要信息跟踪

每周都要把重要的上市公司全部看一遍，比如倚天剑版、屠龙刀版、爆破点版，从中选取信息比较重要的建立股票池。

在合适的时机把某些股票投入实战。

3. 股友推荐

经常会有股友给我推荐一些股票，我会把一些符合我原则的股放进自选榜。

二、盈利模式

每个阶段先建立盈利模式，然后根据盈利模式从自选池中选股。

目前的盈利模式主要有三类：

（1）现金选择权、全额要约收购类。

（2）股票"大洗澡"，基本面可能质变拐点类。

（3）主力重套抄底类。

三、短线习惯

如果遇到大盘出现机会，也有一些短线习惯：

（1）新强势热点板块类。

（2）盘中异动明显类。

（3）自选股中明显趋强类。

独门6
如何有效把握重组壳股

原问答题目：请问如何有效把握重组壳股，并在启动前及时切入？

重组壳股一旦实施了资产重组或者借壳上市，通常涨幅都会比较大，甚至是连板的走势。但是资产重组和借壳上市是一项复杂的工程，把握这个类型的机会，既需要考虑大盘的背景，也需要考虑洗壳的进程，这样就会考验投资者的耐心和"壳变"的过程。

下面，我们就根据以往重组壳股的进程、股价变化进程进行规律性的总结，这样对于分析投机重组壳股能更有效率。

一、壳变的信息过程

（1）预告股权转让。

（2）股权转让。要注意新股东是中间商，还是自己用壳。

（3）债务、资产处理。

（4）洗壳。通常会大幅计提导致业绩巨亏。

（5）ST 保壳。

（6）增大股权。

（7）定增注入资产或者更换资产。

以上七个进程多数是按照这个顺序进行，也有的同时进行或者交叉进行。

二、股价变化规律

（1）预告股权转让，可能会导致股价上涨一个板左右（难以事先判断）。

（2）股权转让，可能会导致股价上涨一个板以上。可以根据时间判断，新股东是国企，可以根据审批进程判断。

（3）债务、资产处理。股价变化要看处理的利弊方式。

（4）洗壳。通常会大幅计提导致业绩巨亏。股价会跌一两个板。

（5）保壳。ST 股常常会有 15% 左右的机会。

（6）增大股权。增持、大宗交易、股权协议转让、竞拍、要约收购。通常会导致股价上涨。

（7）定增前。股价会相对稳定，抗涨抗跌。

（8）定增注入资产或者更换资产。最大涨幅产生甚至连板。

（9）开板后。开板后如果股价强，还有继续上涨的机会。如果股价弱，"壳变"机会已经完成。

三、实战经验

（1）要注意机会爆破点，防控负机会爆破点。

（2）根据进程决定仓位，不宜在早期进程中仓位过重。

（3）一般情况，在等待大股东加大股权前夕和大股东定增注入资产前夕股价比较抗跌，在熊市中甚至存在股价下跌的可能性。此时需要耐心分批定投。

（4）洗壳业绩巨亏时容易是股价阶段低点。

（5）资产处理干净、大股东股权超过 30% 后，属于"万事俱备，只欠东风"，要加大注意力，可以根据股价、时间分批定投。明显异动时可以加大仓位，无论涨跌都是这样，但是连续下跌时要注意避免重组失败或者实质性利空出现。有时，有的坏机构会先失败一次吓唬人，然后再玩真的。

（6）在熊市阶段，由于股价低迷，进行重组借壳的意愿低，甚至会出现失败性的停牌。

（7）在牛市顶部的停牌要注意回避，要防止大盘暴跌后，股票复牌补跌。

（8）在牛市中初期，大盘上涨时不宜半仓以上重组壳股，因为定增前压制股价容易导致心态失衡。

（9）进行重组壳股的投机，要注意股票数量的组合和时间价格的组合。

独门7
大好行情下如何提升收益

在大盘处于强势时，采用与价量关系、短线题材有关的选股方法选出的股短线收益会更好一点，而以基本年为主的方法选出的股短线效率就不那么高。

根据多年的实战经验，如果想在强势市场中使短线收益更好，可以注意以下要点：

一、牛市重势，熊市重质

这个势主要指交投活跃，其经典特征是：

（1）在最近10个交易日内有多次大买单。

（2）在盘中有急拉现象，在大盘指数调整时有逆势拉升现象。

（3）此前一年时间内活跃性比较强，有过涨停或者连续阳线（相比同类要多）。

（4）最近一两个交易日最好是连续小阳线或者对阴线反击覆盖的。

二、技术图形指标状态要好

所谓的技术图形指标状态好的表现是：

（1）KDJ 指标放量金叉、MACD 指标放量金叉、SAR 指标放量金叉，最好是三种金叉同时出现，或者几日内连续出现。

（2）股价远低于 MCST 出现极强势的状态（冲击涨停，连续大涨）。

（3）股价急涨后，无量调整到 MCST 线遇到强劲支撑。

（4）股价连续小阳线（也可能带上下影线）沿着 10 日均线无量上涨。

三、老手的经验

（1）股价处于日涨幅较大的强势中，遇到大盘尾市跳水，股价尾市受挫，但第二天大盘又稳定了。

（2）筹码集中股（或主力重仓股）出现了小利好（那种人为设计的），股价出现首根阳线强势。

（3）未来几日内有爆破点事件（重要的股东大会、成长性的年报预告或公布等）。

（4）大盘非实质性的意外大跌或者低开，头天的强势股给出的短暂低买点。

独门 8
怎样进行实战仓位管理

原问答题目：您经常强调仓位管理，为什么要仓位管理、怎样仓位管理？

一、为什么要仓位管理

我个人认为仓位管理是一件比选股还重要的事情。

1. 仓位管理就是风险控制的管理。

有三个时间段一定要控制住仓位或者采取行动：

（1）大盘弱势期间，高仓位就是高风险，低仓位就是低风险，无仓位就是无风险。

（2）在大盘长时间牛市头部大跌时控制仓位，就是控制人生成败。

（3）在大盘连续大涨情绪亢奋时，一定要抑制住兴奋反向操作。

2. 仓位管理就是心态管理

（1）仓位组合可以保持大概率，避免个股不当踏空行情并进一步犯错。

（2）时机价格组合能够增大该笔买卖的赢率和稳定心态。

（3）留有余力类似于留有打仗时的预备队，能抓新机会，也能防"黑天鹅"，大资金还可以反击。

二、怎样仓位管理

1. 大盘弱势下跌期间

（1）技术分析、基本面分析的股票，绝大多数时间原则上不持有。

（2）弱势中大盘出现暴跌，止跌后只做1/4仓位的短线反弹，任何情况不能短线变中长线。

（3）无风险品种也需要价格、时间组合，不能一次性孤注一掷，除非非常有把握的短线爆破点。

2. 大盘强势期间

（1）应持有四只股以上，把仓位分散在不同的主线或板块之上。也可以根据资金量适当调整，但不能只赌一只股。

（2）股价严重高于 10 日均线的仓位不能高于 10%，更低也可以考虑。

（3）新建仓时，留有补仓的资金。

（4）大盘连续大涨时，要分批建仓，不能相反。

（5）任何时候，大资金要留有 20% 的预备队，预备队只在意外大跌后的反击时投入。

3. 头部风险防控

（1）大盘低成交量的反弹获利，卖就是对的。

（2）大盘涨幅时间 1 个月以上或者 30% 以上，指数恶性考验 30 日均线要清仓，也可以更谨慎一些。

（3）大盘涨幅半年以上或者连续急涨，指数跌破 10 日均线并负连续就要卖掉 2/3 以上，进一步恶化就要清仓（比如 30 日均线被考验）。

独门 9
强势市场抓涨停招式

原问答题目：听说您有一个大盘大成交量背景下的抓涨停板绝招，能透露一下吗？

我确实在这方面有过认真的研究统计，但是这个方法不是全天候的，只是在大盘大成交量的背景下，大盘出现调整下跌后的止跌反涨日时比较适用，这点一定要记住，否则乱用不但赚不了钱，还可能会赔钱。

下面简单总结一下：

一、回头波法

（1）当大盘处于大成交量的时间段或者中线底部区域。

（2）大盘出现了较大的下跌调整。

（3）在大盘止跌反弹的前夕（有过这种情况的股容易在大盘返回上涨时大涨甚至涨停）：

1）回头波数值为 0，如果大盘暴跌数值可以放宽到 -0.5% 以内（说明股价下跌意愿不大，有人护盘）。

2）股价上涨幅度为 0~2%（股价上涨幅度不大，没有脱离主力机构成本）。

3）量比超过 1（越大越好，说明是主力新努力的结果，不是股性呆滞所致）。

4）股票符合万能公式（参考《万修成魔》）。

5）大盘安全时，股价出现积极征兆，股价大涨是大概率现象。

二、内外比法

（1）当大盘处于大成交量的时间段或者中线底部区域。

（2）大盘出现了较大的下跌调整。

（3）在大盘止跌反弹的前夕（有过这种情况的股容易在大盘返回上涨时大涨甚至涨停）：

1）内外比数值要小于-2，越小越好（代表抛盘越重，有承接力，最好某个价位有非常强硬的承接力，比如连续的大挂单）。

2）股价涨幅在-2%～2%（说明主力认可这个价位）。

3）量比超过1（越大越好，说明是主力新努力的结果，不是股性呆滞所致）。

4）股票符合万能公式（参考《万修成魔》）。

5）大盘安全时，股价出现积极征兆，股价大涨是大概率现象。

独门 10
常见假利空、真利好的消息

原问答题目：有哪些大家认为利空的事件其实是重要利好？听说这些见解都是绝招。

一、股票年报业绩"大洗澡"

股票年报业绩"大洗澡"常见的三种情况：

1. 商誉值高，一次性计提干净

这种计提是一次性的，如果上市公司基本面良好，次年业绩就能恢复正常，如果股价大跌，是一次较好的波段低点。

2. "腾笼换鸟"

有的公司更换大股东，大股东希望资产重组借壳上市，在这之前进行业绩"大洗澡"，把壳洗干净，同时业绩巨亏可压低股价，为低价定增注入资产赢得机会。

3. 方便新机构低位吸筹

有些大机构欲投资某只股票，吸筹的手段主要有两种：一是大股东转让出一部分股份，二是出业绩利空砸低股价。新的大机构便于低位建仓，同时可以为公司注入新的强势业务。

二、筹码集中股小非公告减持

有些小非本身就是二级市场机构，它们只有减持时才有拉高股价的动力。因此，减持公告出现后股价变得比以往活跃，对于这种小非减持公告可以视作中线利好，利好的程度要看小非的成本、持仓量和题材情况。

三、大盘中低位大成交量背景的短线利空

大盘处于强势非牛市末期时，一些非实质性利空会短线打压大盘，造成主力持仓数量加大并被套，并给予新机构机会，这种情况容易导致主力仓位重、成本被套，场外追涨杀跌的资金多，其结果是加强大盘的强势度，可以逢低抓机会。

独门 11
怎样筛选翻倍强势股

翻倍强势股的出现是由强势股群体不断淘汰而涌现出来的幸运儿，在这个过程中既有最后的优异者，也有中途的被蹩马腿的股，这个技术一方面是有难度的，另一方面是一个阶段一个阶段走出来的。

下面，我们就来统计、观察一下翻倍强势股的启动原因和淘汰过程：

一、启动时的选股因素

1. 题材、概念是启动的导因

每天开盘前，投资者都应该对媒体最新公布的各种对股市、行业以及上

市公司等具有重大影响的信息进行浏览和分析，将可能具有较高炒作价值的相关龙头上市公司加入当天重点关注的范围，以便在开市之后，可以及时地跟踪股票的走势。

要特别注意十大股东是个人股东、机构重套股、筹码集中股，其中的股价远低于 MCST（一个涨停或者多个涨停也够不着成本线的最好）。回避公募重仓股，一方面是游资拿货不容易，另一方面公募多数价值投资，不信概念题材。

2. 量价关系配合是启动的征兆

在当天上午开盘价出来之后，开盘量比大幅放大，且涨幅居前的股票，通常要么是公布了对股价可以产生重大影响的利好消息；要么就是主力当天有强力做多愿望的外在表现。

要特别注意直接攻击涨停的股，一浪高过一浪直至涨停的个股，回避那些只有一个冲击波，然后就无力的个股。

3. 大形态优先

对涨停潜力股进行技术面识别时，首先应该观察股票的大形态是否良好，若是不理想，就直接放弃。这个大形态是指绝对价格要低，相对价格要低，市值要中小，最好是历史冷门股。

对于形态高位的股要防止里面的人借机出货，要防止正在进行大股东定增的股故意压盘，而对一些有转债等上市公司希望股价上涨的股加分。

4. 冲击涨停的时间优先

最为强势的股票，尤其是市场中表现最为出色的股票，往往都是在上午开盘不久就去冲击涨停板，一般对于在 10：30 之后冲击涨停的股票可以重点关注，而在尾市再涨停或者未涨停的股不能重仓。

涨停多次被砸开又封死的股加分，涨停尾市砸开的股降分。

二、连涨过程的因素

1. 连续一字板

题材够大、封板够坚决的，往往是连续一字板。这类股一方面原持有者够幸运，另一方面启动后中间没有上车机会。

这类股通常在事前发现其重组机会，长时间押注，因为此类股就是等某一时刻，之前很难有较大涨幅，甚至压盘。

2. 开板后继续强势

有的股开板后，股价继续强势，短暂小横盘后，股价继续上涨。有的短线小资金喜欢这类图形，继续追高博彩。

3. 连续的空心阳线涨停

连续的空心阳线方式可参考保变电气 2020 年 2 月底的上涨方式。

4. 中间受打击后继续反击涨停

中间只出现过一两根阴线，或者一个跌停，然后继续冲击涨停，这个反击性的涨停也可以注意。

独门 12
股市不挣钱股民的常见致命伤

原问答题目：股市投资中最重要的是什么？应该赚到钱但没有赚到钱的人如何尽快改善？

一、投资最重要的是什么

投资最重要的一点是你对市场的客观了解和理解。

不要急着赚钱，不了解、理解市场的话，投资者是赚不了钱的，大部分投资者可能没有这个体会，但必须要知道这点，否则，即使是老股民做了很多年股票，也找不到赚钱的方法，一辈子交"学费"。

很多时候，投资者太急着想在市场赚钱，很少停下来熟悉、了解市场，思考、领悟市场。很多投资人会说，我每天都在选股，我每天都在思考，的确，投资人每天都忙着选股，追概念，但这是碎片，不是框架，容易情绪化。碎片技术必须在框架内才能发挥作用。

二、改变致命伤

1. 熟悉了解市场

要对股市的历史熟悉，特别是要客观了解关键时刻的股市波动特点。

要了解底部低点波动特点、涨跌过程特点、头部高点波动特点、涨跌大波动的特点，再出现类似情况时，要比较。这就是框架之一，也是智慧，是技术弥补不了的。

2. 抵抗情绪和中庸行为

股市在关键时刻，在大波动时间，一定会影响人的情绪，而这个情绪往往又是错误的，我们留出意外空间和对付的手段。

在你的策略激进时，品种一定要稳健。

在你倾向一个方向时，你必须事先考虑好，否则在场外更稳妥。

缺乏框架思维和历史统计记忆，是许多碎片技术爱好者的致命伤。这一课一定要补上。

三、想清楚你的目的和手段

1. 市场机会

市场总体和大多数时间是混沌的，但是局部和某个时间段是存在大概率和确定性的，这个大概率和确定性就是我们的机会，这个机会大部分是框架的和模糊的，精确的机会也会有，但是数量少。

2. 合适的盈利模式和目的

我们根据市场提供的机会，建立自己的盈利模式和合适的手段。

3. 对应的手段

由于大部分手段可能是框架的和模糊的，所以我们应该注重中庸、组合、非精确，只要最后实现目的就可以，框架性实现就可以，没有必要精确性地实现，那样难度大，反而会错失机会，甚至亏损。

外行水平低，但通常对投资行为要求高，甚至要求精确化，这个精确化要求正是许多聪明人（情绪化人）丧失机会、出现亏损错误的根本原因。

行家里手都是框架、中庸、非精确、留有余地地把握框架、模糊机会，但这不影响攻击性和坚决果敢。

股市中的英雄与小丑的差别，也许就在这里。

独门 13
富时 A50 指数期货的先导分析

原问答题目：什么是富时 A50 指数期货？它的走势对第二天 A 股的走势有什么先导作用？

一、什么是富时中国 A50 指数

所谓指数其实就是按照一个规则选出来的"一揽子"股票的集合。比如中证 500、沪深 300、上证 50 都是中证指数有限公司编制而成的。

富时中国 A50 指数不一样，它是由一家境外指数编制公司富时罗素指数公司于 1999 年编制而成的，目的主要是方便对 A 股感兴趣的境外投资者。这个指数挑选了目前 A 股市值最大的 50 只股票，包括贵州茅台、中国平安这些大盘绩优。这 50 只股票的市值加起来差不多占到整个 A 股的 35%，所以这一指数能够较为直观地表现 A 股涨跌。

二、A50 指数期货为什么值得关注

A50 指数白天其实并不受大家关注，毕竟想了解 A 股走向直接看 A 股走势就可以了。但是由于交易时间上的不同，到了晚上 A50 指数就凸显出自己的价值了。

富时 A50 指数期货的交易时间很长，有一个被称为 T+1 的时段，17：00 至第二天早上 4：45（北京时间）。因此它的走势往往对 A 股市场是一个不错的风向标，可以一定程度上反映 A 股市场的整体情绪。

还有就是国内的一些节假日，因为股市不开盘，我们无法了解市场动向，此时就可以依靠富时 A50 指数期货来了解市场的大致走向。

但是需要注意的是，A50 指数的走势并不能完全代表 A 股市场的走势，只是我们的参考之一。毕竟 A 股包含了超过 3000 只股票，而 A50 指数期货只是其中的一小部分。

通常情况下，A50 指数的振幅要大于上证综指。

三、一些规律性总结

（1）A50 指数的走势传导性在欧美股市大幅波动时作用更为明显。

（2）A50 指数的走势传导性在 A 股长假期开盘时作用比较明显。

（3）A50 指数大波动时对 A 股开盘和开盘后半小时走势的传导作用较大。

（4）A50 指数走势与欧美股市走势明显逆反时走势传导作用较大。

（5）"A50 期指当月连"可以在东方财富 App 上的自选股栏中进行设置。

独门 14
股价波动的波段涨跌转折点

原问答题目：怎么知道股价波动的波段涨跌转折点在哪里？

股价波段涨跌的"转折点"指中短期股价波动的顶峰和谷底。

如何把握这个转折点，怎么知道股价涨跌转折点在哪里？对于短线实战是十分重要的，对于中线持股的成本摊低也非常重要。

下面一些判断原则值得参考：

一、跟随大盘涨跌波动的个股

我们可以根据 MACD 指标的变化和大盘指数与 10 日均线的关系来判断指数的波段高低点。

对于跟随大盘波动的个股，比如说 MACD 指标的变化与大盘近似的个股，就可以根据大盘的高低点来判断波段高低点。

二、独立走势的活跃个股

这类个股主要是指股价运行在 MCST 线上方的股。

独立上升通道的个股主要根据通道的箱体压力支撑位来判断高低，来决定高低点的减增仓做短线或者摊低中线成本，也可以用 MCST 线的强弱决定重仓或者清仓。

三、短线强势股

短线强势股主要是指无原因的单日量比增大股。

单日量比突然增大股，可能是股价启动，那么这就是波段的启动点与低点；也有可能是随机性的，那么这就是一个短线高点。

判断的方法是当天或者第二天的股价强弱是否有连续性，有连续性是前期征兆的印证，无连续性则是先期征兆的逆反。

四、出消息股

出消息股也存在着股价启动与随机性这两种可能。其判断方法同三。

五、热门板块股

热门股的高低位置判断：

（1）判断龙一领头羊的走势。

（2）根据 BOLL 线的强弱来判断，其中 10 日均线的乖离强弱可以判断短线高点，BOLL 线的中轨可以判断支撑位和清仓点。

六、筹码集中股

筹码集中股波动特性有四：

（1）股价一旦活跃，就是连续的；股价一旦低迷，是死也不动的。

（2）活跃的启动性必须是连续的，不连续的随机单日涨容易很快被打回原形。

（3）在大盘强势或短线调整时，滞涨的筹码集中股容易逆势涨。

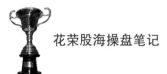

（4）股价一旦连续趋活，可以有部分仓位做大，高低点参考二。

独门 15
股民炒股赚钱少的常见原因及改变方法

原问答题目：导致普通股民炒股赚钱少的常见原因有哪些？怎样速成改变？

在 A 股中炒股结果不理想？我统计了几个常见原因，大家看看这几个死穴自己是不是中招了？

一、常见原因

第一个原因——能力不具备就上战场。

上战场是需要一些基本能力的，如果连开枪都不会，甚至连枪都不知道是什么就上战场，快速阵亡是必然的。

炒股前进行必要的学习训练是必需的，甚至这个训练学习所投入的精力代价不能弱于高三这一年的综合努力。

第二个原因——入错门派。

大家常见的门派，比如说长线价值、纯技术分析都被无数次实践证明是不行的，都是属于个人理财的旁门左道。

正确的 A 股炒股技术要包含下面几个要素：

（1）防范风险的明确措施。

（2）顺大势、符合大数原则的纪律。

（3）选时。

（4）多因一果，但有主因。

（5）对 A 股的真实客观（与成熟股市不一样）要清楚，对 A 股的关键要素（政策市、主力市、消息市）要知道。

（6）要有自我博弈逻辑角度。你的炒股结果是与众多因素的博弈结果，不仅仅是经济状态与企业经营的结果。

第三个原因——不劳而获的心理。

即使入对门派，也需要：

（1）有一定的训练强度。

（2）有一定的阅历。

（3）持续不断地收集信息。

（4）像现役运动员一样坚持保持状态，熟悉赛道，熟悉对手情况。

不能有不劳而获、一劳永逸的心理，赚钱没有这么容易，懒政是不行的，既要专业又要勤政。

二、速成改变的方法

1. 入对门

重新学习，最好是白纸，这样可以避免还要纠正坏习惯。

已经入错门的人要革命，弃暗投明，洗心革面。要想赚钱，就要倒掉原有杯中的脏水，重新学习。

2. 学习教材

（1）证券行业从业考试教材。主要是了解对手的情况，了解一些行业基础知识。

（2）台湾版《股票操作学》（张龄松、罗俊）。主要是学会 ABC。

（3）《操盘手1》《操盘手2》《操盘手3》。主要是了解股史，了解对手，增强阅历。

（4）《万修成魔》《千炼成妖》《百战成精》《青蚨股易》。学习具体战术、套路、策略。

3. 日常工作

（1）参加模拟比赛。训练也需要压力，需要比较和博弈。

（2）定期统计市场。包括每天复盘、每周作业、统计市场阶段规律，发现阶段关键点。

（3）制定盈利模式。根据《万修成魔》《千炼成妖》《青蚨股易》中的套路，制定有效的盈利模式。

（4）实战。除了技术分析外，还要养成良好的习惯，要本能熟练地运用

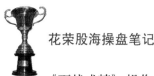

《百战成精》操作技术。

（5）总结。重要的操作要总结，每个阶段要总结。总结是为了提高，要系统书面。

（6）阶段奖励惩罚。阶段奖励惩罚自己，加深记忆。

独门 16
把握个股的买卖点有什么窍门

在股票市场想要获取良好收益，掌握好买卖点非常关键。

投资者经常会出现这样的情况：

（1）股票选对了，但是没来得及买，股票就飞了，该赚的钱没赚到；或者买的时候太着急，满仓后不涨或者继续跌，心理承受不了就卖了，结果卖完就涨停。

（2）卖点没有掌握好，没有及时"止盈"，导致原本得来不易的收益全部化为乌有，最后不赚反亏。

其实，股票实战，不光要有分析技术，还要有操作技术，买卖点的技术就是属于操作技术，操作技术很重要，它能影响你本次操作的概率，也能影响本次操作时间的心态。

下面，我就来总结一下个股买卖的小窍门：

一、准备充分，逻辑要硬、要全面

在你买入股票之前，你应该做好充足的分析，比如你选择的这个股票是否符合热点，量能是否重组活跃，K 线形态趋势是否良好，爆破点是什么，盈利模式是什么，是准备做中长线还是短线，止盈止损方式大概是怎样的，这些都要提前计划好，不要到时候涨了不舍得卖，跌了不舍得割。

二、买卖的时候要考虑背景

个股的走势要考虑背景，特别是要考虑大盘趋势、个股的股性风格、大盘与个股的技术指标状态。

需要强调的是，个股的股性风格有跟随大盘的，也有不跟随大盘的，还有大趋势不跟随大盘小趋势跟随大盘的，这些一定要弄清楚。

三、制订框架性的整体计划

一定要设置好止损点，其实我们回头看那些损失巨大的案例，都是因为没有提前设置止损点，或者是设置了却没有严格执行的。正常来说止损点在6%~8%，止盈点则需结合你定位中短线的打算来定，也要服从事先制订的整体计划，特别是买卖点并不一定是一次性的，买点可以有数次，卖点也可以有数次，也可以有局部持仓、局部低吸高抛、降低成本的措施。

一次重仓操作是网状整体的操作，不是一次性的压大小，网状整体操作有时是需要时间、中庸等因素来配合的，一次性的精确操作有时也有，但多数可遇不可求。

四、最重要的因素

决定操作行动因素的最重要因素是个股的逻辑、大盘的背景因素以及大盘的趋势变化，同时要考虑仓位的梯次，最好的操作是你计划买100万元，结果刚买到80万元时，个股股价爆发了，仓位轻重与浮盈浮亏决定心态。

五、要刻意养成组合等习惯

组合是避免大失误、增强大概率的有效措施。

组合不但要有品种组合，也要有成本组合，追求中庸是职业操盘手的好习惯。

独门 17
操盘手的常见盈亏原因

一、对我自己的总结

1. 赚钱的案例

（1）提升命运值的盈利。我自己的财富，主要是由三次牛市创造的：

第一笔是 2005~2007 年的股改牛，这次是 A 股史上最大的牛市，也是我自己改变命运的一次行情。

第二笔是 2014~2015 年的融资牛，这次是 A 股史上第二大的牛市，也是我积累财富最大的一次行情。

第三笔是 2009 年的股灾后牛，2008 年的股灾暴跌，造就了 2009 年的行情，这也是我自己把握住的第三笔比较大的财富。

（2）熊市赚钱的案例。我记忆深刻的有四笔：

第一笔是 2008 年攀钢钢钒的现金选择权。

第二笔是 2015 年股灾做超跌反弹。

第三笔是 2017 年攀钢钒钛的暂停上市。

第四笔是 2020 年春节后疫情震荡（重庆百货的全额要约收购与南国置业）。

（3）个股赚钱的案例。我记忆深刻的几笔是：

2020 年，是春节后疫情震荡中重庆百货与南国置业。要约收购与超跌低价央企。

2019 年，是春节前后的 ST 新能、广东甘化。央企低价股、筹码集中股。

2018 年，该年度没有记忆深刻的重仓大涨幅案例。该年度是历史第二大跌幅年。

2017 年，是 9 月的三泰控股，10 月的沃森生物。前者是低价重组股，后者是独立走势的筹码集中股。

2016 年，是 11 月的中国建筑。习惯于年底活跃的保险重仓股。

2. 赔钱的案例

（1）2016 年初的熔断。遇见熔断跑不及。

（2）2017 年 4 月的森源电气，盲目固执于消息，遇到连续跌势没有果断止损还妄想补仓自救。

（3）2019 年 9 月的中衡设计，遇到连续跌势没有果断止损还妄想补仓自救。

3. 经验教训总结

（1）赚大钱还得依靠大牛市，改变命运要依靠大牛市，一个炒股者的命运主要依赖大牛市的战绩以及牛市战利品的保持。

（2）熊市赚钱的条件有大盘股灾或者暴跌，同时存在现金选择权或者央企超跌低价股等比较特殊题材的品种。熊市中反弹、热点板块、技术分析都赚钱有限。

（3）近几年震荡市赚钱的方式是在大盘安全时的低价重组股、筹码集中股。

（4）无风险套利、低价央企股、活跃筹码集中应成为今后的重点选股方向。

（5）近几年吃亏比较大的几次原因主要是跌势产生时因为对消息盲目固执止损不果断还想自救，或者是因为小盘股没有及时止损逃跑想补仓自救。

上述五条经验教训要牢牢记住。

二、对市场的总结

1. 机会总结

（1）金融股是有周期波段机会的，这方面把握得不好，需要加强。

（2）大市值 50 强势股也是有短线机会的，需要加强。

（3）转债也是有机会的，因为进出灵便度的原因，把握得也不太好。

2. 风险总结

（1）因为疫情出现的个股基本面变化导致的风险要注意。

（2）因为疫情出现的基本面下滑对股市产生的系统风险要注意。

（3）大扩容导致的系统风险要注意。

独门18
复盘选股时应注意深究的异动现象有哪些

复盘时看见下列情况需要进一步仔细看历史 K 线以及需要进一步看 F10 调查其异动逻辑信息。

一、近年案例新经验总结

（1）大盘较大的调整后，个股出现连续小幅放量的独立小碎阳阳线组合（或是强于大盘的小 K 线组合），这是即将凶悍反击报复的前兆。

案例：维业股份（300621）2019 年 8 月 29 日的 K 线图（见图 1-2-1）。

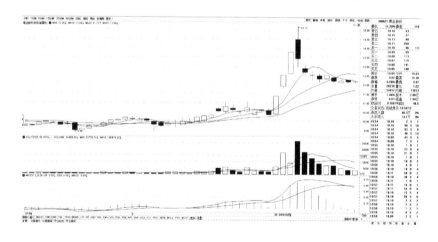

图 1-2-1　维业股份（300621）2019 年 8 月 29 日的 K 线图

（2）次新股开板后，依然走势比较强，意味着有机构着急快速建仓，后市可能继续存在中线机会。

案例：玉禾田（300815）上市初期的情况（见图 1-2-2）。

图 1-2-2　玉禾田（300815）上市初期的情况

（3）低价股第一轮超强放大量攻击走势后，MACD 红柱线缩减到零轴附近再度放量伸长。

案例：道恩股份（002838）2020 年 2 月 21 日前后的 K 线图（见图 1-2-3）、供销大集（000564）2020 年 5 月 12 日前后的 K 线图（见图 1-2-4）。

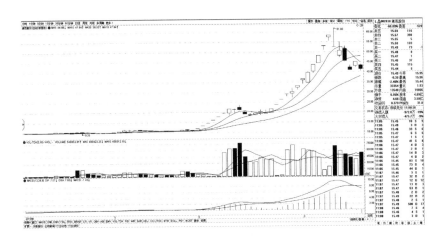

图 1-2-3　道恩股份（002838）2020 年 2 月 21 日前后的 K 线图

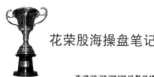
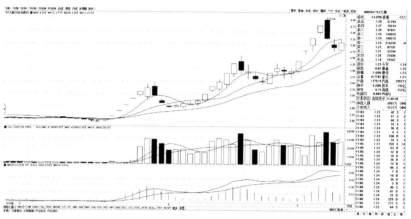

图 1-2-4　供销大集（000564）2020 年 5 月 12 日前后的 K 线图

（4）股价初步中高位强势横盘震荡后遇见 10 日、20 日、30 日均线纠集一线，这类股容易继续上攻。

案例：以岭药业（002603）2020 年 3 月 20 日前后的 K 线图（见图 1-2-5）。

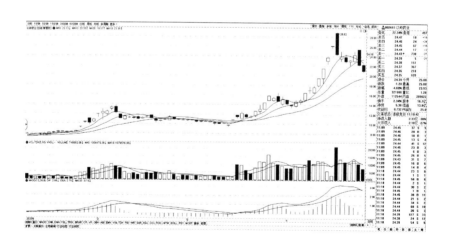

图 1-2-5　以岭药业（002603）2020 年 3 月 20 日前后的 K 线图

（5）初步上涨出现了两根空心大阳线，这类股短线容易继续上攻。

案例：国电南自（600268）2020年4月14日前后的K线图（见图1-2-6）。

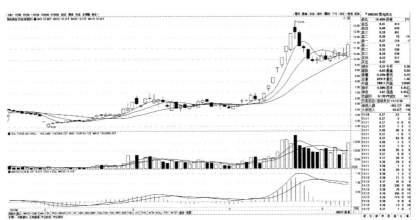

图1-2-6　国电南自（600268）2020年4月14日前后的K线图

（6）强势K线组合遇见大盘打击，下跌后的继续强势K线组合。

案例：华天科技（002185）2020年2月4日前后的K线图（见图1-2-7）。

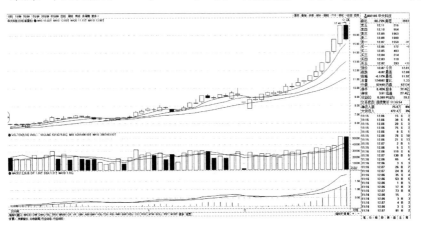

图1-2-7　华天科技（002185）2020年2月4日前后的K线图

（7）中初步单边上升形态的螺旋桨K线组合，容易继续上涨。

案例：宏大爆破（002683）① 2019年12月12日前后的K线图（见图1-2-8）。

①　2022年1月18日，公司名称由宏大爆破有限公司更改为广东宏大控股集团股份有限公司。

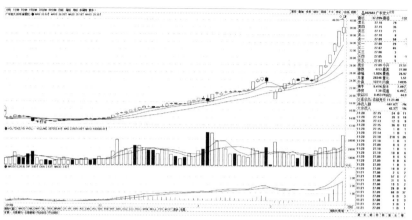

图 1-2-8　宏大爆破（002683）2019 年 12 月 12 日前后的 K 线图

（8）热点板块中强势次新股，容易特别强。

案例：中国人保（601319）2019 年 2 月 22 日前后的 K 线图（见图 1-2-9）。

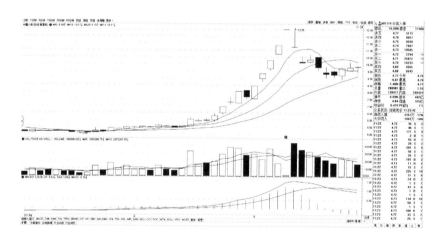

图 1-2-9　中国人保（601319）2019 年 2 月 22 日前后的 K 线图

（9）重大利好导致的连续涨停，涨停打开后继续强势，这样的股短线机会好。

案例：深康佳 A（000016）2020 年 2 月 18 日前后的 K 线图（见图 1-2-10）。

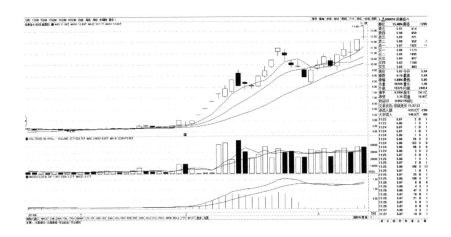

图 1-2-10　深康佳 A（000016）2020 年 2 月 18 日前后的 K 线图

（10）低位堆巨量的连续阳线。

案例：克明面业（002661）① 2020 年 2 月 3 日前后的 K 线图（见图 1-2-11）。

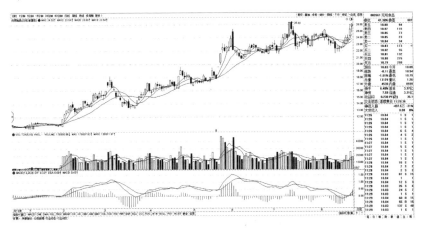

图 1-2-11　克明面业（002661）2020 年 2 月 3 日前后的 K 线图

（11）十大流通股东机构重仓的（或者螺旋桨股）低位股初步走向强势。

案例：厦门象屿（600057）2020 年 3 月 26 日前后的 K 线图（见图 1-2-12）。

---

① 2021 年 7 月 5 日，公司名称由克明面业股份有限公司更改为陈克明食品股份有限公司。

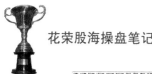

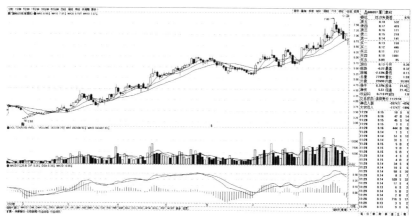

图 1-2-12　厦门象屿（600057）2020 年 3 月 26 日前后的 K 线图

（12）大盘大震荡时横盘筑底的迹象明显。

案例：华菱星马（600375）① 2020 年 4 月 22 日前后的 K 线图（见图 1-2-13）。

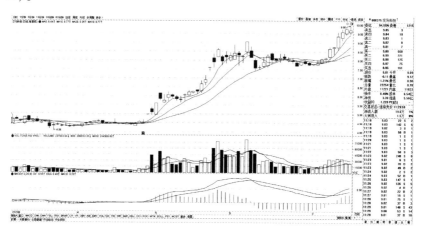

图 1-2-13　华菱星马（600375）2020 年 4 月 22 日前后的 K 线图

二、无案例的历史感觉回顾

（1）股价大幅下跌后，进入横向整理的同时，个股间断性地出现上下宽

---

① 2020 年 11 月 17 日，公司名称由华菱星马汽车（集团）股份有限公司更改为汉马科技集团股份有限公司。

幅震荡的大 K 线。

（2）当股价处于底位时，如果多次出现大买单，而股价并未出现明显的上涨。

（3）近期每笔成交股数超过以往市场平均每笔成交股数。

（4）换手呈增加趋势。

（5）原先成交极度萎靡，某天起，成交量逐步放大。

（6）原先股价买卖挂单比较小，开始连续挂单放大明显。

（7）股价尾盘跳水，次日低开高走，或者直接高开（不是因为大盘造成的）。

（8）在分时走势图上出现大买单股价明显重心向上。

（9）股价低位盘整时，经常出现小十字线。

（10）遇利空打击，股价反涨。

（11）大盘急跌它盘跌，大盘下跌它盘跌，大盘横盘它微升。

（12）分时图上，大盘上涨时，个股都比大盘强劲，连续数次。

（13）股价每次回落的幅度明显小于大盘。

（14）相对低位，股价比同类股的价格坚挺，但又不是筹码集中股或者老主力重仓股。

（15）日 K 线呈缩量上升通道走势。

独门 19
怎样利用板块概念炒股

原问答题目：板块选股法越来越流行。股票板块是什么？怎样利用股票板块炒股？

一、股票板块是什么

股票板块是指一些企业在市场中有一定相关性的共同因素，用此因素命名的一些股票组合。这些共同因素比较广泛，有行业、规模、地域、业绩、技术或者政策，目前比较被认同和常用的划分板块股票的方法是按照行业、概念、风格、地域分类。

按照行业划分，有银行、房地产、钢铁、煤炭、石油等行业；按照概念划分，有数字电视、环保、5G、特斯拉、生物疫苗、雄安等概念；按照风格划分，有欲高送转、业绩预升、大盘股、小盘股、基金重仓、重组预案等风格；按照地域划分，有北京板块、上海板块、广东板块、海南板块等。

二、为什么板块越来越流行

板块越来越流行的原因是：

（1）由于机构大资金增多，为了效率，他们在选股时以选择板块为主。

（2）随着股票数量的增多，游资炒作热点板块容易得到市场响应，便于市场集中资金火力。

（3）熊市中便于常规性的机构资金抱团取暖。

（4）重大事件题材自然形成了同一概念股的活跃。

（5）在平衡势市场中，至少一个板块的活跃才能激活市场或者造就波段行情。

三、怎样利用股票板块炒股

1. 利用行情软件提供的板块分类

当一个板块成为热点，你想从该板块中选个股，不要想当然自己选，那样可能偏于主观不被市场认可，可以直接从券商免费的行情软件中去选，不管是否客观，都容易得到市场认可。

2. 发现新热点

券商行情软件中有板块涨跌排序，有分类排序，也有综合排序，如果某天某板块突然涨幅突出，比如多只涨停、该板块涨幅超过5%，要高度注意其中龙头股和强势股，这是短线操作的重要方法，在强势市场中十分管用，在平衡势市场中也是重要方法。

3. 突发事件发生

要注意受益板块，防范受损板块的风险。

4. 强弱板块的区分

板块都有指数，用 MCST 线区分强弱，线上的为强势板块，线下的为弱势板块。

5. 便于选股

比如临近年报时间，你想选年报预增股或者高送转潜力股，就可以在相关股票中去选。

6. 熟悉板块规律

比如汇率跌纺织出口股受益，航空运输、造纸受损；白酒、医药蓝筹喜欢逆势；减息、降准房地产受益；新股发行速度加快券商、创投板块受益；等等。

要熟悉这些并知行合一地在实战中应用。

独门 20
股票停牌规则的套利思维

原问答题目：请介绍一下股票的停牌规则和常见停牌情况，以及怎样投机套利?[1]

上市公司停牌是指上市公司因某些事项而申请暂时停止交易，这里的某些事项主要有筹划重大资产重组、非公开发行股份以及其他重大事项三大类。在这里不讨论因短时间股价波动过大而被交易所要求自查的停牌规则，只讨论交易所停复牌业务规则规定的重大事项停牌规则与情况。

一、上市公司停牌规则与情况

2018 年，上交所和深交所在证监会的指导意见下对上市公司停复牌进行了相关的规定，具体文件可以查询交易所的规则文件。在这里简化成下面几类情况：

---

[1] 本篇由股友"我是哈天"总结。另外，多观察一下案例，有时是能发现意外机会的。

1. 筹划重大资产重组（发行股份）的停牌规则

上交所和深交所对于筹划重大资产重组（发行股份）的停牌规则如下：

预案公布前停牌时间：不超过10个交易日。

能否不停牌：可不停牌，但要做好保密工作，并在第一时间披露重组预案或报告书。

复牌要求：上市公司应在停牌期限届满前披露经董事会审议通过的重组预案，并申请复牌；未能按期披露重组预案的，应当终止筹划本次重组并申请复牌。

重组方案重大调整：可申请停牌，同时应当在五个交易日内披露重大调整的具体情况、当前进展、后续安排以及尚需履行的程序等事项，并申请复牌。

重组进程披露：每个月披露一次相关事项的具体进展情况及筹划的事项是否发生变更等具体信息，其他紧急事项及时披露。

上市公司股票在并购重组委工作会议召开当天应该停牌。

2. 筹划重大资产重组（无发行股份）的停牌规则

筹划重大资产重组（无发行股份）的停牌规则原则上不允许停牌，应当分阶段披露筹划进展，包括上市公司破产重整期间其股票原则上不停牌。如果必须停牌的，停牌时间不超过五个交易日。

3. 其他重大事项停牌规则

其他重大事项有很多，这里只列出最常见的：

筹划控制权变更：原则上应当分阶段披露筹划进展，确需申请停牌的，可以申请停牌不超过两个交易日，并按照相关规定履行信息披露义务。确有必要的，可以延期至五个交易日。

要约收购（筹划控制权变更）：原则上应当分阶段披露筹划进展，确需申请停牌的，可以申请停牌不超过两个交易日，并按照相关规定履行信息披露义务。确有必要的，可以延期至五个交易日。

一般在要约收购期满后停牌一个交易日（此条深交所未有）。

变更证券名称（含摘帽摘星）：最多停牌一个交易日。

二、上市公司停牌套利

从上面的上市公司停牌规则和停牌情况可以明显地看出，2018 年停复牌新规实行以来，上市公司停牌不能再任性了，同时也不能长时间停牌。那么这里有没有什么套利的关键点呢？

下面来详细分析下：

1. 筹划重大资产重组（发行股份）的停牌套利

从筹划重大资产重组（发行股份）的停牌规则可以看到，上市公司有两次停牌一般是必须的。第一次是预案公布前的停牌，第二次是重组方案上会当天的停牌。如果重组方案有重大变动，那可以再停牌一次。下面来统计分析两次必备停牌的套利思路。

预案公布前的停牌很难做到停牌前潜伏，因为上市公司筹划重大资产重组属于重大事项，肯定会很严格地保密。即使上市公司原来有某些承诺（比如解决同业竞争而整体上市的承诺等）或者意向公布（比如新大股东有表达过注入资产的意向、国企混改的意向），时间点也很难把握，合适的思路就是少量仓位的跟踪观察。专门选取这个盈利模式的投资者有一些投机经验，在本书其他部分会专述。

这里的总结是在预案公布后的复牌初期阶段，因为 A 股涨跌停板限制和市场认识的情况，复牌后个股股价不一定马上到位或者到位后又下跌，那么就有一定的利润空间。比如复牌后股价没有表现，但是重组方案却是实质性利好的。比如重组的方案中有现金选择权的，要是市场背景不好，股价跌破了现金选择权，那么这就是一个不错的机会。

重组方案上会当天的停牌是个明确的时间点，属于时间确定的套利，详细信息可以在证监会官网找到。同时《上市公司重大资产重组管理办法》第二十七条规定"并购重组审核时间最短 21 天可以完成，最长不会超过 30 天"，中国证监会依照法定条件和程序，对上市公司属于本办法第十三条规定情形的交易申请做出予以核准或者不予核准的决定。因此这是个比较明确的时间点。

信息链接如下：

http：//www.csrc.gov.cn/csrc/c105935/c1004167/conte.shtml。

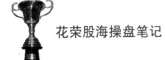

虽然重组方案上会当天的停牌是个时间确定的套利，但价格却是不确定的，作为投资者必须分析其中的规律以及重组方案的真正价值。

2. 筹划重大资产重组（无发行股份）的停牌套利

筹划重大资产重组（无发行股份）的停牌规则比较简单，原则上是不要停牌。如果涉及证监会的行政审批，那么在上会当天就要求停牌。比如上市公司的重大资产出售，基本上是不用停牌的，很多也不涉及证监会行政审批。如果涉及证监会行政审批，那么它的套利思路是和筹划重大资产重组（发行股份）的上会停牌类似的。

3. 其他重大事项停牌套利

（1）筹划控制权变更停牌套利。筹划控制权变更停牌一般也是要遵循保密原则的，而且它的停牌很多时候是紧急停牌，特别是午间停牌。停牌的时间点是比较难把握的，一般也是复牌公布方案后可以跟踪观察。比如筹划控制权变更经常伴随非公开发行股票，那就是小停牌的战法了。

（2）要约收购停牌套利。要约收购停牌主要有下面几种情况：

1）在上市公司收到收购人的意向书或洽谈意向时，为了避免股价波动，通常会停牌。

2）在这次停牌期间，上市公司会陆续发布最新的进展公告，有的会在停牌期间就透露要约收购意向或获批情况。

3）当要约收购意向达成，便会复牌，同时公布要约收购书摘要（是摘要，不是全文），但基本方案已经差不多定下来了。

4）在方案中会设计要约缘由、目的、要约价、要约份额、是否有约束条件（比如必须收到多少比例以上才行，收不到则全部不要了）、上市公司大股东是否有意愿转让股份支持等要约事项。

5）然后就是等待批复的过程。有时获批的消息公布前也会停牌。

6）一旦所有批复都下来，会立即复牌并公布要约收购书全文及要约期限，一般是接下来的30个自然日，且该期限内不停牌。

7）要约期限的最后三天是不可撤销的，只能接受要约，不能撤回。一般在最后三天决定接受要约与否更划算。

8）要约期结束以后会立即停牌一天。第二天再复牌并公布要约收购的结果。

可以看到要约收购可能有三次停牌，第一次是要约收购意向时，第二次是证监会审批时（可能也没有），第三次是要约收购结束后。第一次时间是不确定的，因此套利难度大。第二次证监会审批时间是可确定的，这里也类似小停牌战法。第三次要约收购结束后时间是确定的，这里的套利要求水平比较高，要约收购后特别是全面要约收购后，上市公司的筹码会集中，很大程度上成为筹码集中股，套利思路主要在于利益博弈，难度比较大。

（3）变更证券名称停牌套利。变更证券名称停牌套利典型的例子就是*ST 股摘帽套利，年报 ST 战法系列文章有介绍。

独门 21
如何分析上市公司的定增是利好还是利空

上市公司定增是常见事件，几乎在任何一个交易时期都有大量的股票存在定增前、定增进行时、定增后的题材，熟悉定增对股价的利好利空程度无疑将能把握住一些潜在机会，也能让我们规避一些潜在风险，极大地提高我们的二级市场短线能力。

一、定向增发的目的

1. 项目融资

相较于银行借款，定向增发的股票没有利息支出，可降低融资成本。上市公司在培育新的利润增长点时（项目）遇到资金瓶颈，定增可以有效快速地实现资金配置。

利好利空花评：要看项目行业的优劣以及行业的冷热。项目好于原主营是利好，差于原主营是利空；新项目行业越热越是利好，越冷越是利空。

2. 资产重组

企业资产的拥有者、控制者与企业外部的经济主体对企业资产的分布状

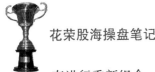

花荣股海操盘笔记

态进行重新组合、调整、配置的过程，或对设在企业资产上的权利进行重新配置的过程。

利好利空花评：要看置进置出的资产结果是否能提高上市公司效益、对赌协议的优劣以及新股东履行承诺的能力。

3. 上市

（1）整体上市。股份公司想要上市必须达到一些硬性的会计指标，为了达到这个目的，股东一般会把一个大型的企业分拆为股份公司和母公司两部分，把优质的资产放在股份公司，一些和主业无关、质量不好的资产放在母公司，这就是分拆上市，股份公司成功上市后再用得到的资金收购自己的母公司，称为整体上市。

（2）借壳上市。将上市的公司通过收购、资产置换等方式取得已上市的公司的控股权，这家公司就可以以上市公司增发股票的方式进行融资，从而达到上市的目的。

利好利空花评：整体上市常常会有现金选择权，借壳上市常常造就黑马。这两种定增值需长时间跟踪分析。

4. 引入战略投资者

通过定向增发，引入具有资金、技术、管理、市场、人才优势，能够促进产业结构升级，增强企业核心竞争力和创新能力的战略投资者，实现资源共享，拓展市场占有率。

利好利空花评：对于濒临退市的绩差公司是利好，对于未有退市风险的公司是小利空。

二、公司带来基本面影响

（1）利用上市公司的市场化估值溢价（相对于母公司资产账面价值而言），将母公司资产通过资本市场放大，从而提升母公司的资产价值。

利好利空花评：高价定增提高原股东的净资产，扩大市值。在牛市中容易刺激股价上涨，在弱势中刺激股价下跌。

（2）符合证监会对上市公司的监管要求，从根本上避免了母公司与上市公司的关联交易和同业竞争，实现了上市公司在财务和经营上的完全自主。

利好利空花评：母公司资产注入上市公司，容易在置入前压低股价，以达到母公司资产占据更多股份的目的。

（3）对于控股比例较低的集团公司而言，通过定向增发可进一步强化对上市公司的控制。

利好利空花评：如果大股东是用现金增大股份（也可能是局部要约收购），增发完成后容易有进一步利好动作。

三、定向增发的套利方式

1. 折价收益

定增股票比市场价低，使投资者拥有较低价格优势。定增折价可以理解为对定增锁定期（通常为半年）低流动性的补偿。

利好利空花评：好项目是机构大户的重要盈利模式。

2. 个股成长收益

定增有效提升公司股价，投资者可获取股价上涨收益。

上市公司定增目的分为收购资产、项目融资、借壳上市等。

利好利空花评：这是部分职业投资者的重要盈利模式。

3. 市场波动收益

大盘估值回归低位，此时是参与定增的最佳时点。

利好利空花评：如果股票定增套住了强主力，股份够多、股价足够合适，在大盘转强后可以对这类股票进行猎庄。

4. 交易规则

定增股票有定增价规则，按照定价基准日前 20 个交易日平均价的 80% 来确定的，其中基准日为发行期首日。

利好利空花评：在大盘趋势背景尚可的情况下，有些上市公司（股东）会有一个定增心理价格（有的甚至有保底抽屉协议价格），它们并会为此压制股价或者抬高股价，可以与上市公司进行沟通，根据市场价格的波动进行短线套利。

独门 22
MACD 线金叉死叉在不同的位置有什么不同

MACD 线是最常用的技术指标之一，它的常规用法以及花门独特用法在《青蚨股易》等书中已经论述，MACD 线的用法中，金叉死叉是很重要的内容，有股友很心细，他们发现，金叉死叉发生的位置不同，也会有一些股价表现的差异，现在我们就把这部分内容补充一下：

一、金叉经验

1. 金叉高位

发生位置在零轴以上，MACD 线高出零轴很多，这时 DIF 线穿过 DEA，高位金叉的出现，代表着价格回调，且回调已经结束，后市短线上涨的概率较高，这个技法比较适合强势和平衡势阶段短线选股使用。

2. 金叉在零轴旁边

如果上涨趋势已经形成，在零轴旁边的金叉，这种情况说明股价经过了一波行情整理，股价重新转强，如果再有量比的放大，就代表着股价已经转强，得到成交量的支持，后市上涨概率较大，在大盘安全时，这是一个比较重要的选股思路。

3. 金叉低位

这里的低位是说在零轴以下，远离零轴，这个金叉说明股价在下降的同时，短线需要技术性反弹。在这种情况下，上涨概率相对上述两种情况要小，除非大盘严重超跌，不能轻易过分看好，同时要防止二次死叉。

二、死叉经验

1. 高位死叉

这是在零轴以上，而且远离零轴，高位死叉一般出现在上涨回调以后，持仓者在看到高位死叉时，应该保持一定的风控警惕性。

2. 零轴附近死叉

如果股价的下跌趋势已经形成，在零轴线附近出现死叉，表示势态形成，后市看跌，应该高度警惕。

但有一点需要注意，如果是强势股或者筹码集中股抗涨抗跌震荡时在零轴线附近形成死叉，暂时可以观望，如果出现连续两根绿柱线就要警惕；如果遇到二次金叉，反而是机会的来临。

3. 低位死叉

低位死叉在零轴线以下，远离零轴线，是反弹结束的卖出信号，应该卖出，没有入场的应该保持观望，被套牢者可以先行卖出，等到股价下跌后再买回来，可能能做出一些差价。

独门 23
最新上市的潜力新股机会怎样把握

原问答题目：最新上市的新股，什么样的开板后一段时间有较大机会？

在弱平衡势市场中，次新股是比较活跃的群体，但是次新股的市场表现又是参差不齐的，我们有必要把次新股中那些开板后表现比较突出的次新股的基本面、题材面特点做一个总结，并进一步总结一下这些股的波动特征。

主力喜爱的新股特征及股价的机会表现规律总结如下：

一、阶段热门流行行业

比如说在 2020 年半导体行业相对较热，这类的次新股开板走稳后容易吸引公募基金建仓，尽管开板前涨停数量较多走势也相对较好。

机会表现规律：

1. 斯达半导

热门流行行业，股价开板后回落，在相对较高位置横盘后开始上涨（连板数量较多，大盘背景为平衡势）。

2. 沪硅产业

热门流行行业，由于业绩亏损，科创板没有涨停限制，从上市第一天就开启连续的上升通道，这个例子可以作为科创板好行业绩差股的典范（大盘背景为平衡势）。

二、金融行业

金融次新股只要流通市值不是最大的一类，在开板股价调整到位后，许多都成为阶段的板块领涨股。

机会表现规律：

1. 中银证券

股价开板后，横向强势调整，后股价破位后，再度连续小阳，后因为市场"T+0"讨论，券商股板块反应，该股成为领涨股。

2. 国信证券

上市初期也受到过炒作。

三、总市值、流通市值都特别小

总市值、流通市值都特别小，如果流通市值占总市值比率低更好，这类股容易吸引专门炒次新股的游资。

1. 华盛昌

华盛昌的流通股只有 3333 万股，业绩也可以，开板后调整三天，然后又连续涨停。

2. 玉禾田

也是小盘股，开板后股价几乎又涨一倍。

四、市场形象突出的股

这类股基本上都会受到炒作，关键是选准时机。比如优刻得。

五、股价表现一般的次新股

如果涨停开板后调整时间比较长或者股价调整幅度比较大，这类股容易长期低迷。

六、科创板第一个星期强的次新股

这个 K 线组合的股容易比较强，比如三友医疗。

七、新股中签率

若中签率低，表明市场看好的机构众多，这样的股在开板后更容易有好的表现。

八、弱平衡势市场中的盈利模式

次新股是弱平衡势市场中的重要盈利模式，大盘越是弱势、惨烈越要注意，在强市和大牛市的高点则要警惕，定位过高的次新股一旦遇见大盘单边下跌，跌得也狠。

独门 24
如何发现股价处于低位底部的强势股

股市投机的窍门就是在股价两极中寻找潜力品种，比如最强的、最弱的，最高的、最低的，最热的、最冷的。

相对来说，处于低位底部的强势股更容易为多数人接受，中线安全度感觉相对高一点，但是底部低位股的活跃性可能不如涨高了一些的股，当然如果能够找到又低又强的股是最好的，这类股是不可被放过的极品股。

下面就如何在底部找强势股做个总结：

一、使用 ROC 指标

通过 ROC 指标选底部强势股，主要选择经过长横盘并且缩量的个股，在股价出现反转以后，股价开始上涨，该指标第一次出现连过零轴上三条天线时，极易形成黑马股，等待回调可以买入。主要技术要点如下：

1. 底部区域启动

首先要判断股价是否处于底部位置。这要根据大盘趋势和个股所处的位置综合判断。

2. 股价出现快速拉升

变动速率 ROC 有一个重要功能就是能够快速测量极端行情出现的变化。在股价初期上涨出现快速拉升时，ROC 指标连续突破三条天线，就是要密切关注的时候。强调第一次出现是为了保证仍然处于底部区域。这里的 ROC 指标取原始值。

3. 不适合超级大盘股和上市的新股

对于上市时间较长的中小市值股要准一些。

二、使用量价关系

股价经过横盘后成交突然放大，股价上涨，第一次冲高出现回落，回落位置不超过涨幅的 50%，成交量缩量到前期单日成交的 1/5 甚至更低是最好的买点。

1. 股价突然上涨

最好是有一些人为的刺激消息出现，出现快速拉高建仓的走势。

2. 上涨后股价回调有限

股价回调不超过涨幅的 50%，不能出现负反击 K 线走势。

3. 成交量极度萎缩

这种情况说明跟风盘、解套盘风险释放，筹码集中，特别是一些有资产重组、借壳上市征兆的个股。

三、"大洗澡股"

一些有做市值愿望的上市公司喜欢在股价低位进行一次性的业绩"大洗澡"，通常是一次特别大的计提。

但需要注意，一些上市也可能是真的基本面恶化了。业绩"大洗澡"的股票常常伴有下列附属迹象：

1. 大股东刚刚变更过不久

一般是一个会计年度内，清算旧账，重新踏上征途。

2. 有强大战略投资者入驻

有新战略投资者入驻，或者是强大机构被重套且还有加仓迹象。

3. 基本面有反转迹象

比如说财务重整、国企股权划转等事件。

独门 25
框架思维的独门优势是什么

原问答题目：股市中的框架思维对于波段投机成功率很重要，实战中怎样使用框架思维

股市的框架思维，是网状思维在股市实战领域的具体体现。它是先找出影响阶段市场的几个关键因素，比如正在影响市场情绪的关键点、未来一段时间的大盘爆破点、现存的市场盈利模式，然后找到个股爆破点，找到大盘和个股的风险底线，耐心地分批操作，要做明显的随机差价，这样的一个整体立体的操作体系，我们称为框架思维体系。

一、正在影响市场情绪的因素

正在影响市场情绪的因素通常包括：

1. 做多情绪的预期

有一个因素、消息能共振并反馈性的导致市场上涨。

2. 做空情绪的预期

有一个因素、消息能共振并反馈性的导致市场下跌。

3. 无预期

市场情绪处于空白状态，市场纯技术性地随机波动。这时操作要服从技术指标的指引。而有预期时，盈利模式不能逆势。

花荣股海操盘笔记

二、未来一段时间的大盘爆破点

这个爆破点会导致大主力的阶段做法，以及众多的股民情绪变化。

1. 正常的正反馈

正常的利多、利空正反馈，需要提前做好准备，不能因为短线的波动而忽视了这个关键点，至少要做好对冲准备，爆破点发挥作用时要有利自己、不伤害自己。要事先把这个关键爆破点列出。

2. 要注意消息的反向作用

最常见的是把利空做成利好，比如把融资消息、新鲜扩容事物做成短线利好。

弱势中一个利好的兑现也可能导致市场的短暂崩溃。

三、现存的市场盈利模式

分析目前阶段和前一阶段涨势比较好的股的上涨原因和概率出现程度，对于能重复走势的个股走势规律建立盈利模式。

四、个股爆破点

爆破点方式分为：

1. 通常的爆破点

即消息兑现的那一刻的规律。

2. 大盘转强爆破点

大盘转强你会买哪一类股？这一类股的组合必须强于大盘。

3. 大盘转弱爆破点

大盘大跌一下，一些原本机会不大的股开始出现机会。

比如，转债跌破面值，如股价 1 元零几分钱未亏损股，一旦市场大跌，股价短暂跌破面值，这也许就出现了机会。

五、耐心地分批操作

1. 对大盘的底线要心中有数

一个是指数底线，另一个是时间长度的底线，要事先心中有数，并留有一定的余地，计划好分批的步骤，最好是计划进行到70%时开始启动。

2. 明显的随机差价要做

明显的差价要做，摊低成本能保持良好心态，坚定信心。

3. 不孤注一掷

除非超短线的强势项目可以重仓，甚至融资。

中长线项目不能过分重仓，不能一次性重仓，要留有余地，要进行项目组合，要能抵抗任何"黑天鹅"。

独门26
怎样挑选和投资操作白马股

那些业绩稳定、成长性也比较好并有一定流通市值的股票被称为白马股。

一、怎样选择白马股

（1）每股收益可观且市盈率较低。

（2）每股净资产值比较高。

（3）净资产收益率能达到两位数以上。

（4）公司主营业务明确突出且收入增长率较好。

（5）行业龙头且市场占有率较高。

（6）市场公认且机构在弱势中也认可。

（7）次新类定位合理的更容易吸引市场注意。

二、怎样投资操作白马股

1. 要注意股价活跃的白马股

以 MCST 线为标准，股价在 MCST 线上的为活跃股，股价在 MCST 线下的为不活跃股，买点可以参考 MCST 线是否被放量突破或者在 MCST 线是否受到支撑。也可以参考 SAR 指标进行操作。

2. 弱势重质，强势重势

白马股在弱势中相对表现较好，机构喜欢抱团取暖；在大盘强势背景下，由于前期股价跌幅不多，市值较大，弹性不如低价股，活跃性也不如低价股，短线效应相对一般。

3. 好的分配方案

如果有好的业绩和分配方案，就会对市场资金形成吸引力。这个时间容易出现短线爆发力。

有时业绩超预期也能激发市场热情。

4. 炒热点题材不合适

由于白马股中公募基金等价值投资思维的机构大户持有数量多，他们不认可热点题材炒作，有时还会稍高就抛出，所以游资炒热点时不愿意炒白马股。

5. 年初的强势白马股值得中线关注

公募基金等偏爱白马股的机构有最低持仓要求，每年年初重新计算新年度业绩，这段时间实战积极性最强，因此新年第一周走强的绩优白马股容易是当年度的核心资产。

独门 27
从股指期货数据看待行情的趋势方向

原问答题目：怎么从股指期货数据看待行情的趋势方向和趋势情绪变动？

从股指期货的现状和异动情况中可以得到一些机构的趋势看法和敏感信息，有些信息比投资者惯用的分析方法更有超前性和敏感性，主要的方法思维有：

1. 股指期货的现状是升水还是贴水

（1）股指期货升水代表着市场看好未来的趋势，期指超过现指是金叉要注意市场转强，期指升水时做多是主趋势但是要注意交割日附近时间的次趋势阻力。

（2）股指期货贴水代表着市场看淡未来的趋势，期指跌破现指是死叉要注意市场转弱，期指贴水时做空是主趋势但是要注意交割日附近时间的次趋势阻力。

2. 近期股指与远期股指的比较

（1）如果远期股指远远低于近期股指，更是说明市场看淡未来，数值的差距说明了看淡力度。

（2）如果远期股指远远高于近期股指，更是说明市场看多未来，数值的差距说明了看多力度。

3. 期指的先行异动

（1）如果中远期期指或者全部期指都先行在指数上同方向异动，有可能是主力有趋势行动的先兆，也有可能是一些敏感人士的先行敏感行为，要格外注意。如果发生在尾市，也要适当注意。

（2）如果中远期期指或者全部期指都持仓、成交放大（不是移仓原因），且运行方向与现指有明显迟滞现象甚至不同步，这是现指即将变盘的征兆。

4. 大消息、大异动时的期指与现指比较

（1）市场大消息出台时，期指波动的状态能够说明市场对该消息的态度。夜间期指的波动反应对次日开盘具有引导作用。

（2）市场出现单日大波动，看看期指的波动状态（与现指比较），能够对次日走势有一个暗示作用，可以用作追高或者逢高减仓的参考指标。

5. 交割日容易大异动

当交割日来临时，当日或者前日，期指与现指差距较大时，有机构出于套利原理喜欢反向操作，即牛市容易发生单日大跌（特别是超买时），熊市容易发生单日大涨（特别是超卖时）。

6. 对期指操作的提醒

（1）距离交割日很近时（比如一周时间），操作期指要注意交割日和贴水、升水的关系，在交割日临近，贴水较大时要对做空加大约束条件，做多条件符合时可以适当加分；在交割日临近，升水较大时要对做多加大约束条件，做空条件符合时可以适当加分。在交割日，升水贴水较大时，现货指数容易大震荡。

（2）如果 A 股在某阶段的波动与美股波动联系较紧密，在 A 股尾市时，可以适当注意美股期指的明显波动。

独门 28
有没有成功率较高的打板技术

打板族是一个年轻人、新股民津津乐道的股市门派，许多人都痴迷其中，我此生专好研究股民心理和各种股市技术，为了研究打板技术和打板族心理，也曾用小资金多次参与过（我个人认为打板技术不是大资金的全天候技术，但在强势市场中可以用，甚至在强势市场中效率还比较高），里面确实有不炒股的人体会不到的刺激。

一、常见的打板技术

下面的几个打板技术据说准确率较高，是我用独门逻辑 K 线技术与打板族高手换来的。

1. 分歧转一致

分歧转一致板，就是头一天的涨停是一个大烂板，市场出现了严重的分歧，次日如果再上板，确定性就很高。

2. 涨停抢筹

要求一字涨停开盘，盘中出现破板的情况，这时需要看筹码峰，筹码峰必须是顶格。但是还不能无脑这么干，还需要考虑以下因素：为了确保成功率，超过三个涨停的就放弃；如果是板块龙头，当天其他大户小弟中途助攻最佳，板块个股大涨次佳；如果都没有，放弃。

3. 市场转势板

市场在大跌后，由弱转强的转折点，第一个涨停的股有较高概率继续涨。

4. 板块换手板

由于突发消息，或者市场合力，板块当日出现了涨停潮，次日必然有分化，强势的会出现连续一字板，这时饥渴的资金也会寻找没被一字顶死的个股进行攻击。这种股往往换手充分，也可以走得较远。

注意：要求高潮当日必须有五只以上的涨停股，越多越好；次日，去弱留强，选择最早上板的个股。可以是一字板的，也可以是非一字板的。如果是龙一开板，就要选择龙头的回封，而不是跟风股。

二、打板技术的常见误区

（1）市场打板行情差，不建议参与。

（2）除了龙一、龙二、龙三外就不要参与了；换手板，只打第一只换手涨停的。

（3）换手率超过50%的放弃打换手板，如果次日由弱转强可以打板。

（4）连续加速的，不建议打板。

（5）不打连续一字的，由于筹码断层，一旦开板容易出现大跌，除非是市场龙头股，本身具备很好的人气基础。

此外，在没有摸索清楚之前，千万不可以大仓位打板，只能小仓位试着看看，直到熟练掌握。打板要龙头崇拜，不是龙头就没有打板价值。

打板是极端战法，是一把"双刃剑"，因此必须要有止损策略，一旦封不住，次日必须止损。这是最重要的生存法则。

三、一些实战感悟

1. 第一板的经验

许多人喜欢打第一板，其实第一板坑最多，第一股性没得到验证，原来的主力是什么态度，筹码是否轻松，概念是否纯正，这些都有待验证。不确定因素太多，初学者多是在打第一板时吃亏。

2. 第二板的经验

一些入道的选手，会发现第二板才是真爱，才是胜率最高、收益最稳的方法。

（1）第一板封得非常好，高开高走缩量板。这种类型的股第二天大幅高开是预期中的，所以接力小心，这类型的如果不是股性特别好，基本都要挂掉。因为一板的大幅高开，已经把一致性演绎到极限，第二天如果是快速板，大多是收割的模式。

（2）第一板封得一般，或是个烂板，反复封撤换手。这种类型的股如果第二天开得比较高，并且带有量，那么就比较让人安心，如果你是激进选手，直接集合一笔，如果开盘后继续带量拉升，快速涨停，并且量能超过第一天，直接扫入。这类型的速度第二板，是短线选手的主要盈利方法。因为这个第二板带量拉升，参与活跃，出货的也大幅盈利，随便出掉都能被市场立即接住，那么这类型的二板，也许会烂，但是大赚的概率远远超越赔钱的概率。

四、在涨停前捕获涨停板

1. 上升回档之看成交量选涨停

成交量是选择短线强势股的重要参考依据，股价的上涨一定要有量的配合。成交量的放大，意味着换手率的提高，平均持仓成本的上升，上档抛压因此减轻，股价才会持续上涨。

有时，在主力筹码锁定良好的情况下，股价也可能缩量上攻，但缩量上攻的局面不会持续太久，否则平均持仓成本无法提高，抛压大增，股票缺乏持续上升动能。因此，短线操作一定要选择带量的股票，对底部放量的股票尤其应加以关注。

2. 强势上涨后横盘

盘中分时突破新高，然后横盘，遇见大盘指数上涨，再度出现连续大买单导致股价直线上升。

3. 资金量大的可以助板

过去有一些江浙资金喜欢助板，但是这在大盘背景还可以的情况下才可以，助板越猛越有气势，越是犹犹豫豫越不容易成功。

4. 打板技术有博弈性

打板技术是一种有一定难度的技术，不是那么容易快速学会的，需要模拟训练，如果贸然失控使用，一旦失误，短线也容易亏损。

独门 29
请介绍一下威力强大的 K 线反包战法

原问答题目：听说 K 线反包战法威力强大，能介绍一下这个高手战法吗？

一、什么是 K 线反包战法

第一天是一根大阴线，第二天是一根大阳线，大阳线把阴线吞吃了，这种情况通常叫作反击 K 线组合，又可以叫作 K 线反包组合，在第二天反包过程中已经看到反包迹象的时刻是个短线买点。

二、高位反包战法更准

1. 假阴真阳 K 线

当天 K 线的最高价和最低价都比前一天的高，开盘价大于收盘价，K 线是阴线，是一根假阴实阳的上涨 K 线。

缺口大小是这个假阴的标志性因素之一，缺口当然是第一个缺口更好，第二天反包的概率更大。缺口不是指前一天的 K 线，而是多根 K 线之上的缺口。

先是一根假阴真阳 K 线，接着来一根反包的大阳线，这种 K 线组合往往是一个波段上涨的开始。

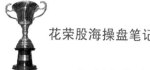

2. 假阴 K 线原理分析

假阴 K 线震仓功能，股价高开低走，反弹无力，全天几乎都在分时均线之下运行，一点反弹动力都没有，K 线实体上又是一根长阴，盘面比较吓人，这样的 K 线实体既可令散户清洗，主力也可用小单来进行最后的吸筹，面盘表现买单少，主动买入的大单更少，这是一个股价启动前的经典手法。

3. 假阴 K 线的量柱

量柱的质量决定个股之后的上涨幅度；量线的质量决定个股之后的上涨幅度。量柱是量的大小，有缩量、放量、巨量之分。量线其实就是均量线，是由几日平均量线构成的量能趋势线。

超短买卖首要条件就是量柱，并且这个量柱一定要站在长期均量线之上，没有具备这个条件，上涨迹象不可靠，有可能是一种利好消息的随机现象。

4. 假阴的三种经典反包形态

（1）上升途中的假阴。一只个股在小阴小阳的上升途中，量能也是地量运行。K 线重心不断上移，趋势向上。突然某一天放量高开，不管是有消息的高开还是无缘无故的高开，这种高开低走放量收假阴的个股都应该引起我们的高度关注，后市可能要加速。

（2）横盘突破前高的假阴。个股在前高受压后转头向下，一般是以一根较窄的阴线结束横盘趋势，然后第二天开始反包上涨启动波段行情。

（3）下跌末端的假阴。某只股在一个相对的高点以小阴小阳的趋势向下阴跌，这个过程中不能出现放量大阴线，此时出现反包 K 线组合，是股价波段减低并欲反击的征兆。

独门 30
主力是怎样进行股价护盘的

在大盘下跌时更能暴露出个股股东中是否有操控股价的主力机构，复盘者从盘面观察个股有无主力护盘动作，从而可判断出主力机构对该股的持股企图以及对股价高低的在意度。有些个股在大盘下跌时随波逐流，在重要的支撑位、均线位毫无抵抗动作，这说明主力已经无力或者无心照看股价，短线时间内，股价不乐观，有些个股走势则明显有别于大多数个股，主力维护股价的行为明显，经常异动，此类个股值得我们进一步跟踪分析。

主力护盘行为的常见 K 线特征有：

一、以横盘代替下跌

主力护盘积极的个股，在大盘回调、大多数个股拉出长阴时，不愿同步下跌，而是保持缩量整理态势，等待大盘回稳而收复股价的时机。

这样的个股，在 K 线组合经常形成阶段的螺旋桨。

二、拉尾市

拉尾市情况较复杂，应区别来分析：

1. 高位拉尾盘

一般来说，若股价涨幅已大，当天股价逐波走低，在尾市却被大笔买单拉起的个股宜警惕。此类个股通常是主力在派发之后为保持良好的技术形态刻意而为。

2. 低位拉尾盘

有些个股涨幅不大，盘中出现较大的跌幅，尾市却被买单收复失地，则应为主力护盘的一种形式。

3. 盘中反击

盘中出现大户大卖单，主力不忍股价下跌，在买盘竭尽后立即反击拉升股价。

4. 大托单

在大盘下跌时，在合适的价格挂出大买单，被砸掉后再度挂出，态度坚决，并且随后几天护盘机构有将股价维护在该护盘价上方的明显动作。

花荣股海操盘笔记

三、反包

1. 收开反包

收盘最后一笔单子把股价下砸 7% 以上，第二天开盘高开甚至冲击涨停。

2. 强势尾开反包

有些主力在前段时间错误地估计了大盘走势，在大盘回调之际逆市拉抬，股价受拖累后尾市回落，K 线图收出带长上影的形态，但整体升势未被破坏，此类"拉升未遂"的个股第二天开盘有望卷土重来。

这种情况常发生在强势中调整日。

3. 逆势风格

有些机构重仓股有逆势的风格，大盘强时股价一般，大盘跌时反而逆势上涨。

独门 31
什么是股票的振幅？怎样利用该指标选时选股

股票的振幅是指一只股票在每个交易日开盘之后的最高价和最低价之间的差值，与前一个交易日收盘价的百分比。股票的振幅能反映该股在交易日当天的活跃度。市场上大部分的投资者一般认为股票振幅大表示这次股票活跃程度高。

一、股票振幅大的含义

1. 短期热门股

一般情况下，短期热门股买卖的人比较多，股价的振幅通常要高于指数与其他股票。

热门板块的振幅也要高于一般板块，经常在每天板块排名中排在最前列或者最后列，有的投资者喜欢在热门板块有一定调整幅度后，在大盘安全时选择该热门板块中的强势股操作，据说短线效果比较好。

2. 高位热门股

连续放大量大涨后处于高位的股相对比较活跃、振幅也比较大，地天板、天地板都经常出现在这个类型的股中。

股价高低是相对的也是要有标准的，一般情况下，职业投资者用 MCST 指标衡量个股的活跃度，处在 MCST 线上的属于活跃股，股价越高于 MCST 线较大幅度的越活跃，该类股在 MCST 线遇到支撑是短线买点；处在 MCST 线下的属于低迷股，股价越低于 MCST 线较大幅度的越低迷，该类股必须连续放巨量才能活跃，放巨量价涨量增甚至冲击涨停才是买点。

3. 大波段即将出现

平常振幅小的股振幅突然加大，代表着机构大户有大行动的开始。

大 K 线反包组合的最后一根大 K 线可能是机构大户的真实意图，要么是拉高出货，要么是低位启动。

平常买卖挂单比较小的股，突然买卖单增大也意味着机构将有大动作，要加强信息逻辑分析。

4. 高贝塔值

有的股可能有机构大户长期关照，这样的股可能有一定的波动性格，其中有一类股属于高贝塔值股。

如果某只壳资源股（有信息逻辑征兆）盘面异动比较明显，但是股价又波动不大，可能即将面临着重组大动作（重组停牌前交易所有异动限制）。

一些螺旋桨王股阶段振幅不大，但是当日上下影线通常比较长，这类股适合小资金低挂买单等待意外成交赚个小钱。

二、股票振幅数据的特殊应用

1. 大盘大跌时的应用

选择振幅小的股。大盘大跌时，如果股价跌幅不大、振幅较小，代表着有强有力机构在承接该股。

2. 大盘大涨时的应用

选择涨幅大且内外比排名靠前的股。大盘大涨必须选择超越的股，内外比排名靠前代表着新机构资金进场，这类机构资金充裕，心气也比较足。

3. 平衡势时的应用

选择高贝塔值股票板块中的 MCST、MACD 同时状态好的股。在平衡势中必须把大盘的节奏和个股的活跃度、相对低点结合起来才能赚钱。

4. 螺旋桨王股的应用

筹码集中股必须要有活跃度，否则会把人急死。

独门 32
你会用正回购赚钱吗

一、正回购定义

所谓正回购指的就是某一方通过抵押一定量的证券来获得一部分资金，并且在约定的时间范围内再购回所抵押的证券，这种交易行为就称为正回购。说白了，就是用证券抵押在交易所贷款的行为。

央行经常会通过正回购来回笼资金，因为相对于央行票据，正回购能够降低运作成本，并且能够更好地锁定资金。

许多人会玩逆回购，正回购就是逆回购的对手盘。

二、正回购需要满足哪些条件

专业投资者才能申请进行正回购交易。

交易所规定：

（1）个人投资者证券账户净资产不低于人民币 50 万元。机构投资者净资产不低于人民币 100 万元，且其证券账户净资产不低于人民币 50 万元。机构投资者应当提供加盖公章的最新的年度资产负债表或者距申请成为债券市场专业投资者日期不超过三个月的月度资产负债表作为净资产证明。

（2）个人投资者或机构投资者的相关业务人员参加债券投资基础知识测试。测试完成后，投资者测试得分不低于 80 分的，证券公司方可确认其通过测试。

（3）投资者申请成为债券市场专业投资者，应具有最近三年累计 10 笔以上的债券交易成交记录。一笔委托分次成交的视为一笔成交记录。

（4）证券公司不得接受以下投资者提出的专业投资者资格申请：被中国证监会采取证券市场禁入措施的投资者；法律、行政法规、部门规章和本所业务规则禁止从事债券交易的投资者；近三年存在严重违法违规或其他严重不良诚信记录的投资者。

三、正回购怎样操作

1. 确定账户有债券的持仓

查看账户中有债券的持仓，及持有的债券品种是否允许回购，并根据折算率和需融资金计算入库数量，相关信息可在交易所网站查询。

2. 债券质押入库

在交易界面中选择"卖出"，输入质押代码及数量，价格自动显示，一般是 1 元。债券质押的数量没有限制，低 1 手即 10 张，但是不能超过持仓数量。

注意事项：

（1）这里是质押代码（又称入库代码）不是债券代码。质押代码以 090（国债）、104（公司债）、105（分离债纯债、企业债）、106（地方债）开头。可通过交易软件查询，券种名称将对应债券名称的债券即可。

（2）部分券商不能在网上操作，必须到柜台办理债券质押入库；深市没有质押代码也没有其他操作界面，只能到柜台办理。

3. 确认标准券

债券质押入库后，系统会根据新的折算率自动换成标准券（账户上出现标准券一览，代码为 888880）。

注意事项：

（1）用来质押的债券必须是 1000 张标准券的整数倍。

（2）沪市当日买入的债券当日可质押，当日可回购交易；深市当日买入的债券当日可质押，下一交易日才可回购交易。

4. 正回购交易

在交易界面中选择"买入"，输入交易代码、融资价格（融入资金利率），交易完成后你的账户上就出现借入的现金，同时减少你的标准券数量，借入的资金就可买入其他证券，也可以转出资金。

注意事项：

（1）交易代码即逆回购代码，具体根据融资时间选择相应的代码。

（2）融资数量必须填 1000 的整数倍。

（3）借入的资金有的券商不允许转出，只能买入其他证券。

5. 回购结算

回购到期前需及时在账户中备足现金以备扣款，到期后系统会自动扣款，并将标准券转回账户。

注意事项：

操作时限，以 1 日回购 204001 为例，当天 22∶00 以后标准券就回到账户上，同时可用资金减少借入的金额，第二天 16∶00 前你的账户上要准备足够的扣款本金及利息以还掉借款，否则将产生违约。

6. 质押债券出库

标准券回到账户上后就可以申请出库。方法与入库时相反，即在交易界面中选择买入，输入质押代码和出库数量即可出库。

注意事项：

（1）沪市当日出库的债券当日卖出；深市当日出库的债券，下一交易日才能卖出。

（2）部分券商不能在网上操作，必须到柜台办理债券质押出库。

（3）深市由于没有质押代码所以只能到柜台办理。

四、正回购的用途和技巧

1. 参与逆回购的人

不管是正回购还是逆回购，其操作都是使用闲置资金，一般参与逆回购的都是一些机构投资者，比如货币基金、财务公司等，当然，其中不包括银行。很多短线投资人的闲置资金也经常参与到逆回购之中。逆回购并不适合作为一种长期的投资工具，另外，逆回购在周末是没有利息的。

2. 参与正回购的人

正回购大多为银行为了回笼资金而使用，一些个人投资者使用正回购一般都是因为临时急用钱而又不想卖出自己手中的证券，这样就可以通过正回购来获得自己需要的资金，等解了燃眉之急之后归还本金和利息，再拿回自己的证券。

个人参与正回购的主要技巧：

（1）买进年化收益率较高的债券，然后用债券低息贷款（正回购利息很低，低于债券利息），这样不影响炒股，还可以获得一定的年化收益。

（2）买进年化收益率较高的债券，如果债券价格跌了，可以正回购获得资金再度买进该债券，重复收益，有些人可能会多次操作、多次受益。

（3）市场会出现一些垃圾债券，年化收益率可能会达到20%，如果你分析准了该债券不存在违约可能，可以买进该债券获得年化收益率，同时通过正回购或者融资获得资金进行正常的其他证券投资。

（4）正回购利息连续极高的时间，要注意股票市场的短期风险。

独门33
大多数人不自知的致命愚蠢行为是什么

原问答题目：A股市场大多数人不自知的致命愚蠢行为是什么？

一、股市中的高手与平庸股民的主要区别

（1）高手有优势的独门技术、独门信息、独门手段，而平庸股民使用的是大众技术、大众信息、大众手段。花家军的独门技术是有交易系统，有信息战法统计跟踪技术，有做空手段、网下手段、合格投资者渠道手段。

（2）高手除了学院分析技术，还有力量技术、跨市技术、盈利模式技术，而平庸股民只有学院技术，即基本分析技术、技术分析技术。花家军把力量技术、跨市技术、盈利模式技术与博弈、逻辑、社会现实结合起来进行

实战。

（3）高手没有明显的弱点，而平庸股民的弱点不自知也无法抑制，常常不自觉地冒出来。

二、发挥优点，抑制弱点

在股市中，许多人都热衷学习技术，努力加强自己的长处，但是不注意抑制自己的短处。

其实，一个人的水准，不看长项看短板。决定一个人水平的往往不是上限，而是他的下限。真正优秀的人，在最困难的情境里，都不会表现得太差。稳定的人通常不会在顺境时多么闪耀，但也不会在低谷时特别失常。高手在与人博弈时，不但能攻击对手的弱点得分，自己也没有明显的弱点让对手攻击而失分。

对于许多人来说，特别是许多喜欢学习且有一定技术基础的股民，可能抑制自己的常见致命缺点比发挥自己的能力更加实用、更容易见效、更能提高台阶。在 A 股中，愚蠢的人比较多，不太需要比拼智慧，需要的是比拼谁能减少自己的愚蠢行为。

三、多数人不自知的致命愚蠢行为是什么

1. 客观和情绪化

（1）客观。怎样才能客观？让人客观的手段就是规则、历史、统计，这三方面的工作不难，但是似乎多数人做得不够，或似是而非，更谈不上清楚熟悉，持续不懈地保持状态。这样，必然就会对市场的真相不了解、不客观，没有针对手段，甚至冒用欧美股市的手段。

（2）情绪化。A 股市场的情绪化特征十分明显，既有不理性的"博傻"机会，更有关键时刻的犯傻弱点。

这个不理性的"博傻"机会是指单边趋势产生或者冷热点出现时股价涨跌过度，这种机会过于理智清醒的外行把握不住。关键时刻的犯傻弱点是指高低两极点产生时，有基础素质弱点的人由于惯性或者市场情绪不可克服，甚至是知道也不能知行合一。

情绪化弱点不可克服的关键还是统计工作做得不够，对客观规律认识不清晰，股市市场愚蠢情绪就必然占上风。

股民如果不能把客观、情绪化、基础素质这三点解决，就难以成为顶级高手，赚取亿元级别的财富，如果把这三点问题解决了，炒股能力可以大大提升。

2. 关键点与手段

（1）关键点。对于市场的阶段关键点必须清晰，最常见的市场阶段关键点有：

第一，趋势的性质是强势、弱势、平衡势？要有统计数据支持，不能是情绪感觉。

第二，正在影响市场情绪的关键消息。它们如何导致目前市场状态的主要矛盾、关键事物？

第三，未来的主要爆破点。未来的某个必定措施或者潜在措施（上下两个方向）是什么？会导致市场发生什么？无新的爆破点，目前状态持续一段时间后会发生什么？

以上这些因素是关键，必须有确定性手段。至于其他随机机会风险，则是小仓位的问题，把握也好，不把握也好，不影响输赢大局。

（2）手段。既要有常规应对手段，也最好有超越手段，比如顺势、等待、做空、无风险套利、双规信息等。

3. 注意点与概率

（1）注意点。第一，主观追求。统计市场机会，发现机会的上限，评估自己是否能够把握，千万不能眼高手低，放弃专业理智，陷入愚蠢情绪化。

第二，客观目的。根据市场客观的大概率情况，以及自己的能力目的，制定实事求是的盈利模式。

（2）概率。理财要永远服从大概率、可操作性，不放弃增强大概率的职业技能习惯。

4. 固化和提升

（1）固化。时代是发展的，永远不变的是变化，不能故步自封。

（2）提升。接受新鲜事物，接受异端。有提升，有利用。坚信客观数据

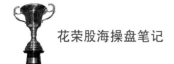

与逻辑，不试图纠正别人的愚蠢、装神弄鬼（心中有数就行了）。

独门 34
判断股票好坏性质的硬逻辑都有哪些

判断一只股好坏的直接标准是未来涨跌的程度和操作性，用年化收益率和可事先分析操作性衡量更为准确和容易理解。

而决定一只个股涨跌的关键因素是题材、主力、热点、价格确定性、习惯等。这些因素必须是市场认可的，当然会有明暗，有时间差，有单一突出的，有多因素共振的，有制度性的，越是高概率的、确定性的、有统计数据支持的逻辑越硬，而要避免个人幻想错觉化，那些没有统计数据支持的基本面分析、技术分析也谈不上硬逻辑。

下面我把 A 股市场经常出现的一些硬逻辑总结如下：

一、制度化的硬逻辑

1. 全额要约收购

（1）关键是判断实施的可能性。用社会逻辑判断实施的可能性，与上市公司联系进行语言、语气、态度沟通逻辑判断。

（2）年化收益率。要大约估计年化收益率是否令人满意。

（3）审批进程。要注意审批进程、时间进程，分批建仓保持心态。

（4）要约日前后的股价规律。注意要约前的窄幅横盘、要约后的震荡、超跌后的第一次机会。

2. 局部要约收购

（1）分析其目的。分析是股权转移的被动要约还是增强股权控制权，增强股权控制权后是否有后续的利益手段（借壳或重组）。

（2）要约期间的短线机会。不用考虑进程，只考虑要约期间的大盘强势背景短线机会。

（3）要约日后的股价规律。注意是否会有一次 V 字形的走势机会。

3. 现金选择权

（1）股东大会日前后的利益。

（2）实施日前后的利益。

（3）弱势中股东大会前反悔的可能性较大。

4. 保底的面值、净值

（1）年化收益率。

（2）溢价的可接受度。

（3）关联品种的热性与弹性。

（4）基本面的保证性。

二、题材性的硬逻辑

1. 突发的大题材

（1）题材的情绪冲动性。

（2）第一时间的龙头股。要花费时间找，要注意第二个板。

（3）要注意第二波。

2. 商誉减值与计提

（1）商誉减值的利空性和时间性。

（2）计提的预告时间性和"洗澡性"（附属机构性）。

三、主力性的硬逻辑

1. 主力的绝对仓位和占总仓比

十大股东或者 K 线螺旋性，单一仓位有后续资金的最好，强势也需要跟踪活性。

2. 成本价

定增价或者 MCST 数值。

3. 大盘背景

活性、题材热点性。

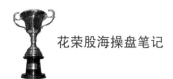

四、公告性的硬逻辑

1. 公告的逻辑硬度

是否值得跟踪，是否有后续公告，是否有表决权利益。

2. 重要时间

实施的时间、实施的截止时间、哪些时间不能够实施（回购、增持）、哪些时间容易实施（暴跌后或者排序时间）。

3. 价格

特别是借壳上市和重大重组流程接近时的超低价格横盘（有20个交易日的同板块波动比范围要求）。

五、习惯性的硬逻辑

1. 次新股的习惯

（1）上市当日的盲点。中大盘子的涨停研究。未设涨停新股的研究。

（2）解禁日的研究。减持公告前后的研究。

（3）年报中报前后的研究。是否送股以及股价波动规律的统计利用。

2. 筹码集中股的习惯

（1）股价波动的规律。

（2）潜在题材的研究。

（3）成为热点时的机会研究。

3. 涨跌20%幅度的习惯

（1）大盘强弱两极股性的研究。

（2）大题材出现时的机会研究。

独门35
突破炒股能力瓶颈的关键点是什么

一个富二代问我这个问题，他说他炒股的技术遇到了能力上限瓶颈，以往他学习打球、下棋也遇到过类似问题，他怀疑是不是天赋问题。我说，在A股成为顶尖高手，还用不着拼天赋，因为绝大多数连愚蠢都没有摆脱。我也遇到过和提问题的这个年轻人类似的困惑，我回忆了一下我自己的学习炒股能力的提高过程，发现有两个强制措施可以较为有效地提高自己的炒股能力，甚至能突破瓶颈提升一个台阶。

一、抑制自己的弱点

抑制弱点、完善以往的思维，可能是最快的提高方法。

有些思维方法也有一定的水平，但还有提高的空间，要做到进一步的精益求精，比别人更强。

1. 进一步抑制自己以往失误赔钱的弱点

（1）在一段行情的末期小盘股仓位过重。这个弱点是自己近10年赔钱（回吐利润）最严重的问题，要么是第一时间舍不得直接砍掉，妄想平盘后卖；要么是直接卖掉的力度不坚决，导致跌势出现后就卖不掉了。

（2）买热点板块中非最强股。有时市场出现热门板块后，龙头股已经涨停，就买那些没有涨停的热门板块中的个股，导致弱势中赔钱，这种情况也出现了数次。

（3）在强平衡势中关注弱爆破点。在强平衡势中注意弱爆破点，不如多花工夫把个股翻一遍。

2. 进一步抑制影响自己以往抓机会的弱点

（1）没有充分把握住特大题材。第一板时选股的力度不够，抢板力度不够，第二板观察投入力度不够。

开板后的第二波机会的主力不够，甚至放弃了。对于连板的重组股，这点也需要注意，以后要列入主盈利模式之一。

（2）没有足够耐心把握住硬逻辑。有硬逻辑的个股选出来了，但过了一段时间放松了警惕，或者被其他机会冲淡了注意力，以至这个机会彻底漏掉，今后要加强的措施有：

1）建立选股备忘录。

2）大盘有机会时把选股备忘录重新看一遍。

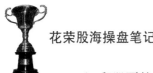

3）翻股票的次数适当比以往增多一些。

二、增强一些新技能

市场存在着一些很有效的方法，但是由于习惯固化，我们会熟视无睹，这种固化必须打破，这也许是最有效的提高方法。

1. 做空的技能

缺乏做空手段或者做空思维是绝大多数投资者的致命伤。

（1）要注意 MACD 的状况。必须在大盘低量能、MACD 出绿柱线（长一点）的情况逢高做空。

（2）要把握连续恐慌时的机会。有利空情绪、连续下跌时的机会。

（3）习惯性弱势机会。要注意月底、季度底（周四）并弱势叠加时的机会。

（4）要防止交割周的期现指数差。有时在交割周存在着较大的期现指数差，如果指数波动方向有利就利用，不利就回避，这点以往注意不够。

（5）双向开单。在平衡势市场中双向开单，遇到意外的技术性大涨、大跌，解除顺势单留下反向单，这个方法在无方向的平衡势市场中还是管用的。

（6）注意沪深 300 和中证 500 的强弱。要根据指标股的强弱来判断。

（7）新技能需要熟练。新技能要熟练，要杜绝行动条件跟着感觉走，要克服不看技术指标的情绪感觉，操作技术做空比做个股要容易，但也要有一定的熟练度和客观度。

2. 次新股技能

有两类次新股的机会是比较明显的，以往投入实战的力度不够，许多老股民也有这个缺点。

（1）开板后依然强势的次新股。

（2）次新金融股。

每个人总结的可能不一样，读者可以根据自己的情况进行总结。

独门 36
怎样理解和利用"五穷六绝七翻身"

原问答题目：您好！都说"五穷六绝七翻身"，请问 7 月有哪些翻身机会可以捕捉？

一、怎样理解"五穷六绝七翻身"？

1. 弱平衡势市场的年度节奏

根据近几年的年度行情波动规律统计：

在弱平衡势市场中，春节前后，也就是 1 月、2 月容易出现阶段性的上涨行情，有时 12 月也可能出现机构做市值的行情。

而在 5 月、6 月、7 月容易出现较大的波动。

其他的月份则受消息面影响比较大，无消息刺激则容易出现技术性的随机波动。

2. "五穷"

2013 年 5 月，沪市指数上涨 5.63%，阶段高点。

2014 年 5 月，上涨 0.63%，低位窄幅整理。

2015 年 5 月，上涨 3.83%，牛市中最后一根月阳线，次高点。

2016 年 5 月，下跌 0.74%，低位整理。

2017 年 5 月，下跌 1.19%，二八分化，指标蓝筹股强，小市值股差。

2018 年 5 月，上涨 0.43%，下跌中继的短线休整。

2019 年 5 月，下跌 5.84%，当年跌幅较大月份。

2020 年 5 月，下跌 0.27%，低位整理。

规律总结：5 月是个相对刺激的月份，要么容易产生局部高点，要么是承接 4 月局部高点的低位加速或者整理，是中线投资者的不吉利月份。

3. "六绝"

2013 年 6 月，沪市指数下跌 13.97%，因为中期钱荒，创出数年低点。

2014 年 6 月，上涨 0.45%，低位窄幅整理。

2015 年 6 月，下跌 7.25%，牛市见顶大跌。

2016 年 6 月，上涨 0.45%，低位弱势整理。

2017 年 6 月，上涨 2.41%，二八分化，指标蓝筹股强，小市值股差。

2018 年 6 月，下跌 8.01%，下跌中继，加速下跌。

2019 年 6 月，上涨 2.77%，平稳的月份。

2020 年 6 月，上涨 1.32%（截至 2020 年 6 月 15 日）。

规律总结：相对来说，6 月是个"妖怪"月，既有顶部的大震荡，又有底部的大震荡，还有下跌的加速震荡，可能是投资者记忆最不好的一个月。

4. "七翻身"

2013 年 7 月，沪市指数上涨 0.74%，低位小幅反弹。

2014 年 7 月，上涨 7.48%，银行股点火行情。

2015 年 7 月，下跌 14.34%，惨烈暴跌，也有救市的三个涨停。

2016 年 7 月，上涨 1.70%，温和整理。

2017 年 7 月，上涨 2.52%，二八分化，指标蓝筹股强，小市值股差。

2018 年 7 月，上涨 1.02%，下跌中继，超跌后的短线整理。

2019 年 7 月，下跌 1.56%，上个月的整体修复。科创板开板。

规律总结：7 月是管理层容易做事情的月份，有三个年度有大事件。

二、怎样做弱平衡势市场的第三季度计划

1. 阶段的关键点认识

（1）中报业绩的影响。2020 年不乐观，类似的参考应该是 2008 年，其他年度的应该自己评估一下。

（2）管理层的态度。2020 年管理层准备开设创业板注册制，类似的参考是 2019 年。其他年度的应该自己补充评估一下。

（3）7 月的 K 线位置。2020 年属于中间位置，与 2019 年类似。其他年度自己评估一下。

2. 盈利模式的建立

（1）我自己对第三季度的评估。与 2019 年类似，感觉综合条件弱于

2019 年，2019 年是箱体平衡势，2019 年的高点是 3288 点，是由于中美贸易谈判的正向预期造就的（也与 2018 年是历史第二大跌幅年有关），产生高点后的低点是 2733 点。

（2）准备的应对盈利模式。第一，借壳上市的盈利模式目标是有明显借壳上市迹象的品种；操作思维是先少量持有，大盘暴跌时加大仓位，需要高抛低吸摊低成本。

第二，暴跌后做反弹。目标是定增被重套的金融股、跌破面值的微亏损股、有效率的可转债、超跌的创业板热点强势股。短线思维。

第三，高位做空的钱。大盘无量涨到高点后，MACD 出绿柱线时再分高点做空期指。

第四，连续放量（沪市连续 3200 亿元以上）目标是定增被重套的金融股、业绩"大洗澡"股、中报预增股、超跌的创业板热点强势股。

第五，提醒自己。2020 年世界局势复杂，重仓出击的条件要严格，不能有长线打算。

独门 37
怎样判断大盘和确立盈利模式

答：我目前判断大盘强弱的几个主要指标是：

一、根据大盘的成交量能判断

（1）如果沪市大盘成交量持续超过 4000 亿元是强势。
（2）如果沪市大盘成交量持续低于 3000 亿元是弱势。
（3）如果沪市大盘成交量持续在 3000 亿~4000 亿元是平衡势。

二、根据指数波动规律判断

2019 年以来，大盘有大主力利用金融指标股调控市场，指数波动有一定的规律性，指数常常在一个 200 点内的箱体内上下波动，2020 年下半年的箱

体区间是 3200~3400 点（参见沪市指数 K 线图）。

三、根据 MACD 指标判断

（1）MACD 指标绿柱线持续缩短或者 MACD 指标红柱线持续缩短时，市场处于稳定期，如果有理想的短线个股就操作，如果大盘量能不够强势标准，在没有有把握的个股时不操作不算错。

（2）MACD 指标绿柱线持续伸长或者 MACD 指标红柱线持续伸长时，市场处于弱势期，如果大盘成交量小，遇见意外的指数高点或者资金紧张期，逢高超短期指做空。

四、用特殊因素判断

（1）在月底、季度底，如果大盘成交量弱势，不轻易持仓，遇见意外高点放空。

（2）根据北向资金的动向，作为超短线的参考。

（3）根据美股白天的期指动向，作为超短线的参考。

五、主要盈利模式

（1）在市场弱势化时，遇见意外的弱势高点，做空弱势指数的期指。

（2）瞄准少数赌注股控制仓位的分批低吸高抛。

（3）瞄准阶段的强势金融股，根据指数箱体在箱底做强势金融股的超短线。

（4）根据 MCST 指标，操作线上低点支撑的强势蓝筹股，短线操作。

独门 38
大涨幅转债的上涨原因统计

经过统计，大涨幅转债的上涨原因主要如下：

一、正股是大热点

当市场出现大热点时，比如疫情受益板块是 2020 年春节后的大热点，看看热点板块股是否有对应的转债。

准备工作：对转债对应的正股基本面、行业、概念要熟悉。

介入时机：如果转债价格在 115 元以下，热点初起时就是介入时机。如果转债价格过高，通常情况介入正股，如果转债折价且进入转股期，可以买转债转股套利操作。

二、正股有借壳上市预期

如果正股有比较明显的借壳上市征兆，该转债在适当时机可以考虑介入。

准备工作：要找出哪些有借壳上市的股有转债，并放在自选榜上跟踪。

介入时机：根据借壳上市的常见步骤，比如在正股处于低位时，或者上市公司的存量资产已经处理得差不多了，或者上市公司当地的新闻迹象已经明显介入，当然最好要转债价格折价较好，如果溢价则需要转债价格低于 110 元。

三、正股是低价小盘绩优股

低价小盘绩优股（业绩稳定即可，不一定需要特别好）容易成为游资的攻击目标，有机构的盈利模式就是在指数低位先建仓这类转债，大盘转强再攻击正股，效率与安全性兼备。

准备工作：要发现价格低于 100 元（或者 100 元高一点）的这类转债，并把这类正股放在自选榜上跟踪。

介入时机：100 元以下的，如果时限不多的可以提前中线建仓等待，正股明显异动后也可以适当追击。

四、注意庄债

如果该债券机构持有比例大，特别是上市公司大股东或者二级市场主力持仓较重（经常是网下配额，绝对金额要大）。

准备工作：对所有上市公司的发行情况和转债条款要熟悉。

介入时机：当转债价格有吸引力时介入，如果转债价格溢价太多，在大盘出现机会时也可以注意正股。

五、转股价格大幅下降

如果转股价格大幅下降，对转债是重大利好，通常会大涨。

准备工作：对于可能要大幅下调转股价的转债要熟悉，要经常与上市公司进行沟通。

介入时机：这类转债通常价格低于 100 元，要在价格低廉且接近下调转股条件、时间时介入。但是要注意回避正股有退市可能的转债。

六、庄股的转债

庄股容易出现大涨幅，对应的转债也有相应的机会。

准备工作：把庄股放在自选榜上中线跟踪。

介入时机：在庄股出现上涨迹象时，介入价格安全的转债（面值附近，或者低于面值，或者折价），如果远高于面值且溢价不如介入庄股本身。

七、存续期快到期的低价转债

当转债存续期快到期时，上市公司有拉升股价达到强势转股条件，迫使转债持有者转股，否则需要还钱。

准备工作：对于强势转股条件要熟悉，对于转债存续期要熟悉，开始跟踪正股。

介入时机：溢价不多且转债价格高于面值不多的可以注意，低于面值的更好。

八、低价金融股转债

金融股是 A 股市场中的活跃股和基本面稳定股。

准备工作：金融转债只要高于面值不多的都可以注意，如果数量多则选相对条件好的。

介入时机：低于面值的低点（有吸引力的价格）可以注意，在正股出现上涨迹象时可以注意高于面值不多的转债。在发行期，如果配售数量大，可以想办法多买点原始转债。

独门 39
人生赌注股的特点与实战注意点

我把总结的心得记录如下：

一、这种股都有什么特点

（1）这类股多数情况下是低价股或者是小市值股，有的甚至是 ST 股。

（2）已经有确定的信息证明该类股不会退市或者要进行重组，这类信息是确定的，不能是自己猜测的，不能因为信息判断错误导致踩上退市股的雷。

（3）在指数低位或者大盘强势初期时的基本面一般的筹码集中股也有赌注股的潜质。

二、哪些公告信息和形态量价需要格外注意

（1）有明确的重大重组公告信息，要把握好时间点，要经常与上市公司沟通。

（2）有明确的有力保壳公告信息，要把握好时间点，要经常与上市公司沟通。

（3）最好是央企或者省级国企，并有混改确定信息，要把握好时间点，要经常与上市公司沟通。

（4）如果是民企，也要是国企已经介入并已经成为新的第一大股东，国企买壳的投入比较大且已经被套，最好是上市公司已经经历过财务"洗澡"。

（5）新第一大股东实施过局部要约收购且上市公司已经把原有资产处理

得差不多了。

（6）在大盘强势时，深市品种较好，因为买股时没有 50 万股的日限制，有效率；在大盘弱势时，沪市品种较好，因为有 50 万股的日限制，抛压相对轻。

（7）要勤翻股吧信息、集团网站信息、当地媒体或者内部媒体信息，寻找信息逻辑链。

（8）股价在历史最低位附近，最好是大盘上涨一段时间后该品种滞涨甚至下跌了一个台阶，大盘下跌时抗跌，抛压很轻，小买盘就能把股票买涨。

三、最重要的事情

（1）不能重仓买在高位，一旦被套，套牢时间容易较长。

（2）ST 股活跃的黄金时间是每年的最后四个月，这是保壳的关键期。

（3）要睁大眼睛，仔细审核，千万不能买进并持有即将退市的股票，比如连续亏损三年或者股价连续跌破 1 元前 20 个交易日的，这句话要连续看三遍。

独门 40
什么是慢牛股？哪些股票可能会成为慢牛股

所谓的慢牛股就是股票价格或者是大盘有比较稳健攀升的态势，虽然涨幅比较小，但是比一般的股票少了大起大落，而是以一种稳健上升的状态长线往上走，虽然中间可能有反复，但是股价 K 线形态总体是一种中线上移的稳健态势，在一段时间过去了之后，会发现股价明显上了台阶。

一、哪些股票有可能会成为慢牛股

1. 已经启动的螺旋桨王股

K 线形态形成了螺旋桨走势的个股，这种个股如果处于低位（股价曾经遭受过打击），股价一旦再次启动，要么是连续涨停方式，要么是慢牛上升通道方式。

2. 弱势中超级的绩优股

最常见的是消费行业的绩优股，比如白酒、医药、家电、食品类的绩优股，特别是在 MCST 线上强势运行的机构抱团重仓股。

3. 基本面反转绩差小盘股

有一些原本基本面比较差的小盘股，由于进行了资产重组，或者行业发生了重大背景变化，基本面刚刚开始质变，这类股也容易成为上升通道类的慢牛股。

4. 高位强势的次新股

有一些新上市的行业龙头企业，或者具有较强品牌知名度的优质企业，新股上市后股价较高，经过阶段的股价回落，再度走强也容易成为慢牛股。

5. 基本面反转的周期股

有一些周期行业里的企业，业绩周期变化，股价容易阶段性地走熊走牛，这类股票一旦处于大底，行业不如景气期后股价容易出现慢牛走势。

6. 逆势风格的筹码集中股

目前 A 股的容量足够大，机构数量多且风格路数也多，有一些机构的实战风格就是长线操作长线慢牛股。

二、慢牛股的操作要领

1. 做慢牛股也要学会选择时机

MCST 线上的慢牛股属于选股思维，当股价在 MCST 线遇到明显支撑时是选择时机。

2. 统计慢牛股的规律时机

特别是统计公认慢牛股的活跃时机与年报公布前后的股价波动规律。

3. 年初的强势公认股

每年年初是券商研究所推出年度研究报告的时期，也是公募基金等大机构为新年度业绩最卖力的时间，这时的强势绩优股值得跟踪观察。

4. 大盘意外大跌时是买点

如果大盘出现意外大跌，慢牛股也出现大跌，这时在大盘和个股止跌

后，超跌的慢牛股是个稳健的抄底选择。

5. 牛市初期不应选择

如果慢牛股在前期已经出现较长时间的"慢牛"态势，涨幅比大多数股要强很多，在大盘出现牛市后，此时慢牛股的涨幅没有优势。

6. 慢牛股加速是出货期

慢牛股涨幅较大后，会有一段时期出现加速，这时会有一个群体注意期，这时不应该盲目追高，反而是一个减仓的机会。

独门 41
有没有笨蛋也能赢的简单炒股法

大多数散户都不是专业的炒股者，一般没有时间参与短线的追涨杀跌，因此选择适合自己的操作方法就显得尤为重要。这里介绍几种实用的股票操作方法，希望对上班族或没有闲暇时间打理股票的投资者有所帮助。

一、专注于低风险品种

这里的低风险品种主要是指基本面较好的折价相对不多的低于面值的转债，比较可靠的现金选择权和全额要约收购品种，以及类似的有固定面值、稳定净值保底的品种。

如果研究透、有耐心，这些看似稳健的品种经常也能获得超额收益，实施时需要建立长期的信息库和跟踪表。

二、专注于大跌后的低价小盘公用事业概念股

专注研究低价小盘公用事业概念股，比如水电行业、水务行业，或者类似的基本面稳定的非周期行业的股。

遇到大盘相对的历史性低位，逢低分批介入，遇到一轮相对大的涨幅后退出，再等下次机会。

三、专注于 MCST 战法

有一定闲余时间和智商比较自信的人，可以熟练研究 MCST 战法，每天晚上用 MCST 法则结合 MACD、成交量、技术形态研究大盘和个股。

在大盘合适的时机，用 MCST 指标选择个股和介入的时机。

四、专注于借壳上市潜力股

研究壳股的上市公告信息，精选有借壳上市潜力的低价股，在大盘的相对低点，或者大盘大跌后，逢低分批介入，遇到一轮相对大的涨幅后退出，再等下次机会。

这个方法相对要求高，也存在一定的风险，但是一旦做对，也容易收益高，因此只能用闲钱，不能用过多的资金孤注一掷。

这个方法要结交一些同道股友，互相提供信息和验证信息。

五、特别说明

（1）从一到四，要求越来越高，难度越来越大，要量力而行，能力强的也可组合实施。

（2）再简单的方法也需要花费一定的精力和时间去学习并熟练掌握，别指望看一篇文章就能成为高手，这是愚蠢思维。

（3）分析选择品种时要全市场覆盖。

（4）要用闲钱和足够的耐心，要把理财的心态和娱乐心态结合起来。

独门 42
该怎样制订适合菜鸟的股市理财年度计划

下面按照我个人的理解制订一个计划（2021 年），这是一个普适性的想法，不一定适合每一个人（大家都是有个性想法和习惯的），只能参考不能照搬，实际应用还需要根据自己的追求和能力进行一定的修改。

一、前提说明

（1）由于这是一个理财计划，不是赌博娱乐消费计划，因此以稳健为主。

（2）这是按照业余水平制订的，因此以中线为主，同时在操作具体品种时，要先学习相关知识，要有匹配计划的耐心，不要为周边股民的吹牛而影响心态。

（3）要等待合适的时机，要分批操作，切忌高位孤注一掷，先保证年化收益率10%（2021年的市场不像券商研究报告的那样乐观），在此基础上再提高收益率。

（4）钱是水，水应该是流动的。适当合理地花一些让自己高兴的钱，这样外面的钱才能更容易流进自己的口袋。

二、具体计划

把闲钱分成四份，第一份用于低风险收益（总资金的1/3），第二份用于赌注股收益（总资金的1/3），第三份用于熟练专一技术性的稳健游戏（总资金的1/6），第四份用于股市意外大跌后的抄底机构重仓股（总资金的1/6）。

1. 低风险收益

（1）前提说明。这里的低风险收益品种主要指的是有现金选择权方案的股票和低于面值的基本面好的央企转债。相关知识需要学习一下。

（2）现金选择权。买点必须低于现金选择权，尽量分批追求尽可能大的低风险差价收益（除非已经满意，否则不能过早满仓），在现金选择权结束时要了结，在股价高于现金选择权时要注意了结。

在股价低于现金选择权的基础上，分批在每个月的技术性低点（股价的MACD绿柱线最长时间点）定投，遇到受到大盘影响的意外低点时可以仓位重一点。

（3）央企转债。目前已经有转债78.4元（2021年2月9日本钢转债），第一年为0.6%，第二年为0.8%，第三年为1.5%，第四年为2.9%，第五年为3.8%，第六年为5.0%。

年化收益率为［（100 - 78.4）+ 0.6 + 0.8 + 1.5 + 2.9 + 3.8 + 5］／5.5 = 6.8%。

这个年化收益率明显比银行利息有优势，且还存在着价格波动的可能性。

在债价低于80元的基础上，分批在每个月的技术性低点（股价的MACD绿柱线最长时间点）定投，遇到受到大盘影响的意外低点时可以仓位重一点。

（4）两者的资金分配。根据价格波动来决定，哪个有意外低点，哪个可以将资金量倾斜一些。

2. 赌注股收益

这里的赌注股主要是指大股东近一两年发生过股权转让，且大股东又大举增持或者局部要约收购，且有重组概率可能性较大的品种。

以一个较低的价位开始，分批在每个月的技术性低点（股价的MACD绿柱线最长时间点）定投，遇到受到大盘影响的意外低点时可以仓位重一点，如果哪个月股价涨幅比较大则暂停定投一次。

如果短线技术可以的话，适当地根据大盘情况低吸高抛降低一下成本。定投的次数要准备五份（我自己是这样打算的）。

3. 熟练专一技术性的稳健游戏

（1）学习MCST战法。MCST是一个技术指标，类似于筹码分布的集中度价格。

强势股股价通常高于MCST，基金抱团股的股价在MCST线受到支撑时是短线买点（伏击公募基金抱团取暖股）；弱势股价通常低于MCST，弱势股在低位明显两天持续放量价涨量增是买点（伏击游资炒作股）。

只在沪、深两市加起来的成交量持续超过万亿元时才操作，其他时间不操作。

（2）注意点。这个玩法要熟练，且不能有"永动机"的习惯。如果玩不好，这个玩法不使用也可以。

4. 意外暴跌后抄底

A股市场每年都会有一两次比较大的短线急跌，特别是前一阶段市场出现了一段涨幅后更容易这样，不但要回避躲过这样的下跌，而且要利用这样的下跌。在注册制实施前且"国家队"仓位比较重的情况下，这个玩法还是有效的。

如果市场长时间箱体盘局，没有持续的强势上涨，也没有短线急跌，可以把这部分作为预备队，逐渐地投入低风险收益和赌注股收益中。

独门 43
为什么有的股票业绩亏损，还暴涨成"妖股"

股价涨跌的原理是：公司的基本面决定股价的下限，股票的供求关系（资金面）决定股价的上限。

炒股时我们的思维不能固化，不能执迷于大盘股或者小盘股，不能执迷于长线或者短线，而是要适应阶段市场的规律，大盘股、小盘股谁是热点就买谁，该长线就长线，该短线就短线。同理，大部分低位的绩优股是好股，低位的亏损股中同样也有好股，公司的好坏与股票的好坏常常不是一回事。

亏损股成为短线急涨的"妖股"常常有下列因素：

一、公司亏损，但有的行业项目有良好预期

虽然说这类公司目前是亏损的，但是因为公司所处的行业具有良好的成长前景，并且公司在行业内有明显的竞争力，使投资者看好公司的未来，因而目前业绩亏损并不能反映公司的真实价值。

这类公司一般是现金流稳定的科技类公司，前期需要投入较多资金，比如需要进行持续研发，暂时只有投入，没有产出，公司自然是一直亏损，但是一旦未来公司技术研发成功后，给投资者带来的回报就是巨大的。

所以这类公司即便业绩亏损，还是有投资者看好，他们看好的是公司的技术实力，因此不断买入并持有，推动股票一直上涨，比如很多人工智能和生物科技研发的公司。

有时，也会因为政策变化，或者新行业的发展，一些原本基本面差的公司正在出现较大的基本面改善，而市场普通投资者尚不知道。

二、游资炒作短线热门题材

A 股市场有炒作热点的习惯，一旦某个热门题材得到市场的认可和响应，游资就会闻风而动，股价也会因此暴涨。

因为业绩好的股票基金机构扎堆，短线建仓难度大，基金机构往往看不上业绩亏损的股票，导致游资机构建仓更为容易，其中的一些低价的小市值亏损股一旦上涨，很容易造成短线供求关系失衡，能炒作的机构资金也相对更多，因而涨幅更大。

二级市场中，专门有炒作一些小市值题材股的游资机构，他们是短线波段思想，对公司的基本面不是很关心，只要有一定市梦率即可。反而一些蓝筹绩优股由于驻扎机构数量多，股价相对高，市值相对大，很难出现连续涨停的情况。

三、壳公司实施借壳上市

一些业绩不好的公司逐渐演变成为壳公司，而借壳上市是股票中最精彩的游戏，这也是一些机构的主盈利模式，事实也证明，大部分年度股票市场中涨幅最大一类的股，其上涨就是因为公司进行了借壳上市，公司的基本面即将得到极大的提升。

所以，在 A 股市场，有一份机构和投资者专门研究壳公司的资产重组信息，并拿出一部分资金专门投资这类股票，并且形成了一个流派。这个流派的机构和投资者一旦演出成功，常常成为业绩最为优异的幸运儿。

独门 44
在持有一只股票时，怎样判断在什么时候卖出去

持有一只股票，想卖出很容易，但是想卖好是个世界难题。下面我总结一下我自己买股票的经验，不一定适合其他股友，但可以参考一下：

一、根据持股目的判断卖出点

我把自己持有的股票分类为：爆破点品种、低风险品种、题材赌注股、热门股、上升通道股。

1. 爆破点品种

爆破点前夕介入，爆破点题材出现后，只要涨不动了就卖出。

2. 低风险品种

满意的年化收益率时介入，低风险属性消失后，找高点卖出。

3. 题材赌注股

在题材爆发前尽量高效率低成本地定投介入，题材爆发后找高点分批卖出，满意后一次性卖出也可以。

4. 热门股

第一时间介入，或者根据技术指标形态逻辑介入，也根据技术指标形态逻辑卖出或者根据大盘操作系统判断卖出。

如果大盘是箱体波动，根据大盘的箱体上下沿也需要考虑。

5. 上升通道股（或者 MCST 战法股）

通道下沿起涨迹象时介入，通道上沿减仓，冲破上沿滞涨后清仓，跌破下沿后也需要卖出。或者根据 MCST 战法执行买卖指令。

二、根据行情性质判断卖出点

1. 强势阶段

大成交量强势过程中，根据个股的技术形态乖离程度和买股理由操作，在强势结束后一定要有清仓动作。

2. 平衡势阶段

先大盘后个股，大盘有卖点时才选个股，个股只要赚钱卖就对了。

3. 弱势阶段

只在严重超跌后少量做反弹，只要赚钱卖就对了。不操作不算错。

三、根据个股的特性判断买卖点

1. 对于持股研究历史股性

可以研究近两年的 K 线涨跌规律，参考该规律和技术形态进行操作。

2. 对于机构研究其操作习惯

要对一些机构的操作习惯进行研究，根据其操作习惯进行自己的操作。

3. 设计自己的阶段盈利模式

根据自己的盈利模式和阶段统计规律进行操作。

独门 45
A 股中投资，短线、长线哪种好

股市中，有做短线投机的，也有做中长线投资的，每种方法其实都各有其优缺点，都有得意和失意的阶段。到底哪种方法好，最好不要有固化概念，都必须会，要分析当时市场的客观环境，该短线就短线，该长线就长线，对于大盘股和小盘股（绩优股、重组股）也要有这样的观念，要服从客观市场，不能脱离客观市场有主观固执意识。同时要清楚自己的能力、优势、弱点，把自己的实际情况与市场现存的机会、风险结合起来，赚客观的钱，赚能力范围内的钱。不赌博，不被选择性告知迷惑，不情绪化地被诱导追高杀低，注意市场的周期循环性和极端反噬性。

一、短线操作优缺点

1. 短线操作优点

（1）成熟可靠的技术比较多。

（2）职业熟练者效率比较高，复利度高。

（3）能有效地防范大损失，以及防范熊市。

（4）能获得更多的机会，比如抄底、做空、固定收益等。

2. 短线操作缺点

（1）非熟练者交易成本大。

（2）市场上有效的学习途径少，多数所谓的短线技术其实是赌博技术。

（3）需要足够的股市关注时间。

（4）需要好老师、上乘技术，并付出足够的努力。

二、长线操作优缺点

1. 长线操作优点

（1）一旦赌中，收益令人羡慕。

（2）省心省事，符合多数人的懒汉思想。

（3）符合主流价值观，学习起来简单容易。

（4）可以把股市投资当作第二职业。

2. 长线操作缺点

（1）躲不过股灾，躲不过熊市，有可能出现巨额亏损，并会出现心态崩坏情况。

（2）获利后保不住，运气成分大，成熟可靠的技术少。

（3）在一个时点可供选择的品种少且概率低。

（4）不太符合 A 股实际情况。

三、短线、长线的选择经验

（1）市场为平衡势、熊市时适合短线或者空仓，市场为大牛市时适合长线。

（2）长时间牛市后的高市盈率市场（管理层提示风险后）适合短线或者空仓，长时间熊市后的低市盈率市场（管理层就是态度坚决）适合长线或者定投。

（3）热门股、题材股适合短线，低风险股、现金选择权、转债适合长线。

（4）符合阶段客观的盈利模式适合短线，严重低估（分红满意）、低位大概率借壳上市的股适合长线。

（5）职业投资者养家糊口做事业适合短线，业余娱乐消费适合长线。

（6）不是特别有底气的股（绝大多数个股）适合短线，少有的股（基本面成长特别有把握、重仓的机构是长线硬朗风格的）适合长线。

独门46
怎样判断阶段市场的强弱，短线是否应该持仓操作

在A股市场，有部分短线波段实战者通过判断市场的强弱度来决定是否操作和持仓，并在此前提下统计活跃股的波动规律，进而建立一种简单有效的盈利模式。在我这么多年的股市经历中，确实发现不少人采用此模式获得了不错的收益。近几年我的一些实战经验教训也佐证了这一点，下面即根据当前股市的一些新常态状态，总结一下判断市场强弱度的原则。

一、常见的强势市场主要特征

（1）市场每天涨停个股较多，热点板块明显且具有持续性，板块之间呈现出有效的良性轮动，微博大V吹牛的比较多且不被喷。

（2）大盘成交量持续过万亿元，上涨的个股家数优势，蓝筹股和小盘股、各板块之间没有明显的跷跷板效应，但也不是每天都齐涨齐跌。

（3）股指对周边市场的弱势走势不敏感，常表现为独立行情，或者低开后迅速补缺。个股利好股价反应明显，个股利空打击较小。

（4）主要指数技术指标方面比较良好，均线呈现多头排列，即使是平衡势市场里也不是多数股票重心持续下移。

（5）市场对一些表面性非实质性利空多表现为低开高走，也就是常说的"利空出尽"，对利好则反应为积极向上的走势。

（6）市场外无政策性救市护盘的措施，甚至有时会出现打压的政策，但往往打也打不下。或者国家需要市场的迫切性比较大，有为融资造势的实质性举措。

（7）市场正常功能均有效运行中，股指期货正常运行，IPO正常发行。

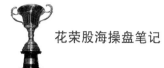

其对市场没有明显的负面效应。

（8）个股的爆破点有效。能够统计找出盈利模式。

二、弱势市场常见的主要特征

（1）市场每天涨停个股多为新上市股票，但长时间下跌股票有家数优势，市场缺乏明显的持续热点，板块之间没有有效的轮动，大涨个股第二天跌幅大。

（2）指标权重股、防御性个股走势强于大多数股票，偶尔甚至出现严重的二八分化格局。有消息时，所有个股要么齐跌，要么齐涨，没有明显的分化。市场的大阳线或者底部支撑是由金融指标股大涨造成的。

（3）股指受外围股市影响较大，常因美股大涨大跌而造成大幅高开或低开，但是高开后回落迅速且明显。

（4）主要指数技术指标走坏，中短期均线呈现空头排列，股指的压力位经常非常有效，而支撑位往往就是一层纸。大盘的成交量持续低于万亿元，甚至远低于万亿元，平均股价重心下移。

（5）市场对利好多表现为高开低走，也就是常说的"利好出尽"，对利空则往往过于夸大，大跌成为家常便饭，个股出现3%以上的涨幅艰难。

（6）管理层经常出台一些稳定市场的政策措施，但往往只是短期利好效应。个股出利好股价基本不涨。微博大V抱怨的比较多。

（7）市场不具备完全的功能，股指期货非常态化运行，IPO被质疑为恶意圈钱，市场对其十分敏感，或者干脆已经暂停。

（8）个股爆破点无效，甚至出现爆破点下跌较多。统计不出有效盈利模式。

独门47
什么样的个股容易出现连续涨停的走势

抓连续涨停股是许多中小资金的实战梦想，抓住连续涨停板既需要一定的技术，也需要一定的运气。我经过大量统计连续涨停板个股起涨前的各类特征，发现下列一些股票特征需要注意，如果运气够好，或者有一定的经验，抓住连续涨停板的概率相对更大一些。

一、重大资产预案公布股容易连板

借壳上市、重大资产重组是股市中最精彩的游戏，每年都有一定数量的案例出现，并且许多案例在实施前都有一定的信息迹象，比如大股东股权转让、解决同业问题承诺、混改事前预告、局部要约收购等。

对于这类股的操作，需要分析准确，选择大盘和个股的合适时机，分批定投。

二、突发强热点题材股容易连板

每年市场都会出现一些强热点题材，一些题材比较正宗的非公募重仓股容易受到游资机构的抢筹，进而出现连续涨停的走势。

对于这类股，要把题材强度和个股的题材力度分析清楚，第一时间抢筹，如果题材具有突发性，可以小量抢涨停板，有时还可以在第一板的第二天找机会进入。需要注意的是，切忌涨幅过大后追高，这样容易巨亏，题材过后这类股容易回到起涨点。

三、大盘暴跌后机构重仓超跌股

大盘暴跌过后，泥沙俱下，一些机构重仓股也会出现大幅下跌，一些小市值低价股更容易超跌。这类股一旦在大盘止跌后，容易强劲报复性反弹。可以在大盘止跌后，用连续的量价关系分析这类股，有时一些不会退市的亏损股涨势也会很猛。

四、大盘强势时的热点板块

在大盘走上升通道一段时间后市场转热，这时会有一些新进场的机构资金，这些机构资金有时是"过江龙"，是想短线猛捞一把的，因此在强势市场时，一些前期滞涨的冷门股如果放巨量出现强劲走势，可以多加注意，这些股容易连续涨停。操作方法是强势重势，多用一些技术方法复盘，用组合方法捕捉这类股票。

五、缓慢上升通道的后期股

一些走上升通道的股票，在后期容易突然连续放量拉升，甚至连续涨停，这是一些庄家机构的习惯性炒股方法，因此要熟悉一些机构的操盘习惯，在合适时机打伏击。这个合适时机应该是大盘突然转强时、大盘有强度较大的利好时、大盘大跌之后，或者庄股突发利好之时。

六、其他注意事项

1. 不容易涨停的个股特征

大盘蓝筹股、多只基金重仓股、绩优股、弱势中抗跌股、热门板块中弱势股。

2. 容易涨停的个股特征

低价小市值超跌股、超跌次新股、小盘金融强势股、被大盘拖累大跌筹码集中股。

独门48
如何判断股票是否将要拉升

个股如果即将拉升经常会出现下列征兆：

一、信息面的征兆

（1）有明显的利好信息出现，股价上涨的程度可以近期类似信息统计规律。

（2）筹码集中股出现人为设计的利好信息，比如送转股或者其他非必要公告的设计性利好信息。

（3）所在板块成为热点，板块中的筹码集中股的启动时间经常会落后一个节拍。

（4）突发社会信息利好的个股，有些板块有些个股习惯性对某些消息即时反应，比如造纸、纺织对人民币升值的反应等。

（5）需要大股东回避表决权的股东大会前，相关股票容易短线表现。

（6）被新纳入重要指数并需要有关指数基金进仓的股在特定时间会增加购买力。

二、技术面的征兆

（1）大盘强势时，开盘价明显高开且开盘成交量很大的个股。

（2）大盘强势时，开盘价明显低开且快速收复缺口又强势上涨的个股。

（3）股价明显强势，在大盘指数出现盘中短暂弱势多数股下跌，而该股在均线附近强硬扼守。

（4）股价阶段性出现集中性大单并把均价带动向上且顽强守住均价的个股。

（5）尾市单笔成交下砸幅度较大（7%以上），注意不能是多笔砸单。

（6）大盘强势时，大盘出现短暂调整时，前期滞涨的筹码集中股容易涨。

（7）长时间横盘的筹码集中股与多条重要均线集中于一点之时。

（8）强势板块的龙头股冲击涨停的一刹那，如果封死涨停第二天有机会继续上涨。

（9）MCST线下较远冲击涨停或者连续两天以上的强势股。

（10）明显连续强势上升通道的个股遇到大盘第一次之后，或者因大盘原因股价调整到重要均线受到支撑之时。

三、大盘面的征兆

（1）大盘明显初期强势时，股价价量关系超越大盘强势的个股。

（2）大盘大跌后止跌，股价中线超跌且短线超跌的跌透个股。

（3）大盘箱体规律波动背景下，在箱底拉升指数的龙头强势股。

（4）大盘严重下跌过程中突发较大的救市利好，集合竞价强势的超跌相

对良好的次新股。

（5）当大盘处于底部区域时，强势的指数指标股和强势的小盘股。

（6）平衡势市场中强势的重要指数权重股股价落在 MCST 线且再度转强之时。

独门 49
为什么机构抱团炒股？机构抱团股走势有什么特点

一、什么叫机构抱团

机构抱团就是机构只选择购买几只股票，这几只股票的走势明显强于大盘和其他股票。

你们看过动物世界吗？在冬天动物冷的时候就抱团挤在一起，这样可以暖和一点。股市也是一样的，先是有一些有坐庄倾向的机构看到了机会，几只基本面不错的股走势比较强，引起了市场共鸣，并不断产生虹吸效应，不断有公募加入抱团取暖，强化股价走势的强硬度，然后小型的机构游资不断加入进来，最后引发市场共鸣急涨。当有部分获利满意之后，风险来了，风险更大一点，会有机构抛售，一旦大家都看到了风险，抱团股往往是急跌，跌幅也常常比较大。

二、为什么机构抱团炒股

市场的不断扩容导致市场中的股票数量众多和供求关系失衡，这样大量股票缺乏足够的购买力并走势较弱。

而市场中有大量的类似公募基金这样的机构，有最低持仓限制，即使市场差也不能空仓，它们必须发现相对安全强势的股票，最好是流通市值比较大的股票或者板块，一样可以方便公募这样大型机构资金的进出。

有一些大机构看到了股市阶段这样的特征，就会选择一些市场形象好的蓝筹股（常常是指数权重股，可以拉动指数，刺激股市中人的神经）坐庄操作，引导虹吸现象产生，一旦虹吸现象形成，即使在市场总体一般的情况下也能获得比较大的收益。

其实，这种抱团取暖的虹吸现象，是一种大机构的坐庄方式，在弱势中相对有效。对于公募机构来说，可以借势宣传，对基金销售也有很好的帮助，而遭受虹吸现象打击的其他股票持有者很难不动心、不叛变、不转移阵地。

三、机构抱团股走势有什么特点

1. 什么样的股容易是抱团股

并不是所有大市值的龙头股票都值得买，一般情况下，经营稳健现金流好的、市场形象好的、指数权重大的、大机构容易低位进入的（比如定增）股票容易成为这种蓝筹庄股。

2. 机构抱团如何炒股

（1）维护重要指数的走势，让指数看起来是箱体或者上涨的趋势。

（2）逆势，在大部分股票走势不好时强势上涨，有鹤立鸡群的感觉。

（3）在重要的时间段，抱团股走势强劲。

（4）先是初步走出箱体横向震荡，然后逐渐加强向上的趋势，会虹吸其他机构，因为符合跟随机构的利益。

（5）加大宣传力度，造成整个市场的虹吸现象。

（6）选择合适时机，股价加速急涨。

（7）出货。开始时有些反复反弹，之后坚决出货。

（8）换一只或者几只股重玩，但也需要一定的时间周期和契机。

独门 50
股市中常见的陷阱有哪些

股市中的机构操作经常有一些陷阱飞刀，这是三十六计在股市中的运用。虽然简单，但是上当的人不少，如果发生在关键时刻，还常常使人损失比较惨重。但是如果熟悉这些机构的常见套路，我们就不但能防止出现低级错误，还能很好地伏击那些机构，让一些机构成为自己的猎物。

一、常见的多头陷阱

1. 高位负反击

指数（个股）中级行情后或者箱体上沿，先出现一个中大阳线，然后出现负反击和连续下跌，这个中大阳线是个多头陷阱。

2. 高位一九现象

指数（个股）中级行情后或者箱体上沿，几个冷门指数权重股突然发动，但是绝大多数股明显下跌，道指连续下跌开始。拉升这几个冷门指数权重股是多头陷阱。

3. 利好出尽

在弱势中或者强势的高位，指数（个股）出现利好后，高开后股价直接下跌并出现大跌。有时，这个利好是机构设计的多头陷阱，有时也是弱势中机构出货困难，遇见利好后就顺势出货了。

4. 异动不涨

如果一只个股出现了明显的异动，特别是你感觉比较好的异动，但是收盘时或者第二天上午并没有给出强势的股价表现，这个异动只不过是个陷阱。

5. 建仓完毕后最后震仓

有的股票出现机构建仓的明显价量关系，在机构建仓尾期，最后一次震仓，然后出现较大的上涨。这种情况是一些中长线机构的习惯性行为。

6. 强势中意外下跌

在强势中，指数和个股已经出现正反馈，因为意外的非实质性利空或者期指交割日导致的下跌，低点时是较好的抄底机会。强势中，如果期指在交割日溢价过大，要防止指数在交割日出现较大的调整，这也是一些大机构的常见盈利模式。

二、常见的空头陷阱

1. 低位负反击

指数（个股）中级下跌后或者箱体下沿，先出现一个中大阴线，然后出现正反击和连续上涨，这个中大阴线是个空头陷阱。

2. 低位一九现象

指数（个股）中级下跌后或者箱体下沿，一些最抗跌的股（或者权重指数股）出现明显的较大补跌，但是多数股票已经比较抗跌，这些最抗跌的股（或者权重指数股）出现明显的较大补跌是空头陷阱。

3. 利空出尽

在强势中或者中线底部，指数（个股）出现利空后，低开直接拉升并出现大涨。有时，这个利空是机构设计的空头陷阱，有时也是强势中机构快速进货的手段。

4. 抛压反击

有的个股在盘中突然出现一个特别大的抛压，瞬间把股价砸得特别低，但是随后股价出现强势上涨。这个瞬间砸低，要么是机构送礼，要么是大户的仓皇出逃，随后股价的上涨是机构的设计或者保护股价（惩罚叛徒）的行为。

5. 公募的买股方法

一些公募基金资金比较大，它们建仓买股票时导致股价连续小幅上涨，往往最后一根阳线要大一些，然后这只股在短线高位的购买力减少而导致股价下跌，这是公募基金的常见操作行为。

6. 弱势中的意外上涨

在弱势中，指数和个股已经出现负反馈，因为意外的非实质性利好或者期指交割日导致的上涨，高点是较好的出货机会。弱势中，如果期指在交割日折价过大，要防止指数在交割日出现较大的上涨，这也是一些大机构的常见盈利模式。

独门 51
遇到股票大小非减持该怎样应对

大非是指公司上市后持股比例在 5% 以上的原始股东持有的股票，由于这部分股票在首发上市时是限售的非流通股票，且占发行总股份的比例较大，因此通常称为大非。类似地，小非是指持股比例在 5% 以下的原始股东持有的非流通股票。

大小非解禁和减持还是有所区别的，解禁是指解除禁售，大小非的股份一般是上市满三年才会解禁。而对大小非来说，是不能随便卖出手中的股票的，想卖出套现必须先发减持公告，让广大投资者知道他们的减持行为。

大小非股份主要是由上市前的原始股和上市后的大额定向增发（资金或者资产）而演变产生的。由于大小非股份数量相对于流通盘来说是很大的，因此一定会对股价走势有一定的影响。

但是股票的大小非公告将减持后，到底是利空还是利好？对股价走势影响多大？下面我们来总结一下：

一、减持数量

原始股东在一级市场获得的股份通常成本很低，因此在二级市场减持套现是很正常的事。如果大小非减持总量占总股本的 5% 以上，很可能会对股价产生重压，主力资金也不愿意"抬轿子"，让他们在高位减持。而对单一股东清仓式减持或是超高比例减持，一定要搞清楚减持的原因，否则潜在的大利空可能会没有释放。这两种情况都可能是短期的大利空，一定要非常小心。

还有一种情况是大小非减持的比例低于 1%，短期来看影响较小。但如果是中长期，数个大小非频繁的持续减持，那就表明他们急于套现但又不想过度打压股价，未来股价阴跌的可能性较大。

需要注意的是，有时有单一大比例的股东公告减持，这个减持股东有阶段拉高的动力，甚至会阶段性地演变为庄家，有时公司也会配合出一些利好配合（包括券商研究报告、业绩增长等），也有的大宗交易后演变成为阶段庄股，特别是那些定增被重套的机构在大盘处于阶段强势时有意愿拉高股价。

二、股价位置

如果大小非在高位减持，尤其是经过了连续暴涨之后，多位股东同时公布大规模减持，肯定是短期大利空。大部分股票都会很快下跌，因为发动行情的主力资金会选择抢跑，只有少数题材炒作的龙头股可能会继续借热点震荡一下。

如果大小非在低位减持，有两种情况：一种是发了减持公告，但减持期结束后实际没有减持，那么表明他们认为在低价减持不划算，未来股价还有上行的空间；另一种是低位实际大规模减持，而且是多位股东一致减持，那就要小心是不是有隐藏的大利空。

在股价低位的减持，最值得警惕的是一些质押股跌破质押价的被迫减持，这种情况容易导致股价短线急跌以及阶段内难以出现较大的上涨。

有些基本面还不错的股票在股价相对低位大规模地通过大宗交易减持给较有实力的股东，比如大券商或者强力大机构，这种股可能有中线潜力，需要进一步跟踪分析。

三、大盘走势

大小非牛市减持通常是正常的套现行为，毕竟行情好时个股可能普遍有较大涨幅，在股票估值过高时卖出很正常，毕竟未来还可以低位增持。如果是熊市减持，业绩好的公司可能是股东的资金需求，这时套现可以去收购一些低价资产。对于业绩差的公司，可能就是股东的避险行为了，因为这类股票继续下跌的可能性往往很大。

在大盘处于强势上升过程中，处于上升通道的中低位股因为减持公告导致的短线下跌经常是一个短线低吸机会；在大盘处于相对底部区域时，处于低位的有机构重仓的个股（观察十大股东）因为减持公告导致的短线下跌止稳后注意是否有短线机会；而大盘处于高位或者下跌过程中，减持公告对股

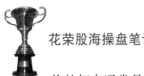

价的打击通常是阶段的（有时还比较厉害）。

四、一些实战经验

（1）被套的重仓定增股在大盘比较好的解禁日，常常是一个短线爆破点。

（2）盈利较大的定增股在解禁日前往往面临一定的抛压。

（3）大股东解禁前后的那一期年报往往比较好，一些小盘次新股有时还会有较好的分配方案。

（4）在牛市过程中，因为原始股的解禁公告导致的股价短线下跌有时是一个较好的买点。

（5）重要股东把股权大比例转让给实力机构（有二级市场操作能力或者重组能力）是一种利好。

（6）在大盘低位大股东的质押股被强制平仓后，注意是否有大股东的进入，是否会发生股权转让。

独门 52
短线赚钱最快的选股策略有哪些

如果是短线思维，希望买入后一周内就能赚钱，那么在选股时需要注意下面几点：

一、要选相对低位量价关系比较强势的股

股价在 MCST 线下，近阶段持续价涨量增，如果冲首板时比较猛，在即将冲板时也可以少量考虑。线下股考虑的主要是强不强，不是涨了多少，股价只要在线下 5% 以上都是低位，但是股价不强（包括温和的）都没有短线意义。

二、高位活跃股要抓住低点

通常情况下，股价的高低与活跃性是矛盾的，我们把 MCST 线下股定性为不活跃股，MCST 线上股定性为活跃股。活跃股的振幅大一些，如果掌握好了，短线机会更多一些，但是要在技术性指标的低位，要同时考虑大盘和个股。

三、买盘短线衰竭明显的股

个股无论是在底部还是上涨趋势中的回调，量能萎缩到极限，就容易快速上涨。量能萎缩到极限的一个明显特征是买盘承接力量的急剧降低，此时一旦出现股价回升，速度是比较快的，这是一个短线操作的好机会，是个短线绝招。需要注意的是，接盘建仓时最好是少量分批低挂，如果是筹码集中股，不能给里面的大户出局的机会。

四、要选均线粘连上涨开口角度大的品种

攻击力强的品种，必然是均线粘连，之后向上多头发散且开口较大的品种。通常来讲，开口越大上涨速度越快，但要注意最有持续性的应该在 $30°\sim50°$，更大的开口速度虽快但持续性往往不强。这个法则也可以应用到 BOLL 线指标上。

五、要跟随活跃主力的偏好

在股市中，每个阶段你都要发现最活跃的主力是哪些，市场主力的热门盈利模式是什么。上市公司有绩优绩差，但是股票只要不会退市就没有绝对的好坏，只有周期的活跃或者冷门。我们要跟随活跃的数据，不能有自己固化的股票类型偏好，这是短线操作者的必备素质。

六、平衡势市场中板块热点

在平衡势市场中，活跃的主力是有限的，一旦它们进入一个板块，运作是需要一个阶段时间的，因此这个阶段的短线机会可能持续属于它们，其他股票就难以有主力资金关照。对于这样的机会，可以用短线指标，比如 KDJ

跟踪，对龙头股、强势股抓一两次机会。这是平衡势市场中最实用的操作手法，也是最基本的炒股思路。

七、要注意短线机会的有效性

《霹雳狐狸》《千炼成妖》已经总结了不少A股中的常见短线爆破点，这些爆破点不是任何时间段都有效的，一个阶段可能只有少数几种（太差的市场时间段甚至一种也没有），我们要用统计的方法发现哪种阶段有效爆破点，集中精力和资金只做这种爆破点机会。

八、足够的耐心等待大盘的节奏低点

短线高概率机会也不是任何时间都有的，也是需要严格的控制操作频率的，最好是个股的操作与大盘的震动频率的低点保持一致。这几年的市场短线相对低点比较容易把握的是月底的低点与平准节奏的低点。平准节奏的低点可以统计CCI低点的数值与同频节奏的个股。

九、长线重要题材短线来回做

有一些具有长线重要题材大爆破点的个股，其短线爆发时机是难以事先判断的，但是其股价一旦爆破，收益常常较大，这种股票也可以根据大盘的高低点或者市场热点来回短线高抛低吸，尤其对于重大规模资金（快速建仓难度大）更为适宜，主动性操作与被动性操作相结合。

独门53
普通操盘手怎样进阶到一流职业操盘手

普通炒股的股民都可以成为普通操盘手，而一流职业操盘手则有着优于普通操盘手的一些优秀品质和专业能力、资源，下面是我总结的一流职业操盘手具备的一些共有特征，如果普通操盘手也拥有了一流职业操盘手的这些特征，就能成功进阶，当然进阶过程是逐步的，是需要人们持续努力的。

一流职业操盘手具备的常见共有特征：

一、有着极强的防范风险的能力，不会出现较大的失误

（1）不会被系统风险重伤，包括意外的"黑天鹅"（有成熟的操作系统，且这个操作系统能敏感地察觉双向机会）。

（2）不会因某只个股的操作失误而出现重大失误（包括退市风险、法律风险、流动性风险、意外利空风险）。

（3）不会被传统规则所蒙蔽，了解人性的弱点（知道潜规则的作用和威力，能控制住情绪和拒绝他人的蛊惑）。

（4）防范风险意识强，有悲观主义倾向，但是不能因此影响攻击力，也理解世界的不完美性（一流职业操盘手的正常操作结果是"七赢二平一亏"，但这一亏中不能有大亏，七赢中偶尔会有大赢或者重仓赢）。

二、有适合自己的客观盈利模式

（1）确定性机会（价格确定、时间确定、熟悉相关交易制度和法规）。

（2）大概率的常见持续机会（价格优势、利益优势、资源优势、制度优势）。

（3）熟悉市场重要机构的常见盈利模式，并能洞悉其状态、目的和活动规律（有逻辑分析能力和有针对性的博弈手段）。

（4）有一定的力量资源（线下配售手段、合格投资者交易渠道等）。

三、有独特的优势技术

（1）有阶段的客观规律统计能力（发现大盘个股的规律，并能细节化地利用和伏击）。

（2）有成熟的常备不懈的信息了解能力（有强大的专业圈子，能起到互补互助的作用）。

（3）对市场主要参与方的追求、习惯、强弱点熟悉并能利用（监管、机构、中间、散户）。

（4）对意外情况的快速反应处理能力（防患意外大事件、意外大波动、

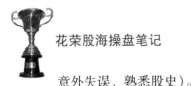

意外失误、熟悉股史）。

四、综合素质超常

（1）有网状思维，有强大的综合圈子，不是单打独斗地在社会上混。

（2）与时俱进，有极强的进化学习能力，适应新鲜事物。

（3）有个人影响力，熟悉社会资源，能虹吸社会资源。

（4）熟悉社会运转规律的潜规则，在关键时刻有先见判断和正确应对措施。

独门 54
为何大涨总在割肉后？怎样利用这个法则赚钱

一、大多数散户的投资情绪客观情况

普通的散户投资人在没有受过股市心理学训练之前，其投资情绪好坏基本上与关注股（持股）的股价涨跌是共振的，即股价最低时情绪最低落，股价最高时情绪最昂奋。这种情况导致了新股民（包括没有精研股市技术和股价波动规律的人，即使是老股民）的天然投资思维是追涨杀跌。

二、大多数机构投资者的投资情绪情况

由于投资资金量的不同，导致机构的投资优劣势不同，散户投资优势是买卖灵便，劣势是买卖基本对股价没有影响；而机构投资者正相反，买卖不灵便，需要足够的对手盘和一定时间，但是机构的持续买卖对股价的涨跌有一定影响，所以机构投资者在投资时比较理性，也会进行一些技术学习。

三、股价高低点时的投资者心理情况

在股价高点时，大部分散户和机构投资者的情绪都比较高昂，都有惜售甚至加码的愿望，但是部分有技术的散户和机构会选择减仓处理。

在股价低点时，特别是股价中线低点（超过散户正常心理承受极限后）时，绝大部分散户都会经受不住心理压力的折磨，不由自主地欲卖出股票。此时，有影响股价能力的机构投资者承受压力的程度略高于散户，他们在受到亏损压力的折磨时，不是卖出股票而是加仓买涨股票，此时也是股价刚刚经历过散户集中抛压后的超卖阶段（抛压暂时枯竭），股价有很少的买盘就容易大涨。

这就是散户割肉后股价常常大涨的原因。

四、怎样摆脱情绪并合理低买高卖

1. 摆脱情绪影响，有高低的评判原则

人的情绪是跟随浮盈浮亏程度共振的，所以跟着情绪来买卖是投资大忌，是违反低买高卖的基本原则的。解决这个问题，我们可以引用一些常用的技术指标来判断股价的高低，比如 MACD、MCST、BOLL、PSY、CCI 等。

2. 利用规律统计原理合理利用有针对性的指标

MACD、MCST、BOLL、PSY、CCI 等经典技术指标是欧美成熟股市的一些技术专家的研究成果，有一定股价高低研判的道理，但是，A 股的股价震荡幅度较欧美成熟股市更大一些，所以我们要研究常用技术指标的针对性，发现这些技术指标的合理判断值，并投入实战应用，这样会较大程度提高低买高卖的判断准确率，并克服情绪化的弱点。

对于这些常用的技术指标应用，我的研究成果是：

（1）MCST 能够区分判断强弱股以及中线支撑压力与止损点。

（2）CCI 比较适合在平衡势市场中运用，适合判断重大盘子个股的波段区间高低点。

（3）BOLL 比较适合平衡势市场中的小盘股判断运用。

（4）MACD 是非常好的辅助判断工具，既可以与上述指标组合判断，也可以与 K 线组合在一起判断。

（5）PSY 则可以作为单边趋势的极端现象后的回荡判断指标。

独门 55
怎样判断一只股票好不好

市面上衡量一只股票好不好主要采用个股业绩、每股收益、每股净资产值、净资产收益率、净利润增长率、主营业务收入增长率和市盈率等指标，若是一只股票业绩好，每股收益高时，可以深入研究，很有可能就是一只值得长期持有的好股票。这只是一种理想化的学院派观点，在实战中很容易出现困惑。

而职业投资者判断个股，则有着 A 股独特的特色以及客观实战性，职业投资者判断一只个股好坏的主要原则有：

（1）个股是否有近期明确的爆破点。这个明确的爆破点主要是指经过统计印证的爆破点战法以及热点活跃规律。这两点，对 2021 年前后 A 股市场选股时考虑有效的爆破点与活跃板块的活跃规律非常重要，也是必须掌握的新思维。

（2）在符合第（1）条的基础上，选出的个股也要符合万能公式，具体的万能公式内容与使用办法可参考《万修成魔》万能公式的有关章节。

（3）近几年的市场，由于扩容速度巨快，供求关系不理想，大多数个股重心下移，因此选好个股的同时，看准大盘的时机也非常重要，只有大盘安全，个股操作的能力才能发挥出来，如果大盘不好，职业投资者相对谨慎，认为不存在高概率的逆势个股操作方法。

独门 56
实战中运用爆破点战法有哪些关键注意点

股市中的个股涨跌是多因一果，爆破点是阶段短线中的一个重要因素，如果其他因素也给予配合，股价就存在短线投机机会，如果其他因素不配合，虽然存在爆破点这个因素，股价也不见得出现投机者希望的短线机会。

因此，爆破点战法既存在着具体招式，也存在着柔性判断的问题。

下面，我就爆破点战法在实战中的运用谈些自己的经验总结。

一、要用统计技术发现爆破点的阶段有效性

爆破点战法的具体形式有很多，我们首先要学会并熟练理解战法的原理。需要注意的是，某个战法在某个阶段是否有效，是否能够投入实战应用，还需要统计该战法在这个阶段中是否有效。这个是否有效，通常要考虑两个问题，第一个问题是该爆破点是否能够刺激股价出现大概率的有机会的规律性走势，第二个问题是大盘所处的位置是否会影响爆破点的爆破。

需要再次强调一下，花家军的短线战法中，阶段规律的统计非常重要。

二、要注意是否超预期

爆破点的主要作用是刺激机构和投资者短线刺激股价。同样的一个爆破点，也会存在不同的心理差异，一般情况下，超预期的爆破点更加有效，预期爆破点的效果要稍微差一些；好坏反差大的爆破点（比如扭亏为盈）比锦上添花的爆破点（绩优股预增）更能刺激股价。另外，爆破点的强弱度也存在着正反馈、负反馈的效应。

三、要注意爆破点的可靠性

有时，某个爆破点也存在着一定的模糊性，在这种情况下，不能存有侥幸心理而去赌博，因为一旦出现失误则容易出现亏损，特别是因为投资者预期的爆破点一旦落空或者出现反向的爆破点，对人的心理负面影响比较大，也会刺激股价负向爆破。

要确认爆破点的确定性，最好是打电话进一步确认，但是要提高说话和问话的水平，我一直认为，股市博弈是综合的博弈，而不仅仅是闭门造车的博弈。

四、要注意用万能公式进行短线评估

用万能公式评估个股的爆破点时，最重要的是两点。

1. 评估大盘

大盘的涨跌和阶段的趋势心理，对爆破点的有效性和刺激幅度影响极大，不容忽视。

2. 评估短线高低位

爆破点爆破时的股价位置非常重要，股价处于低位时，爆破点刺激的幅度越好；股价处于相对高位时，容易出现利好出尽而股价下跌（高开低走）的情况。

独门 57
买到涨停股后第二天该怎样操作

涨停板是 A 股的常见现象，遇到涨停板后怎样处理也是一项常见的重要技术。下面我根据近几年市场涨停板的走势规律做个技术性总结，用于大概率的行为操作原则。

涨停股第二天的操作技巧：

（1）开盘就涨停可不急于抛售，但要盯着买盘数量。一旦买盘迅速减少，则有打开的可能，此时须立即抛售，获利了结。如果一直涨停至收盘，则不必急抛，在第三天再用这个原则继续跟踪并应对。

（2）高开低走，则要立即抛售，并以较低的价格报单迅速成交，防止无法以合适价格卖出。如果在第一天冲击涨停的过程中，是以一笔大单迅速使股价上涨 3% 以上的手法，则更要以低于价位 1% 以上的价格报单。

（3）高开高走，死盯着股价，一旦出现涨势疲软，则立即报单卖出。如果股价再度冲击涨停板，反而可以适当少量追涨停，然后再用该原则分析第二天的行动。

（4）平开高走，死盯着股价，一旦出现涨势疲软，则立即报单卖出。

（5）低开高走，死盯着股价，一旦出现涨势疲软，则立即报单卖出。

（6）平开后迅速一跌，趁反弹时择高点出货。

（7）低开低走，尽快出货。

独门 58
心态犹豫时刻该怎样操作

男子汉群体中分为两类人：一类人是英雄，另一类人是平庸者。

怎么去区分他们？

在平常时刻，大多数男人是差不多的，是很难区分的。但是英雄和平庸者在三个时刻的表现是不一样的，即关键时刻、困难时刻、犹豫时刻。有时，关键时刻和困难时刻是与犹豫时刻重复的。

在股市中，人们也常遇见犹豫时刻，这时该怎样快速反应处理呢？下面，我就把英雄人物在这些犹豫时刻的处理思维归纳总结一下，希望有英雄潜质的你能够看懂并在这些时刻像英雄一样表现。

一、想保住已经获得的利润该怎么办

1. 爆破点股

不论是技术爆破点还是题材爆破点，爆破点爆破了就应该卖掉，无论股价涨跌都要果断一点。

2. 技术分析的股

只要均线乖离了，用 K 线负连续结合常用技术指标 KDJ、MACD 判断。

3. 热点股

看龙头股的强弱，用 K 线负连续结合常用技术指标 KDJ、MACD 判断龙头股。龙头股走弱了，热点板块中的个股都该卖掉。

4. 总体原则

只要涨幅已经满意的个股，就该分批卖，重仓股更该这样做，千万别让煮熟的鸭子飞了，在股市里赚钱卖就对，但尽量卖实际一点，符合当时市场的统计数据。在股市中赔钱卖就不对，尤其是因为自己犹豫和主观的胡思乱想，更是太平庸了。

二、失误已经出现了该怎么办

1. 个股买因失误

卖掉重来就是了，下次别犯这样的错误了。这样的错误出现了，许多人都想是否有好办法纠错，也不是没有，你自己给买上去，买不上去就卖掉。

2. 短线失误

因为大盘短线震荡或者因为个股短线技术形态有点高，可以等，也可以选择在短线低点或者下一个启动点加仓。

3. 中线失误

如果大盘可能有中线风险，而个股还有较好的题材，个股也应该服从大盘，该做的差价也得做，也可以对可能逆势的或者题材好的个股留少许持股，但也要设好止损条件。

4. 总体原则

原则上应该尽快了断错误，不能因为一个小错误导致下一个大错误的发生，也不能发生重仓的错误，想依靠侥幸运气纠正错误是许多傻瓜的常见想法。

三、有点恐高但大盘还在涨怎么办

你的分析判断认为大盘已经在高位，但是指数还在涨，个股也还在活跃，这也是一个常见的情况。

在股市中避险比抓机会更重要，这是职业玩家的看法，但更多的外行不一定这样看。在股市中水平越低的人要求越高，职业玩家由于是胜利者，对现状更满意，因此也更宽容一些。股市又不会关闭，有赚钱方法，还在乎这几天的休息观望吗？

也可以选择一些能抗短线风险的品种少量做一做，比如安全效率高的转债或者一些低位的筹码集中股，或者初步强势的严重涨幅落后股，并要做好短线期指对冲的准备（要用 K 线逻辑看准，别做反了）。

如果是中级行情的高位或者大行情的高位，还是小心一点，别轻易冒险。

四、想抄底但大盘还很弱怎么办

大盘暴跌后超跌也是个非常好的方法，一定要干，并要干好。但是，也不能忘记一句话：新手死在山顶上，老手死在抢反弹上。

1. 左侧抄底

左侧抄底的品种一定是安全的品种，比如安全有效率的转债，有现金选择权保护的品种，也有一定跌幅的央企大市值股（次新股更好）。左侧抄底不能超过 1/4 仓位，仓位一重容易慌神，英雄处境不利的时候容易犯错。

2. 右侧抄底

右侧抄底应该是严重超跌股、新庄股（被打下来的前新强势热点股）、新崛起的强势热点股、开始活跃的机构重套股。

3. 做好撤退的思想准备

抄底后一定要做好撤退的准备，千万不能短线变中线，不能因为抄底被熊咬住撤不下来了。抄底中常见的错误是，开始少量时是赚钱的，赚钱后在加重仓位就被套住。要在最恐怖的时刻分批买，以及第一迹象时刻扑进。为了退出方便，如果资金大，可以采取组合的方法多买几只股。

五、看好一只股但股价有点高怎么办

如果特别看好一只股，这只股股价有点高或者股票有点瑕疵，这是正常和常见的，可以先买进来一点，然后分批加仓。

在股市中，没有第一次下手，就可能完全把握不住一个好机会。

六、"二八现象"出现了该怎么办

"二八现象"出现后，一定要有所行动，至少要对弱势的品种有所处理，虹吸现象对弱势股的打击往往是比较大的。这点是许多固化平庸者难以克服的心理障碍。

七、看好的长线赌注股短线涨幅大怎么办

其实这点在前面已经说得很清楚了，由于长线赌注股也是职业投资者的

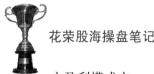

主盈利模式之一，所以有必要在这里强调一下。

无论什么股都要服从万能公式，高位的股爆破点正向爆破力度会受影响，在大牛市的高位甚至是风险点。在平衡势市场中，长线赌注股中线超买后也需要保住利润和不能追高，对于中线赌注股千万不能有低位害怕高位忘乎所以的情绪，如果你有这样的情绪，你要提高自己的基础素质，下次别再犯这样的低级别错误了。

人生赌注股的操作不能极端，留有余力，保持优雅，定投持有，有差价也不能放过。在弱势中，即使是最好的股也不能过早重仓，股市不相信眼泪，重组股在熊市中也容易翻脸不认人。

【花言巧语加油站】

（1）越是不懂，越认为自己正确，让不懂的人承认你很难，让明白人承认你倒很容易。

（2）你必须寻找各种可能解释事情的方法，然后想办法看看能否试图推翻它。

（3）面对两难和考验时，与其诉诸别人的看法，不如复读一下类似的历史情况和 K 线。

（4）逻辑不好的人一旦误入歧途，怎么开导都没用。

（5）我们唯一的局限就是那些我们自己在内心设立并接受的局限。

（6）人生最重要的是时机，时机对了，凡事都有可能。

（7）人要在必要的时候表现得勇敢，但勇敢并不等于肆无忌惮。

（8）不用劝，不回头是伤得不够！

（9）技巧与经验总结的知识不会让你进步，但是会让你迈步，许多的迈步才会让你进步。

中篇　股辑

　　侦探艺术中最为重要的是，能够从一些事实中辨认出什么是重要的，什么是次要的，否则你的精神和注意力就一定会分散而无法集中。

第一部分

顺势而为

一个人的认识范围半径，就是他的世界。

求是1
重庆百货的全额要约收购

图 2-1-1 是重庆百货（600729）2020 年上半年的 K 线图。

图 2-1-1　重庆百货（600729）2020 年上半年的 K 线图

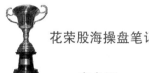

实盘记：

（1）2019 年 6 月 25 日，重庆市国资委、商社集团分别与物美集团、天津物美以及步步高集团、步步高零售签署了《增资协议》。8 月 12 日，通过国家市场监督管理总局反垄断审查。根据公告，此次要约收购价格为 27.16元/股。

（2）要约收购、现金选择权是我在股市中的重要盈利模式之一，至此重庆百货被设置成为我的重要自选股。

（3）要约收购、现金选择权公式公告出来后，对于关注者来说，最重要的是判断该预案实施的可能性。由于重庆百货的要约收购预案是商社集团混改增资项目的附属产物，重庆联合产权交易所通过"多轮竞争性报价"方式遴选出物美集团和步步高集团为本次混改的投资方，且方案通过国家市场监督管理总局反垄断审查。因此我认定要约收购实施的概率极大。

（4）2020 年春节，新冠肺炎疫情恶化，武汉"封城"，股民情绪也受到影响，不少人在自媒体呼吁正处于春节休市状态的股市推迟开市日期，但是A 股还是正常开市了（2020 年春节假期延长至 2 月 2 日，2 月 3 日星期一起正常上班）。

（5）2020 年 2 月 3 日开市，绝大多数个股跌停开盘，重庆百货也以24.93 元跌停开盘，这个价位与 27.16 元的要约收购价已经有 8.9% 的"无风险"利润。于是我进行了第一批建仓。第二天，大盘止跌放量回升，我在稍高的价位上又追买了一部分仓位。为了保险，我的一位股友一直不断地与上市公司沟通，反馈的信息是积极的。

（6）2020 年 2 月 20 日，重庆百货的股价涨到了 27.48 元，越过了要约收购，于是我把持有的该股全部卖出了，因为"无风险"利润不存在了。3月 18 日，随着股市反弹结束再度下跌，重庆百货的股价再度跌到 25 元附近，于是我再度重仓买进。

（7）2020 年 3 月 27 日重庆百货股价异动，收盘价涨到了 27.03 元，我直觉公司要发要约收购公告了。果不其然，重庆百货 3 月 27 日晚间发布公告，其控股股东重庆商社集团正式启动要约收购。3 月 28 日股价最高涨到28.23 元，我全部卖出，此次套利比较成功。

（8）要约收购完成后，重庆百货的股价再度回落到 25.5 元。5 月 13 日，在新零售概念成为市场热点的背景下，股价再度启动，一举涨到 39.5 元。

（9）规律总结：

★要约收购、现金选择权战法的关键点是判断实施的可能性、与上市公司沟通、"无风险"利润的满意度，以及分批建仓。

★2019 年 6 月 25 日公告预案，3 月 27 日晚间发布要约公告，期间时长 9 个月，可以作为后续国企要约收购个案的时间跨度参考。

★要注意要约收购完成后的股价回落，特别是股价再次回落后的机会。这种情况已经为多只类似股票所验证。

求是 2
五矿资本的定向增发

图 2-1-2 是五矿资本（600390）2020 年 1~8 月的 K 线图。

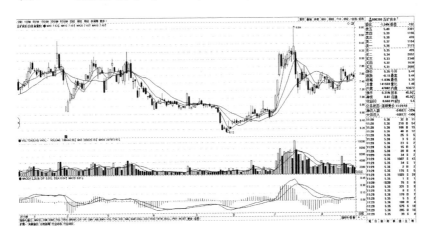

图 2-1-2　五矿资本（600390）2020 年 1~8 月的 K 线图

实盘记：

（1）2020 年 1 月 13 日晚间，五矿资本公告，公司发行股份购买资产并募集配套资金暨关联交易之部分限售股约 38.82 亿股将于 2020 年 1 月 20 日

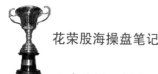

上市流通。经查，五矿资本这部分定向增发许多为二级市场的金融机构持有，已经持有三年，原始成本 8.45 元（未考虑现金分红和三年资金成本）。

（2）定增重套股是我在股市中的重要盈利模式之一，至此五矿资本被设置为我的重要自选股。此前，我曾经统计过 2019 年、2018 年、2017 年的 A 股板块机会，认定金融股是近几年的重要机会板块，2020 年也需要格外注意。

（3）我针对五矿资本的定增解禁日制订了短线投机套利计划。本打算重仓参与，但是此时新冠肺炎疫情日益严峻，我有所担心，就参与了一部分。

（4）解禁日，五矿资本果然高开大涨，考虑到疫情，我把所有股票全部卖掉了，只留了少部分五矿资本作为打新配市值用。持有一部分，可以观察得更仔细。

（5）2020 年春节，新冠肺炎疫情恶化，武汉"封城"。2 月 3 日开市，大部分股票跌停，第一天我选的股票是无风险的重庆百货，第二天看见大盘止跌，跟进的是五矿资本和有同样题材的中油资本。

（6）大盘进行了一个波段的上涨，在看见大盘走势不符合操作系统之后，就把所有股票卖掉了，但依然留了少部分五矿资本作为打新股所需要的持有市值。

（7）2020 年 7 月 2 日，新三板大量发行新股，券商股计提点火大盘，大盘价涨量增，金融股又是点火热点板块，这天我又重仓买进五矿资本，还买进了一些金融股中泰证券、光大证券、中油资本。

（8）2020 年 7 月 15 日是中油资本的定增解禁日，我提前买了一些，15 日那天中油资本果然大涨冲击涨停，我看封涨停封不死，就把中油资本卖掉了，顺便把处于 MCST 线压力位的五矿资本也卖掉了。

（9）规律总结：

★定增重套股战法的关键点是被套机构的数量、实力和风格，及解禁日的大盘情况。

★解禁日异动或者其后几个交易日异动有 1/3 的规律，在其后大盘中级行情或者热点板块中活跃是大概率，此时可以成为重要组合之一。

★有一些可能有保底协议的被套定增，大股东可能会通过大宗交易回购，一旦市场出现契机，股价也会比较活跃，可参考梦洁股份 2020 年 5 月的行情以及此前的定增解禁情况。

★五矿资本有一个特点规律，因为股份公司的收益都是子公司分红而来的，因此每年年报不分红，中报分红。

求是 3
新宁物流的"大洗澡"

图 2-1-3 是新宁物流（300013）2020 年 1~8 月的 K 线图。

图 2-1-3　新宁物流（300013）2020 年 1~8 月的 K 线图

实盘记：

（1）2020 年春节假期由于疫情无法出门，我便在家反复翻 K 线并进行不同特点板块的波动规律统计，因而发现了一个新中线潜力股战法"大洗澡"战法。这个战法的主要特征有两个：一是上年度年报进行了彻底的"洗澡"处理而导致上年度年报巨亏，但次年业绩就会好转；二是大股东刚刚发生了改变，或者有很大可能发生改变。

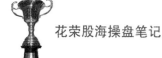

（2）春节假期期间，有关疫情恶化的消息不断传出，我意识到了股市即将大跌，并也意识到大跌之后是机会，因而选了一批备用的短线自选股准备作为抄底候选标的。这批股票又分为两类：一类是短线正处于底部初步强势K线的个股，另一类是股价处于历史最低价附近的"大洗澡"股，新宁物流就属于这一类。

（3）春节后股市开市果然大跌，我第一波抄底的是低风险的"无风险"、绩优、热点品种。新宁物流属于第二波的抄底品种，我记得是2020年3月2日这天买进的，因为前一天大盘发生了大跌。在这个时间我操作的个股几乎都是符合"大洗澡"战法的个股。

（4）买进了这只个股后很快获利，但是我没有及时跑。这时美股及欧洲股市开始大震荡，数次熔断，这影响到了A股，但是A股的成交量依然比较大，盘中主力护盘的迹象也很明显，于是我利用大盘在2020年3月13日的大幅低开又加仓了一批股，其中新宁物流是重仓。

（5）之后新宁物流表现还不错，我在2020年3月19日和3月20日两天出货了。但是这只股依然保留在我的自选股榜上，它的潜力还没有完全发挥出来。

（6）我再度买进新宁物流的时间是在2020年7月6日，这时大盘价涨量增，而新宁物流已经连续两天走强，我就用激进账户追高买进了一部分，之后连续强势，在7月8日涨停，我本打算第二天涨停不了就卖掉换股的，因为此时短线好股挺多也比较好找。

（7）2020年7月8日晚上，新宁物流公告，公司获悉广州市中院在"阿里拍卖·司法"发布了股权拍卖公告。此次公开拍卖的对象，正是控股股东苏州锦融及其一致行动人曾卓分别持有的4635.75万股及67.99万股公司股份。被摆上台面的，是公司大股东因高比例质押而陷入的资金危局；而藏在"拍卖桌"下的，则是新宁物流暗中涌动的易主预期。公告坦言，此次司法拍卖可能会对公司的控制权产生影响。此时，新宁物流二股东京东振越，在持股比例上与苏州锦融仅差毫厘。大股东的"掉棒"，无疑为"京东系"创造了"接棒"的机会。

（8）2020年7月9日，新宁物流的股价高位强势震荡了一下，继续上攻，7月14日股价一度摸到了9.8元，看到股价放量滞涨，大盘也开始震荡，我就出局卖掉了该股。

（9）规律总结：

★"大洗澡"战法可以作为重要盈利模式，第一个关注的时间点可以是每年的1月31日前的巨幅预亏大跌之后的合适价格。

★这类股票普遍价格比较低，在其股价走强后再买比较合适，也可以作为大盘暴跌后的抢反弹品种。

★这类股的潜力有时不会一次性爆发，需要有耐心地反复关注、跟踪、操作。

求是4
广东甘化的业绩预告

图2-1-4是广东甘化（000576）2020年7月的K线图。

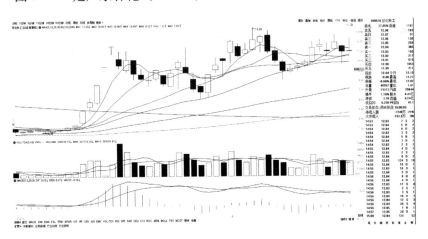

图2-1-4　广东甘化（000576）2020年7月的K线图

实盘记：

（1）2020年7月3日，大盘连续价涨量增操作系统给出进场信号，于是我开始在涨幅小于2%的个股盘中选股。

（2）选股时翻到了广东甘化，这只股每到大盘强势时都很活跃，很明显有固定机构常年关注。我按照习惯看了看它的 F10 资料。发现了一条重要信息：广东甘化"三旧"改造第四块土地出让成交预计增加当期损益逾 6 亿元。而广东甘化的总股本仅有 4.4286 亿股。

（3）我又查看了一下这只股的技术指标：这只股的股价已经纠缠了MCST 指标很长一段时间，这样技术形态的股很容易出现较大的涨幅。于是我重仓买进了这只股。

（4）买进的时候，下的单子比较大，吃进的也比较坚决，在大盘强势的时候，这样的做法很容易把筹码集中股的股性激活。这也算是一种特殊的操作技巧。有时筹码集中股的重仓机构资金比较缺乏，大量买进，可以为机构腾出一部分资金，也可以让他着急。

（5）2020 年 7 月 6 日是周一，广东甘化跟随大盘高开，之后横盘波动，临近上午 11 点时股价封上涨停板。

（6）2020 年 7 月 7 日强势上涨了 5 个多百分点，7 月 8 日开盘时上涨 5个多点上下拉锯，10 点半再度冲上涨停。要注意，筹码集中股一旦开始强势上涨，要有点耐性，不能过早下车，并且在初步启动时可以适当少量追高。

（7）2020 年 7 月 8 日晚上，广东甘化出现了关于收到"三旧"改造第四块土地公开出让首期分成款的公告，7 月 9 日开盘直接封死涨停。7 月 10日也是涨停开盘，但是临近尾市大盘走弱地出现 1000 多万股的抛单，把涨停炸开，尾市又封死涨停。

（8）2020 年 7 月 10 日，该大盘低开走弱，该股也是同步低开走弱，我就全部出掉了。这个股成为 2020 年 7 月那轮行情初期赢得利润最大的一只股。

（9）规律总结：

★主力重套股是大盘转强后的重要盈利模式。

★主力重套股一旦开始启动走强，需要一些持股耐心，初步走强时可以少量追高买进。

★主力重套股有利好消息时或者属于热点时，是比较好的组合标的。

求是 5
*ST 大港的业绩预告

图 2-1-5 是*ST 大港（002077）2020 年 7 月的 K 线图。

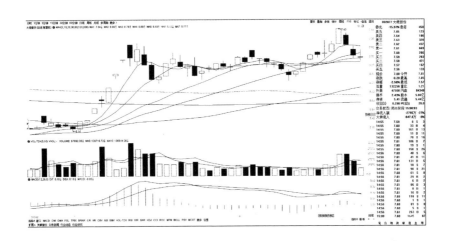

图 2-1-5　*ST 大港（002077）2020 年 7 月的 K 线图

实盘记：

（1）在低价小市值 ST 股中找寻基本面可能质变的品种是我的最重要盈利模式之一，这是我在股市中的重要盈利模式之一，其他的盈利模式还有"无风险套利"模式和牛市强势股等。

（2）2020 年 7 月 3 日，大盘连续价涨量增操作系统给出进场信号，于是我开始在涨幅不大的个股盘中选股。

（3）在大盘处于可操作时间，短线效率最快且概率较高的方法是找寻那些有短线爆破点的股。这个短线爆破点是指个股在近期有潜在的利好公布，找到这样的股是短线能力的重要体现。

（4）股市中最常见的短线爆破点是上市公司的业绩预盈扭亏公告，越是反差大、超预期的爆破点越是有效。2020年7月初，正是中报预告业绩的时间，于是找寻扭亏为盈低位股成为我的该阶段盈利手段。

（5）我喜欢玩微博，我玩微博的习惯行为有两个：一是总结记录自己的操盘日记及心得，二是了解信息和市场心态，取长补短。

（6）我看微博时，看见一个"阿呆"的微博，说他自己买了三只ST股，都是扭亏为盈的ST股，他把这三只ST股称为他的"三个儿子"，其中*ST大港是"大儿子"。

（7）我仔细地看了*ST大港的F10资料，觉得扭亏为盈的可能性很大，为了慎重起见，我给上市公司打了电话，接电话的人员态度比较积极，说公司的基本面明显好转。

（8）于是我重仓买了，公司也果然在2020年7月8日公布了扭亏为盈的公告。在我买进后短线涨幅有5个涨停的幅度左右，算是一口大肉吧，还比较美味。

（9）规律总结：

★炒股能力是综合能力，包括与上市公司的沟通能力，在问询上市公司的预盈预亏公告等方面的信息时，我有下面一些经验：当上市公司接电话的人员态度处于比较热情积极的状态时，往往按照制度要求即将发布的公告会是利好；当上市公司接电话的人员态度处于比较冷淡消极的状态时，往往按照制度要求即将发布的公告会是利空。

★有时可以选择几只符合要求的个股，特别是年报发布的时候，存有计提的特殊事项，所以不能单凭自己的想象推理，还是最后打电话问询一下，有的能问出来，有的问不出来，只做明确的，模糊的就可以放弃了。这方面我也曾吃过亏。

求是6
南国置业的三进三出

图2-1-6是南国置业（002305）2020年2月至2021年的K线图。

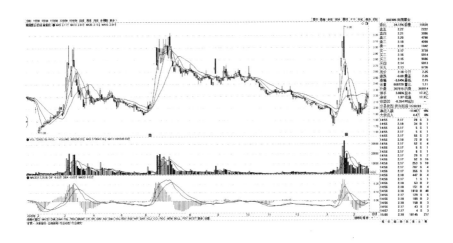

图 2-1-6 南国置业（002305）2020 年 2 月至 2021 年的 K 线图

实盘记：

（1）我每年春节假期有把所有股票翻一遍并重新设立自选股的习惯，2020 年的春节由于疫情不能出门，更是有时间慢慢地翻股票。在翻股票时，我注意到南国置业，我最初注意它的原因是它的大股东是央企中国电建，关注低价中小市值的央企股是我长时间的习惯，因为这类个股不太容易退市，大股东有实力使上市公司的基本面趋好甚至注入资产，即使是极少数的央企亏损股退市了，退市前也都给予了现金选择权，只要介入的价格足够低，相对风险小机会更大。

（2）在把南国置业作为初选股目标后，我进行了第二步的深化了解分析，发现了两个重要信息：一是中国电建地产集团入主南国置业之后曾于2014 年 5 月 7 日承诺"采取必要的措施来避免发生未来与南国置业主营业务的同业竞争及利益冲突的业务或活动"，即电建地产业务需要注入南国置业。二是南国置业 2017 年 5 月 19 日下午召开年度股东大会，电建地产董事长夏进作为上市公司大股东代表参会。夏进表示，电建集团将全面参与雄安新区建设，作为集团重要成员，电建地产有意与南国置业一道参与雄安新区特色小镇建设，且"前景比较乐观、很有参与价值"。南国置业前期已参与了部分科技、文化产业园项目，夏进认为，这为公司参与新区建设做了较好准备。

（3）一般情况，上市公司吸纳大股东的资产都喜欢在股票处于低位时再实施，这样能够使大股东注入的资产占据更大比例的股份。因此在关注这类股票时要有耐心，不能追高，等到意外的低价出现时介入则比较合适。同理，有些定向增发如果大股东现金参与也有类似现象，大股东当然希望用更低价格买股票。依据这些敲定的事情和大股东的利益取向，可以较好地分析事件启动的时机和股价波动的规律。

（4）我对南国置业进行综合分析过后，再考虑当时的股价接近历史最低位，以及节后交易日股市可以预计到的大幅下挫，我认定这只股存在着重要潜力，可以作为重要的候选猎物目标。

（5）节后开市，股市果然大跌，南国置业跌幅更是超越了大多数股，股价在接近三个跌停（历史最低位 1.61 元）开始了连续稳健的小阳线走势。这时，我在操作更稳健更有把握的股票，没有买它。2020 年 2 月 24 日，等到我把其他品种套利成功过后，开始了建仓这只股票，买的数量还比较大。买后该股随着大盘震荡了两天，便开始发力，让我吃到了连续的四个半涨停板。

（6）我考虑到大股东还没有注入资产，可能股价在高位站不住，便果断地把持有的该股全部卖掉了，该股随着大盘震荡，后又出现了地天板，随后股价就走弱，回到了低位启动的位置。

（7）2020 年 6 月 3 日，我看见该股股价再度跌到了上次我买进的价格附近，在股价再度有走强架势时我再度买进。机会真是留给有准备的人，买入第三天，公司就公告"吸收大股东的资产"。股价随后就再次出现四连板。

（8）两次成功操作南国置业后，我对这只股有了好印象。2021 年元旦，我选股时发现了该股股价再度跌到了我曾经买到的价位，便又把它放进了自选股，正好遇见低价股板块急跌，带动该股也急跌，由于它符合我当时的扭亏盈利模式，便又再度买进了这只股，这次买进的不多，买进后第二天它就公布扭亏为盈，股价又出现了六个半涨停板，真是我的幸运股，赚了三次多板，希望能再次在这只股上赚钱。

（9）规律总结：

★关注低价中小市值的央企股是我长时间的习惯，因为这类个股不太容易退市，大股东有实力使上市公司的基本面趋好甚至注入资产，这是一个相对特殊的选股思维，却十分有效。

★一般情况，上市公司吸纳大股东的资产都喜欢在股票处于低位时再实施，这样能够使大股东注入的资产占据更大比例的股份。因此在关注这类股票时要有耐心，不能追高，等到意外的低价时介入则比较合适。同理，有些定向增发如果大股东现金参与也有类似现象，大股东当然希望用更低价格买股票。依据这些敲定的事情和大股东的利益取向，可以较好地分析事件启动的时机和股价波动的规律。

★有的股票在主力重仓持有后，或者还有重大题材没有完成，股价往往会有一定的规律性，比如跌到某个低价位后，主力会再度发力，或者在这个题材有进展时也会有所发力，发现一些个股、一些主力、一些题材的股价异动规律，也是一项上乘分析技术，这个技术往往还非常有效，我们需要加强这个技术的关注力度和实战应用。

求是7
奥园美谷的经典猎庄技巧示范

图2-1-7是奥园美谷（000615）2020年春节后至2021年中期的K线图。

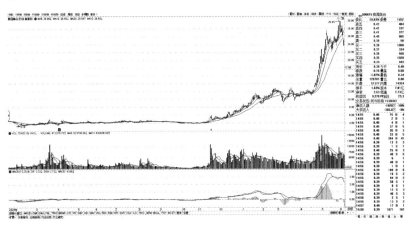

图2-1-7　奥园美谷（000615）2020年春节后至2021年中期的K线图

实盘记：

（1）我最先注意到这只股的时间是 2020 年春节，因为疫情武汉"封城"了，这无疑对股民的心理有着比较大的影响。

（2）相比满仓股民的人心惶惶，轻仓的我直觉机会来了，在我的投资理念中，股灾财是可遇不可求的，是一定要抓住的，我们平常的谨慎一方面是防止"黑天鹅"事件的出现，另一方面是要利用"黑天鹅"发笔横财。春节假期又因为疫情无法出门，我便开始仔细地选股。每当市场出现下跌危机时，我的选股思维主要有两个：第一个思维是稳妥的，主要选一些有现金选择权或者面值保护的品种，如果没有这样的，就选公用事业股中冷门绩优的，作为第一批抄底的目标；第二个思维是激进一点的，主要选低价超跌机构重套的，作为看见大盘止跌苗头后的出击品种。

（3）在选超跌品种时，我选中了京汉股份，京汉股份是奥园美谷原来的名字，选中它的主要理由有：京汉股份当时的股价严重超跌，跌幅位列阶段性的前几名，绝对股价低，流动股东中有海通资管重仓，近两年的二级市场中，海通资管、富国基金独门持仓、中植系这三个机构重仓的股常常比较活跃，赚钱机会明显高于普通股。

（4）2020 年春节后，大盘以接近跌停的价格开盘（多数股跌停），我按照计划第一天买进了一些有现金选择权题材和金融绩优股，第二天大盘继续有大批股票以跌停价开盘，京汉股份也是这样，于是我就买进了这只股票，考虑到当时的作战思维是做短线，在持有京汉股份几个交易日，在它涨停又再度高开无力后就卖掉了。应该说这个回合操作得还是可以的，尽管后面有更高的价格，当时疫情严重，为了保险起见，早日落袋为安不算错。

（5）我第二次关注京汉股份的时间是 2020 年 9 月 1 日，此时是京汉股份变为奥园美谷后的第一个经过审计的业绩报表，公司中报业绩期内由盈转亏，归母净利亏损 1.93 亿元，这是新大股东入驻一个新壳后的常规举措，我们称为业绩"大洗澡"，经过业绩"大洗澡"后的一次下跌，往往是这只股票的一个重要低点，这个原理我在自己的实战中经常反复使用，算是一个选择大股东更换过的低价股的选时机小绝招。

（6）这时我再度开始关注该股，由于对大盘一直没有太大的把握，所以此时的盈利模式一直是更为灵活的期指箱体操作，股票一直没有太大仓位的动作。2020 年 10 月 28 日，京汉股份聘任徐巍担任执行总裁，该人具备深厚医美大健康领域管理经验；2020 年 10 月 30 日大宗交易：京汉股份成交5833.72 万元。这都引起了我的注意，但是我没有行动，证据链与股价联动的逻辑还不充分。2020 年 11 月 12 日，公司在广州举行品牌换新暨战略发布会，这也是公司拟更名"奥园美谷"后，首次对外系统阐述未来发展的新战略及新方向。京汉股份相关负责人表示，公司更名"奥园美谷"后，将从绿纤材料出发，进军美丽健康产业。

（7）周五，我看到股票交易价涨量增，并结合此前的消息证据链，我买进了该股。这次短线判断得还是比较准的，下一周的前三天，股价连涨三天，在周三高点我就把股票卖掉了，当时感觉这个股票操作堪称完美，也不枉这么长时间的跟踪，也更坚定了我对一些低价股的选股和跟踪模式。

（8）我的习惯是，卖掉一只股票就从自选榜上删除，换上觉得价位和题材效率更有优势的股票，所以之后我好长时间没有注意京汉股份了。很久后，医美概念成为市场中最热的板块，奥园美谷是这个板块的龙头股。我便来研究奥园美谷成为牛股的前因后果，发现原来奥园美谷就是自己曾经重点关注过的京汉股份，当时我是 5.5 元卖掉的，而后来股价曾经单边上涨过 29元。从这个角度来看，自己对有些庄股的前半程操作有一定的心得经验，而对庄股的后半程（包括主升段）的技术研究还需要进一步提高。

（9）规律总结：

★近两年的二级市场中，海通资管、富国基金独门持仓、中植系这三个机构重仓的股常常比较活跃，赚钱机会明显高于普通股。海通资管的重仓股风格容易产生重组题材，富国基金独门股容易是成长股的单边上升通道，中植系的股票容易在低位出利空后逼空强势上涨。有必要阶段性把这三个板块挑出来作为潜力股跟踪。

★新大股东入驻一个新壳后的常规举措，我们称为业绩"大洗澡"，经过业绩"大洗澡"后的那一次下跌，往往是这只股票的一个重要低点，此后要注意相关信息面的中线跟踪，一旦信息证据链与股价联动，就是一个较好的买进时机，这次短线机会应该抓住。

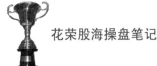

★我自己的实战风格是，注意风险做得还不错，但是对于相对高一点的股票，已经进入上升通道的股票机会把握有些进攻力不足，这点应该进一步加强和改善。加强和改善的方法是，研究奥园美谷、贵州茅台、碳中和牛股的K线图，对应大盘研究它们的K线、信息、主力规律，并总结一篇《牛股主升段股价波动规律》实战技巧。

求是8
低价活跃股的波动规律

图2-1-8是供销大集（000564）2020年4月中旬前后的K线图。

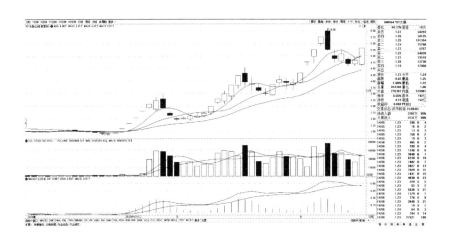

图2-1-8　供销大集（000564）2020年4月中旬前后的K线图

实盘记：

（1）2020年4月，我重仓成功地操作过南国置业后，对央企低价潜力股产生了浓厚的兴趣，其实，我之前就有多次成功操作央企低价股的经历，比如2017年在攀钢钢钒即将暂停上市前夕我就在2元多的价位重仓买进了该股，持有一年后2018年回归市场，回归的第一天涨幅即40%多。在兴头上，我开始刻意找寻处于低位的央企控股的低价股。

（2）这时供销大集进入了我的视线。其实，我发现供销大集时，它的大股东是正处于债务危机的海航集团，公司的第二大股东是央企新合作集团，但是上市公司已经公告，大股东已经与第二大股东签订意向协议，"大股东将通过股权转让的方式把控股权交给第二大股东"。

（3）这时，供销大集的价位处于历史最低价附近，不到2元。可能是我刚刚成功操作过南国置业，我买进供销大集并反映在微博上的操盘日志上后，引起了不少股友的注意，在一个股友的微信群中，有一个股友好心提醒我，他很了解这个公司，因为他就在这家公司的第二大股东（即将的控股股东）的上级单位工作，这家公司实在是太烂了，一塌糊涂，他自己是实在不敢买，让我也最好小心一点。

（4）我感谢了那位好心的股友，但是他的话并没有动摇我对这只股的持股信心。我觉得，低价股最常见的低价原因就是上市公司的基本面差，但是穷则思变，只要大股东的实力足够强，就有做强上市公司的动力，特别是公司有退市压力时，往往是股价最低的时候，也是最具投机暴利的时候，但是不能因为投机性强而导致自己踩上退市股的雷。所以，我更偏爱央企低价股，多数央企有实力保壳、有实力重组，即使少数退市了的央企低价绩差股，在退市前也给予了现金选择权，只要你进入的价格够低，风险是可控的。

（5）我买进供销大集后不久，正好遇见电商股成为市场热点，在相关新闻消息的刺激下，供销大集突然开盘直接涨停一字板，连续五天涨停，在第六天冲高后我就卖出了这只股，此时我对这次操作还是比较满意的。该股随后调整了三天，随后又再度起涨，一口气涨到6.09元。虽然我是3.2元左右卖掉的，短线赚了60%多，但是踏空的涨幅更多一些。我的实战弱点之一就是对于强势股，没有吃够更充分的利润。

（6）后来，我又操作过一个低价大型国企股包钢股份。我认为，没有因为业绩亏损而有退市风险的低价股，如果价格跌到1元左右，这时应该有机会，因为新的退市规定有这样一条，"连续20个交易日股价低于1元，股票将被强制退市"，所以股价跌到1元左右，只要上市公司的大股东有实力，就会尽一切努力保壳，这样判断大股东的实力将是最重要的。就是因为这个

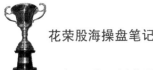
逻辑，我又抓住了包钢的股价投机机会。

（7）为了让这篇实战复盘日记内容更翔实充分一些，我又研究了两只低价热点题材的走势规律和特点。它们是文投控股和高乐股份。文投控股是阶段热点北京环球影城概念股的强势股，高乐股份是阶段热点板块婴童概念中的强势股，它们的基本面虽然都比较差，但是在非业绩公布时间，股价一旦激活，也是有着极强的实战投机价值的，也可以作为重要的盈利模式。

（8）所以在这里，我觉得有必要把非央企的基本面差但是阶段热点概念的低价股操作注意点总结一下：阶段热点概念低价股，一旦题材爆发并伴以股票价涨量增，往往短线涨幅比较大，极易封上涨停板，而且在第一冲击波出现后，只要题材未尽，往往还会有第二冲击波，第二冲击波的涨幅也有机会并相对容易把握，以后这类机会也值得加大注意力，但是要防止业绩公布期的风险，也不能做中长线。

（9）规律总结：

★低价股最常见的低价原因就是上市公司的基本面差，但是穷则思变，只要大股东的实力足够强，就有做强上市公司的动力，特别是公司有退市压力时，往往是股价最低的时候，也是最具投机暴利的时候，但是不能因为投机性强而导致自己踩上退市股的雷。所以，我更偏爱央企低价股，多数央企有实力保壳、有实力重组，即使少数退市了的央企低价绩差股，在退市前也给予了现金选择权，只要你进入的价格够低，风险是可控的。

★没有因为业绩亏损而有退市风险的低价股，如果价格跌到 1 元左右，这时应该有机会，因为新的退市规定有这样一条，"连续 20 个交易日股价低于 1 元，股票将被强制退市"，所以股价跌到 1 元左右，只要上市公司的大股东有实力，就会尽一切努力保壳，这样判断大股东的实力将是最重要的，这个逻辑将会导致这类股票有投机机会。

★阶段热点概念低价股，一旦题材爆发并伴以股票价涨量增，往往短线涨幅比较大，极易封上涨停板，而且在第一冲击波出现后，只要题材未尽，往往还会有第二冲击波，第二冲击波的涨幅也有机会并相对容易把握，以后这类机会也值得加大注意力，但是要防止业绩公布期的风险，也不能做中长线。

求是 9
捕获次新强势股

图 2-1-9 是三峡能源（600905）2021 年 6 月刚上市时的 K 线图。

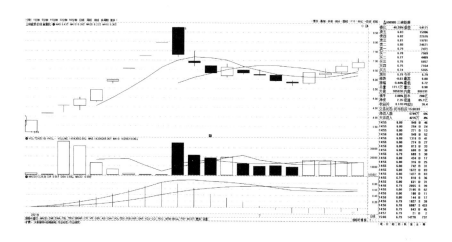

图 2-1-9　三峡能源（600905）2021 年 6 月刚上市时的 K 线图

实盘记：

（1）在 A 股市场，融资是最重要的市场任务。相对老股的再融资来说，新股的 IPO 更为重要，甚至是有关部门最重要的业绩衡量标准。而证券市场中的许多投机机会是由融资再融资项目而出现的，次新股在股票市场是一个时髦的话题，相信在将来也不会过时，A 股开市以来，有经验的投资者都会花费相当多的精力研究次新股的波动规律，并从中捕获相对有规律的投机利润。

（2）2020 年 7 月 23 日开始，上证指数计算新规生效，对于新股纳入指数的规定是这样的：新股上市一年后再纳入指数，如果总市值能排进沪市前 10，那上市三个月后纳入。该规定出台后，次新股的活跃性明显较以往下降了不少，但是还是存在机会，且机会出现的方式相对简单且容易把握。通过我对市场近一年来所有的新股波动规律分析研究，发现大部分上市的新股开板后，绝大多数都会走出长时间的下降通道，特别是其中的基本面一般缺乏炒作题材的个股。而其中的热点题材股和中低市值的金融股相对机会明显一些。

（3）近一年，我研究热门题材次新股最值得记录的一只个股是南网能源。这是一只低价中等市值股，根据以往的新股基本面情况分析，这只股票有一定的特点，但是要说会受到市场的热烈追捧那也不至于。但是这只股上市时，正好遇见了电力碳交易板块因为政策消息面原因，原本股性比较呆滞的电力股成为市场热点，长源电力、华银电力等股都走出了一口气翻两倍的黑马行情。

（4）适逢其时，南网能源上市了，其涨停板的数量明显比一般人预计的要多不少。开板后又冲上了两个半板，随后调整了 7 个交易日到 20 日均线后，股价再度上涨，走出了翻倍行情。其后上市的顺控发展，也是因为碳交易概念，股价涨得更猛烈。这两只股成为 2021 年上半年全市场涨幅冠军和亚军。也是因为这两只股的走势给我的印象强烈，我在自己的操盘笔记本记下来了一个盈利模式：最新上市的新股，如果具有当时的热门板块概念，在开板时可以少量把握机会，在第一次调整到位后再度走强，可以重点把握一下。

（5）捕捉属于热点板块概念次新股盈利模式的首次投机应用是在三峡能源这只股上，这只股流通盘子比较大，新股发行价格也低，我认购新股时就中了签。它上市的前两天都是按照惯例封死了涨停板。端午节假期我到庐山旅游，庐山是我向往了很长时间的一个名胜，在庐山我还看见了彭德怀元帅的手迹，没想到一个军人的字迹这么工整。节后第一个交易日开市后我在南昌飞机场准备回北京，我在用手机认购新股时，有股友提醒我新股三峡能源开板了，这让我想起了这种情况存在着机会，股价不高，开板的时间比我预期得早，于是我不但没有卖出原有的持仓，反而买进了 30 万股。上午临近收盘时，股价又封死了涨停。

（6）第二天该股低开了，这无疑影响了我的持股信心，在股价再度冲到上涨 5 个百分点时，我就一把全卖掉了。微博上有一个大 V 发微博说：这只股票可以卖了。我还捧哏了一下，听你的。谁知，这个操作是错误的，随后该股的股价又出现了多个涨停。我自己总结这只股的走势因果关系是，它符合热点概念新股战法，但是流通市值比较大，所以开板后震荡了两个半交易日。这个情况以后要注意。

（7）2020 年、2021 年上市的金融新股有中金公司和财达证券。中金公司有 H 股，它的 A 股顶位明显高于 H 股很多，所以开板比较早，但是开板后走势极强，机会也相对容易把握。财达证券的新金融股开板后的走势更为经典，箱体横向震荡，明显强于一般新股，此时券商板块比较活跃，一旦券商股活跃时，财达证券就成为该板块涨幅最大的股之一。

（8）新上市的中小市值金融股，股价活跃已经成为一个大概率的情况，特别是开板后股价再度活跃，需要高度注意，如果所属板块成为市场阶段热点，这时次新金融股容易成为板块龙头，如果大盘出现中级行情，次新金融股也容易成为领涨且涨幅较大的个股，这个规律也需要记忆。需要注意的是，在金融次新股第一次解禁时，面临一定的抛压，如果股价下跌较大，再止跌后还会有一次跟随大盘或者跟随板块热点的机会。

（9）规律总结：

★2020 年 7 月 23 日开始，上证指数计算新规生效，对于新股纳入指数的规定是这样的：新股上市一年后再纳入指数，如果总市值能排进沪市前 10，那上市三个月后纳入。该规定出台后，次新股的活跃性明显较以往下降了不少，大部分上市的新股开板后，绝大多数都会走出长时间的下降通道，特别是其中的基本面一般缺乏炒作题材的个股。而其中的热点题材股和中低市值的金融股相对机会明显一些。

★2021 年上半年全市场涨幅冠军是顺控发展，亚军是南网能源。因为这两只股的走势给我的印象深刻，我在自己的操盘笔记本记下来了一个盈利模式：最新上市的新股，如果具有当时的热门板块概念，在开板时可以少量把握机会，在第一调整到位后再度走强，可以重点把握一下。并在这个战法记录好后，用红颜色重点标注了一下。

★新上市的中小市值金融股，股价活跃已经成为一个大概率的情况，特

别是开板后股价再度活跃，需要高度注意，如果所属板块成为市场阶段热点，这时次新金融股容易成为板块龙头，如果大盘出现中级行情，次新金融股也容易成为领涨且涨幅较大的个股，这个规律也需要加强记忆。需要注意的是，在金融次新股第一次解禁时，面临一定的抛压，如果股价下跌较大，再止跌后还会有一次跟随大盘或者跟随板块热点的机会。

<h1 style="text-align:center">求是 10
ST 安凯的摘帽类内幕信息</h1>

图 2-1-10 是安凯客车（000868）2021 年 4 月 15 日前后的 K 线图。

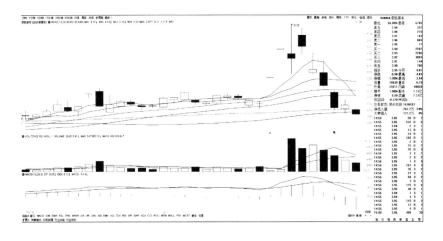

图 2-1-10　安凯客车（000868）2021 年 4 月 15 日前后的 K 线图

实盘记：

（1）每年年报过后，ST 股符合摘帽规定的会摘帽转为正常股票。如果行情尚可，目标股的基本面趋好且股价处于低位，摘帽前后的股价会比较活跃。这是花家军的一种盈利模式和战法。

（2）每年年初，最先公布年报的成长股、1 月底预告扭亏预增、预告高送转、ST股摘帽是我在这段时间的重要盈利模式，实时操作前要先统计该类股票的股价波动规律，然后根据规律低吸高抛地伏击爆破点。

（3）可以百度查阅ST股的摘帽条件和规定，为了进一步确认，也可以根据业绩预告向相关公司电话咨询。

（4）需要进一步明确的是，如果条件符合，一般情况下上市公司提出摘帽申请后，证券交易所10日内应该回复是否同意摘帽。如果证券交易所有疑问，中间会有一次或者两次疑问咨询，上市公司需要回复并公告。

（5）深圳证券交易所网站上有行政程序公开栏目，咨询状态和是否同意摘帽都有明确公示。其中，有时同意摘帽的公示时间会早于上市公司公告（并停牌）一天或者两天，这期间有一个短时间的时间差。有心者可以利用这个时间差，赚取双轨信息的短线投机差价。

（6）2021年4月14日，有两个熟悉该战法的股友通过微信告诉我，ST安凯可能会很快公告停牌一天并摘帽，由于我对这个玩法比较熟悉，基本上没有考虑就立刻在这一天的尾市买进了该股。

（7）2021年4月15日，ST安凯果然公告并停牌一天。4月19日开盘后直接封死涨停，其后继续上涨，这波摘帽行情的涨幅接近30%，短线还是比较盈利的。

（8）补充说明一下，这段时间的摘帽行情走势，一般情况下，摘帽行情都是一个涨停或者复盘后涨幅5%左右，安凯汽车涨幅更大一些的原因是与当时的新能源汽车热点重合了。这说明有技术就会有好运气，这也是花家军战法的妙处之一。

（9）规律总结：

★ST股的摘帽是年报时间的一个重要盈利模式。

★但是这个盈利模式是否投入实战，还要看当时大盘的环境与该类股的波动规律。

★要学会查看证券交易所网站的行政公开程序公示栏目，有心者可以获得实战信息时间差，这是一个合法的类内幕交易方式。对于短线爱好者来说，这个双轨信息投机玩法一定要学会，也必须学会，这是一个高概率的利润。

求是 11
百大集团的全额要约收购

图 2-1-11 是百大集团（600865）2021 年 3 月 2 日前后的 K 线图。

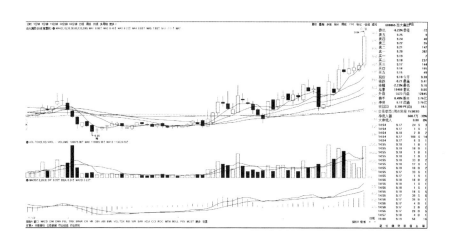

图 2-1-11 百大集团（600865）2021 年 3 月 2 日前后的 K 线图

实盘记：

（1）2021 年 3 月 2 日是百大集团全额要约收购的最后一个交易日，要约收购价格是 7.46 元/股。

（2）此前，百大集团的股价一直维持在 7.46 元上方，不存在套利机会。

（3）而在 2021 年 3 月 2 日最后交易日，股价跌破了要约收购 7.46 元，当日股价最低 7.41 元，这意味着存在套利机会。

（4）需要重点提示的是，在要约收购的最后一日，先行申报要约收购然后再买股也是可以的，沪市的要约收购申报是卖出要约收购代码（要约收购书中有）。

（5）一般情况下，最后一个交易日跌破要约收购价，往往跌破的不会太多，是否操作要看自己是否满意。这个满意度一方面是与其他机会相比，另一方面是与逆回购收益相比。

（6）2021年3月2日，我账户中有大量的余钱，于是就选择了在7.42元、7.41元低吸该股。并且先行申报要约收购（我申报的数量要大于后来实际买到的数量）。

（7）2021年3月3日该股停牌，3月4日复牌，股价继续下滑，但是我账户中持股已经冻结，这代表申报成功了，一个星期后资金到账。

（8）百大集团股价跌到低位后，横盘了一段时间，又强势上涨到了8元多。

（9）规律总结：

★在要约收购的最后一日，一些该类股容易小幅跌破要约收购价，此时套利时需要注意，可以先行申报要约。有的证券交易软件有深市申报栏目没有沪市申报栏目，此时可以直接卖出申报代码，数量可以多一点。

★无条件全额要约收购的股票，在要约收购完成后容易出现一波股价下滑，在股价止稳后的下一次大盘强势，又容易出现一波上涨，这是一个波动规律。

★需要注意的是，有的股全额要约收购针对的是异议股东，如果你没有在相关股东大会上投异议票，就不拥有现金选择权。另外，有些有要约收购预案的股票看清预案书，因为有些是可以调动现金选择权价格的，不细心的投资容易失误吃亏。

求是 12
山东华鹏的扭亏预告

图2-1-12是山东华鹏（603021）2021年1月29日前后的K线图。

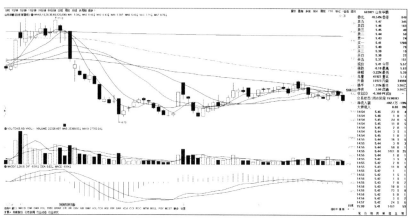

图 2-1-12　山东华鹏（603021）2021 年 1 月 29 日前后的 K 线图

实盘记：

（1）每年 1 月是股市中非常重要的时间，新年第一个月是机构投资者操作相对积极和调仓换股的时间，除此以外，每年 1 月也是年报业绩预增预亏的密集时间段。交易所有一条重要规定值得重视：年报业绩扭亏、亏损的公司必须在 1 月 31 日以前发部分公告。

（2）我每年 1 月的重要盈利模式之一就是伏击扭亏股票的业绩扭亏公告，在大盘背景还可以的情况下，公司公布业绩扭亏公告后的第一个交易日，股价常常会有积极的表现（实战前要观察统计一下当时的股价波动规律，如果市场环境差，这个方法也不一定行）。

（3）我具体实战实施时的方法是，先根据三季报、重组事件、行业情况找一批候选股票，然后给上市公司打电话联系落实哪些公司会扭亏，要是可能的话，可以根据语气、问询等情况推测出大概公告时间，然后组合品种组合成本埋伏，公告后股价上涨便卖出。

（4）打电话了解情况也是有技巧的，如果没有技巧地直接问，可能公司不一定会告诉你或者打官腔。我的经验是，接电话的人是男士，女士容易问出来；接电话的人是女士，男士容易问出来。问话也需要有技巧，从回电话人的态度也可以推测出公司业绩的情况，一般情况下，公司接电话人的态度热情积极，公司的业绩通常比较好；态度消极冷淡的往往业绩不太好。

（5）2021年1月下旬，我从F10资料中看出山东华鹏有年报扭亏的可能性，经过问询侦查后对这个可能性有了进一步的信心，就在它股价的技术性低位买进。在2021年1月29日公司公布扭亏公告，次日股价涨停。当然，在这个时间，我用这个盈利模式不止操作了一只股票，大多获利，有涨停板，有涨几个点的，也有少数平盘涨幅不大的，但是总体上收益还可以。

（6）注意，使用这个方法时，个股的选择既需要有扭亏的大概率性，也需要注意个股的短线技术性高低位，只有个股在低位时，公告爆破点出现后才更有力度，如果个股在公告爆破点出现之前就有一定的涨幅，公告后个股涨幅不一定理想，甚至有高开低走或者不高开的可能性。

（7）这个方法也可以移植到个股的预增上来，只不过预增个股的时间点不如扭亏个股的时间点容易把握，另外在选股时应注意，越是意外的，越是低价的，越是筹码集中的题材越容易爆发。

（8）使用这个方法时，还有一点需要注意，1月底是绩差股集中预亏的时间段，有许多个股容易在1月底大幅计提，这样会有大量的个股因为商誉减值而计提，所以对于1月30日、31日这两天，没有确切把握业绩的绩差个股要保持高度的警惕，防止踩上负爆破点的地雷。

（9）规律总结：

★基本面分析、技术分析只是基础简单的技术，职业投资者也应该熟悉交易制度和信息披露制度，这其中隐藏着关键时间点或者关键价格的重要信息，1月底公司必须公告扭亏，这是隐藏着1月中下旬的关键时间点。

★用一个盈利模式选股时，不仅要考虑这个盈利模式的先决条件，比如扭亏的可靠性，也要考虑个股的万能公式符合状态，盈利模式选股必须和万能公式选时结合起来，这就是股市投机的网状思维。有时，有些投资者的失误就是在实战的一根筋思维上。

★通过这个案例我们知道，炒股输赢不仅比拼的是专业能力，也要比拼基本素质，比如打电话落实信息的准确性，有的股友就能较好地完成任务，有的股友问了几只股一个也没问出来，但换了一个股友就问出来了。

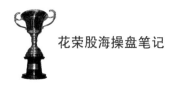

求是 13
界龙实业的更名公告

图 2-1-13 是界龙实业（600836）① 2021 年 5 月 31 日前后的 K 线图。

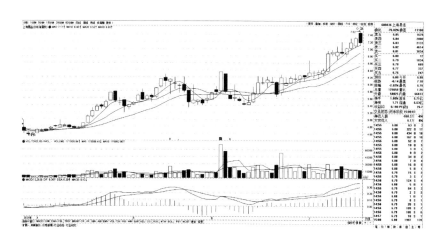

图 2-1-13　界龙实业（600836）2021 年 5 月 31 日前后的 K 线图

实盘记：

（1）熟悉花家军理念的股民可能都知道，我的的股海人生的生存主张是：炒股是获得财富的手段，炒股是为了让生活更美好，人生更有趣，千万不能让炒股成为生活中的唯一。2021 年 5 月 27 日是周四，是我们爬山队每周爬香山的时间，这天我们爬香山一共有七个人，走过双清别墅时，牛主任与我讨论我们当时持有的环球影城概念股的股价波动规律时，发现这个概念的股票前几周都是在周五上涨（不知道是不是有资金在博周末官宣环球影城开园的消息），如果周末没有官宣消息，周一又容易下跌，所以如果第二天我们持有的这个概念的股上涨了就逢高卖掉一部分。牛主任说："那样又有钱了，

---

① 2021 年 6 月 7 日，股票名称由界龙实业更改为上海易连。

明天尾市要不要买新的股票?"我回答说,"我还没有看好可以买的股,牛哥你有适合操作的股吗?"牛主任说:"那我今天晚上好好选选,选好了告诉您。"这时,其他的股友插话说,"别告诉花老师一个人啊,也告诉我们一下。"

(2)于是,大家在爬香山的坡路上建了一个微信群,群名叫作"香山",大家让我当了群主,发起人就是这七个人。晚上回家想了一下,为了加强一下几个生活俱乐部的凝聚力,把乒乓球队、羽毛球队、驴友会、避暑山庄的骨干拉了进来,一共是15人,算是一个炒股的互助小组。

(3)第二天,牛主任说他并没有选出来适合短线操作的股票。羽毛球队的小马说:"我看好交建股份,大家说怎么样?"有人问:"有什么具体的选股逻辑吗?"小马说:"没逻辑,就是觉得是技术低位。"然后有人说:"这不是赌博吗?那我们就算了。"过了一会儿,小马喊了起来:"快看,交建涨了。"但是,群里没有什么反应。我对小马说:"这个群里大多数人都是职业股民,没有其他收入,他们不敢赌博,即使赌对了的股他们也没情绪的。"这天,我除了减仓了一些真涨起来的环球影城概念股外,没有买进新的股票。

(4)周末过得真快。周一是2021年5月31日,我在2021年前几个月形成了一个习惯,每个月的月底逢高放一次短线空单,在月底最后一个交易日买一些股做短线。我原本计划逢低加仓买进原本就已经持有的ST松炀,并用这只股参加微博擂台赛,但是ST松炀这天走势比较强,下午甚至冲上了涨停板,我不愿意追高,只得放弃了。

(5)下午的时候,香山群友沐深荣突然发言:"界龙很可能今晚发更改名称的实施公告。"然后把他的判断几项依据贴了出来。我一下子来了兴趣,这个是我们花家军的更名战法,是双轨信息战法的一种,我们五一在乌镇旅游时刚刚与驴友们介绍过这个盲点套利的玩法,前几天刚刚有一只股水发燃气公告改名,第二天就涨停了,符合近期战法的统计有效性。

(6)我快速地打开界龙实业的K线图,看见这只股处于强势调整中,KDJ指标处于低位,符合万能公式,立即在5.54元买进10万股。再看香山群里的信息,小马问:"搞点?"我接了一句:"已经搞了。"然后,赶快发了一条擂台赛比赛微博,用界龙实业参加这周的微博擂台赛。

(7)当天晚上,界龙实业并没有发布更名的公告,但是我并不担心,因

为我对这个战法有把握，推迟一天也是正常的。第二天，界龙实业开盘低开，很快股价就冲了起来，走势明显强于大盘，收盘以次高点收盘涨了 2.86%。收盘后在奥森公园走路时，刺猬告诉我："界龙实业发布更名的公告了。"

（8）周三，也就是买进界龙实业的第三天，界龙实业高开后直接上冲，我挂在 5.9 元全部卖掉。只持有了一个交易日，赚了几万元，就像吃了一顿短平快的快餐。

（9）规律总结：

★可能会有股友疑惑，沐深荣怎么知道界龙实业会在近一两天发布更名公告。这是我们花家军盲点套利战法的一种：信息双规战法。具体原理是，现在国家行政机关实施行政审批公开制度，我们可以通过了解行政许可法中的回复时间规定以及上市公司前期的公告，再通过交易所行政审批栏目的跟踪，就可以相对超前并准确地得知上市公司公告的日期，提前一步买进就可以享受双轨信息价差，这是合法的"内幕交易"。

★这个战法在《千炼成妖》中有具体的讲解。在具体实施的过程中要注意，一方面要熟悉国家行政机关（中国证监会、证券交易所、药监局、发展改革委）的网站，熟悉相关行政法规，特别是审批时限的规定；另一方面要发挥自己的聪明才智，因为有的审批回复文件是明确的，有的审批过程时间是可以提前推理的，后者有一点难度，但只要用心也是比较简单的。

★《千炼成妖》中总结了许多常规花式战法，需要注意的是，这些战法并不是全天候有效的，在一段时间只有少数的几种有效（在大盘连续大跌过程中，几乎全部无效），什么时候什么战法有效，需要我们用统计规律的方法发现，然后再灵活地实施。否则，就容易纸上谈兵，有些人不知道自己笨，反而怀疑战法的有效性。

求是 14
ST 松炀的超跌回购

图 2-1-14 是 ST 松炀（603863）2021 年 5 月 21 日前后的 K 线图。

图 2-1-14　ST 松炀（603863）2021 年 5 月 21 日前后的 K 线图

实盘记：

（1）花家军的股海人生理念是"修身，赚钱，助人，玩天下"，我们每年都要去全国旅游，一方面是游览祖国的大好河山吸收各地风光的灵气，另一方面给各地的股友一次线下实际交流的机会，因为每次旅游时都有半天时间大家一起讨论股市实战技术和心得，许多股友通过旅行的交流，进一步理解了《百战成精》《千炼成妖》里记载的一些实战技术，有许多与他们自己阅读时理解的含义是不一样的，有些股友也很聪明，他们进一步具体细节化地有效地充实了一些实战技术。

（2）2021 年五一国际劳动节假期，花家军的旅行地是杭州—莫干山—湖州—乌镇。这次旅行中有一个股友叫阿呆，这个名字起得比较好，现实生活中，高大尚的名字容易经受挫折，比较低微的名字容易成活成长。阿呆的炒股特长是挖掘潜力 ST 股，在旅游中他与大家分享了他挖掘 ST 股的心得，大家问他现在看好哪些 ST 潜力股，他说他精选了三只，但是他只告诉了大家其中两只（告诉完的当天两只 ST 股都涨停了），还有一只他没说，他舍不得告诉大家。

（3）旅游完回北京后，又回到正常的炒股生活中。此时，我的股市盈利模式是低吸高抛"北京环球影城"概念股，因为这个概念板块的走势比较有

规律，周末涨周初跌，所以我在利用这个波动规律来回做短线赚钱，根据 KDJ 指标做，哪个相对价格低就买哪个，可选的目前有五六个，做得还比较顺手。

（4）2021 年 5 月 21 日是个星期五，果然这天北京环球影城概念股出现了一定的涨幅，我在相关的股票上做了一些减仓处理。这时是上午，我收到了阿呆的微信，先是一篇他写的 ST 松炀分析文章，后面是一段话："花荣老师，上面文章是昨晚写的对 ST 松炀的分析。我感觉这股非常不错，你看一下能否入你法眼。"

（5）ST 松炀是一个新被 ST 的股，且是一只跌破 IPO 发行价的次新股，我原来还真不熟悉这只股，我打开它的 K 线，在历史最低价附近刚刚开始反弹抬头，从 31 元多跌下来，且刚刚出现了一波四个跌停的急跌行情，还是受益于人民币升值的造纸股。我再看阿呆的分析文章，主要分析观点是：该股被 ST 的原因是大股东占用了上市公司资金，因为 ST 所以出现了近期的那四个跌停板，但是现在大股东已经把占用的资金还了，并且董事会预案要回购 1 亿~2 亿元，并且马上要开股东大会表决。

（6）我打开股吧，把阿呆的分析依据复核了一下，没问题。立刻决定买进该股，我先问了一下阿呆，我现在买这股不会影响他的操作吧？他说不会，我立刻把挂卖的大单子全部吃掉了，上午以当天最高价收盘。中午睡了一会儿，下午开盘继续买，一不小心，买得有点急，这只股票直接冲上了涨停，我就停止了操作，它的涨停打开了，一般情况下，回购量较大的股，公司是不希望回购前涨幅太大的，尾市我又买了一点，并让一个股友也买了一点，因为第二天周六他要开车送我去参加一个券商的大户策略会。

（7）随后的一周，我通过电话联系了解上市公司的摘帽想法和进展，这类被占用资金的公司摘帽要通过一次会记事务所的审计才可以，之前的一只股 ST 舍得也是这种情况，还有一个情况就是上市公司的回购进展，上市公司回复说股东大会通过后三个交易日就可以设立好回购账户，我不着急，随后的一个星期走势是温和的小涨，盘中只要有低点我就买点。

（8）一个星期过去，又是一个周一，公司股东大会通过了回购方案，股价稳步上涨，下午冲击了涨停。在涨停板上，我出掉了一部分，使持股成本保持在一个相对低价的优势状态，由于我觉得这只股有中线潜力，准备中线关注结合短线低吸高抛，看看能不能在这只股上大赚一笔。

（9）规律总结：

★因为利空出现了中线超跌＋短线超跌的情况，在利空消失后，股价有恢复到正常情况的需求。

★在长线股价低位，如果上市公司出现较大比例（按照下限计算）的回购或者增持，该股应该有一定的中线潜力。

★中线机构重套股，如果出现短线题材，股价容易活跃。人民币升值的常见利好板块是航空运输与造纸行业。

求是15
猎庄中植系

图 2-1-15 是融钰集团（002622）2021 年 5 月前后的 K 线图。

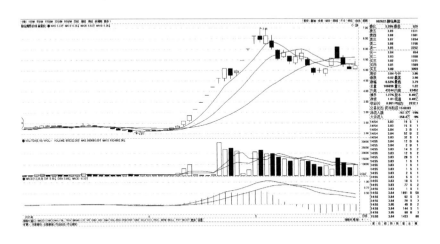

图 2-1-15　融钰集团（002622）2021 年 5 月前后的 K 线图

实盘记：

（1）中植系是指由资本大鳄解直锟控制的数十家上市公司、金融平台的

总称，名称源于解直锟 1995 年创立的黑龙江中植企业集团，2001 年，公司控股哈尔滨国际信托投资公司（后更名为"中融信托"）。恒天财富分析师"主持人姚嫒嫒"在微博发布的"2020 中国独立财富管理公司 TOP20 榜单"显示，"中植系"旗下的恒天财富、新湖财富、大唐财富、高晟财富分别以 11549 亿元、6000 亿元、8500 亿元、1000 亿元的累计规模排在第 2 名、第 3 名、第 4 名、第 11 名。

（2）2021 年 1 月，我股市中的盈利模式是伏击走强的扭亏和大幅预增的股票，这个模式我在元旦假期广东湛江旅游时与股友们交流过，大家反映这个方法不错，在实战中普遍获得了不错的战果。一天，一个叫阿梅的旅友在旅游群中发红包，说她抓住了法尔胜这只股票，从 2 元多涨到了 5 元多。我有研究近期牛股启动前特征的习惯，发现法尔胜这只股票的特征是低价超跌和是中植系的股票，这是我 2021 年第一次注意中植系的股票。

（3）每年的第一季度底，我都会把第一季度中涨幅最大的股票（刨除新股上市的连板涨幅）做一个专题研究分析，想试图发现这些牛股有什么值得关注的迹象和特征，以便在接下来的时间里观察利用。往年的情况证明，这个研究方法还是不错的，都能根据这个分析总结，再抓住几只涨幅比较好的股，或者衍生出一些特殊的选股方法。这个做法，也算是我自己的一个小绝招窍门。

（4）在 2021 年的第一季度底（3 月 20 日左右），我在做第一季度牛股的分析总结时，发现全市场涨幅最大的五只股中有两只是中植系的低价绩差股，全市场涨幅前十名的股票中有三只是中植系股票。另外，在研究这段时间相对更活跃一些的大盘股中，中植系股票的活跃性也更为突出。于是，我认定中植系的重仓股是我这段时间需要重点关注的股之一。

（5）研究分析成果是需要投入实战的，我建议年轻的广州股友"我是哈天"把全市场的中植系股票做个统计，并形成一个微博问答。这样做的目的是我能够了解所有中植系的股票都有谁，并选出一些跟前面已经爆发的股票有相似特征并处于低位的放在自选榜上参考研究，并试图在合适时机投入实战，把研究成果兑现成为股市投机利润。

（6）我当时选出的中植系的股票有 ST 宇顺、融钰集团等，我最先瞄着的是 ST 宇顺，主要原因是该股在 2021 年 3 月 30 日晚间即将公布亏损的年报。我想在其公布年报亏损利空时，股价可能会下跌，这样我可以买个相对的低点。但是出乎意料的是，公布业绩亏损的利空后，该股不但没有下跌，反而高开高走，下午股价涨停了，后面又是三个涨停，我踏空了这只股票。后面的涨势也不错。

（7）下面我盯着的中植系的猎物股就是融钰集团了，这只股已经预告了年报亏损，我想在公布年报后就买进该股。该股这年公布年报的时间是 2021 年 4 月 29 日晚上，也是周四，这是我们每周爬香山的时间。在爬香山的路上，我与股友罗杰、刺猬讨论了这只股，并暗暗地下了决心，要抓住这个猎物。

（8）周四，融钰集团公布了亏损的年报，该股这天的股价表现与 ST 宇顺一样，不但没跌，反而高开高走，于是我就在基金账户少量地买了一些（稳健账户那时的计划是买进北京环球影城概念股）。由于买得少，并没有特别地注意卖点，但是没想到不久，该股又公告"拟收购口腔医疗服务连锁企业德伦医疗 51%~70% 股权"。后面开始了牛股征程。

（9）规律总结：

★每年的第一季度底，我都会把第一季度中涨幅最大的股票（刨除新股上市的连板涨幅）做一个专题研究分析，试图发现这些牛股有什么值得关注的迹象和特征，以便在接下来的时间里观察利用。往年的情况证明，这个研究方法还是不错的，算是我自己的一个小绝招。

★研究活跃机构的持仓风格是重要的猎庄手段，中植系是市场中持股较多的重要机构，其重仓股的股价活跃规律容易在底部见利空后启动。另外，中植系喜欢收购绩差股，然后注入优质资产市值资产重组，中植系的股票一旦启动后，活跃时间比较长，可以阶段关注。相反，该系股票如果处于昏迷期，则股性比较呆滞。

★这个研究统计方法也适合对付其他的阶段活跃机构，比如以往的民企保险公司以及近期也很活跃的海通资管、富国基金独门持仓股等。我们研究股市时，如果能够穿透股票的表面技术特征，而发现幕后的机构活动规律，无疑能够使我们的行为更有针对性，这是我们提高技能的一个重要途径。

求是 16
潜力股的转债套利

图 2-1-16 是本钢转债（127018）2021 年 2 月 5 日前后的 K 线图。

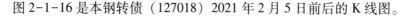

图 2-1-16　本钢转债（127018）2021 年 2 月 5 日前后的 K 线图

实盘记：

（1）可转换债券是债券持有人可按照发行时约定的价格将债券转换成公司的普通股票的债券。如果债券持有人不想转换，则可以继续持有债券，直到偿还期满时收取本金和利息，或者在流通市场出售变现。如果持有人看好发债公司股票增值潜力，在宽限期之后可以行使转换权，按照预定转换价格将债券转换成股票，发债公司不得拒绝。可转债具有债和股的双重特性。

（2）可转债的投机技巧主要有四个：一是新债的申购；二是转股套利或者强赎套利；三是债性的年化收益率满意；四是弱势中的热门炒作投机。

（3）2021 年 2 月初我选股的时候，把所有的转债也翻了一遍，发现了本钢转债。此时本钢转债的价格是 70 多元，剩余年限 5 年多，还有逐渐提高的年息，年化收益率达到了 7%以上，同时它还是央企的转债，具有股性。根据过去的案例经验，我认为这是一个不可多得的可以价值投资重仓的重点品种，并设在了自选榜上准备等合适时机买进。

（4）2021年2月5日，本钢转债见历史最低价73.061元，之后走出了横盘的走势，于是我开始逐渐建仓，对于低位的股票在其K线开始横盘后再买进是我的交易习惯。2021年2月18日，钢铁股板块普遍走强并成为热点，这与期货的金属价格普遍走强有较大的关系，我担心转债的价格涨高了，并同时对80元以下的价格年化债性收益率满意，就加大了买盘力量。

（5）钢铁板块持续走强，我就在本钢转债80元以下建够了仓位，计划是中线持有。但是本钢股份持续走强，带动了本钢转债也跟随走强，在2021年5月10日越过了100元面值，因为当初我计算满意年化收益率时就是按照结果价格为100元计算的，现在既然债券价格已经越过了100元面值并提前完成了当初的设想底线，我就把所有的本钢转债卖掉了。但后来本钢转债的价格涨到145元，这是属于认知之外的机会，也没什么值得可惜的。

（6）这年，第二只重仓转债是嘉泽转债。在2021年2月初选股时，我先是注意到电力板块，这个板块是碳中和题材炒作最猛的板块，其价量关系的力度很强，根据历史经验，我认为这个板块有中线潜力，但又不是特别有把握。于是就采取了折中的思维，选取相关的转债，这就发现了嘉泽转债。

（7）我先是在100元以下买进这只转债，只要它在100元以上拉出较大的涨幅就减仓，这样来回操作了好几次，收益还不错。最后一次再度重仓是2021年4月底，转债的价格再度到了100元的附近。2021年6月15日，嘉泽新能公布了一个比较大的利好，转债涨幅达到了20%多，于是我就把手中的货全部出掉了。

（8）本钢转债的操作主要图的是年化收益率，这是价值投资思维，因此在价格超过面值100元时就出掉了。而嘉泽转债图的是电力板块的题材和价量关系炒作，是投机性的，因此在转债价格跌到100元附近时还可以买。这两种转债的买卖思维是最主要的两种重仓转债的方法。

（9）规律总结：

★转债的新债认购也是一种常见的固定收益收入，我认购的思维是看新债价格是折价的还是溢价的，凡是折价的全部认购。要是新债是溢价的，要看整体转债市场的溢价情况，如果股票市场背景还可以，整体转债市场普遍溢价较高，新债溢价6%以下时也可以考虑。还有一条值得注意，在牛市中，含近期新债认购权的股票也可以作为选股加分，因为新债有额外的收益。

★在大盘连续大跌之后，有一些基本面还可以的转债跌破面值，溢价也不多，这种属于股性效率较高且有面值保护的转债，可以作为第一批抄底目标，特别是其中的金融股转债和中小市值股的转债。这种转债不存在抄底的心理负担，有较高的安全性可以重仓，因此，有时获得机构的认可，大盘一旦反弹，转债有时涨势也很猛。

★转债的投机，主要的关注点是还债的安全性、面值的保护性、年化收益的满意性以及股性的效率性。有时，整个转债市场中的品种计划全部溢价较大，此时尽管有些品种比较活跃，但总体上风险比较大，甚至短线高于对应的股票，这时不要被惯性束缚，暂时不要过分执迷于转债的投机，等待市场的溢价率下跌到合理范围后再考虑。

求是 17
伏击定增被套股的解禁事件

图 2-1-17 是三六零（601360）2021 年 7 月 9 日前后的 K 线图。

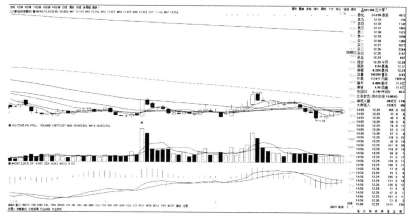

图 2-1-17　三六零（601360）2021 年 7 月 9 日前后的 K 线图

实盘记：

（1）定向增发是 A 股中最常见的再融资手段，每年实行定向增发的个股很多，如果对定向增发的规则比较熟悉，特别是对定增的定价规则了解和追踪，并根据大盘的情况来利用上市公司的融资心态，将会把握住一些高概率的机会和避免一些可以避免的风险（技术分析、基本面分析等大众方法分析不出来的），也可以根据解禁日前后的定增机构是否被套来分析机构的操作心态以及相关上市公司的年报半年报的业绩和分红倾向，这是一个重要的盲点套利和爆破点套利手段，我们一定要熟悉并熟练掌握。

（2）定增规则：最多 35 人。锁定期限 6 个月和 18 个月。发行定价为前20 个交易日的八折。基准日期，定价为董事会决议日，股东大会决议公告或发行期首日，竞价时间为发行期首日。批文有效期统一为 12 个月。减持不适用减持新规。发行数量要求不超过总股本的 30%。

（3）分析上市公司定增对股价的影响时，要注意大股东是否市场化参与，如果大股东参与，在定增完成前，股价往往走势比较沉闷，因为大股东更希望以一个较低的价格参与定增，而大股东又能影响上市公司的一些敏感因素。另外，根据上市公司的融资金额和融资股数以及发行定价的八折，在定增即将进行的时间段中是可以计算出上市公司实施定增的市场底价的，如果有可能，上市公司会努力报这个底价，但是如果市场太差，则上市公司维护市值能力不够，定增通过证监会审批但定增失败的案例也不在少数。

（4）定增为市场带来扩容压力的同时，也为部分大户提供了双轨价格的机会，因为发行定价为前 20 个交易日的八折，在考虑到其后时间的股价波动，有可能定价与市场价格差额较大，一旦参与定增市值获利较大，特别是对后市看好的情况。有些实力机构一旦大规模参与定增，会使该股走势比较活跃，根据观察，高瓴参与定增的一些公司，在定增后走势就比较强。

（5）定增股解禁日是一个非常敏感的时间，算是一个重要的爆破点，如果定增机构是获利的则对股价有压力（弱势更是这样），如果定增机构是被套的，在大盘还可以的情况下，相关机构可能会为解套而做些努力工作，有些上市公司也会为被套机构提供些帮助，比如业绩好坏和分红方案。需要特别注意的是，在解禁日即使是机构被套，我们也需要统计解禁日解禁被套股的股价波动规律，不能一厢情愿地主观猜测和行动。

（6）定增解禁已经好长时间，但是爆破点的效果不好，因此我有段时间没有关注这个爆破点机会了。有一天，在香山群中，小沐说："乾景园林解禁概念今天涨停了。"我看见他这句话后，翻了一下这只股的 F10 资料，发现这个增发机构是财达证券，刚 IPO，我又关注了后面一只定增解禁股东阳光，解禁日也有表现，于是我决定在这个概念找一找机会。

（7）周末，刺猬做的微博问答里有解禁这个栏目，我发现了三六零这只股的定增即将解禁，并且参与定增的金融机构都被套了近 10%，于是我在预期的解禁日前一天（周五）买进了这只股，但是解禁日推迟了四天，好在周末三六零的董事长说公司参股的哪吒汽车销售不错，股票上冲了一下。过了三天，等到了解禁日，股价果然出现了强势走势，这次套利操作相对还是比较顺利的。

（8）我查询最近信息时，通常是通过银河海王星软件的板块分类功能来查，里面有一个近期解禁概念。但是这个方法有一个缺点，就是需要一个一个去查解禁日期和定增价格，比较麻烦，我问刺猬他做周末问答时是怎么查的，他告诉我一个相对容易的方法，挺不错的，由于刺猬是职业炒股者，没有工资收入，他近期准备做炒股私教，教授这个查阅解禁的方法，我这里就不公布出来了，省得砸他的饭碗。其实，有心人可以自己发现，实在发现不了，去找刺猬学一下也可以。

（9）规律总结：

★定增规则：最多 35 人。锁定期限 6 个月和 18 个月。发行定价为前 20 个交易日的八折。基准日期，定价为董事会决议日，股东大会决议公告或发行期首日，竞价时间为发行期首日。批文有效期统一为 12 个月。减持不适用减持新规。发行数量要求不超过总股本的 30%。

★定增股解禁日是一个非常敏感的时间，算是一个重要的爆破点，如果定增机构是获利的则对股价有压力（弱势更是这样），如果定增机构是被套的，在大盘还可以的情况下，相关机构可能会为解套而做些努力工作，有些上市公司也会为被套机构提供些帮助，比如业绩好坏和分红方案。需要特别注意的是，在解禁日即使是机构被套，我们也需要统计解禁日解禁被套股的股价波动规律，不能一厢情愿地主观猜测和行动。

求是 18
中报预增题材的机会判断

图 2-1-18 是富煌钢构（002743）2021 年 7 月 15 日前后的 K 线图。

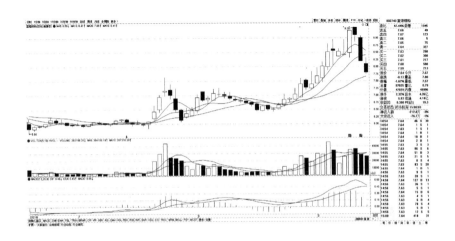

图 2-1-18　富煌钢构（002743）2021 年 7 月 15 日前后的 K 线图

实盘记：

（1）A 股业绩披露的时间轴为：

1 月 31 日，是所有板块上年度年报预告的披露截止日期（有条件强制披露）。

4 月 15 日，是深市主板（含中小板）的一季报预告披露截止日期（有条件强制披露）。

4 月 30 日，是所有板块上年度年报以及当年一季报强制披露日期。

5~6 月，是业绩空窗期。

7 月 15 日，是深市主板（含中小板）的中报预告披露截止日期（有条

件强制披露）。

8月31日，是所有板块中报强制披露日期。

10月15日，是深市主板（含中小板）的三季报预告披露截止日期（有条件强制披露）。

10月31日，是所有板块三季报强制披露日期。

11~12月，是业绩空窗期。

（2）有心者可以发现，上市公司预告业绩大幅增加和扭亏为盈的时间，股价容易出现短线上涨，在行情好的时候，还有些股票会大涨甚至涨停，如果能够于公告前埋伏进去，短线投资获利的概率还是比较大的，因此，花家军把这种战法称为伏击年报、中报战法，这是一种经典的短线爆破点战法，是需要熟悉和应用的，这种战法出现的次数比较多，属于常见机会之一。

（3）这里还需要补充一个概念解释。什么是有条件强制披露？

按照2020年12月修订的《深圳证券交易所股票上市规则》，深主板（含中小板）上市公司预计全年度、半年度、前三季度经营业绩将满足以下条件的，要进行业绩预告：净利润为负值；净利润与上年同期相比上升或者下降50%以上；实现扭亏为盈。

（4）毫无疑问，我们在实战中的具体操作，要规避预亏的（利空）公告，并把握预盈的（利好）公告。具体方法有两个：一是分析上市公司的基本面变化，二是向上市公司了解印证上市公司的基本面情况。这两个步骤的进行并准确把握，毫无疑问是要有基础素质做保证的，事情虽然简单，但是不同的人做的质量极不一样。

（5）2021年元旦花家军湛江旅游的时候，我针对这个战法做过主题讲座，有不少旅友在2021年1月就运用了这个战法伏击年报预增扭亏公告，这其中有一对夫妇阿梅、范范做得非常好，他们的职业是医药代表，善于与人沟通，往往了解的信息比较准确和及时。其他的一些花家军骨干也有做得不错的。

（6）2021年7月，大家又开始做这个爆破点短线伏击。这里还要补充一点，有些上市公司虽然不在强制披露的范畴内，但是交易所对这种披露持鼓励态度，一些上市公司也愿意主动公布这类公告，对于市值管理是有帮助的。而且这类上市公司在投资者了解情况时，态度也比较积极热情；而一些经营情况不太好，或者对短期股价上涨持消极态度的公司则在投资者了解情况时态度消极。这些情况反过来也有助于我们的实战判断。

（7）2021 年的中报比较特殊，因为 2020 年上半年出现了较严重的世界性疫情，许多上市公司都处于停摆状态。为此，我为自己制订了 2021 年中报爆破点注意事项：①湖北地域的上市公司预增值得注意，因为预增幅度普遍比较大（2020 年上半年停产的较多）。②扭亏为盈的股价表现力度大于锦上添花的绩优股。③量价关系形态较好地符合万能公式很重要，股价提前表现的在爆破点时间不一定表现。④如果叠加是筹码集中股或者阶段热门股更加容易双击。

（8）通过基本面分析和电话侦查，我发现了晨鸣纸业、富煌钢构等一批股票的预增、扭亏公告的公告时间和确定性，并成功短线伏击成功。其中，富煌钢构含有定增机构被重套的题材，业绩预告后，股价表现得更为突出。

（9）规律总结：

★上市公司预告业绩大幅增加和扭亏为盈的时间，股价容易出现短线上涨，在行情好的时候，还有些股票会大涨甚至涨停，如果能够于公告前埋伏进去，短线投资获利的概率还是比较大的，因此，花家军把这种战法称为伏击年报、中报战法，这是一种经典的短线爆破点战法，是需要熟悉和应用的，这种战法出现的次数比较多，属于常见机会之一。

★花友学习花家军战法注意点：①要对战法的原理熟悉熟练；②要对战法的阶段有效性进行案例统计跟踪；③个股的买卖点要结合大盘的买卖点；④要中庸操作，不能因为前期的顺利而加大仓位孤注一掷，也不能放松条件；⑤任何战法选择的股都要用万能公式检验；⑥大盘单边下跌势中无做多技巧；⑦不同机会要比较，可靠方法优先。

★一个人的成功，有 15% 取决于知识和技能，85% 取决于沟通。以往我的财富 85% 来自能力，15% 来自沟通（第一个 1000 万元沟通起了关键作用），沟通对于自己的进步起了关键作用，但此后相当时间内沟通的作用忽视了，从现在起要加大沟通的作用，要加大定增、大宗交易等沟通模式的投入，这更可靠。

求是 19
异议股东现金选择权的操作

图 2-1-19 是王府井（600859）2021 年 5 月 18 日前后的 K 线图。

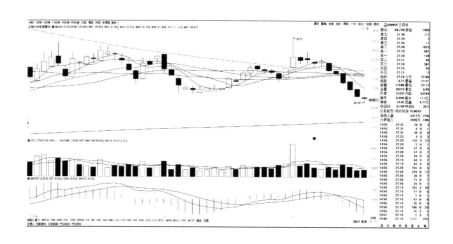

图 2-1-19　王府井（600859）2021 年 5 月 18 日前后的 K 线图

实盘记：

（1）首商股份于 2021 年 1 月 29 日晚间发布公告称，经向上海证券交易所申请，公司 A 股股票自 2021 年 1 月 18 日开市起停牌。2021 年 1 月 29 日，公司第九届董事会第十二次会议审议通过了《关于王府井集团股份有限公司换股吸收合并北京首商集团股份有限公司并募集配套资金暨关联交易方案的议案》等与本次交易相关的议案。经向上海证券交易所申请，公司 A 股股票将于 2021 年 2 月 1 日开市起复牌。

（2）上述这个换股吸收合并的议案引起了我的注意，因为这个议案中提供了异议股东的现金选择权。其中，王府井的现金选择权价格为 33.54 元，首商股份的现金选择权价格为 8.51 元。所谓异议股东股份回购请求权，指的是你在股权登记日持有相关股票，并在公司股东（大会）会议决议上对相关议案投反对票，就能够获得上市公司大股东以现金选择权价格回购的权力。这是一种花家军擅长的盲点套利战法。

（3）公司 2021 年 5 月 19 日公告：股东大会的召开日期为 2021 年 5 月 28 日，股权登记日为 2021 年 5 月 21 日下午交易结束时间。需要注意的是，2021 年 5 月 19 日，首商股份的收盘价格为 8.22 元（盘中有更低的价格），王府井的收盘价格为 31.10 元（盘中有更低的价格），都是低于现金选择权价格的，也就是有很大可能存在套利价格。我也是在这个日期买进的，由于对股东大会是否能通过有些疑虑，因而买得不多。

（4）2021 年 5 月 28 日的股东大会顺利通过了换股吸收合并的议案，我也在股东大会上投了反对票，这样也就获得了现金选择权（当天等待消息时，心情是有点忐忑的）。这个消息对于上市公司是个利好，王府井、首商股份在其后的两个交易日中连涨两天，股价涨过了现金选择权，在股价涨过现金选择权后，我逢高就把这两只股票卖出，完成了套利。

（5）随后，王府井、首商股份的股价都出现了一定程度的下跌。2021 年 8 月 4 日晚，两个公司公告，收到中国证监会上市公司并购重组审核委员会审核公司换股吸收合并北京首商集团股份有限公司并募集配套资金暨关联交易事项。2021 年 8 月 5 日王府井涨停。

（6）此后两只股的股价逐渐走强，2021 年 9 月 2 日，两个公司公告了王府井集团股份有限公司换股吸收合并北京首商集团股份有限公司并募集配套资金暨关联交易报告书。在 2021 年 9 月 2 日前一个星期，两只股票都走势比较强，连续上涨。这只股票的走势情况，可以作为类似案例的备忘参考。

（7）2021 年 7 月，我发现了冀东水泥也有类似的现金选择权题材。2021 年 7 月 13 日，公司公告临时股东大会的日期和股权登记日时间，股东大会日期为 2021 年 7 月 29 日，股权登记日时间为 2021 年 7 月 26 日。2021 年 7 月 13 日冀东水泥的股价为 12.04 元，远远低于现金选择权价格 12.78 元。其后股权登记日前也有充裕的时间低吸建仓。

（8）这次由于有了王府井的套利经验，我买进的冀东水泥的仓位就大了许多。股东大会通过后，股价逐渐走强，不久股价就涨过了现金选择权，顺利提前完成了套利操作。顺便说一下，这种套利操作对于配置打新股的市值挺好的。

（9）规律总结：

★对于异议股东现金选择权战法的运用，第一个注意点是方案的可靠性，在这类案例史上有过上市公司出了董事会预案后，遇到行情不好，后来取消了预案，如果你不注意这点，盲目迷信就容易吃亏。根据我的经验，一般情况下，央企的可靠性最强，国企通过国资委批准后也有很高的可靠性，而民营企业遇到困难情况容易反悔，比如天茂集团就反悔过。

★这个战法的运用，要注意市价和现金选择权的关系，只有在市价低于现金选择权时才有意义。那么，有套利价格空间时，需要注意满意度和分批建仓的理念，在你关注的过程中，需要不断地与上市公司联系，了解申报审批的进程。

★几个时间点也需要了解：第一个最重要的时间是股东大会召开的提示公告日，这个时间的股价可能是最有效率的；第二个是股权登记日，在此前减仓持有才有意义；第三个是股东大会时间，在这天需要投反对票，在证券账户内就有投票系统，如果不了解可以给上市公司或者券商打电话询问，股东大会通过后的股价低点可能有投机机会；第四个是省级国资委的同意公告或者修改预案的公告，这预示着实施的可能性比较大；第五个是证监会发审委审核时间，可以通过证监会网站上的资料推理出来大概时间。

求是 20
中线事件题材的伏击总结

图 2-1-20 是阳光股份（000608）2021 年 3 月至 8 月的 K 线图。

图 2-1-20　阳光股份（000608）2021 年 3 月至 8 月的 K 线图

实盘记：

（1）2021 年 4 月 29 日，我选股的时候，注意到了阳光股份在 2021 年 4 月 1 日出现过一个连续四个交易日的急涨，涨幅接近 30%，在分析这个涨势原因时，我发现这个急涨的刺激原因是有关媒体报道了北京环球影城即将开业，但是截至 2021 年 4 月 29 日尚无正式官宣消息，这让我回忆起 2015 年的上海迪士尼概念的实践行情，那时我在迪士尼概念上也有所斩获，这种中线概念题材投机是我的主要盈利模式之一，我也总结记载到了书籍中。这时，我已经决定了这个阶段将围绕着北京环球影城概念做个阶段性的投机性操作。

（2）决定操作北京环球影城概念后，我先进行了选股，我当时初选的股主要有阳光股份、中国武夷、文投控股、全聚德、首旅股份。我先比照搜索了阳光股份在 2021 年 4 月 1 日附近的走势近似图，想发现谁当时受消息刺激更为猛烈，发现了阳光股份、中国武夷、文投控股三只股当时反应比较强，全聚德、首旅股份那时反应弱一些，就决定先以三只反应强的股作为候选目标。

（3）我初选的阳光股份、中国武夷、文投控股三只股中，相对来说，中国武夷、文投控股两只股的 K 线价格要高一点，便决定了第二天（2021 年 4

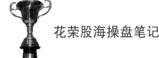

月 30 日）先买阳光股份，然后五一去浙江的杭州、湖州、嘉兴三市旅游，并等待北京环球影城官宣开业的消息，在这些概念股上赚一把，把旅游的钱赚回来。2021 年 4 月 30 日，我先买的阳光股份，我采取了低挂单承接的方式建仓，但是卖盘很少，建仓速度很慢，一上午买进的也不多。

（4）中午吃饭后，我又看了一下中国武夷，发现中国武夷跌停了，这样价格就不高了。我利用中午休市的时间，统计了一下无原因跌停个股的后续走势，发现这类股跌停之后多数都很难继续出现太大的跌幅，考虑到五一期间环球影城很可能官宣（我当时问询一些相关旅行社人士的消息），于是就决定买进中国武夷，把它的跌停板撬开，到尾市加大了买进力度，真的把中国武夷的跌停板撬开了。

（5）五一去浙江玩，由于是 2021 年 5 月 2 日去的，错开了一天，到每个景点时人并不多，比如我们去乌镇时，前一天还人山人海，我们去的那天基本没什么人。假期过去，周四周五股市开市的时候，中国武夷是两根小跌小涨的小 K 线，我在旅游的过程中又加了一些仓位。但是这段时间北京环球影城并没有官宣开业的消息。我也不急，根据各方面的消息来看，开业的时间不会太久，晚点开业，还利于多低吸高抛地操作几次。

（6）我回到北京后，中国武夷很给面子，连续拉出了四根阳线，盈利有 10% 以上，股价又到了前期箱体上沿，我就卖掉了。这时，我也持有阳光股份，加上后来的补仓探底，也获利了近 10%。后来我根据短线技术选时，操作了好几把全聚德、首旅股份也都得手了。我想只要消息不兑现，就来回操作。这时，因为疫情，北京环球影城一再推迟试营业。

（7）2021 年 5 月底，我查阅阳光股份的消息时，注意到了这样一条：2021 年广西辖区上市公司投资者网上集体接待日暨 2020 年度业绩说明会 2021 年 5 月 21 日在全景投资者关系互动平台举行。阳光股份（000608）总裁熊伟表示，目前京基集团已启动解决同业竞争的相关措施，正在梳理京基百纳商业管理公司的相关资产和业务，并研究制订同业竞争的解决方案。京基集团将积极推进相关工作，计划短期内，与公司签订资产托管相关协议。这样，这只股有两个消息叠加近期刺激，于是我把注意力集中到了这只股。

（8）从 2021 年 5 月底开始，我持续低吸阳光股份，见低点就加仓，在

2021 年 7 月底，阳光股份已经重仓持有了。2021 年 8 月 17 日开始阳光股份持续价涨量增，我意识到消息快公布了。2021 年 8 月 27 日阳光股份公布中报的同时，公布大股东的资产托管方案。在弱势，涨幅较大的个股，一旦公布利好，就要出货，你不出别人会出，所以第二天一开盘，我看见股价并未像预计的那样高开走强，属于逆反逻辑，就当机立断地把所有的这只股全卖掉了，卖掉之后这只股跌停，也回撤了不少利润。

（9）规律总结：

★像迪士尼乐园、环球影城、奥运会召开这类重大社会事件题材，会在中线刺激相关概念股走强，如果处于强势时，一定要重点关注，只要有相关消息刺激，股价就容易出现波段性的大涨，这是一个重要的盈利模式和战法。以往的实战操作效果都比较好，是一个比较成熟的战法，以后还可以用。

★操作这类股时要注意实战操作方法。可以根据万能公式进行波段的低吸高抛来回投机，在最后阶段，股价往往会有一段较强的走势，如果股价出现了一定的涨幅，在相对的高点出消息，要记住"利好出尽是利空"，这个战法原理请参见《千炼成妖》217 页"利好出尽"一节。有时是高开低走，有时是平开低走，出货时一定要果断。许多人由于没有经验，往往在这样的关键时刻犹豫，导致利润出现大幅回吐，甚至扭赢为亏。

★在伏击环球影城概念中，我也出现过一些失误，其中在这个概念中，文投股份是最强的，多次充当龙头股的角色，在相关消息刺激时也多次涨停，但是由于我有些恐高，多次想买，但是行动上要么是买得少，要么是漏掉了，这种情况要记住，下次操作类似题材概念时，可以进一步提高，加大对龙头股的注意。

求是 21
从板块盘面异动中发现机会

图 2-1-21 是中关村（000931）2021 年 8 月 27 日前后的 K 线图。

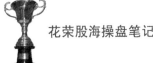
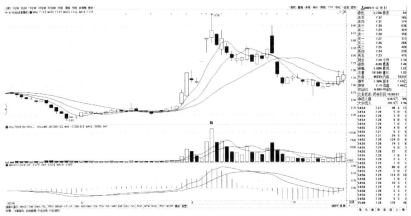

图 2-1-21　中关村（000931）2021 年 8 月 27 日前后的 K 线图

实盘记：

（1）注册制是 A 股证券市场必须要完成的任务。在注册制实施时，证券市场需要造势，把注册制的利好体现在二级市场之中。注册制这个事件题材，直接利好的板块是证券板块和创投板块，因此在 2021 年 7 月 1 日百年庆典之后，我已经把注册制这个事件对二级市场的影响进行了比较详细的思考，并为此做好了思想准备和应变计划。

（2）2021 年 8 月 27 日（周四），我看盘时发现整个创投板块列于当天板块指数涨幅排名第一位，概念股中的公认标志股鲁信创投并一度涨停，而且这只股前几天一直是连续的小阳线组合（这种 K 线组合常常是新机构进场的收集建仓行为），其他的一些创投概念股也有类似迹象，这天证券板块也出现了异动，由于这两个板块是注册制实施的受益板块，我直觉是不是注册制快来了？马上开始针对此感觉开始选短线潜力股。

（3）由于券商股流通市值都比较大，而中小市值的低价股更容易对事件题材有比较强烈的反应，因此我决定在创投概念中选择新潜力股，根据我自己的选股万能公式原则，我选中了中关村和苏州高新。之所以选择了这两只股，主要是因为它们的股价都处于低位，如果感觉错了，可以规避追高的风险。

（4）这天是周四，是我们每周爬山的日子，爬山时还与大家讨论了对注册制和创投概念这两只股的看法。第二天周五，中关村的股价开盘时低开后，逐级走强，这进一步印证了我对创投概念股有人建仓的看法，我又对中关村、苏州高新加了一些仓位，同时也买了一些中信证券。

（5）其实，我这次买股票也不全是冲动，在弱势的月底前先回避一下，再在月底买股票是我长时间以来的一个重要操作习惯。下一个周一是 2021 年 8 月 30 日——我习惯性的建仓日（我喜欢在月底的倒数第二个交易日尾盘买股票），这天中信证券走势高开低走让人有点沮丧，而中关村、苏州高新走势都不错，我心想要是把买中信证券的钱也买进中关村就好了。其实这种心情没必要，在操作上组合思维是对的，绝对化思维不对。

（6）其后一周，中信证券、苏州高新、中关村开始连续发力，阳线越拉越大，中关村甚至在 2021 年 8 月 31 日这天封死了涨停。创投概念股中的鲁信创投、创业黑马也封死了涨停。这让我进一步对创投概念有了信心，其实下次遇到这种情况，是可以进一步加仓的，由于与前两天的股价相比，股价高了不少，我存在心理障碍，就没有动作。

（7）2021 年 9 月 2 日（周四）晚，国家主席习近平在 2021 年中国国际服务贸易交易会全球服务贸易峰会上发表视频致辞。习近平说，我们将继续支持中小企业创新发展，深化新三板改革，设立北京证券交易所，打造服务创新型中小企业主阵地。次日周五，创投概念全部高开，我明白了，前几天创投、券商股的异动不是因为注册制，而是因为北京证券交易所的设立。手中的几只股高开后，我看见大盘走势一般，就把手中的股全部卖掉了，了结了这次操作。

（8）在北京证券交易所设立这个事件中，新三板精选层的股票走势很强，但是这是无法事先把握的。而创投概念股中鲁信创投、创业黑马走势最强，一只是标志性的股票，另一只是往常的中小市值活跃股，这两只股都没有把握住，应该属于小失误。下次遇到类似情况时，这次的操作经验教训要参考一下。

（9）规律总结：

★沪深股市有这样的习惯：有重大融资事件或者新制度出台时，大主力会为这样的事件造势以树立良好的市场氛围，分析这些事件利好利空时，不能仅从供求关系的角度，而且要从市场影响的角度，因为市场中存在着大主力，我们看问题要从大主力的角度来看。

★当年确定某个事件利好某个板块时，选股不仅要从技术分析、基本面分析的角度，也要从以往的股性和活跃性来看，还要从这个板块现实的异动强度来看，板块龙头股虽然短线涨得多一些，但这也说明了主力的强度和力量，这点下次要注意。

★当股价的异动进一步与你的判断一致，把握性比较大的情况下，只要题材未尽，股价又不是特别高，其实是可以重仓搏一把的，其实我当时对创业黑马、鲁信创投也有过心动，但没有行动。在心态犹豫时，是可以中庸思维行事的。

求是 22
大盘冷门股铁树开花该怎么办

图 2-1-22 是中国石油（601857）2021 年 9 月 13 日前后的 K 线图。

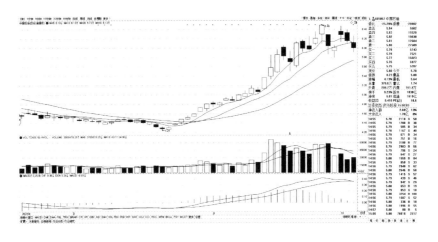

图 2-1-22　中国石油（601857）2021 年 9 月 13 日前后的 K 线图

实盘记：

（1）要说以上市开盘日作为计算标准，套牢投资者时间最长的股票都有谁？要说绝对时间和幅度第一名是谁，不经过全面的统计一般人还真说不清楚。但是有一只股票会经常作为这个类型的股票被人们提起，这只股票就是中国石油。2007 年，中国石油新股发行价为 16.7 元，首日上市最高价为 48.62 元（开盘价 48.60 元），之后股价单边长时间下跌，2020 年 10 月 29 日到了 4.04 元的历史最低价。是全市场中整体表现最沉闷的股票之一。

（2）2021 年 5 月，随着全球资源商品期货价格的大涨（全球主要国家因为疫情发钞量大），中国石油的股价也出现了一波难得的上涨行情，股价由 2021 年 4 月 27 日的 4.14 元涨到 6 月 25 日的 5.41 元，随后股价下跌到了 8 月 20 日的 4.4 元（高于起涨价格），然后股价再度上涨并越过了前期的高点价 5.41 元。

（3）2021 年 9 月 10 日前，中国石油的上涨相对于其他资源股来说并无引人瞩目之处，基本上都是价量关系不突出的中小阳线。但是从 2021 年 9 月 13 日开始，中国石油成为此阶段的明星股，它先是拉出了此轮上涨行情的最大阳线，次日也是在大盘箱顶回落的情况下价涨量增强势上涨。我就是在这个时候注意到它的，这个时间由于中国石油的上涨，也引发了整个石化板块的逆大盘（下跌）上涨。

（4）遇见一个新崛起的热点强势板块，在其强度达到明显程度时是可以操作的。根据历史经验，我此时的实战选择是，一要选择龙头最强股，毫无疑问中国石油的价量关系是最突出的，理应作为重点组合；二要选同启动原因的个股，当时石油板块全涨，虽然石油期货价格也涨，但并不突出，所以我担心中国石油的上涨原因是混改，所以第二选择股选的是中国石油旗下的大庆华科；三要选有其他独立题材的强势股，根据这个原则我选择了大股东转让题材的恒泰艾普。

（5）中国石油买完的次个交易日就出现了上涨，再下一个交易日出现了高开的阴线，考虑到大盘走势是从高位箱顶回落的情况，就把这三只股获以小利的行式出局了。中国石油的股价果然也出现了两个半交易日的调整，股价触碰到 10 日均线。10 日均线是强势股最重要的支撑线，股价特别强的低

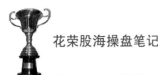

位股启动后的第一次回调往往就是在这个位置受到支撑，然后再度上涨，这是一个比较经典的不能忘记的规律。

（6）2021年9月17日，中国石油股价调整的第二个交易日，力度还是比较大的，股价低点触碰到了10日均线后回升，收出了长下影线。2021年9月8日中国石油低开，触碰到10日均线后股价再度出现买盘，在股价马上涨红时，我再度买进了中国石油，但是没有敢买进大庆华科和恒泰艾普，这天中国石油大涨了7.19%。

（7）第二天，中国石油是小幅高开的阴线，鉴于大盘趋势和季度底资金紧张的习惯，我短线获利把中国石油卖出了。其后中国石油股价调整了两天，在相关消息刺激下最高涨到6.49元，消息出台后股价大跌，2021年9月30日股价跌破了10日线。我在10日均线处买中国石油那天，大庆华科收出实体阴线，后连续下跌。恒泰艾普短线也不理想，但是消息出台时，恒泰艾普由于是创业板，那天上涨12.52%。

（8）2021年9月26日，中海油公告称拟申请A股发行上市。中海油的主营业务集中在油气开采的上游，包括常规油气业务、页岩油气业务、油砂业务和其他非常规油气业务。中海油拟公开发行不超过26亿股，约占总股本的5.82%，发行后占总股本的5.5%。中海油及主承销商可行使超额配股权，超额配发最多为发行初始规模约15%的股份。中海油拟募资约350亿元，用于各类海内外油气田开发建设活动。

事后我认为，这条消息是中国石油炒作的主因，石油期货价格上涨是次因。

（9）规律总结：

★大盘冷门股启动，介入的时机有两个：第一个是连续两日上涨的第二个交易日，但是这连续两日上涨要足够强；第二个是第一次调整到10日均线处，这个经验已经被多次印证。另外，板块热点出现后，就是操作龙头股，操作其他股比较容易出现失误。如果在强势大盘背景下做其他股，要注意创业板，创业板有20厘米的优势，可能更能吸引投机资金。

★在这里再记录两个关于冷门大盘股的经验备忘录。2021年中国电信新股上市，过去的经验，这类股大盘股上市后新股获利常常比较微薄。中国电信开盘后高开，随后一级市场盘涌出，股价有接近发行价的架势，临近11点，股价突然被强势拉起，11点拉到第一次熔断。下午在盘后股价继续大涨，最高涨幅43.27%，收盘涨幅30%多。但是第二天开盘直接跌停，然后破了新股发行价。

★中国能建是从香港市场回归的股票，首日股价大涨熔断涨幅40.31%，次日涨停。由于这只股的A股流通股东都是通过老股葛洲坝换股而来的，而葛洲坝换股退市前涨幅也比较大，因此抓到葛洲坝换股中国能建这个题材的股民获利极为丰厚。在中国能建回归A股上市前，与它基本面类似的中国电建也出现了较大涨幅。为重要央企大盘股的上市造势，特别是为基本面一般的重要央企大盘股上市造势，在这个阶段，迹象是比较明显的。

求是23
赌注股出现较大涨幅后怎么办

图2-1-23是*ST景谷（600265）2021年4月30日至8月25日的K线图。

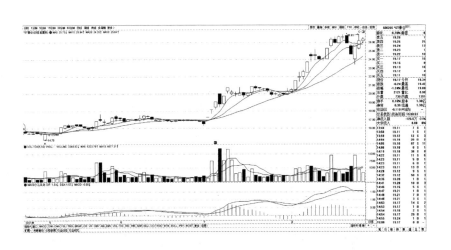

图2-1-23　*ST景谷（600265）2021年4月30日至8月25日的K线图

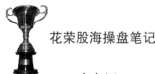

实盘记：

（1）赌注股战法是大盘平衡势背景下的一个重要战法。赌注股是指那些很有可能在未来实施重大资产重组的低位没有退市风险的壳股，最常见的赌注股特征是：低位的小市值的，有新大股东进入的，上市公司基本面、市值都一般但大股东实力强劲的，有解决同业竞争承诺的（可能更换更好的资产），大股东莫名地加强了股权数量（比如要约收购或者大举增持）。当然得出一个结论，必须是过硬的证据链，不能主观猜测。

（2）*ST景谷是我2021年的重点赌注股目标之一，我选择它作为赌注股的主要原因是：*ST景谷原先是个壳股，被新大股东周大福投资收购控制，新大股东收购控制ST景谷后，又以32.57元的高价进行部分要约收购，把上市公司的控制权股数增加到55%的绝对控股比例，同时也在清理公司的原有资产和债务。我认为这是明显的准备腾笼还鸟的迹象。

（3）我大举建仓这只股是从2020年12月开始的，当时市场出台了退市新规，注册制的宣传也很频繁（市场认为此举不利于借壳上市），市场的强势股是高价蓝筹绩优股，ST股群体的股价被抛售打压得很猛烈，ST景谷的股价也跌到了16元多，于是开始加快了建仓ST景谷的行动。在A股的平衡势背景下，我信奉低吸高抛以及周期循环的理论，对于中线赌注股的操作更是低吸的策略。

（4）每个阶段，我都会选优一批赌注股进行跟踪，其中的相对价格（市值）和可能爆破的时间点是最重要的潜力排序指标，这时在我的赌注股打分系统中，*ST景谷是排分靠前的（我选股都是打分制排名，不会凭感觉），并且每当这个股出台利空时，股价都不跌，于是我更加有信心，根据低价和定时原则在坚持定投加仓，几个账户最高时都达到了20多万股（同时也在局部地技术性地低吸高抛探底持股成本）。

（5）2021年7月1日下午，公司公告了一条大股东豁免债务和债务信息的公告。那时，我们正在爬山的途中，在讨论这个公告消息时，我就感觉到这只股要出现行情了。果不其然，第二天开盘直接涨停，随后展开了一轮比较大的涨幅，股价最高涨到26.93元，相比低位充分建仓的价格有10元的利润。

（6）在 ST 景谷的股价涨到长线成本密集区时，我开始了分批减仓的操作，在它第二次筑双顶时，我每个账户只留了 5000 股，基本上把持有的这只股全部抛掉了。有个现象很奇怪，我有一个晒账户的微博群，大家每周都要晒账户（包括我自己），在低位我持有 ST 景谷时其他人很少持有，而 ST 股价到达 26 元左右我持续减仓时，这个群有 90% 的人都开始买进这只股（这个群人数有 100 人）。

（7）我基本减持完这只股后，*ST 景谷的股价就随着大盘的一轮调整开始了下跌，股价从这波段的最高点 26.93 元跌到 18 元附近，我又开始了新一轮的建仓（并局部低吸高抛探底成本价格），但是有不少熟悉的股友都已经被这只股给套住了。这只股的操作要点我是每天都在微博上公开跟踪的，账户持仓的增减情况也是晒单的，但是依然有不少口头上信服我的股友被套。这到底是因为什么呢？

（8）在 2021 年底，我操作过的赌注股还有汇源通信、林海股份等，我当时都是把它们当作赌注潜力股来操作的，但是它们都是在中线题材尚未爆发的时候，股价就出现了上涨，在阶段盈利满意后，我就把这些股票高抛了，换成了低位的赌注股。这其中的操作理由和原理是什么，请看下一条的综合总结。

（9）规律总结：

★最常见的赌注股特征是：低位的小市值的，有新大股东进入的，上市公司基本面、市值都一般但大股东实力强劲的，有解决同业竞争承诺的（可能更换更好的资产），大股东莫名地加强了股权数量（比如要约收购或者大举增持）。当然得出一个结论，必须是过硬的证据链，不能主观猜测。那么怎么找寻这些信息呢？有下面几个渠道，银河海王星软件的板块分类中有"股权转让""要约收购""壳股"板块，然后再上股吧仔细查阅这些股的历史信息。

★有人问，高抛后你不怕踏空吗？我的炒股原则是：不恐惧，不贪婪，不后悔，坚持有知无畏和中庸原则。对于赌注股来说，我是坚持低吸高抛的原则，至于股价的高低，我是用 MCST 指标来衡量的，股价远高于 MCST 线乖离后我就抛掉，股价远低于 MCST 线乖离后又有比较优势的我就分批建仓。另外，我认为，资产重组股中，如果准备注入的资产有可能是大股东的资产，大股东是不希望在股价高位时实施资产重组的。

★另外，还有一个小绝招需要记住，只要央企的中小市值股处于低位，往往机会比较大，央企有实力进行资产重组，也有考核压力提升上市公司的质量。退一万步来说，央企亏损股即使是退市了，在退市前上市公司也都给予了现金选择权，目前有过两个案例，一个是 *ST 普天，另一个是 *ST 通信。

求是 24
高概率叠加题材选股法

图 2-1-24 是易尚展示（002751）2021 年 10 月 29 日前后的 K 线图。

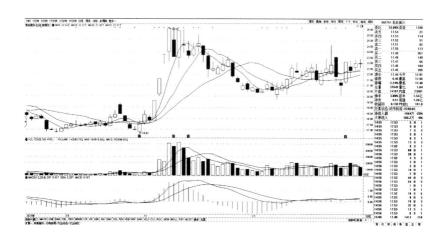

图 2-1-24　易尚展示（002751）2021 年 10 月 29 日前后的 K 线图

实盘记：

（1）为了让炒股生活更有趣味一些，我和一些股友会不定期地奖赏自己一下——去钓鱼台国宾馆吃顿国宴，轻奢一下。每次吃饭时就倡议所有参加晚餐的股友谈谈自己对当时大盘的看法和看好的股。为了不输给其他股友，每次参加这个国宴时，我都会把所有股票翻一遍，很认真地选一下股，争取能让我的发言对股友有所启示。

（2）在这次选股的时间，发现其后不久有一个世界虚拟现实的大会要召开，这算是一个小题材爆破点，于是就决定了选两只虚拟现实概念的股票。我选股时习惯于那些有概念题材与综合依据叠加的股，所以就在虚拟现实概念股中选取兼具元宇宙概念的股，因为我认为元宇宙概念还有再炒的可能性（前期已经活跃了一次）。在元宇宙概念股中找寻符合万能公式低位和兼具有个性题材的股，这样就发现了兴瑞科技和易尚展示。

（3）兴瑞科技除了具有虚拟现实、元宇宙的概念，还有个性题材。第一，我在股吧董秘问答中发现"公司与宁德时代（当时的热门牛股）在BDU产品领域的合作正在推进落实中，具体相关情况敬请关注公司后续披露的公告"。第二，在股价无原因出现大跌（推测下跌原因是大股东限售股即将解禁）后，控股股东及其一致行动人自愿延长销售股份销售期六个月。这说明公司对于市值的波动还是比较在意的。

（4）易尚展示是举牌概念股，举牌的机构表示还要继续买（后来果真继续买成了第一大股东，并且元宇宙概念成为热点时，新大股东发公告说借款5000万元给上市公司加大对元宇宙的投入）。不久后，元宇宙概念成为市场热点，两只股票均连续大涨。这两只股票的发现过程就是这样的。

（5）兴瑞科技我是在2021年10月15日买的。这天我的操盘室正好有一个深圳的股友柯总来参观，他之后也要参加钓鱼台国宴。这时兴瑞科技的股价接近于历史最低附近，于是我就买了，柯总也跟着买了。

（6）2021年10月16日是钓鱼台国宴的时间，吃饭时我发言就分享了这两只股票。大家讨论时，有一个小伙子说他负责盯着兴瑞科技的消息和股价的进展。柯总说易尚展示这家公司就在他家旁边，他准备回深圳后去公司调研一下，看看能不能对公司的信息更了解一些，如果有消息也会与大家分享的。

（7）钓鱼台晚宴后，大盘正好出现了下跌，兴瑞科技和易尚展示这两只股票尽管比较抗跌，但是股价也有所下跌。这时，我的总体仓位比较轻，就

在它们股价下跌时一直分批加仓，正好在 2021 年 10 月底仓位加到初步满意时，兴瑞科技、易尚展示这两只股票开始放量上涨。

（8）这两只建仓的时机和价位都很理想，但是卖出的过程中还是有些瑕疵的。易尚展示在 2021 年 10 月 25 日公布了大股东股权转让公告，股价高开低走我卖过一次，10 月 28 日低位接回，在 11 月 4 日全部卖掉，卖掉后又有两个板。兴瑞科技也卖早了，11 月 2 日卖掉的，卖后也有 5 元钱的涨幅。每次钓鱼台晚宴时，分享个股最好的股友，我都会奖励 5000 元，这次我决定奖励给自己了。

（9）规律总结：

★人总是喜欢追求最优选择，但是追求最优选择的结果往往事与愿违！也许次优选择、更容易实现的选择才最适合。炒股也是这样，追求完美、利润最大化，这样的难度很大，很容易过犹不及，在股价涨跌上"坐电梯"，把已经获得的利润又给做丢了。所以我操作的股票，只要是大涨，就会分批卖，按照弱平衡市的热点涨幅规律幅度操作。

★有的股友能在微博的操作日志中看到我的加减仓过程，他们疑惑的是，为什么不在最低点满仓，不等到最高点再一笔卖出。这就是追求完美的想法。以我目前的能力还做不到这点，如果非要这样做，也许会出现失误，还不如现在分批组合操作的结果。大多数人买股票不赚钱的原因主要有两个：第一，对股市投机技术缺乏正确的认识，误认为股市分析与操作是"1+1＝2"的单维过程，不知股市是多维博弈，这个多维还是变化的，所以股市分析和操作是多因一果的概率，追求大概率并保有余力才是真谛。第二，股市中操作好坏，除了技术外，还有心态和运气的成分，如果过早地重仓，一旦股价波动不如意，就容易心态失衡，自己败给了自己。另外，卖股票是股市中最难的问题，是世界难题，我的观点是只要是赚钱卖就对，赔钱卖就不对，已经赚钱又让煮熟的鸭子飞了更是不能容忍的错误。

★选题材概念热点股时，我的经验是要么选择某个概念的龙头股，一旦这个题材爆破时，涨幅会更猛一些；要么选择多个题材概念明确叠加的股，特别是在大盘阶段低位时这个方法比较好，能够增加选股的准确率。

求是 25
大股东转让爆破点的伏击

图 2-1-25 是杭州高新（300478）2021 年 10 月 28 日前后的 K 线图。

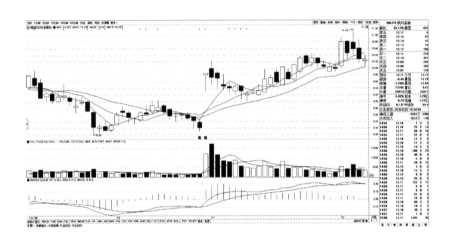

图 2-1-25　杭州高新（300478）2021 年 10 月 28 日前后的 K 线图

实盘记：

（1）2021 年 10 月、11 月我在微博、今日头条上举办了网上股市擂台赛，与想在一个月的股市实战中赢我的股友打擂台。这次擂台赛是由中山证券北京车公庄（后迁到方庄）营业部承办并统计公证成绩的，包括我在内的大部分比赛选手每天都在比赛群众中公布自己当日的交易记录。这次擂台赛除了我是擂主守擂外，有 24 名股友参加了攻擂。最后我守擂成功，23 个交易日的成绩为 46.65%，最好的攻擂股友 24.73%，最差的股友攻擂成绩为 14.52%。

（2）这次比赛是公开比赛，有的股友表示，一定会赢我的。因此对我来讲，还是有一定压力的。在大盘平衡势市场中，我的炒股盈利模式主要有三

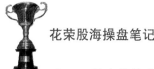

个：一是中线持有赌注股，结合短线低吸高抛探底成本，捕捉中线爆破点的较大涨幅；二是根据大盘的箱体平准波动特征对活跃大盘平准股的短线波段操作；三是对低位超跌有短线爆破点的个股进行"稳利+复利+偶尔暴利"的超短线操作。鉴于比赛时间只有一个月，讲究短线效率和不容有失误回撤，因此，我在比赛中选择了第三种盈利模式。

（3）这次比赛选的第一只股票就是杭州高新。选股理由是：

＊股价处于技术性低位。

＊第一大股东出问题了，原第一大股东（现第三大股东）也出问题了，现第二大股东入驻迹象明显，司法拍卖抢筹并且已经控制公司董事会。

＊第一大股东已经申请破产。股吧信息显示法院已经召开过破产会议，并显示阿里拍卖平台要拍卖第一大股东股权。第二大股东大概率会继续增持并要事前发布公告。

（4）事实证明，这次选股是非常成功的。

我实盘买进不久，利好爆破点就爆破了，并获得了不错的短线收益。

2021 年 10 月 28 日晚间，杭州高新（300478）发布公告称，公司持股5%以上股东浙江东杭控股集团有限公司（以下简称"东杭集团"）计划自2021 年 10 月 29 日起六个月内通过深圳证券交易所交易系统按照相关法律法规许可的方式（包括但不限于集中竞价交易、大宗交易、协议转让、司法拍卖方式）增持公司股票，拟增持股份数量占公司总股本比重不低于5%，即不低于 643.74 万股；且不超过 10%，即不超过 1287.48 万股。

杭州高新表示，本次股份增持计划的实施可能会导致杭州高新控股股东及实际控制人发生变化，若发生上述情形，公司将及时履行信息披露义务。

第二天涨停20%。需要说明的是，比赛账户由于满仓操作压力大，只吃了一部分利润。而我自己理财账户由于局部仓位操作则抓住了大部分利润。

（5）对于我来说，这次操作并不是靠运气，是我自己成熟盈利模式的正常回报。因为我在这年中多次运用这个盈利模式获利，其他的成功案例还有浩物股份。浩物股份的选股理由是，该股的实际控制人是国企，正在进行破产重整，并且已经公布破产重整的内容，上市公司的控股股权很可能将发生转换，公司新控制人将负责原大股东的业绩承诺，这对于一个低价股来说，潜力非常大。

（6）我发现这只股后观察过几天它的波动形式，这只股明显有机构驻扎，股价比较活跃，经常出现大盘买卖并造成上下影线，相对于大盘来说，比较抗跌，但是只抗跌一两天，如果大盘连续跌，它的股价也会受拖累，有时补跌的力度还比较大。于是，我就决定根据它的股性和大盘的箱体上下沿进行操作。

（7）这只股我重仓操作过两次，都是在大盘箱体的下沿位置买进的。第一次是 2021 年 9 月 28 日，第二次是 10 月 29 日，正好这两次都是在月底时间结合大盘的相对低点，非常符合我的操作节奏。在这个过程中，它经常出现长上下影线，知道这个规律后，就可以在开盘时挂上高卖低买的单子等着，居然也碰上好几次。

（8）2021 年 12 月 22 日晚间发布公告称，公司于 2021 年 12 月 22 日收到《天津物产集团有限公司管理人、天津市浩物机电汽车贸易有限公司管理人关于天津市浩物机电汽车贸易有限公司所持四川浩物机电股份有限公司股票过户完成的通知》，根据中国证券登记结算有限责任公司于 2021 年 12 月 22 日出具的《证券过户登记确认书》，天津市浩物机电汽车贸易有限公司直接持有的浩物股份 51684306 股首发后限售股（占公司总股本的比例为 7.77%）已于 2021 年 12 月 21 日以 4.39 元/股价格过户至天津融诚物产集团有限公司。本次交易完成后，公司控股股东变更为融诚物产，实际控制人变更为张荣华女士。股价也因此爆发，出现了连续涨停的走势。

（9）规律总结：

★几十年的炒股经验教训使我发现真正的炒股技术是题材情报、规律统计和中庸组合博弈操作。炒股的入门关键就是克服人性的弱点——恐惧、贪婪、后悔，把这三点克服了，一些正确的套路才能起作用。最好的方法就是有知者无畏，而纯技术分析、基本面分析做不到这点，必须要掌握确切性的消息。

★掌握确切性消息的最好手段就是查询上市公司的有效实用信息，其具体途径就是通过股吧资讯查询上市公司的历史消息，有线索后，还需要查阅大股东的网站、证券交易所、证监会等相关网站，并且进一步有的放矢地给

花荣股海操盘笔记

上市公司打电话侦查，这个侦查必须有效果有设计，太简单太直白地问，别人不会说的，具体怎么办要自己想办法。

★股权转让的爆破点在公布控制股权转让消息那一刻爆发力最强，大概率的是股价涨停甚至连续涨停。其实股权转让后，还有一个小爆破点，就是双方大股东再登记公司的变更等级公告，有时也会小刺激一下股价，比如同大股份在2021年8月6日公告类似的消息时，股价涨幅也很刺激。

求是26
如何进行定增股的盲点套利

图2-1-26是迦南科技（300412）2021年11月和12月的K线图。

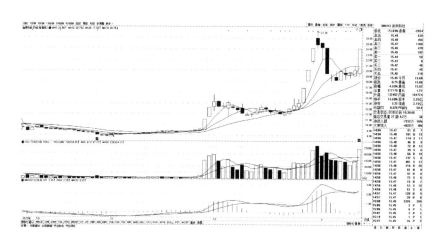

图2-1-26 迦南科技（300412）2021年11月和12月的K线图

实盘记：

（1）自2020年春节后开始，A股的波动形式明显发生了改变，大盘不再像以往那样长时间地单边上涨下跌，变成了区间箱体的波动形式。这样，一些以往的个股盈利模式，特别是基本面分析和技术分析的有效性大大降低。要想在 A 股中持续盈利，就必须发现新的更有效的玩法，与时俱进是每个职业投资者必须面对的课题。

（2）在这几年，我新研究了几个盈利模式，比如赌注股的中线持有与箱体波段结合、大盘箱体平准股的选时投机，以及低位股的"稳利+复利+爆破点"，实战检验的效果还不错。但是随着资金规模的扩大，我希望有更多更有效更省力的玩法，比如参与底部股的定增和折价大宗交易。

（3）2021 年 11 月 26 日，我在微博发了一条博文，征集定增和大宗交易的信息。结果真有一个券商机构服务组的工作人员跟我联系了，她说："手头有这两个项目，其中中能电气是做光伏的，它预计在 2021 年 12 月初发，现在还没锁价。迦南科技是做制药设备的，它是下周一发，已经锁价了，目前的收益率是在 36%。"

（4）我马上看了一下这两只股票的 K 线图形和基本面资料。这两个项目我都有兴趣，好像迦南科技时间比较紧张，可以先进行这个，具体需要怎么操作？什么时候交钱？她回答说："迦南科技下周一上午要交保证并报价。"这个时候是周五刚收市的时间，我刚刚放了逆回购，周一上午资金取不出来。迦南科技参与不了。

（5）周一，我把迦南科技放在自选榜上观察一下，看看这天报价日股价是否有什么动作。结果在大盘表现不好的背景下迦南科技的股价 20% 涨停了，第二天又是 20% 的涨停，第三天涨幅 7.77%，然后整理休整了两个星期，股价再度连续 20% 的涨停，股价一个月内翻番，参与定增的人更是还有 30% 多的折价。

（6）周一下午，这个券商的工作人员和一个定增中介公司来到我的操作室，跟我聊合作参与定增的具体实施方式。从他们那里我得知，如果要定增，需要先跟上市公司联系，然后与主承销商联系（也可以直接跟相关券商联系，他们手头上都有一份近期要定增的上市公司名单）。事先要用邮件发一个确认认购定增表，在锁价后要缴纳一定的保证金，然后在 T 日进行报价，竞价成功后缴纳认购金，竞价不成功退回保证金。

（7）那个中间机构还给我介绍，有的中间机构还可以以合伙人的形式集合认购一些定增项目。并且有兜底条款：目前公司外部投资人参与方式分三种：一是前端8%年化收益，后端超额20%。二是前端没有收益，后端50%收益。三是前端12%年化收益，后端无。我担心这种方式不靠谱，我说这种我不参与，我只直接参与上市公司的定增。

（8）有一段时间，我把实施定增的上市公司的股价波动规律进行统计，发现了一些规律：申报T日非常重要，在T日前有大股东参与定增的很难涨，在T日前的几个交易日机构重仓股容易砸盘，卖出老股去认购八折的定增股；在T日后，有实力机构参与的定增股容易拉升，扩大持仓盈利。当然还要考虑大盘因素和万能公式情况，这个盈利模式以后应该多加注意。

（9）规律总结：

★定增新规：修订后的目标是35人内。锁定期：6个月和18个月。发行价：前20个交易日打八折。基准日：定价为董事会决议日、股东大会决议公告日或发行期首日，竞价为发行期首日。批准文件有效期：一年。减持：不适用新规。发行数量要求：少于总股本的30%。

★券商启动定增的程序：T-3日：向符合条件的投资者发送邀请书和报价单。T-2日~T-1日：接受咨询。T日：8：30~11：30，接受投资者申购文件；11：30前接受申购保证金；确定发行价格数量和申购人。T+1：发出缴款通知和认购协议。T+2：交款或者退还保证金。T+3：签署认购协议。T+15日后：披露上市公告书。

★一般情况下，在大盘底部和个股的底部，即双底的情况下参与定增的安全度较高，在上市公司大股东也参与定增时，容易发行定增。另外也需要注意，近几年有的定价定增会导致大股东控制权变更，这种情况提前获得信息也有伏击机会。

求是27
正业科技的年报预告

图2-1-27是正业科技（300410）2021年第一季度的K线图。

图 2-1-27　正业科技（300410）2021 年第一季度的 K 线图

实盘记：

（1）近几年，每年年初市场都是一年走势相对比较好的时间段，2021 年年初就是这样，但是春节前大盘指数上涨时，大多数中小市值的个股下跌。

（2）这时大盘蓝筹股处于强势，但是由于它们上涨时间已经很久了，而且市盈率不低，我觉得有风险不想买，还是想找寻更有把握的盈利模式。

（3）根据交易所规定，每年的 1 月 31 日前，上市公司业绩扭亏的、预亏的、增降 50% 的必须公告，这是一个时间可控的短线爆破点战法。

（4）在 2021 年 1 月下旬，我选了几只这类股票，然后跟上市公司沟通联系，其中长园集团、欧比特、山东华鹏、新疆众和等公司的接电话人员都比较热情，结果公司都发布的预盈公告，股价爆破的都不错。

（5）在临近 2021 年 1 月底时，我复盘个股，发现正业科技 2019 年因为计提亏损，但是 2020 年前三季度都是盈利的，一切信息都证明基本面在转好，但是向上市公司打电话问询时，接电话人员一副公事公办的态度，说不知道、不能说。

（6）每个月底都是资金紧张的时候，在市场不太强时我都会在月底选择空仓，但是这时，看到报纸文章"受益锂电检测设备供求旺盛"，于是想再坚持两天，如果发布扭亏公告赚点钱再走。

（7）结果，在 2021 年 1 月 31 日公司发布了一个减亏公告，减亏还是亏损啊，大盘也不行，该股公布亏损公告后股价跳空低开低走，我赔钱把这只股卖掉了，赔了几十万元。

（8）该股跌了几天后，市场的炒作风格突变，前段时间强势的蓝筹白马股暴跌，超跌的中小市值个股上涨，该股又发布了第一季度大幅度盈利的公告，股价从 5 元涨到 8 元，其中还有一个 20% 的涨停板。还有人讽刺我：鱼尾巴股真香。

（9）规律总结：

★炒股能力是综合能力，包括与上市公司的沟通能力，在问询上市公司的预盈预亏公告等方面信息时的经验是，当上市公司接电话的人员态度处于比较热情积极的状态时，往往按照制度要求即将发布的公告会是利好；当上市公司接电话的人员态度处于比较冷淡消极的状态时，往往按照制度要求即将发布的公告会是利空。

★玩短线爆破点时，一定要追求确定性，不要存模糊侥幸心理，否则一旦失误，会聪明反被聪明误，这是学习花式战法一定要注意的一点。

★在弱势的月底，特别是季度底要注意防范风险，如果看得准的话，还要适当赚取放空的利润，知行合一，知道但没有做更可恨。

求是 28
为什么看准了还会踏空

图 2-1-28 是 ST 双环（000707）2020 年 11 月至 2021 年的 K 线图。

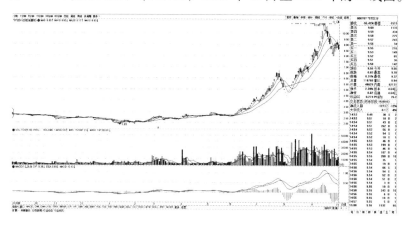

图 2-1-28　ST 双环（000707）2020 年 11 月至 2021 年的 K 线图

实盘记：

（1）我的股市主要盈利模式有：无风险套利、短线题材爆破点、大盘强势的猎庄组合、平衡势的箱体平准机会、低位赌注股。在上述的盈利模式中，前四个基本上都是短线，只有低位赌注股是唯一的长线定投思维，所以在选择低位赌注股时需要格外谨慎和条件严格，既要选择有明显重组迹象征兆的股，也要分析好持股时机和把握好定投进程，尤其是把握好定投进程需要有经验教训的总结。本篇案例复盘就是想加强自己在这方面的记忆，希望以后能做得更好一些。

（2）一般情况下，我在一个阶段都会确定两只赌注股：一只是沪市的，另一只是深市的，这样可以兼顾打新市值的配置。2020年，我一度确定的人生赌注股是ST双环，确定它为人生赌注股的原因是公司的一条公告：间接控股股东湖北宜化集团有限责任公司（以下简称"宜化集团"）的来函称宜化集团拟对湖北双环化工集团有限公司（以下简称"双环集团"）进行战略重组，总体方案是处置宜化集团对双环集团的控股权。

（3）每年6月底是敏感时间段，历史上曾经多次在6月中下旬发生比较大的震荡，比如2015年、2013年。但是6月底如果不是高位又是一个比较适合建仓的时间，2014年的牛市就是从7月开始的。每年的6月底也是一个非常好的选股期间，可以通过上半年的活跃股和活跃机构的活跃规律，找到下半年的可复制机会。

（4）2020年6月底，ST双环的股价达到了2.4元左右，这是历史的最低价格，我认为可以作为第一批建仓的加点，于是就买进了第一批。由于赌注股常常要有足够的持有时间才能压中停牌重组的那个最重要时刻，但是时间越长股价波动的不确定性也越强，为了保证心态，在持有的过程中我常常会做一些高抛低吸，来降低持股成本，尤其是在一些重组短期无望的时间（可以电话咨询）和大盘的敏感时间（有明确的做差价时间）。

（5）尽管这只股做差价做得还不错，但是随着白酒股的阶段强势以及相关机构对大盘蓝筹股的宣传造势，中小市值的低价股还是出现了资金被虹吸现象，ST股遭受的打击更为沉重，ST双环的股价出现了三波破位，在2021年中旬股价跌到了1.85元，由于我本来就是定投打算，加之公司一直在坚持重组意向，我就低位采取了加仓行为。

（6）ST双环的股价在低位造了一个双底，随着白酒股和各种"茅股"的见顶大跌，超跌的中小市值股开始了上涨，近一年来遭受打击被虹吸最严重的ST板块成为2021年第一季度上涨最猛烈的股，一些跌得狠但没有明显重组迹象的中小市值低价股（特别是ST股）的涨幅在市场中最大。这里需要记住的一个经验是，市场30年河东30年河西，只要没有退市风险，股价跌透的股潜力最大，股价跌透了就是最大的利好，这个经验已经被市场多次验证，是值得记住并一定要知行合一的上乘战法。

（7）随着中小市值超跌股的股价上涨，ST双环的股价也回到2.4元左右，由于担心被实施*ST时对股价有影响，就决定先把该股卖掉一下（还是前期下跌太猛烈影响了心态），*ST双环的股价也确实出现了三个跌停，但是此后股价开始单边上涨，股价后面还走出了连续上涨的行情。公司还没重组，股价距离低位的价格已经翻番。这只股算是踏空了。

（8）而当初跟随我2.4元买进的一个股友，也在低位继续采取了定投措施，他赚得不少。这篇复盘文章是作为教训记录的，我总结的教训是：赌注股选股时要格外小心，一旦选定要坚决定投把握住，即使是资金量小一些也要坚持，如果出现了股价跌透现象，不能影响心态，反而要加大赌注。今后要把赌注股和股价跌透现象结合起来，不能割裂对立看待，那样会影响操作，谨记！

（9）规律总结：

★只有低位赌注股是唯一的长线定投思维，所以在选择低位赌注股时需要格外谨慎和条件严格，既要选择有明显重组迹象征兆的股，也要分析好持股时机和把握好定投进程，尤其是把握好定投进程需要有经验教训的总结，多对这样的股进行复盘，可能会积累一些重要的经验。

★每年6月底是敏感时间段，历史上曾经多次在6月中下旬发生比较大的震荡，比如2015年、2013年。但是6月底如果不是高位又是一个比较适合建仓的时间，2014年的牛市就是从7月开始的。每年的6月底也是一个非常好的选股期间，可以通过上半年的活跃股和活跃机构的活跃规律，找到下半年的可复制机会。

★市场 30 年河东 30 年河西，只要没有退市风险，股价跌透的股潜力最大，股价跌透了就是最大的利好，这个经验已经被市场多次验证，是值得记住并一定要知行合一的上乘战法。如果这个经验叠加上赌注股或者是机构重套股，一定不能轻易放过。

求是 29
新三板转板的头道菜

图 2-1-29 是瀚博高新（833994）2021 年 8 月 12 日前后的 K 线图。

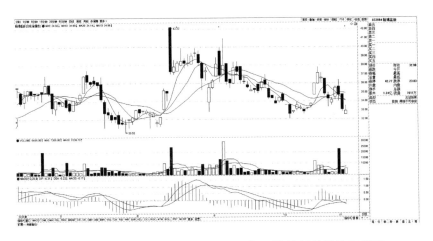

图 2-1-29　瀚博高新（833994）2021 年 8 月 12 日前后的 K 线图

实盘记：

（1）2021 年 2 月 26 日，沪深交易所和全国股转公司发布了新三板向交易所市场转板上市的规定，明确转板上市各项制度安排，规范转板上市行为。转板公司应当在新三板精选层连续挂牌一年以上，并满足股东人数不低于 1000 人、董事会审议转板上市相关事宜决议公告日前 60 个交易日内累计成交量不低于 1000 万股等条件。同时，分别满足科创板和创业板的上市标准。

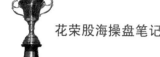

（2）截至 2021 年 7 月 16 日，首批 32 家公司全部顺利完成发行，发行后公司股本、市值符合精选层入层条件。32 家公司共计募集资金 94.52 亿元，平均每家公司募集 2.95 亿元；32 家公司平均申购倍数 172.39 倍；发行后总股本 55.56 亿股、流通股本 19.42 亿股，平均每家公司分别为 1.74 亿股、0.61 亿股，其中总股本、流通股本最小的分别为 0.39 亿股、0.13 亿股。2021 年 7 月 27 日精选层正式设立并开市交易。

（3）在制订 2021 年上半年的投资计划时，我就把精选层转板作为 2021 年中下旬重要的盈利模式。我先是在网络上查询一下券商报告，有研究员分析称，首批转板标的大概率在业绩表现好、科创属性强、股票交易活跃的企业中产生。这类企业有连城数控、观典防务、瀚博高新、创远仪器、鹿得医疗，它们在 2020 年实现了营收、利润双增长，财务指标符合转板上市条件，且业务聚焦战略性新兴领域。

（4）在券商研究报告的基础上，我又从中筛选了一下，给十大股东中有重要金融机构的公司予以加分，因为根据历史案例，在转板等事情上，强有力的机构会为了自己的利益又推动这些事件的积极性。我又让一个股友给符合条件的精选层都打了电话，进行了一番电话获利侦查，根据上市公司的反馈情况，我决定了把观典防务、连城数控、瀚博高新作为重点自选股，并准备逢低买进。

（5）在观典防务、连城数控、瀚博高新这三个精选层公司中，我买进的第一只股是瀚博高新，因为相对那两只股，它的价格要低一些。当时这些精选层公司由于要有 300 万元市值交易门槛，因此每天的交易量比较低，买卖挂单上下相差很大，因此我买的时候，都是采取比较大的低挂的方法，成交还是比较容易的，同时，每天局部地低吸高挂也能赚些小差价。

（6）在关注这三只候选品种的同时，我也重新关注起新三板精选层打新的情况，通过东方财富网站上资料统计，新三板精选层新上市的股在第一天大多数都有比较大的差价，于是我也开始新购精选层的新股。由于存在着认购门槛，中签率还是比较高的，收益也不错，记得国义招标等几只股中签率高，第一天收益也不错。

（7）随着时间的推移，观典防务、连城数控的价格也有所回落，我也分批买进了。记得观典防务是第一个公布董事会申请转板公告的，那天这只股大涨，同时带动了瀚博高新大涨，于是在高点我就把这两只股卖掉了，但是随后瀚博高新也公布转板公告，也出现了大涨，这只股卖涨了一天，其中的原因是我觉得这些股的估值也太高了，转板后股价不一定会有好的表现。

（8）这时，只有连城数控这只精选层第一高价股持有，我等着它的转板公告公布后就卖。谁知道没有等到转板消息，等来了一个出乎意料的消息：设立北京证券交易所，平移精选层，上市公司由创新层产生，同步试点注册制。第二天开市，精选层股票开盘大涨，我借着高开把连城数控卖掉了。

（9）规律总结：

★转板上市不涉及新股发行，无须履行注册程序。相比于首发上市，转板上市审核时限由三个月缩短至两个月、同意转板上市决定有效期缩短至六个月。转板公司上市首日的开盘参考价格原则上为其股票在新三板最后一个有成交交易日的收盘价。

★一个人的力量终究是有限的，在遇到公开的重大事件时，要注意了解专业机构的信息，比如券商的研究报告，这些券商报告一方面能帮你做个初选，另一方面它们具有社会引导力，这两点都需要注意，但是不能盲信券商报告，这需要自己的精加工分析，同时也需要给上市公司打电话了解情况。

★对于精选层这几只股票的操作，有经验也有教训。经验是抓住了机会，这几只股票中线涨幅极大，以观典防务为例，由 14 元左右快速涨到 25 元左右。教训有两点：一是买的数量有点少，二是卖早了。其实，要么重仓干，分批出货，要么买得少，可以沉住气，多持有一段时间。

【花言巧语加油站】

（1）你所羡慕的一切，都是有备而来的。

（2）如果你遇到难题了，记住：熟能生巧！

（3）乐观地设想、悲观地计划、愉快地执行。

（4）偶像的意义不在于你欣赏他的优点，而是把他的优点变成你的优点。

（5）守不败之地，赢可赢之敌。

（6）忍耐，再忍耐一下，一切的忍耐都是为了成功的机会。

（7）实现这个不起眼但可行的小目标才是实现大目标的重要前提。

（8）想要有快速、不可寻常的精进是不可能的。哪怕你做了很大的努力，进步仍然只会是点点滴滴。

（9）当你排除了一切不可能之后，剩下的无论多么不合理，都是正确的。

第二部分

蜕变，表示另一个自己的诞生

那些不能杀死我们的，使我们更强大。

实盘赛
月盈利46.6%的实战经验总结

2021年，我的工作室与中山证券联合举办实盘公开赛，在这个公开赛中要求每周成绩领先和落后的选手都写当周的实战记录和总结，以期能总结出会炒股和不会炒股人的区别，成绩好的和成绩差的选手的操作规律。迄今已经有20周了，每周我付给周冠亚军各1000元，最后一名2000元，所以说这篇文章最低硬价值是8万元。期间，我也参加了一次全网实盘公开赛，击败了所有的挑战者，我自己获得了23个交易日盈利46.65%的成绩（最强挑战者的成绩是14.52%），我也对这次擂台赛做了一个总结。下面就是我为两个实盘炒股比赛做的总结，希望能帮助到希望提高自己实盘盈利的股友。

一、不会炒股人的表现和需要改进的地方

1. 没有任何基础技术的本能

在实盘比赛中，名次比较差的股友，基本上都是没有任何技术基础的本能发挥，最常见的表现方式是追涨杀跌方式，我们称为"永动机"方式。

比如2021年第一季月赛第一周的倒数第一名，失败的股票是国民技术（300077），他的买点是2021年8月10日的高点，属于明显错误。

主要错误是：

（1）在平衡势市场中买高位走弱的股票，违反万能公式。

（2）股价已经破位，10日均线压头。

（3）这位股友被套后还找出《万修成魔》看被套后怎么办。炒股技术是一项整体综合技术，不是断章取义的碎片技术，如果宏观整体系统错误，局部战术没有用，错误已经发生是没有好的方法解决的。

第二周倒数第一名的失误股票2021年8月19日周四买的科信技术（300565），情况与第一周的倒数第一名差不多，唯一的差别，这是一个老股民，懂技术指标，是在10日均线遇支撑时买的，违反万能公式不懂大势原则，结局是一样的。

2. 不懂技术好股更赔钱

技术的熟练非常重要，否则同样的股票，别人赚钱，自己却会赔钱。

第一季比赛第三周的倒数第一名又是第一周的第一名。这个股友是个假花友，为什么呢，因为他的炒股思路是"嘴上花家军，心中涨停板"，是花荣的球友，但是炒股技术都是花家军反对的。

在这周，我有两只经典股票ST景谷600265、阳光股份000608在阶段最高点获利了结了。

但是这个股友"吃了大面"，最高点附近买进去，获得比赛倒数第一名。看见别人的股票在低位不买，看到别人赚了，高位杀进去，这就是下场。这种情况很多，第二季比赛的第一周倒数第一名的情况也是这样。

我人生最大的困惑之一就是，想帮一些股友赚钱，但是帮起来有点难。

3. 有技术但用错地方

第二期第三周的倒数第一名是一个学习技术还比较用功的股友，但是无法做到知行合一，操作心态不稳，策略临时变换，跟着股价波动的情绪走，心是热的。

她的经典失误是超图软件（300036），2021年9月8日买的，尾盘买入盈利两点收盘。第二天低开直线下跌大幅亏损破10日线亏-9.84%卖出。她的错误是，看书时都明白，实战还是本性起作用。

4. 情绪失控，人性的弱点暴露

第二季第四周倒数第一名的经典操作：飞鹿转债（123052），逆势涨，一直想买，不回落。突然一股力量快速拉升13%，犹豫买不买，结果14%、15%、17%最后有可能涨停（2021年9月16日）。忍不住了全仓买入。然后情绪过后几乎买在最高点，回落，受不了卖出。反弹买入下跌，再卖出。收盘再反弹。

错误分析：金融投机市场分为正和市场、零和市场、负和市场。基本面尚可的转债在面值以下是正和游戏，这是玩转债的初衷，但是许多人玩转债玩晕了，目前转债市场严重溢价，是典型的负和游戏，又是情绪失控的当天严重溢价，不大亏才怪。

5. 高位赌博

第三期成绩不好的股友操作也很有代表性，拿着一只不符合万能公式的高位股票不动。

*ST中房（600090），一个股友开赛日（2021年9月10日）买的，跌到受不了的时候卖出，导致连续拿了4期倒数第一名的奖金。

本能性的情绪与股价的波动方向正好是反的，这点一定要记住。

二、会炒股的人是怎样炒股的

1. 有整体完整的操作思维

（1）强势选股思维是追初步的热点股和强势股，量比、换手选股法比较有效率。

（2）弱势做无风险和低风险的股。

（3）平衡势市场是规律统计性的低吸高抛。

比如说第一周的亚军，第一周的典型股是申科股份（002633）。

主要优点是：

1）在平衡势市场中买低位走强的股票，符合万能公式。

2）短线买点符合短线技术指标，10日支撑，穿越MCST指标，MACD绿柱线缩短（符合平衡势市场，强势应该是金叉）。

3）做最有把握的那一下，卖掉后还涨。再找新的类似股，保持稳定性，实盘比赛中这类股友的成绩最好，获得冠军的次数最多，而且比赛中很少回撤。

2. 局部技术爆破点运用得比较好

第二季的冠军和第一季的亚军获得好成绩的原因都是爆破点用得比较好。

（1）爆破点是指个股有消息要公布。

（2）要用统计技术统计爆破点的有效性。

（3）爆破点的运用也要符合万能公式。

（4）平衡势市场符合万能公式的要点是股价的绝对高低点（MCST线）和大盘的明显波动形式。

（5）一定要会大盘的大箱体和小箱体，以及月底效应。

三、难点讲解

1. "永动机"战法中的运气因素

第一季第一周比赛的周冠军买的股是2021年8月12日的致远新能（300985），当天20%涨停，奠定了周冠军的基础。后面又有两个20%漏掉了，否则比赛结束了。

这种战法是强势战法，追量比，但在平衡势市场中也成功了，这是运气因素。他后面也是用这种选股法导致了大亏，第三周就变成了倒数第一名，"吃大面"的股票是2021年8月25日的吉艾科技（300309），最终成绩也很不理想。这种情况多次出现，甚至有人拿过炒股比赛的冠军，但是平常的炒股业绩不好。

这个选手第二天被震仓出局是正常的，技术性赌博的缺点之一就是不管你对不对，买卖点不明确都导致你保持不了良好的心态，一旦走势不如意必然要慌神。

坏的方法不是没有赢的时候，有赢的时候，甚至短线还很辉煌，但是久赌必输。但是这方法还能勾住很多人，误认为是自己运气不好，流连忘返。

2．"永炖机"战法中的运气因素

第二季第一周比赛的周冠军买的股是 2021 年 8 月 20 日的英杰电气（300820），8 月 23 日开赛的第一天就涨了 15%，后来又持续上涨，最高时盈利 30%，但是缺乏对大盘平衡势的认识以及个股操作的波段技术把控，导致这只股的股价又跌回来了。最后也没有获得理想名次。

他操作的其他类似股票，也都没有获得太好的收益，只能说明英杰电气的成功只是一个运气因素，不具备持续性和可复制性。

应该说，这两种方法是绝大多数股民最常用的两种方法，只不过少数运气好的股友偶尔有好运气，而更多的股友像前面那些既不会炒股运气也不好的股友一样，亏损惨重。

四、我自己比赛期间炒股用的主要技术

2021 年 10 月 25 日至 11 月 24 日，有中山证券北京方庄营业部承办公证了我的全网擂台赛，在全网共招募 24 名攻擂的股友，最后的结局成绩是：比赛沪市起点点位是 3582 点，比赛沪市结束点位是 3592 点，指数走了个 V 形，我的收益成绩为 46.65%，挑战攻擂者中成绩最好的是 14.52%。

下面，我把比赛期间炒股用的主要技术总结一下，为了让讲座内容更充实一点，我把这段时间我的理财账户用的炒股技术也融进来一起总结。

1．比赛账户

（1）第一股票杭州高新（300478）。

当时选择的主要理由：

1）技术性低位。

2）第一大股东出问题了，原第一大股东（现第三大股东）也出问题了，现第二大股东入主迹象明显，司法拍卖抢筹并且已经控制公司董事会。

3）第一大股东已经申请破产。股吧信息显示法院已经召开过破产会议，并显示阿里拍卖平台要拍卖第一大股东股权。第二大股东大概率会继续增持并要事前发布公告。

4）由于月底是市场习惯性资金紧张时间，所以月底是我的操作谨慎期，采取了短线操作。

2021年10月28日晚间，杭州高新（300478）发布公告称，公司持股5%以上股东浙江东杭控股集团有限公司（以下简称"东杭集团"）计划自2021年10月29日起6个月内通过深交所交易系统按照相关法律法规许可的方式（包括但不限于集中竞价交易、大宗交易、协议转让、司法拍卖方式）增持公司股票，拟增持股份数量占公司总股本比重不低于5%，即不低于643.74万股；且不超过10%，即不超过1287.48万股。

杭州高新表示，本次股份增持计划的实施可能会导致杭州高新控股股东及实际控制人发生变化，若发生上述情形，公司将及时履行信息披露义务。

5）第二天20%涨停。理财账户抓住了（有晒单），比赛账户没有抓住。

（2）月底问题。月底是月底市场习惯性资金紧张时间，是我的操作谨慎期，理财账户通常都是空仓或者接近空仓的状态。但是比赛必须要给对手压力，也就操作了，但保持了高度的警惕性，尾市进开盘出，做小差价，特别是一些规律股下影线。

比如申科股份的操作，曾经在2021年10月26日出现了较大阴线（有长下影线），我不但没赔钱，还赚钱了。

（3）最大涨幅。2021年10月29日，10月的最后一个交易日，我喜欢在每个月的倒数第二个交易日的尾市或者倒数第一个交易日的低点买股。

林海股份就是2021年10月29日创造了本次比赛的最大收益股票——6%的收益率。

（4）熟悉股票的可靠小涨幅。大部分股票都是股性熟悉的最低位股票，盈利在1%~3%，绝大多数股票卖出后都继续上涨了。

这就是万能公式的低位重要性，看看这些股票的K线价位买点和上面那些不会炒股的股友K线价位买点，一比较，两者的思维差别就出来了。我的思维是，"用振幅代替涨幅，用冷门盲点代替热点，用熟悉规律代替临机异动，用微利复利代替暴利"。

比如，申科股份、林海股份、同达创业、和仁科技、永悦科技等。

2. 理财账户

（1）中线爆破点。通过股吧信息查出来中线利好爆破点、同业竞争问题、大股东股权转让、主力重仓被套、MCST 线下。

（2）转债发行公告。转债发行公告以及前后，相对应的股价容易上涨是一种规律。

（3）定增实施敏感期的低位。在低位实施定增后，股价容易上涨，特别是通过定增解决了大股东转增问题或者是敏感问题等。

（4）收益最大的一天是北交所开市，10 只新股上市，由于是现金申购，中签的新股的数量特别多。

3. 大家的疑问回答

（1）有没有大资金配合支持？

基本上没有。但是比赛账户买了后，理财账户也买了，但数量不多，也是低价买的，多数情况下操作同一只股，理财账户的盈利百分比要高于比赛账户，但是总账户的收益率是比赛账户多，主要是仓位和复利的原因。

但是，如果我比赛账户买的股出现了下跌，理财账户肯定会买，因为这个价格我认可，我不怕，这样可能导致这只股抗跌。

人生某一项技能的较量都是一个人整体的较量，而不仅仅是这项技能。炒股技能也是综合的，并不仅仅是简单的技术分析。

另外，只要你的水平高，你买的股准、赚钱是大概率，你买股后就大概率会有营业部的大户跟，导致你有小的稳妥收益，在牛市更是这样，这也是能力的体现。

（2）比赛成绩是不是正常水平？

不是正常水平，是最高水平（如果竞争激烈，有可能会更高一些），小资金满仓操作在高度紧张状态下才能达到这个成绩。平常的大资金由于仓位、精神状态（平常是放松的，如果始终像高考那样高度紧张容易出现健康问题）是不能持续保持这样的胜率（每天都赚）的，以2021年举例，年化40%就是非常好的成绩。

（3）统计技术、操作容易度非常重要。

要学会基本常识，然后统计数据，根据统计数据操作，小的容易的利润很重要，不能有大的失误。不会炒股的人，最大的问题就是容易出现较大的失误。

【花言巧语加油站】

（1）如果你停止，就是谷底。如果你还在继续，就是上坡。

（2）一个人对差异的忍受程度，正是一个人成熟的标志之一。

（3）气场的强弱，往往取决于你的弱点，而不是你的优点。

（4）成功者与失败者的区别在于，他们如何处理失败。

（5）每个恐惧的人都活在自己制造的地狱里。

（6）一旦你形成了某种信念，它就会影响你对其他所有相关信息的知觉。

（7）在特定情况下，任何人可能做任何事。

（8）凡过分美丽诱惑人的东西，总是深具危险性。

（9）男人的一生，就是从一个小白兔进化到大灰狼，再进化到老狐狸的过程。

下篇　股机

　　股海博弈的目的不是发财，更不是成为股奴，而是成为一个有温度、懂情绪、会思考、有意思的人。

第一部分

优雅的理性

今晚的月色真美，风也温柔。

荡漾 1
生活的艺术

酸甜苦辣是生命的富有，赤橙黄绿是人生的斑斓。

生活的艺术在于，好好把握每一次各种颜色组合的放手与坚持。

谁是世上逍遥仙，四季游在桃花源。春看红绿岸上景，秋赏水中结籽莲。

我的人生主要是两个要素：书，迁徙。

一、书的黑白

读书，写书，用书。书构成了我的精神世界。

1. 读书

读书有什么用？读书就是让你以后不要再问读书有什么用。

读书可以经历一千种人生，不读书的人只能活一次。

会读书和不会读书的人的区别：会读书的人看懂别人思考的框架，不会读书的人记住别人思考的结论。

读书读的不仅仅是书，还是思维、智慧和能力。如果你只读每个人都在读的书，你也只能想到每个人都能想到的事。

穷者因书而富，富者因书而贵，贵者因书而谦，愚者得书贤，贤者得书利。

读一点费点劲的书，读一点你还有点不太习惯的书，读一点需要你查资料、请教他人、与师长朋友讨论切磋的书。除了有趣的书，还要读一点严肃的书。除了爆料的奇迹的发泄的书，更需要读科学的逻辑的分析的书与有创新有艺术勇气的书。除了顺流而下的书，还要读攀缘而上、需要掂量的书。

有些书可供一赏，有些书可以吞下，有不多的几部书则应当咀嚼消化；有的书只要读读其中一部分就够了，有些书可以全读，但是不必细心地读，还有不多的几部书则应当全读、勤读，而且用心地读。

真正有意思的是那一种书——你读完后，很希望写这书的作家是你极要好的朋友，你只要高兴，随时都可以发微信、微博给他。

读书很苦，但是读书的苦是人生最轻的苦，熬过读书的苦，才能改写人生的路。

读书跟不读书的区别可能在于，不读书的人会嘲笑读书没有用，而读书的人不会嘲笑没读过书的人。

读书分为谋生和谋心两种：谋生的读书是从小学一直读到大学，为的是找个工作，这不是真正的读书；而谋心的读书是为了心灵的寄托和安慰，这才是真正的读书。

2. 写书

写书如同铁杵磨针，磨一根细细的针，写书的人拿着针那么一戳，一下就戳到了人的痛处，那是又痛又痒又舒服，恨不得时时都来那么一针。

写书就像冒险。一开始它是玩具和娱乐，然后是你的灵魂游走。

最好的书就是作者描写他已熟悉的事情，优秀的作者必须是他们本身就是精英。而单纯的记录者或者读书人则难以写出好书。

3. 用书

有些书是给精神打底子的书，每本给精神打底子的书都是一轮太阳。给我精神打底子的书是《悲惨世界》《阿甘正传》《宽容》《爱郦园梦影录》《王阳明传》《半截英雄》，它们奠定了我成年之后的价值观。

曾经有年轻人问我，我与其他读书写书人有什么不同？我仔细地想了想，别人是读书、写书，我是用书。

我读书是为了智慧，写书是为了总结，文字总结是人提高技能的最快途径。

除了总结之外，书还是我的名片，通过书与许多灵魂进行了沟通，人也许不认识人，但灵魂认识灵魂。一些重要的灵魂支撑了我人生的物质基础、精神上层建筑和丛林环境的安全。

对于我的书，我认为的最高评价是：初读不知书中意，再读已是书中人。最遗憾的评价是：明知道是书中人，却依然再度走过他们曾经所走过的路。

二、人生半径与迁徙

迁徙，是在梦的湖水里开出那朵秦风汉骨的莲；迁徙，是生命的延续。迁徙，是家的隐喻，是落叶归根的旅途。迁徙，是受想形弗，五蕴皆空的升华。迁徙，是一次人生醉梦的征程。

如果说"人生不过是一种意见"，那么如何扩大意见的有效半径，并且对认知半径之外保持缄默与敬畏；既是学问，也是操守，更是地域、技能、人事的迁徙。

1. 众人的迁徙

山不转水转，水不转人转，树挪死，人挪活，但要往自己适合的方向挪，而不是往自己喜欢的地方挪。

你可能在一个人面前或者一个领域里一文不值，却在另一个人面前或者一个领域里是无价之宝。谨记自己的价值所在，这就是人挪活的道理所在。

迁徙是巩固和提升，而不是对过去的完全打碎又没有新的根基。

生命真正重要的不是你遭遇了哪些事，而是你记住了哪些事，又是如何

花荣股海操盘笔记

铭记的。只要你有一件合理的事去做，你的生活就会显得特别美好。迁徙是为了让这件事情做得更好。

做怎样的事，选择怎样的自由。决定成为怎样的人，赢得怎样的爱与人生。

有些事是命中注定，有些事是人定胜天，有些事是在劫难逃，有些事是绝处逢生。有些事不能说，有些事不敢说，有些事，不如不说。简单的事，想深了，就复杂了。复杂的事，看淡了，就简单了。有些事，笑笑就能过去。有些事，过一阵就能让你笑笑。任何值得做的事，做得糟糕也值得做。格调天真，以淡薄取胜。笑吧，再苦再累，也要保持格调与优雅。

2. 我的迁徙

我的人生迁徙主要是地域的迁徙、技能的迁徙。

地域的迁徙：

在鹰的眼中是没有种族或地域的界线的。地域决定不了你的命运，你的命运终究是归于你希望的大小。

我此生的居住迁徙是：武汉—郑州—宜宾—重庆—郑州—洛阳—天津—郑州—南京—郑州—上海—广州—深圳—海口—郑州—北京。还会有下一站吗？会是哪里？

有人会问，为什么会这么多的地方，缘于我父亲是桥梁工人，铁路流动工作，以及自己的那颗驿动的心。

短暂的迁徙，去过全国几乎所有的省市自治区（除台湾省、澳门特别行政区）的200多个城市。

技能的迁徙：

个人线：电信工程师—楼宇自动化工程师—证券电脑工程师—散户—大户—民营机构操盘手—国营机构操盘手—职业大户。

媒体线：早期的纸媒、电台电视、博客、微博、书籍一直处于头部V的状态，扛跑了几乎七八代人（光北京电视股评嘉宾就扛不见5代人）。

荡漾 2
人世绝技

走江湖的人，各有各的成名绝技。

最常见的绝技有：熟能生巧，技在功夫外，出其不意，防患于未然，箩筐套鸟，装神弄鬼，选择性告知。

下面列举几个案例：

一、炒股绝技

"好准的感觉。"她笑了，"你呢？做什么的？"

我茫然了一下，有那么短短的一瞬间，我不知道该怎么说。

"我是写东西的。"

对方好像有点不理解。

"写东西？什么东西？"

"写小说，写技巧总结，写书。"

"那么，你是作家？"

"如果你觉得是的话。"我说。

年轻姑娘可能觉得我在说冷笑话，所以微微一笑，"有人说你是炒股的大 V。"

"写书是主业，炒股是副业，是为了写书时舒服一点，或者是不被饿死。"

姑娘的嘴角动了一下，"炒股不是赔钱的多吗？"

"是的，这正是上帝的公正之处。如果你炒股是为了写书，或者是为干其他有意义的事情，你就能赢。自《操盘手 3——一念天堂后》后我赚半个小目标就写一本书，如此循环。而那些炒股只为赚钱的人全是赔的。"

"这样的啊。"

"这是炒股绝技，技在功夫外，千万不能告诉第二个人啊。韭菜少了，

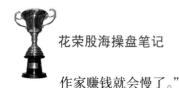

作家赚钱就会慢了。"

二、换个角度

欧洲篮球锦标赛，保加利亚队与捷克斯洛伐克队相遇。

比赛还剩下 8 秒时间，保加利亚队以 2 分优势领先，而且手握球权，本场比赛稳操胜券。

但是，这次锦标赛采用的是小组循环制，保加利亚队必须赢球超过 5 分才能出线。可要用仅剩的 8 秒钟再赢 3 分，难度巨大。

保加利亚队教练请求暂停。暂停后比赛继续进行，球场上出现了令人意想不到的事情，只见保加利亚队队员发球后突然起跳投篮，球应声入网——自己家的球网。

全场观众目瞪口呆，比赛时间到。

裁判员宣布双方打成平局需要加时赛，大家才恍然大悟。

保加利亚队出人意料之举，为自己创造了一次起死回生的机会。加时赛的结果，保加利亚队赢了 6 分，果然出线。

三、司机考试

某大公司准备以高薪雇佣一名小车司机，经过层层筛选和考试之后，只留下三名技术最优良的竞争者。主考者问他们："悬崖边有块金子，你们开着车去拿，觉得能距离悬崖多近而又不至于掉落呢？"

"二公尺。"第一位说。

"半公尺。"第二位很有把握地说。

"我会尽量远离悬崖，越远越好。"第三位说。

结果这家公司录取了第三位。

人生哲理：不要和带有诱惑的危险较劲，而应离得越远越好。

四、选择性心理

医生、房地产商和艺术家三个人一同去看望他们共同的朋友。路上他们经过了一条繁华的街道。

到了朋友家以后，朋友的小女儿请三人给她描述这条街道的样子。

"今天，我沿着街道走。"艺术家说，"看见在天空的映衬下，城市像一个巨大的穹隆，暗暗的金红色在落日的余晖中泛着微光，像一幅美丽的图画。"

房地产商讲道："我在街上看见两个男孩子在讨论怎样挣钱，其中一个男孩说他想摆一个冰淇淋小摊，并把地址选在两条街道的交汇处，紧挨地铁的入口处，因为在这里，两条街上的人和乘坐地铁的人们都可以看见他。我发现这个男孩懂得经营位置的价值，没准他将来能成为一个很好的商人。"

医生的故事是这样的："有一个橱窗从上到下都摆满了各种药品的瓶子，这些药品用于治疗各种消化不良，有一些人正在挑选。可是我明白他们所要的也许不是什么药品，而是新鲜的空气与睡眠，但我却不能告诉他们。"

艺术家、房地产商与医生走的是同一条街道，但看到的却不尽相同。原因在于他们对事物的注意具有不同的选择性。三人的记忆选择之所以不同，是因为他们所受过的不同教育与训练。教育本身有一个重要的作用，就是使人们选择不同的刺激，即注意不同的事物。这种注意长时间就形成了一种习惯，使人们对某个领域的事物更加关注，并形成比较高的认识和技能。

教育是可以选择的，道德认识是可以选择的，事实信息也是可以选择的。

有一艘客轮在海上沉没了。

整艘船只有 12 人获救，其他乘客全部遇难。

当地教会发现这 12 人全部是教徒，为了传教，请画家画了一幅画，画的名字叫作幸运者，画上画着一群正在祈祷的拜神者，他们在随后的沉船事故中幸存了下来。其寓意在于说明信教能保护人们不被淹死。

这幅画非常有说服力。

然而，多事的记者把整艘船的全部乘客做了个调查，发现遇难的人还有 69 个教徒，淹死的拜神者已经死了，无法从海底爬到画上告诉人们真相。

在现实中专业性的教育容易形成人们的惯性思维。

"选择性告知"则是媒体的常用绝技，非常有效，一般人也没什么免疫力。

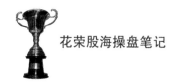
荡漾 3
人生的榜样

成事在兴趣，成人在榜样。

这个时代缺少的不是偶像，而是榜样，个人奋斗性质的榜样。

不找榜样学习，也不愿做别人的榜样，你永远都是三流！

你的榜样是谁，你的样子就会贴近什么样的人，下面这几个家伙是我的人生榜样。

一、南京东路的哈同

1. 生平

1851 年，哈同出生于巴格达（以拾破烂、拣煤块为生）。

1856 年，随父母迁居印度孟买，并加入英国籍。

1872 年，赤手空拳来到中国香港，第二年转到上海，在沙逊洋行供职（看大门的）。

1886 年，刚赚了小钱就与一名中法混血，笃信佛教的烟花女子罗迦陵结婚。

1887 年，担任上海法租界公董局董事。

1898 年，又改任上海公共租界工部局董事。

1901 年，脱离沙逊洋行独立创办哈同洋行，专营房地产业。开发经营上海南京路，并一度成为中国首富，获得巨大成功（占有南京路地产的 44%）。

2. 传奇的姻缘

哈同夫人名俪蕤，号迦陵。罗迦陵的父亲是法国侨民路易·罗诗。母亲沈氏，原籍福州闽县。

哈同在未发迹时初见罗迦陵，认定这个小姑娘有助男运（旺夫运只可旺一只潜力股，而助男运可以帮助较多其有好感的男士），哈同对同事说：此生立志要娶这个中国姑娘，并因此赚钱动力剧增。在哈同获得第一桶金的第一时刻，果然实现了自己的誓言。

3. 关键行为

1884 年，中法战争爆发，上海的洋人认为清政府会排外，纷纷逃离上海，上海的房价暴跌。哈同也想去中国香港躲避一下，而他的新婚妻子罗迦陵却认为这是千载难逢的好机会，并把自己的首饰卖掉，劝说丈夫倾其所有购买房屋土地。

这是一场可能倾家荡产的赌博，但是哈同赌赢了。中法和议很快达成，洋人们又纷纷回到上海，"十里洋行"恢复了繁荣。哈同则名利双收，他购买的房产，也就是今天的南京东路一带，逐渐发展为上海的商业金融中心，在数年间地价上涨千倍。哈同从此成为犹太"炒房团"中最耀眼的一颗明星，被人称为"远东首富"，声望超过了老东家兼人生榜样沙逊。

4. 榜样点

第一，要注意灾难财，要防止黑天鹅，不要怕黑天鹅，要把别人的黑天鹅变成你的红天鹅。

第二，迁徙是避祸趋利的重要手段。

第三，开放人际圈。

二、此心光明，亦复何言

嘉靖七年十一月，王阳明从一个美梦中醒来，问弟子周积："到哪里了？"

周积回答："青龙铺。"

王阳明问："到南康还有多远？"

周积回答："还有一大段距离。"

王阳明说："恐怕来不及了。"

周积赶紧替他更换了衣冠，然后流着泪问："先生有何遗言？"

王守仁笑了笑，用手指向胸前，留下了他在人世间的最后一句话："此心光明，亦复何言。"

三、修身，赚钱，助人，玩天下

1. 人性的光辉

主教走到跟前，低声对他说："不要忘记，永远也不要忘记您向我做的保证：您用这钱是为了当个诚实的人。"

冉阿让瞠目结舌，他根本不记得做过什么保证。主教讲这话时还加重了语气。他又郑重地说道："冉阿让，我的兄弟，您不再属于恶的一方，而属于善的一方了。我买下了您的灵魂；我把您的灵魂从邪恶的念头和沉沦的思想中赎出来，交给上帝了。"

2. 最羡慕的人

其实，我心中最羡慕的人是《悲惨世界》里的冉阿让、《007》里的詹姆斯·邦德、《偷天陷阱》里的罗勃麦克，因为我的梦中经常出现的是他们，我更想做他们这样的人。

荡漾 4
商道生意

南方人叫生意，北方人叫买卖，书面称贸易，官方称商业。有人把生意狭义地理解为挣钱，其实生意的本初是分享。把最好的东西，分享给有需要或者有缘之人，赢取合理的费用，趁着做一单生意，结交一个朋友，这才是生意，生乃生生不息，意是有情有义。真诚做人诚信做事，不欺不瞒不哄，此乃商道。

一、红顶商人

1. 经商要学胡雪岩

清道光三年（1823 年），胡雪岩出生于安徽省徽州绩溪县湖里村，幼年时，家境十分贫困，以帮人放牛为生。

清道光十五年（1835 年），胡雪岩 12 岁那年，父亲病逝。

清道光十六年（1836 年），13 岁的胡雪岩开始孤身出外闯荡，先后在杭州杂粮行、金华火腿商行当过小伙计，后来到杭州"信和钱庄"当学徒。从扫地、倒尿壶等杂役干起，三年师满后，就因勤劳、踏实成了钱庄正式的伙计。

清道光二十八年（1848 年），26 岁的胡雪岩结识"候补浙江盐大使"王有龄，挪借钱庄银票 500 两，帮王有龄补实官位事发，被赶出钱庄。

清咸丰元年（1851 年），王有龄奉旨署理湖州知府一职，不久后调任杭州知府。在王有龄任湖州知府期间，胡雪岩开始代理湖州公库，在湖州办丝行，用湖州公库的现银扶助农民养蚕，再就地收购湖丝运往杭州、上海，脱手变现，再解交浙江省"藩库"，从中不需要付任何利息。接着说服浙江巡抚黄宗汉入股开办药店，在各路运粮人员中安排承接供药业务，将药店快速发展起来。

清咸丰十年（1860 年），胡雪岩 37 岁时，王有龄升任浙江巡抚，感恩图报，鼎力相助胡氏的"阜康钱庄"。之后，随着王有龄的不断高升，胡雪岩的生意也越做越大，除钱庄外，还开起了许多的店铺。庚申之变成为胡雪岩大发展的起点。在庚申之变（第二次鸦片战争）中，胡雪岩处变不惊，暗中与军界搭上了钩，大量的募兵经费存于胡雪岩的钱庄中，后又被王有龄委以办粮械、综理漕运等重任，几乎掌握了浙江一半以上的战时财政。

清咸丰十一年（1861 年）十一月，太平军攻打杭州时，胡雪岩从上海、宁波购运军火、粮食接济清军。是年底，杭州城破，王有龄因丧失城池而自缢身亡，胡氏顿失依靠。左宗棠由曾国藩疏荐任浙江巡抚，督办军务。

清同治元年（1862 年），胡雪岩获得新任闽浙总督左宗棠的信赖，被委任为总管，主持杭州城解围后的善后事宜及浙江全省的钱粮、军饷，使阜康钱庄大获其利。

清同治三年（1864 年），自清军攻取浙江后，大小将官将所掠之物不论大小，全数存在胡雪岩的钱庄中。胡雪岩以此为资本，从事贸易活动，在各市镇设立商号，利润颇丰，短短几年，家产已超过千万两。

清同治五年（1866 年），胡雪岩协助左宗棠在福州开办"福州船政局"，成立中国史上第一家新式造船厂。就在船厂刚刚动工不久，时逢西北事起，朝廷突然下令左宗棠调任陕甘总督。左宗棠赴任之前，一面向朝廷推荐江西巡抚沈葆桢任船政大臣，一面又竭力推荐胡雪岩协助料理船政的一切具体事务。

清同治八年（1869 年），造船厂的第一艘轮船"万年清"号下水成功。

这艘轮船从马尾试航一直行驶到达天津港，当人们首次看到中国自己制造的轮船时，万众欢腾，盛况空前，连洋人也深感惊奇。

清同治十年（1871年）初，"镇海"号兵轮又下水成功。远在边陲的左宗棠得知这些消息，特别写信给胡雪岩："闽局各事日见精进，轮船无须外国匠师，此是好消息……阁下创议之功伟矣。见在学徒匠日见精进，美不胜收，驾驶之人亦易选择，去海之害，收海之利，此吾中国一大转机，由贫弱而富强，实基于此。"

清同治十一年（1872年），阜康钱庄支店达20多处，布及大江南北。资金2000万余两，田地万亩。由于辅助左宗棠有功，曾授江西候补道，赐穿黄马褂，是一个典型的官商。

清同治十二年（1873年）十一月，时任陕甘总督的左宗棠调兵遣将，准备发兵新疆。带兵打仗需要粮食。左宗棠给胡雪岩致信，请他向上海滩的外国银行借款，解西征军燃眉之急。当时借外债很难，连恭亲王向洋人举债都被拒绝。但胡雪岩非同一般，朝廷办不成的事他办成了。他以江苏、浙江、广东海关收入作担保，先后六次出面借外债1870万两白银，解决了西征军的经费问题。胡雪岩还给西征将士送了"诸葛行军散""胡氏避瘟丹"等大批药材，免去了水土不服之虞。左宗棠赞曰："雪岩之功，实一时无两。"

清同治十三年（1874年），筹设胡庆余堂雪记国药号。

清光绪二年（1876年），于杭州涌金门外购地10余亩建成胶厂。

清光绪三年（1877年），胡雪岩帮左宗棠创建"兰州织呢总局"，是中国近代史上最早的一所官办轻工企业。

清光绪四年（1878年），55岁的胡雪岩成立"胡庆余堂"药号，正式营业。

清光绪五年（1880年），胡庆余堂资本达到280万两银子，与北京的百年老字号同仁堂南北相辉映，有"北有同仁堂，南有庆余堂"之称。

清光绪八年（1882年），胡雪岩在上海开办蚕丝厂，耗银2000万两，生丝价格日跌，企图垄断丝茧贸易，却引起外商联合抵制。百年企业史上，第一场中外大商战开始了。开始，胡氏高价尽收国内新丝数百万担，占据上风。华洋双方都已到忍耐极限，眼见胜负当判，谁知"天象"忽然大变。欧洲意大利生丝突告丰收再加上中法战争爆发，市面剧变，金融危机突然爆发。事已如此，胡雪岩已无回天之力。

清光绪九年（1883 年）夏，被迫贱卖，亏耗 1000 万两，家资去半，周转不灵，风声四播。各地官僚竞提存款，群起敲诈勒索。

清光绪九年（1883 年）十一月，顺天府尹毕道远等上《阜康商号关闭现将号伙讯究各折片》，告知朝廷京城阜康银号倒闭的消息。初七日（1883 年 12 月 6 日），清廷下旨让时为闽浙总督的何璟、浙江巡抚刘秉璋密查胡雪岩资产，以备抵债。

清光绪九年（1883 年）十一月二十八日，清廷再下谕旨，将胡雪岩革职，并让左宗棠追剿胡雪岩欠款。经过将近一个月的查访，清廷大概获知胡雪岩欠款及资产情形，谕旨中"亏欠公项及各处存款为数甚巨""有典当二十余处，分设各省；买丝若干包，值银数百万两"可以说就是查访结果。由"买丝若干包"可知，胡雪岩确实在破产前购买了大量生丝。

清光绪十一年七月二十七日（1885 年 9 月 5 日），左宗棠即在福州病逝。同年十一月，胡雪岩在贫恨交加中郁郁而终。

2. 花评

许多巨商暴富成也因为红顶，败也因为红顶。怎样解决败是一个难题，也是一个需未雨绸缪的重要课题。

急功近利是商人的通弊。如何能吃小亏，耐一时之难，获取一条不尽财富滚滚来的巨利之源，应该是商业理性所必须思考的问题。

二、股民电商

股市投机也是周期行业，有旺季也有淡季。

聪明的股民都是两条腿走路的，都是开放的；固化的股民是股奴，是孤独的，与社会脱节的。

（1）网商的最高境界：你正好需要，我正好专业！

（2）有门槛的窄商（隐形冠军）是网商不死鸟。

（3）在互联网时代做生意需要解决两个最关键的问题：一个是获取流

量，另一个是提高转化。

（4）普通商品网商最好有附送的附加值，最好的生意是利他。

（5）服务是全世界最贵的产品，所以最佳的服务就是不需要服务，最好的服务就是不需要服务。

（6）做生意有三种方式：一是创新，二是改进，三是跟风。创新吃的是"一招鲜"，虽然不易，但一旦使出来，却费力少而收获大；改进是在别人的基础上做得更好，虽不易造成轰动，后劲却很足；跟风是跟在别人后面亦步亦趋，这样做起来较容易，风险也较小，但跟吃别人的残羹冷饭差不多，收获有限。

荡漾5
谋生的手艺

什么都会不敌一技之长！

技术是谋生的手段，艺术乃是人活着的目的。

人生来是为追求美好的，谋生之外做自己。先谋生，再谋爱，你独立而自由的样子最美。谋生需要踏实的一技之长，谋爱则需要一个高贵的灵魂。

只有谋生，没有生活，那太可怕。只有生活，没有谋生，那也可怕。

唯有依靠优势，才能真正实现卓越，人不能依靠弱点做出成绩，从无能提升到平庸所要付出的精力，远远超过从一流提升到卓越所要付出的努力。

败而不倒，追求卓越。

一、技能与艺术

1. 画家陈逸飞

临终前，陈逸飞颤抖着说："我爱你，我永远爱你。"

宋美英对陈逸飞又爱又恨，"我恨《理发师》夺走了他的生命。我失去了好丈夫，孩子失去了好父亲，我和孩子都失去了这一生最爱的人。"

陈逸飞大事记：

1946 年，出生于浙江镇海。

1965 年，毕业于上海美术专科学校，入上海画院油画雕塑创作室。

1960~1970 年，创作了《黄河颂》《占领总统府》《踱步》等知名的优秀油画作品。

1980 年，身揣 38 美元，只身飞往纽约攻读美术硕士学位。

1984 年，《家乡的回忆》等 43 幅作品在美国石油大王阿曼德·哈默的画展中展出，引起轰动。

1985 年，油画《桥》被联合国选作首日封。

1985 年，哈默博士访问中国，将陈逸飞的油画《家乡的回忆——双桥》作为礼物赠予邓小平。

1991 年，根据白居易《琵琶行》创作的油画作品《浔阳遗韵》在中国香港拍得 137 万港元，打破在世华人画家油画拍卖最高纪录。

1997 年，作品《罂粟花》在中国香港以 387 万港元刷新了当时中国油画拍卖的最高价。

1999 年，《浔阳遗韵》再次拍卖，成交价达到 297 万元。

1999 年，作品《占领总统府》被古巴邮政选为纪念邮票。

2001 年 9 月，投资 200 万元人民币推出了国内目前最精致的时尚杂志——《青年视觉》。

2003 年 1 月，电影《理发师》开拍。

2005 年 4 月 10 日，因病逝世，终年 59 岁。

2006 年 4 月 28 日，陈逸飞遗作《理发师》于全国上映。

2. 理发师陆平

《理发师》的故事充满了传奇色彩。

生活于 20 世纪 40 年代的主人公陆平是一个身怀绝技的理发师，对所有人苛刻的理发要求，陆平都能使其满足。无论对平民、高官还是纨绔子弟，他都一视同仁，但他的命运也因他的理发绝技而发生着跌宕起伏的变化。他从上海逃难到一个江南小镇，从理发师做到将军，又从将军变回了理发师。

但对宋嘉仪来说，无论陆平是什么身份，无论自己是否嫁人，她都深深爱着这个理发师。

剧透可恨！只能点到这里了。

二、操盘手

1. 杰西·利弗莫尔

杰西·利弗莫尔全名叫杰西·劳伦斯顿·利弗莫尔，是一位美国的股票投资家，被认为是短线投机交易的先驱人物。利弗莫尔曾经是世界上最富有的人之一。

1877 年 7 月 26 日，利弗莫尔出生在马萨诸塞州什鲁斯伯里一个一贫如洗的家庭里。

14 岁时，利弗莫尔的父亲让他从学校辍学，去农场帮忙。在他母亲的鼓励下，他离家出外闯荡，由此开始了投资生涯。最开始的工作是在波士顿的潘恩韦伯证券经纪公司当擦写股价的黑板小弟，每周挣 5 美元。

16 岁那年，利弗莫尔辞去了在潘恩韦伯的工作，当起了全职的投资客。利弗莫尔曾带 1000 美元回家交给他母亲，但后者不悦，认为这是靠赌博赢回来的，他反驳道这不是赌博而是投机。

利弗莫尔因为不断地赢钱而被当地的对赌行禁止入内，他尝试过伪装后再混进场交易，但还是被发现后被驱逐。利弗莫尔只好带着 10000 美元来到华尔街打拼，并第一次输光。

1901 年，24 岁的利弗莫尔第一次赚到了大钱，他投资北太平洋铁路公司的股票，他的资产从 10000 美元增至 50000 美元。

在 1907 年金融危机当中，利弗莫尔又大量做空，这次他一天之内赚了 100 万美元。金融大亨约翰·皮尔庞特·摩根在危机期间出手干预，挽救了纽约证券交易所。摩根请求利弗莫尔不要继续做空市场，后者应允并开始做多，因此又从后来的市场反弹中大赚了一笔，个人净资产达到了 300 万美元。

利弗莫尔过上了奢侈的生活，他买了一艘价值 20 万美元的游艇、一辆有轨电车和一套在纽约上西区的公寓。他出入私人俱乐部，包养情妇。

1908 年，他听信泰迪·普莱斯的话，做多棉花期货，但后者却悄悄做空。利弗莫尔由此破产，但他后来又挽回了所有的损失。

1915 年，利弗莫尔再次申请破产。

1924～1925 年，利弗莫尔和投机商亚瑟·W. 卡廷通过市场操作的手段，在小麦和玉米期货一次性赚了 1000 万美元。

1929 年初，利弗莫尔又策划了一次大手笔，他雇佣超过 100 位证券经纪人来隐藏他的真实意图。在当年春季，他的账面上已经少了 600 万美元。然而当年的华尔街股灾当中，他净赚了 1 亿美元。当时有很多报纸称利弗莫尔为"华尔街大空头"（华尔街大熊），公众指责他应该为股灾负责，他还因此收到了死亡威胁而不得不雇用了一名随身的武装保镖。

1929 年，杰西·利弗莫尔在事业巅峰的时期成立了千万美元的杰西·利弗莫尔家族信托基金。

1932 年，利弗莫尔第二次离婚。

1934 年，他用光了全部的运气，第三次申请了破产，他当时列明的资产价值 84000 美元，而负债为 250 万美元。

1935 年，利弗莫尔被他的俄罗斯情妇起诉。

1939 年底，利弗莫尔的儿子建议父亲写了一本关于股市交易的书《股票大作手操盘术》。

1940 年 11 月 28 日，刚过下午 5 点 30 分，利弗莫尔在纽约曼哈顿的雪莉—尼德兰酒店的衣帽间用柯尔特自动手枪自杀，利弗莫尔生前经常在该酒店喝鸡尾酒。事后警方发现了一份 8 页纸的利弗莫尔手写在一本皮面笔记本里的遗言。笔记本随后被寄给了利弗莫尔的妻子哈丽特，上面写道："我亲爱的妮娜：我再也受不了了。我不是个值得你爱的人。我是个失败者。"

2. 何谓平庸

何谓平庸？平庸是一种被动而又功利的谋生态度。

美国的利弗莫尔和中国的类利弗莫尔是无数散户膜拜的偶像，这点我始终无法理解，我一直认为金融市场是以结果论英雄的，交易是手段而不是最终目的，谋生的手段与人生的艺术还不是一回事。

人的一生做好两个无所，一个有所，足矣。两个无所：无所惧，无所求。一个有所：有所恃（一技之长）。

但是需要注意的是，有所恃（一技之长）是你最坚强的支撑，而不是你坠入悬崖的原因。

荡漾6
精准的努力

当你更精准地自我定位，你对有些事就不那么介怀了；当你更精准地努力，成为精英只是时间问题。

一个人，精准地指出你的问题所在，这样的人都是自己的恩人。一个人，精准地提升弱点增强关键点，这样的人是他人眼中的英雄。

看得太远会无中生有，看得太近会鼠目寸光，眼光要精准，做事要适度。

精准的前奏是调查和准备。

一、小人物的跃升

能量足时，正确的选择往往十分精准；能量不足时，正确的选择也会掉链子！

1. 高俅发迹史

高俅是社会最底层出身，自小不成家业，只好刺枪使棒，最是踢得脚好球。

高俅年轻时，一直不顺，经柳世权推荐，屡经周转，最后在小王都太尉处当差，这都太尉乃是哲宗皇帝妹夫，神宗皇帝的驸马。

人走时运马走膘，忽一日，小王都太尉遣高俅拿着金盒子，里面装着玉龙笔架和两个镇纸玉狮子，前去给小舅子端王送礼。

院公引到庭前。高俅看时，见端王头戴软纱唐巾，身穿紫绣龙袍，腰系文武双穗绦，把绣龙袍前襟拽扎起，揣在绦儿边，足穿一双嵌金线飞凤靴。三五个小黄门，相伴着踢蹴鞠。

高俅不敢过去冲撞，立在从人背后伺候。也是高俅合当发迹，时运到来，那个球腾地起来，端王接个不着，向人丛里直滚到高俅身边。那高俅见得球来，也是一时的胆量，使个鸳鸯拐绝技踢还端王。端王见了，大喜，便问道："你是甚人？"高俅向前跪下道："小的是王都尉亲随，受东人使命，赍送两般玉玩器来进献大王。有书呈在此拜上。"端王听罢，笑道："姐夫直如此挂心。"高俅取出书呈进上。端王开盒子看了玩器，都递与堂候官收了去。

然后，那端王且不理玉玩器下落，却先问高俅道："你原来会踢球。你唤做什么？"高俅叉手跪覆道："小的叫高俅。胡踢得几脚。"端王道："好！你便下场来踢一回耍。"高俅拜道："小的是何等样人，敢与恩王下脚。"端王道："这是齐云社，名为天下圆。但踢何伤。"高俅再拜道："怎敢！"三回五次告辞。端王定要他踢。高俅只得叩头谢罪，解膝下场。才踢几脚，端王喝采。高俅只得把平生本事都使出来，奉承端王。那身份模样，这球似鳔胶粘在身上的。端王大喜，哪里肯放高俅回府去。就留在宫中，过了一夜。

后来，端王做了大宋道君皇帝，高俅也平地一声雷，做了很大的官，掌管了全国的兵马。

学会文武技，货与帝王家。

2. 花评

高俅这种凭与皇帝有相同所好而发迹的案例不是个案，古今中外类似的例子非常多，比如青词、国际象棋等。

圈子很重要，再穷也得争取混在富人圈、贵人圈，起码也要是同群。

个人技能非常重要，不能只是会，要玩得绝才行，至少在领导左右是出众的。

不在圈子、没有技能，想办法，光按部就班地上班可不行。

二、符合关键旋律

1. 有前后眼的燕青

看《水浒传》时，每每读到燕青这个角色，心中总有一份格外的喜爱。

燕青上梁山泊比较晚，而且身份很特殊是个奴仆，还是二把手的亲信。按理说，比较难以出人头地，但是事实上他不但进入梁山核心圈，而且事后收场也很不错，宋江、卢俊义、吴用、李逵等遇害，剿灭方腊后，燕青挑着

一担金珠宝贝，留下一封书信，连夜不知所去。

2. 花评

把握圈子的关键点与主旋律。其时，梁山领导层最重要的事情是招安，燕青是属于符合招安规划的复合型人才。

与领导身边的亲信李逵关系很好。在第一次宋江入京时，燕青并没有纳入进京名单。宋江经不住自己的心腹李逵想要进京游玩，为了达成心腹的心愿，这才让燕青跟着一起去的，结果表现超预期。

关键时刻不掉链子甚至自己创造机会。比如，在没羽箭张清的连打十五名梁山好汉的时候："燕青在阵门里看见，暗忖道：'我这里，被他片时连打一十五员大将；若拿他一个偏将不得，有何面目？'放下杆棒，身边取出弩弓，搭上弦，放一箭去，一声响，正中了丁得孙马蹄，那马便倒，却被吕方、郭盛捉过阵来。"这一箭实在是事关面子的一箭，偌大的寨子、众多的人员，被张清的石头打得落花流水，如果不捉了丁得孙，那梁山好汉的颜面就彻底荡然无存了。燕青的川弩就像燕青的人一样，低调地生活，偶尔露出的就是惊人的光彩。

要看准领导的规划，为之做贡献，并做好充分的准备，这就是精准的努力。

精准努力是小人物上进的关键所在，平庸的小人物都是在做无用功，甚至在反潮流地恶心领导、恶心不惜一切代价的关键规划。

先做可以取代所有人的利器，再做谁都不可替代的神器，等到你真正强大，你会发现这个世界都好运连连。

荡漾 7
圈子的力量

"一个好汉三个帮。"

限制人们发展的，不是智商学历，而是所处的生活圈子、工作圈子。有时，圈子比金钱更重要。物以类聚，你会被很低的圈子排斥，你会被很高的圈子歧视，你要找到适合自己的圈子。人人都有一个圈子，可大可小，你进入了什么圈子，就选择了什么样的生活；你要改变一下生活，你就要突破一下圈子。最快的改变是圈子的改变。

圈子，可以是通行证，也可以是墓志铭。圈子决定格局，人脉决定资源，眼界决定未来。

一、桃园三结义

最原始的圈子就是结义。

结拜，雅称义结金兰，俗称结义、换帖、拜把子等，这是中国民间人们结为兄弟般关系的一种形式。它源于三国时代的"桃园三结义"——刘备、关羽、张飞三人结为生死与共兄弟的故事。后来，人们崇拜之，继而仿效之，即志趣、性格等相近、互相投缘的人，通过一定的形式结为兄弟姐妹般的关系，生活上互相关心、支持帮助，遇事互相照应。久而久之，遂演变成一种具有人文色彩的礼仪习俗。这是友情的升华与社会关系的一种定格，贯穿着儒家"义"的思想，填充于亲情与友情之间，其是一种友情升华为亲情的特殊社会人际关系。年龄地位相差大的人，有的也会结义成父子。

数个人组成的圈子肯定比个人单打独斗综合力量大，且抗击打韧性强。真正的高手，都懂得"结盟"与"结义"，真正的商人，都懂得"抱团"与"互助"，真正的头领，都拥有"格局"与"认知"。

二、现代圈子

在美丽的耶鲁大学校园内，有一幢希腊神庙式的小楼，风格类似希腊神庙的褐岩建筑。几扇狭长小窗终年紧闭，整幢建筑笼罩着一种神秘色彩，这个并不起眼的建筑就是美国最神秘也是最有权势的同学会所在地。这里从不对外人开放，始终保持着自己特立独行的诡异色彩和精英风格，而且它还有一个令人不寒而栗的名字叫"骷髅会"。

骷髅会是美国一个秘密精英社团，每年吸收 15 名耶鲁大学三年级学生入会，成员包括许多美国政界、商界、教育界的重要人物，其中包括三位美国总统以及多位联邦大法官和大学校长。一些人相信骷髅会长期控制着美国，并拥有不可告人的动机；然而也有许多记者调查后认为该组织与普通的大学学生社团并无不同，而且类似的秘密精英组织也存在于几乎所有的一流大学。

据说，一些企业家为了资源分享和增强抗经济击打力量，也有一些类似的现代社团组织。

三、股市圈子

2003 年 2 月 15 日，《中国证券报》在头版刊发《涨停板敢死队》一文，首次披露了银河证券宁波解放南路营业部存在"涨停板敢死队"的情况，宁波敢死队自此进入公众视野。

一些大城市，也有以交流信息为主的松散论坛、微博群等。

四、人的缘分

圈子最大的作用是互助。同一个圈子里的人应该都有相似的价值观和实力，有愿意帮助伙伴的愿望，帮人和被帮的可能同在。

等价的交换，才有了等价的友谊，没有人愿意与只有麻烦没有付出的人结为伙伴关系。

成人之间建立友谊有两种途径：一种是互相交换资源，另一种就是有共同的事业或者敌人。

荡漾 8
人的命运

命运无常，谁知明天在何方；命运无常，谁相逢谁又相忘；命运无常，谁潦倒谁又称王；命运无常，谁得意谁又凄凉。命运无常，谁逃出你的手掌？命运给人多少机会，命运让人无言以对，命运总是答非所问，让人掉眼泪。

没有人能脱开命运去选择命运，我们只能在命运之内对峙于命运，只是好在我们还能选择更好的自我，终不会有差的结果。

命运不是运气，而是抉择；命运不是思想，更重要的是去做；命运不是名词，而是动词；命运不是放弃，而是掌握。弱者依赖命运，勇者创造命运，庸者静观命运，智者改变命运。命运不是等待，而是把握；命运不是天意，而是人为。管住自己，就是关注命运；控制自己，就是控制命运；战胜自己，就是战胜命运！

一、社会的结构

环境的命运决定了个人的命运。

1. 地域的强弱

地域差异是地球不同空间内在的自然、经济、人文、社会等诸方面差别的综合反映，为地理学研究的主要方面之一。地球上不同地域的经济状况、人生机会甚至命运都是不同的。

学习地理知识，并不只是知道地球上有哪些地方，而是让你知道，哪个地方更适合你生活、进步。

龙游浅滩遭虾戏，虎踏平地受狗气。良禽择木而栖，君子择福地而居。强大的人永远不会被抛弃。他们只是用更好的事物顶替失去。"良禽择木而栖"，但前提是你是一只能够自由飞翔的鸟。

2. 行业的结构

男怕入错行，女怕嫁错郎。

选择行业是选择一生的命运，选择行业是选择你成长的暂时基地以及未来的跳板。

无论什么行业，首先你要确定自己是真的适合这个行业，而不仅仅是热爱，因为如果发现你热爱这个行业但是你并不适合它，其实是一种更大的痛苦。

如果一个行业太热门，就没人能够从中赚钱。跟行业第一名学习才能成为行业第一。窄门行业可能竞争也低。

一个行业的红利，其实不见得是被这个行业的顶尖技术高手拿走的，通常是被这个行业里最能说、最会沟通的人拿走的。

如果你在一两个行业做过十年，那你就是精英；如果你在三四个行业做

过十年，你是精华。

每个行业都有潜规则，每个行业都在拷问从业者的良心，每个行业都可以用爱重新做一遍。

二、阶层的跃升

命运不相信眼泪，命运也不相信悔恨，命运只相信从摸爬滚打中站起来的觉醒。

1. 思想的跃升

所有命运赠送的礼物，早已在暗中标好了价格。就个体而言，性格即命运；对组织而言，文化即命运。

哲学是反思思想的思想。

一个人越有思想，发现有个性的人就越多。普通的人是看不到人与人之间的差别的。观念左右思想，思想决定行为，行为导致结果。

强势文化就是遵循事物规律的文化，弱势文化就是依赖强者得道的期望破格获取的文化，也是期望救主的文化。强势文化在武学上被称为秘籍，而弱势文化由于易学、易懂、易用，成了流行品种。

透视社会依次有三个层面：技术、制度和文化。小到一个人，大到一个国家、一个民族，任何一种命运归根到底都是那种文化属性的产物。强势文化造就强者，弱势文化造就弱者，这是规律，也可以理解为天道，不以人的意志为转移。

2. 财富的跃升

心态决定命运，命运决定高度，细节决定成败。

人的层次不是由社会阶层、财富、学识、地域或是出生背景决定的，而是由眼界、格局、经验、阅历、三观、自控力和情商来决定的。

人生应当追求三大财富：心灵财富、精神财富、物质财富，人首先要追求心灵财富，其次是精神财富，最后是物质财富。三大财富缺一不可，缺了任何一项财富，人生无法完美。

你永远无法赚不到超过你认知以外的财富。这个世界最大的公平在于，当一个人的财富大于自己的认知的时候，这个世界至少有 100 种方法来收割你，直到你的认知和你的财富成正比。一个人的认知一旦扩大，其财富就会立即暴增；反之，一个人的认知一旦变小，其财富也会随之锐减。

三、十字口的选择

1. 僵局的突破

命运对每个人都是公平的。有些人不屈服于命运的淫威，自己掌握了自己的命运；有些人为命运所左右，甘心做起了命运的奴隶。所以，相同的遭遇，就会有了不同的命运，而且一点都不偶然。

比阶层固化更可怕的是认知的固化，一代代重复着从前的经验，落在时代的后面。

切分的心灵无以参透宇宙，因为宇宙是无所谓疆界的，划分疆界是人一贯的恶习。人生凡有疆界之处，皆为牢狱。

要做小事的时候没有"内"的界限；要做大事的时候没有"外"有疆界。在神圣的某些时刻，人类的脑子里会突然出现飞跃疆界的思考能力。

消除自我意识可以带来自我超越，产生一种自我疆界向外拓展的感觉。

2. 选择

决定一个人的一生，以及整个命运的，只是一瞬之间。人生充满了选择，选择环境，选择工作，选择伴侣，选择取向，选择明天的行动。决定我们成为什么样的人，不是我们的能力，而是我们的选择。

欣赏命运赐予的美景，放下命运给予的痛苦。走好选择的路，别选好走的路，你才能拥有真正的自己。

人生三大遗憾：不会选择；不坚持选择；不断地选择。抓大放小是智者的抉择，没有最美好无缺的事物，通过比较就能得到合理的见解。人总想选择最好的选择，亦不知顺其自然才是最好的选择。

是命运让我们相见，也是命运使我们分离。

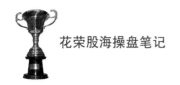

荡漾 9
危局和失败

生活就像天气，不会每一天都是晴天；生活也不会总是一帆风顺，摆正心态，享受生活中的欢乐。勇敢面对所有的磨难负重前行的人，也许会走得慢一些，但可以更细致地欣赏沿途风景！

人生不如意十之八九，失败总是人生的常态，面对失败，学会止损，学会克服，顽强奋起，要比你学会一帆风顺打顺风仗要重要得多。

一、敦刻尔克大撤退

看见天空中的浓烟了吗？那就是敦刻尔克。朝那里前进！

1940 年 5 月 25 日，英法联军防线在德国机械化部队的快速攻势下崩溃之后，英军在敦刻尔克这个法国东北部、靠近比利时边境的港口小城进行了当时历史上最大规模的军事撤退行动。

形势万分危急，敦刻尔克港口是个极易受到轰炸机和炮火持续攻击的目标。如果 40 万人从这个港口撤退，在德国炮火的强烈袭击下，后果不堪设想。英国政府和海军发动大批船员，动员人民起来营救军队。他们的计划是力争撤离三万人。这支杂牌船队就在这样危险的情形下，在一个星期左右时间，救出了 336000 人。

"假如远征军无法回到英国，"布鲁克将军后来写道，"很难想象陆军如何从重创中恢复。"这就是敦刻尔克的实际意义。英国可以更换 2472 具折损的火炮，可以重新添购 63879 台弃置的车辆，但是 224686 名获救士兵是无可取代的。1940 年夏天，他们是英国仅剩的、受过训练的部队。后来，他们成为盟军反攻欧陆的核心。几位将领——布鲁克、亚历山大和蒙哥马利——都从敦刻尔克学到了宝贵经验。

在危急时刻，能够尽可能地保存实力就是胜利。

二、能屈能伸

徐阶，字子升，号少湖，一号存斋。松江府华亭县（今上海市松江区）人。明代名臣，嘉靖后期至隆庆初年内阁首辅。

严嵩专权时，徐阶起初不肯依附严嵩。于是严嵩经常在皇帝面前说他的坏话。徐阶的处境一度十分危险，这使他认识到不能以卵击石，于是他改变策略，事事顺着严嵩，从不与他争执。为了得到他的信任，还把自己的孙女嫁给严嵩的孙子，表面上十分恭顺。严嵩的儿子严世蕃十分霸道，多次对他无礼，他也忍气吞声。同时，徐阶向嘉靖帝靠拢，专门挑皇帝喜欢的话说，终于讨得嘉靖帝的喜欢。不久，加徐阶少保头衔，接着兼任文渊阁大学士，进入内阁，参予机务。后来他密奏咸宁侯仇鸾罪状，使嘉靖帝杀掉仇鸾，得到皇上的信任，加太子太师头衔，地位进一步提高，仅次于严嵩。后来嘉靖帝居住的永寿宫发生火灾，嘉靖帝暂时住到了玉熙殿，但是这里地方太小，于是嘉靖想营建新宫殿。他问严嵩，严嵩请求他回到大内住，嘉靖帝很不乐意。然后问徐阶，徐阶猜透了嘉靖的心思，于是建议用被烧毁宫殿的剩余材料，营建新的宫殿，他的建议得到嘉靖帝的赞同。后来由他主持建造成万寿宫，嘉靖搬了进去。徐阶因此加封少师，兼支尚书俸，而严嵩渐渐被皇帝冷落。

1562 年，邹应龙告发严嵩父子，皇帝下令逮捕严世蕃，勒令严嵩退休，徐阶则取代严嵩成为首辅。

严嵩被勒令退休后，徐阶亲自到严嵩家去安慰。他的行为使严嵩十分感动，甚至叩头致谢。严世蕃也乞求徐阶替他们在皇上面前说情，徐阶满口答应。徐阶回到家里后，他的儿子徐番迷惑不解地问："你受了严家父子那么多年的气，现在总算到了出气的时候了，你怎么这样对待他们？"徐阶佯装生气骂徐番说："没有严家就没有我的今天，现在严家有难，我恩将仇报，会被人耻笑的。"严嵩派人探听到这一情况，信以为真，严世蕃也说："徐老对我们没有坏心。"其实，徐阶这样做是因为他看出皇上对严嵩还存有眷恋，而皇上又是个反复无常的人，严嵩的爪牙还在四处活动，时机还不成熟。后来，嘉靖帝果然后悔，想重新召回严嵩，但在徐阶的力劝下，才打消了这个

花荣股海操盘笔记

念头。

三、自誓掷卢

宇文泰曾在同州大宴朝臣，他解下自己穿的金带，让大家掷色子，说："先掷出五个黑色的人，我就把金带赏给他。"

群臣都掷遍了，也没有人能掷出五个黑色。

最后轮到王思政，他面容严肃地起誓道："王思政羁旅归朝，承蒙宰相给我国士的待遇，所以愿意尽心尽力为国效命，以报答宰相。如果我的诚心是真实的，希望一掷便是黑色；如果内怀杂念，神灵也应明察，掷后不出现黑色，我便自杀以谢宰相。"

言罢满座皆惊。

王思政拔下佩刀，横在膝上，抓过色子便掷。

宇文泰欲要制止时，色子已经掷出五个黑色。王思政便庄重地向宇文泰叩拜，接受金带。

原来，因为王思政是随孝武帝投奔关中宇文泰的，宇文泰对此颇为猜忌，并因此不肯重用他。

这次掷卢后，宇文泰对王思政不但信任，还对他的才能、运气刮目相看。

后来，王思政在大战中文武双全，屡立奇功。

四、十八骑死灰复燃

崇祯九年，李自成在渭南潼关南原遭遇洪承畴、孙传庭的埋伏被击溃，带着刘宗敏等残部 17 人躲到陕西东南的商洛山中。

孙传庭、洪承畴等人均被调往辽东防范清军，李自成在山中得以喘息。冬天，李自成驻扎在富水关南的生龙寨，并娶妻生子。

崇祯十二年，张献忠在谷城再次反叛明廷，李自成从商洛山中率数千人马杀出。

崇祯十三年，李自成趁明军主力在四川追剿张献忠之际入河南，收留饥民，开仓而赈饥民。"远近饥民荷锄而往，应之者如流水，日夜不绝，一呼百万，而其势燎原不可扑。"自此，李自成军队发展到数万，提出"均田免赋"的口号，即民歌之"迎闯王，不纳粮"。

崇祯十七年，李自成攻克北京。

五、屡败屡战

曾国藩率领湘军同太平军打仗，初期时总是败多胜少，特别是在鄱阳湖口一役中，曾国藩曾经一度想投河自尽。

打了败仗的将领必须上书皇上说明理由。曾国藩在上疏书里，其中有一句是"臣屡战屡败，请求处罚"。

如果真是这样递上奏折，曾国藩很可能会撤职治罪。

李鸿章灵机一动，建议他把"屡战屡败"改为"屡败屡战"。这一改，果然成效显著，咸丰皇上不仅没有责备他屡打败仗，反而还表扬了他坚韧不拔。

六、彩虹总是在风雨后

人的一生当中最辉煌的一天，并非是功成名就的一天，而是从悲叹与绝望中奋起勇往直前的那一天。

风雨后便是彩虹；艰苦后便是甘甜；失败了就当经验。盖文王拘而演《周易》，仲尼厄而作《春秋》；屈原放逐，乃赋《离骚》；左秋失明，厥有《国语》；孙子膑脚，《兵法》修列……他们都是从悲痛中奋起，寻找自己的辉煌！我们应当效仿。

荡漾 10
经典的愚昧

人类思维分为六个层次：

第一层次，环境思维："谁让我不爽？"

第二层次，行动思维："我还不够努力！"

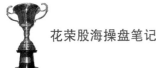

第三层次，能力思维："方法总比问题多！"

第四层次，目标思维："什么才是更重要的？"

第五层次，哲学思维："我是谁？我想成为什么样的人？"

第六层次，精神思维："我能贡献什么？世界是否因我而不同？"

一、无恩图报

1. 箩筐套鸟

箩筐套鸟的陷阱谁知道？

一个箩筐，用绳子绑在一根棍子上，撑好；在箩筐下面放一些谷子或其他的吸引鸟来吃的诱饵；躲好，鸟来吃东西的时候，快速拉动绳子，把鸟罩在下面。

被箩筐套住的鸟，或者箩筐套鸟舍不得诱饵的小孩，都属于经典的愚昧。

2. 庞氏骗局

庞氏骗局是对金融领域投资诈骗的称呼，是金字塔骗局的始祖。

庞氏骗局在中国又称"拆东墙补西墙""空手套白狼"。简言之就是利用新投资人的钱来向老投资者支付利息和短期回报，以制造赚钱的假象进而骗取更多的"投资"。

这种古老骗术几乎每年在各地都一再重复发生，而且一再有效。之所以这样，就是希望无恩图报的人众多。

3. 天上掉馅饼

一些电话诈骗团伙给一些人打电话，告诉他们中了彩票大奖，而要兑奖，必须先缴纳一定数额的手续费。尽管手段很拙劣，但仍有很多愚昧人上当。

这些"电话诈骗"方式，可能会有些变异，总之，有这三个要素：给你打电话的人你不认识，你有一个很感兴趣的事情（奖赏、亲友天灾），让你汇钱。

愚昧的人由于愚昧，见少识寡，快速上当。

4. 招愚纳叛

中国历史上，经常有人为个人目的干着危险的事情，为了壮大实力，因而打着一个不可能实现的美好愿望旗号招愚纳叛。

愚昧的人只认表面口号，不会从实际行为判断事物。

二、无事生非

1. 杨修之死

聪明过度就是愚蠢。

曹操进兵进攻马超，但无法短期获胜，欲收兵回都，又怕被蜀兵耻笑，心中犹豫不决，碰上厨师进鸡汤。曹操见碗中有鸡肋，因而有感于怀。正沉吟间，夏侯惇入帐，禀请夜间口令。曹操随口答道："鸡肋。"

行军主簿杨修，见传"鸡肋"二字，便让随行士兵收拾行装，准备撤兵。有人报告给夏侯惇。夏侯惇大吃一惊，于是请杨修至帐中问道："您为何收拾行装？"杨修说："从今夜的号令来看，便可以知道魏王不久便要退兵回都。鸡肋，吃起来没有肉，丢了又可惜。如今进兵不能胜利，退兵让人耻笑，在这里没有益处，不如早日回去，来日魏王必然班师还朝。因此先行收拾行装，免得临到走时慌乱。"夏侯惇说："先生真是明白魏王的心思啊！"然后也收拾行装。

当天晚上，曹操心烦意乱，不能安稳入睡，因此便用手提起钢斧，绕着军营独自行走。忽然看见夏侯惇营内的士兵都各自在准备行装。曹操大惊，急忙回营帐中召集夏侯惇问是何原因。夏侯惇回答说："主簿杨德祖事先知道大王想要回去的意思了。"曹操把杨修叫去问原因，杨修用鸡肋的含义回答。曹操大怒地说："你怎么敢乱造谣言，乱我军心！"

便叫刀斧手将杨修推出去斩了，将他的头颅挂于辕门之外。

聪明反被聪明误。

2. 过犹不及

有一人到千年古刹金山寺去敲钟祈福，管钟的老和尚跟他说敲钟只敲三下：第一下是福喜临门；第二下是高官厚禄；第三下是延年益寿。

那家伙敲完第三下后心里有气，趁老和尚不注意，故意又敲了一下，老和尚大惊失色地跟他说："这下完了，前面白敲全废了！"那厮问老和尚为什么，老和尚说钟不能敲第四下，敲了那就四大皆空了。

许多愚昧人习惯性地喜欢做事情敲"第四下"。

3．无谓招妒

杨广喜欢卖弄诗才，而学士们也大都乖巧地不抢风头，怕葬送了自己的前程甚至生命。但是王胄偏不信这个邪。有一次杨广做了一首《燕歌行》，让大家和诗，学士们都规规矩矩交了卷，而王胄同学交上去的卷子却让杨广心里很不痛快，原来王胄写的是："庭草无人随意绿。"

瞬间就让杨广的诗黯然失色，这还了得。杨广一生气，后果很严重，很快，王胄就面临着死亡，被杀前，杨广问："'庭草无人随意绿'，复能作此语耶？"

"不招人妒是庸才"可以不招妒而自己做得招妒，那就太傻了。

4．小题大做

战国时期，赵孝成王很不争气，喜欢独断专行，经常贪小利而受大害。燕国与赵国发生冲突，燕国任命高阳军为统帅率10万大军攻赵，赵孝成王认为赵国无大将，就以50座城池为代价请齐国的田单为大将。马服君气愤地对平原君说赵王是小题大做。

小题大做典故的意思：指拿小题目作大文章。比喻不恰当地把小事当作大事来处理，有故意夸张的意思。

愚昧思维的人喜欢小题大做，其实对一些小事情糊涂点处理，正常处理就可以了。

三、分不清楚是非

1．固化

为了改善运输条件，李鸿章奏请朝廷，希望在唐山至芦台之间修筑一条运煤铁路。慈禧太后批准了。

铁路修到一半，愚昧的民间与朝中顽固派疯狂反对，连慈禧太后都抵挡不住。

在反复思量之后，李鸿章和修路大臣唐廷枢决定在唐山矿区和胥各庄之间修一条"快车路"。李鸿章上奏朝廷，只说是修"马路"，西太后勉强准奏。

李鸿章修筑的不是马路，而是一条真正的铁路。他聘请英国人为总工程师，修路基，铺枕木，架设钢轨，费时 5 个月，建成了一条长约 10 千米的铁路。低调的李鸿章只敢使用动力极小的小机车作为火车头。然而，当唐胥铁路上响起火车的轰隆声时，朝廷的反对者们还是炸开了锅，有人甚至声称，火车运行的巨大响声会惊动大清的皇陵。可事实上，坐落在马兰峪的皇陵距离唐胥铁路有近百千米。搬出这样的理由，简直让人笑掉大牙。可在当时，这着实吓坏了李鸿章。

在清廷的反对下，滑稽的一幕终于上演：骡马牵引着运煤大车，晃晃悠悠地行驶在钢轨之间，唐胥铁路真的成了"马路"。

直到清朝与法国因越南主权问题而交恶，战事已经不可避免，清廷的兵工厂、轮船、军舰等急需用煤，为了备战，需要加快运煤的速度，清廷这才准许使用机车作为火车头。李鸿章立即向英国购买了两台蒸汽机车，唐胥铁路终于成为名副其实的铁路。

2. 少见多怪

清朝洋务运动初期，架设电线杆时，百姓说会吸人魂魄，没想到，照相技术也遇到了类似问题。19 世纪 60 年代，照相机就已经进入中国。

这个东西能瞬间将自己印到纸上，在当时的人看来，是异常恐怖的。人们谣传，照相这个东西会摄人魂魄，照了相，人就像没魂的行尸走肉一样。因为外交需要，恭亲王被迫要拍照。恭亲王惊恐不已，在多次劝说后，恭亲王才忐忑不安地坐到镜头前。

后来，清廷直接禁止照相机进入紫禁城。

四、弱愚的强盗逻辑

贪是人类自害自的愚蠢行为，因贪得利是一种短视理解，因贪害己才是长远认识。想获取非分之财就是贪，获取本分之财就是利。获取本分之财是人之本性，获取非分之财是人的愚性。

有三个基本错误是不能犯的：一是德薄而位尊，二是智小而谋大，三是力小而任重。

强盗一词，于强者而言是明抢豪夺，就像古代的落草贼寇，大刀阔斧地将人拦截在半路上，索取买路钱。而弱者是不具备这种能力的，他们往往是

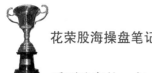

受到迫害的一方，但有时也想从他人手中夺取一些生存的资源。可他们无法依靠暴力，遂诞生了一种新的抢劫方式——道德抢劫。

道德抢劫是从道德绑架开始的，最初弱者只是用它来自我保护。可是后来这种自卫方式就像隔夜的鱿鱼，逐渐变了味道。他们发现站在道德的制高点，不仅可以约束强者的行为，还可以在一定程度上利己，于是乎就开始聚众大肆绑架和抢劫。

男人应有的气质是，临危而不惧，途穷而志存；苦难能自立，责任揽自身；怨恨能德报，美丑辩分明；名利甘居后，为理愿驰骋；仁厚纳知己，开明扩胸襟；当机能立断，遇乱能慎行；忍辱能负重，坚忍能守恒；临弱可落泪，对恶敢拼争；功高不自傲，事后常反省；举止终如一，立言必有行。

荡漾 11
不一样的人生

你得做一个哥伦布，寻找你自己内心的新大陆和新世界，开辟海峡，并不是为了做生意，而是为了做一件成功的事。人活着，总要有点想要为之全力以赴的事情，人生才会有意思。

成功的人生不一定有意思，有意思的人生一定是成功的。有意思比有意义更有意义。风格即人品，小众却迷人，接受彼此的小众才是大众。也许人生真的要做一些没有意义的事情才会有意思吧。有一点缺陷和遗憾的人生，是有味道的人生；有一点怪异和风险的命运，是有意思的命运。

做一个有意思的人，做一些有意思的事。

一、平凡的人

1. 万箭穿心

《万箭穿心》是中篇小说。小说讲述了一个武汉女人李宝莉悲剧的一生，于 2012 年改编为电影。

主人公李宝莉年轻时美貌能干，但性格过于不饶人。嘴上的厉害让丈夫马学武一日日活在压抑之中。为了排解生活的苦闷，马学武与同厂的打字员成了秘密情人。李宝莉发现了这个秘密后，打电话报警，马学武和打字员在旅馆被抓。丈夫得知事情的真相后跳江自尽。儿子小宝不能原谅母亲对父亲的伤害，大学毕业后毅然与母亲断绝关系。为了小宝的成长，忍辱负重做"扁担"的李宝莉该何去何从？

2.《钢铁是怎样炼成的》

《钢铁是怎样炼成的》是苏联作家尼古拉·奥斯特洛夫斯基所著的一部长篇小说，于1933年完成。

保尔·柯察金饱尝了生活的苦难，只有16岁的他就参军作战，无论在炮火中，还是在国民经济恢复时期，柯察金都表现出大无畏精神，钢铁一般的意志，主动抛弃了恋人，在战争中多次负伤以及劳累过度，他全身瘫痪，双目失明，被牢牢禁锢在床上。

保尔·柯察金的名言：人最宝贵的是生命。生命每个人只有一次。人的一生应当这样度过：当回忆往事的时候，他不会因为虚度年华而悔恨，也不会因为碌碌无为而羞愧；在临死的时候，他能够说："我的整个生命和全部精力，都已经献给了世界上最壮丽的事业——为人类的解放而斗争。"

我身边的人中这样的人很多。

3.《杜十娘怒沉百宝箱》

《杜十娘怒沉百宝箱》是明代通俗小说家冯梦龙纂辑白话小说集《警世通言》中的名篇。

名妓杜十娘久有从良之志，她深知沉迷烟花的公子哥们，由于倾家荡产，很难归见父母，便日积月累地积攒了一个百宝箱，收藏在院中的姐妹那里，希望将来润色郎装，翁姑能够体谅一片苦心，成就自己的姻缘。经过长期考验和寻觅，她选择了李甲，并且欲以终身托付于他，因而让李甲四处借贷，又拿出自己私蓄的银两，完成自己从良的心愿。投奔他人从良是杜十娘重新做人的必由之路，因此姐妹们听说此事，纷纷相送，并以资相助为盘缠将百宝箱还给杜十娘。

李甲担心归家不为严父所容，杜十娘便与李甲泛舟吴越，徐徐图之。在途中，偶然与商人孙富相遇，孙富看见杜十娘美貌，心生贪慕，就趁与李甲饮酒之机，巧言离间，诱惑并使李甲以千金银两之价把杜十娘卖给了他，杜十娘得知，万念俱灰。她假装同意他们的交易，然后却在正式交易之际打开百宝箱，怒斥奸人和负心汉，抱箱投江而死。

二、不一样的人生

1. 陶朱公

高潮时享受成就，低潮时享受人生，有心思时干有意义的活，没心情时做有意思的事。

范蠡为中国早期商业理论家，楚学开拓者之一。被后人尊称为"商圣"。虽出身贫贱，但是博学多才，与楚宛令文种相识、相交甚深。因不满当时楚国政治黑暗、非贵族不得入仕而一起投奔越国，辅佐越国勾践。传说他帮助勾践兴越国、灭吴国，一雪会稽之耻。功成名就之后急流勇退，化名姓为鸱夷子皮，遨游于七十二峰之间。期间三次经商成巨富，三散家财。后定居于宋国陶丘（今山东省菏泽市定陶区南），自号"陶朱公"。

世人誉之："忠以为国；智以保身；商以致富，成名天下。"后代许多生意人皆供奉他的塑像，尊之为财神。

范蠡智慧箴言：

"飞鸟尽，良弓藏；狡兔死，走狗烹。"

"贵极反贱，贱极反贵。"

"柔而不屈，强而不刚。"

2. 大航海家

生活有乐趣的人才真的是这个世界上的牛人。

世界近代史上地理大发现的大航海时代，起始于欧洲小国葡萄牙的远航探险活动。而葡萄牙能够成为大航海时代的奠基者，首先应该归功于葡萄牙国旗上那一片绿色所代表的恩里克王子（后来成为亨利亲王）。

在15世纪初，葡萄牙的航海技术虽然已经有了很大提高，但远洋航行探险还是一项艰苦而危险，且收获并无保证的事业。船员们在低矮的船舱甚至无法直立。食物单调，用小木桶装的淡水很快就会变质，一离岸就吃不到蔬菜。频发的海难事故、坏血病和极差的卫生条件，使海员的死亡率达40%。所以，但凡生活还过得去的人们，很少有人去从事航海的。

衣食无忧、地位尊贵的恩里克王子，从休达征战回国后，就开始痴迷于航海。航海事业是需要雄厚物质基础做支撑的。恩里克作为王子和圣殿骑士团的首领，在葡萄牙拥有大片地产和丰厚的收入，这成为恩里克领导的远航探险事业的物质基础。

从1415年开始，恩里克王子就着手准备对更远的非洲西北部的探险。他曾亲自参与了海船的改进，并从意大利网罗了大批航海人才。为了实现其航海探险的理想，恩里克王子远离豪华舒适的宫廷，放弃了婚姻和家庭生活，选择在其领地——葡萄牙西南角荒凉的萨格里什定居下来。在这里创建了一所航海学校和一个天文台，教授航海、天文、地理知识等。他还在附近的拉各斯修建海港、船坞，建造海船。恩里克王子把其领地和在骑士团的全部收入都拿出来，装备了几支远航探险队，对西北非洲各地进行了广泛的航海探险。从此，葡萄牙航海探险事业的大幕在恩里克的组织领导下有计划地展开了。

1460年，亨利亲王逝世，终年66岁。而此时他的船长们已经勘探到西非的塞拉利昂。之后的葡萄牙航海家们，继续了恩里克王子开拓的航海事业。1488年，迪亚士最早航行探险至非洲南端的好望角。1497年7月，葡萄牙另一位航海探险家达·伽马率先绕过非洲最南端的好望角向东航行，于1498年5月到达印度西南部的卡利卡特角，终于从海路到达了东方的印度。

恩里克王子为了他所热爱的航海事业终身未娶，如苦行僧一般简朴地长期生活在航海中心萨格里什，他并没有得到里斯本王室的多少支持，甚至还因其盛名而饱受排挤。但整个葡萄牙的航海事业开始于恩里克王子，整个欧洲的地理大发现开始于恩里克王子。所以后世的葡萄牙人用国旗上那一片绿色向他致敬。

恩里克王子虽然本人没有参与远海探险，但他在筹划与组织远航探险的事业中，耗费了大量的人力、物力和财力。而他生前得到的实际收获并不大，但他看准了这个事业，并矢志不渝地为之付出了毕生的精力，为后世的葡萄牙一举成为富强的海洋帝国打下了坚实的基础。

恩里克曾一再告诫他的船长们，要同被发现新大陆的土著人和睦相处，主张在那里进行和平殖民。15世纪上半叶，葡萄牙航海发现取得的成就震惊欧洲，恩里克王子不仅为葡萄牙人所景仰，而且受到欧洲人的尊敬。欧洲人尊称他为航海家，葡萄牙人则亲切地称呼他为"航海王子"。他对航海事业的贡献远远超过一般航海家。

【花言巧语加油站】

（1）没有情绪的女人，都是狠角色。

（2）如果要爱别人，就请先好好爱自己。

（3）一个人愿意为另外一个人付出，不仅需要爱，更需要能量。

（4）人生中一半的麻烦源于答应得太快，拒绝得太慢。

（5）人人都需要一项爱好，每个人也需要一两个奇迹。

（6）当你的选择正确时，千万别"秀"给那些选择错的人看。

（7）认真生活，就能找到生活藏起来的糖果。

第二部分
有趣的灵魂

所谓有趣的灵魂，实际上就是这个人的信息密度和知识层面，都远高于你，并愿意俯下身去听你说那毫无营养的废话和你交流，提出一些你没有听过的观点，颠覆你短浅的想象力及三观。

进化1
职业操盘手的迷惑、觉悟与股事

通向真实的道路，必须首先踏过谎言和梦境。

股市的迷妄有时不是路的坎坷，而是心的疑惑。

生命就是一个过程，一个不断超越自身局限的过程，这就是命运，任何人都一样，在这过程中我们遭遇痛苦，我们统计社会，我们反思自己，超越局限，从而感受觉悟的幸福。

一、我是怎样成为操盘手的

我刚进入证券业内工作时是在电脑部工作，那时没有证券法，业内人员基本上都炒股。

我电脑部的同事中，有一个编程高手小尚，曾经是某市的理工科高考状元。他自己不炒股，但他的亲属都在玩。

小尚手头上有一项编程工作，他来问我一些与交易制度、交易经验有关的问题。

原来，我们公司的一个机构股东在一级半市场收购了大量的原始股，上市后欲卖出，这家机构嫌手工下单麻烦，想设计一套电脑自动交易报单程序：当股价跌到 5 元以下时就护盘，持有一定数量后就拉升股价，当股价涨到 6 元以上时就自动卖出减仓。

我看到这个程序后，通过价位、走势比对找到了对应的股票，于是跟踪这只股的走势，每到 5.01 元买进，每到 5.99 元卖出。

那阶段行情一般，我靠此绝招还是赚了一些钱，让其他炒股的同事很是羡慕。小尚还问我，怎么看得这样准，下次买股时告诉他一下，他好告诉一下他那赔钱的父母。

二、我是怎样成为机构操盘手的

我所在的公司有自营盘，负责自营的操盘手先是总经理的亲信，赔钱后又换成了书记的嫡系，依然赔钱。

那届公司领导班子还有一年任期，如果自营亏损解决不了，续任应该有麻烦。为了在领导任期内解决自营亏损的问题，公司决定竞聘新的操盘手。

我参加了竞聘，竟然意外成功了。也有同事好心地告诉我，如果在这年中不能扭亏，我就是最后的替罪羊。

那年，我成功地扭亏为盈了。领导获得了连任，我也一样。

我做了几个成功的项目，在业内有了一些名气。

此后，因为不断有机构出高价邀请，我先后跳槽了几家机构，也制造了几个名动一时的大涨幅股，在职业大户中有一些影响力。

三、我是怎样成为独立操盘手的

1999 年，我有了女儿，成为独立操盘手，其实就是一个依靠炒股生存的灵活就业者。

随后几年，几经折腾、生死、沉浮，在一次关键性的决战之后，终于在 2007 年股票账户中有了几千万元，算是完成了人生中的第一桶金。这个过程我都写在了我的自传体小说《操盘手》系列之中。

我当时的想法很简单，像《肖申克救赎》结尾中的安迪一样，只为自己工作干活，做个逍遥自在的自给自足的股民。但是这只是想法，随后的几件事情证明，这种自给自足的生活，对于一个有一技在身的曾经操盘手来说并不是那么容易的。老韩也开导我，必须用自己的技能与社会交换，只交换金钱还不够，还必须交换一些必要的社会资源，才不至于被一些意外的不可预知所伤害。

于是，我除了为自己炒股之外，也替几个很有实力的朋友做股市理财。

四、奇遇股事之一

2007 年 9 月，大盘 5800 多点，一位美女通过博客认识了我，她想让我帮她炒股。这时，我已经对长达两年的牛市有了足够的警惕性，原本不想接这笔 4000 万元资金的，但确实是男人难过美人关，还是答应了。

2008 年是 A 股历史上最惨烈的一年，大盘由 6112 点跌到 1664 点，跌幅 80%、90% 的个股不在少数。

我依靠超跌反弹和现金选择权两个盈利模式，在这年 4000 万元依然获得了 1000 多万元的利润，我对这个结果是比较得意的，殊不知离美女的心理预期差距还挺远，她冷冷的一句："你整天打球、唱歌、旅游，好像对操盘并不是太上心，才赚这么点钱"。

我的肺管子快被气炸了。

我说："2008 年，公募基金冠军都赔了 30% 多，你知道吗？"

她说："知道。但是深圳有一个高手，他的私募基金一个月净值上涨了 40% 多。"

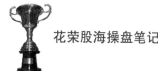

于是，美女把 5000 多万元资金拿给了深圳私募高手。

2009 年的行情不错，指数反弹到了 3300 点，这年我在意外事件的干扰下，依然获得了 200% 多的收益。出乎意料的是，年底美女再次找到了我，再次想让我替她炒股，资金缩水到了 3000 万元，我没有同意，我害怕要求高的外行，害怕股市赔钱人的翻本心理。

后来，美女找到了当时国内最声名鹊起的一个私募高手，遗憾的是，这个私募高手出了法律问题身陷囹圄，也不知道美女的资金怎么样了？

五、奇遇股事之二

2017 年底，一位券商老总请我在一家高档饭店吃饭，吃饭时认识了这家饭店的总经理，其实这个饭局就是这个饭店老板组织的，目的就是想让我帮他炒股。

饭店老板不属于重要社会资源，不在我目标群体，但是这个饭店老板很有情怀，想开世界最好的饭店为中国人争光，尽管高档饭店一直亏损，可他还想坚持，他坚信只要坚持用心，一定会盈利的，但是这之前，需要依靠用股市的盈利贴补股市的亏损，中国会不会有一个世界最好的饭店，就看我愿意不愿意替他炒股了。

老板把资金交过来的时候，账户里面满仓是股票，处于连续跌停状态，他也已经下不了手割肉，让我把这个股票全部卖掉，然后他再加钱添齐 2000 万元。

行情不好，即使指数涨的时候，下跌股票的家数也是多数，我一直空仓等待。我能等，但是饭店老板等不了，一直催促我出击，大胆点，不要怕，资金闲置就是亏损。

结果，第一笔操作亏了 100 万元。

证券公司老总打电话来问怎么回事，说饭店老板怀疑是不是我在搞接盘的花样，这个饭店老板可不是外行，有个著名私募的公司名字就是他起的。

很快，我又抓住了一个短线涨停板，不但把亏损打回来了，而且赚了 100 万元。

这个时候，我感觉这活儿不好干，想把这钱还给他不做了。但是，饭店老板打电话来，把我好好夸了一顿，把账户里的资金加到了 5000 万元。我退资金的事情就没有说出口。

2018 年是 A 股历史上第二大跌幅年，我一直比较谨慎，但是饭店老板不断地打电话、发微信，问这行情这么好，怎么不动啊？

饭店老板和证券公司老总开始轮番给我推荐股票，"你买吧，肯定涨""绝对有把握，庄家特厉害""这是谁谁告诉我的，千万别告诉别人啊，你自己的账户别买太多。"

这些股票我一只也没买，但是我也放到自选榜上看着，基本上第二、第三天就开始下跌，当年全部腰斩以上。

后来，我送他们两个我写的新书时，题的字是："不要学袁绍！""不要指导梅西射门！"

六、奇遇股事之三

这个故事我实在不愿意写，但是憋在心里难受，不写出来不行。故事的主角是位老先生，退休后创办了几个企业。

老赵认识我就是因为我是炒股"高手"，他为了结识我和我一起炒股，在北京租了房子从外地搬到了北京，第一次请我去外地玩一次就花了一大笔钱。

但是，不知道为什么，老赵认识我以后，不是让我给他推荐股票，而是他给我推荐股票。半夜 2 点钟把我从梦中叫醒，给我推荐股票，说操盘手庄家给他推荐的，这个庄家有几千亿元的资产，马上资产就要超过巴菲特，千万别告诉别人，家里人也别告诉。

第二天早上来到操盘室，我发现连家里人都不能告诉的股票，老赵的工作人员和朋友全部都知道了。我用百度查了一下那个庄家富豪，什么资料都没有，再看那个股票的技术面和基本面，这是什么股票？

我告诉老赵和老赵工作室的人，这只股不要买。

良言难劝该赔钱的人，老赵满仓买了，工作室中所有工作人员全满仓买了，老赵的一个嫡系在外地出差，老赵也全帮他买了。

买完，当天跌八个点，其后一路下跌。

老赵损失惨重，老赵外地出差的嫡系 80 万元赔到 10 几万元斩的仓，一位工作人员赔了两年工资离职走了，老赵的老领导 150 万元一个月不到赔到 120 万元（唯一有止损跑得最快的一个账户）。

痛定思痛，老赵决定把他和老领导的账户交给我（我义务帮他的），分别是 500 万元、120 万元。

经过几年的耕种收获，在指数没涨的情况下，500 万元变成了 5000 万元，120 万元变成了 1000 万元。

老赵的信心又开始膨胀了，说他自己是炒股高手，并要我证明。我说，您连打开账户买卖股票都不会，认购新股也不会，要说是高手，那也是不会扣扳机的神枪手。

老赵和上文中的饭店老板是通过我认识的，但是他们不知道我也在帮对方炒股。

一天，他俩吃过饭以后，老赵跟我说，以后你应该多拜访一下饭店老板。我问，为什么这么说？老赵说，他特厉害，他前些时间抓了好几个翻倍的黑马股。我回答说，那就不必多去拜访他了，那多麻烦啊。老赵有点奇怪，问为什么。我说，他刚才给我打电话说，让我炒股多听你的意见，说你告诉他的，你去年炒股翻了 5 倍。

老赵把他账户里的资金取走了几百万元新开了一个账户自己炒，剩下的依然让我炒。

2020 年春节前，老赵把他自己的账户满仓了，动员我也满仓。我说新冠肺炎疫情这么严重，春节后怎么样还不知道呢，我又没有退休工资，我自己还是轻仓吧。

老赵这次不固执，听了我的。春节后开盘后，受新冠肺炎疫情影响，大多数股票连续两个跌停。老赵告诉我，幸亏空仓了。但是，有一点我不理解，老赵归我管的账户是真实空仓的，但还能满额申购两市的新股。

老赵炒股喜欢开会与外行交流股票，还经常让我参加，我说不参加，我一听老赵与人谈论股票和国际形势，我就肚子痛。

老赵自己的账户满仓后，但是还是想买股票，于是开始动用原来说好让我管的账户，很快就满仓了，其中有两只极品股票都已经套了 40% 多，他经常想出几万元买网上"陌生高手"推荐的股票。

我在看《三国演义》袁绍的故事时，真是感触良多，为田丰感叹。

股市中的对错不是绝对的，而是模糊灰色的。错的方法并不是每次都赔钱，而是赚小钱赔大钱，偶尔的赚小钱让人欲罢不能，这点最害人；对的方法并不是每次都赚钱而不放过机会，而是十战七胜两平一亏，但人们更希望十战十胜。

这是几个大户的股事，以后再写几个散户的故事，能把你的肺气炸了，气完了又觉得十分好笑，比卓别林的电影要幽默 100 倍。

进化 2
历史上各行各业的套路

那些路，原来是套路。

套路才能把人套住，把人固化住。

自古真情留不住，唯有套路得人心。

人生虽非套路但万变不离其宗。

认清社会的套路却不痴迷于套路，一定比偷懒耍滑好；识破生活的小伎俩却不对其失望，一定比自甘堕落强。

赚钱永远是附加值，先拥有思维，提升自己的价值，赚钱自然就会简单。

正心，取势，明道，优术。

一、孙子兵法

《孙子兵法》是传统智慧的最精华部分。

《孙子兵法》的核心内容可以用三句话概括：知己知彼；周期循环变化；选时的以强胜弱。

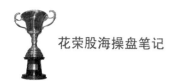

二、成事术

摆脱愚蠢，利用愚蠢。

1. 笊篱套鸟

利用人们喜欢占小便宜，好吃懒做没有是非逻辑感的心理，先吃亏后占便宜，吃小亏占大便宜。笊篱套鸟游戏有许多变种形式，比如庞氏等。

2. 借势成局

察势者智，驭势者赢。孙子兵法的核心是以强胜弱。

有势顺势，无势借势。肯取势者可为人先，能谋势者必有所成。

成事，靠的不是一腔匹夫之勇，而是一份读得懂世间不易的清醒自持。

借势的方式主要有：归附强者，许以未来利益，拜把子、进圈子。

3. 装神弄鬼

人们的惯常心理是趋利避害，追涨杀跌，喜欢帮赢家踩输家。于是，许多创业者喜欢装神弄鬼，把自己包装、夸大成强者、未来的赢家。

装神弄鬼的方式主要有：以天的名义，眼见为虚，挂羊头卖狗肉。

三、商道

十年能学个秀才，十年难学个买卖。

1. 胡雪岩模式

红顶商人，借能人的势，核心是组织局与搞关系，吃现成的。

2. 乔布斯模式

创新商人，高端生活必须工具产品，一鱼双吃，持续升级。

3. 铁锹模式

为挖金子的人提供工具和服务。

四、博弈术

真正的博弈，其实拼的并不是人的智慧，而是人性。

1. 非理性博弈

欲取先予，杀大放小。

2. 一次博弈

不择手段的利益最大化。

3. 重复博弈

双赢。

4. 样板博弈

演戏。比如城门立木。

五、股市

1. A 股的运行调控策略

围绕融资、稳定、业内生态的周期循环。

融资的手段，笼筐套鸟。

稳定的手段，两极调控。

维持业内生态的手段，周期行情与长线、基金策略，又不冲击实业。

2. 投机者的空间

少数确定性，发现调控策略的弱点。

选时的大概率顺势而为，最重要的势是题材、庄家，关键要素是成本和契机。

进化 3
生死关头，最见人品

一、"同治中兴"

其实"同治中兴"和同治皇帝似乎没有任何的联系，辛酉政变后，两宫太后和恭亲王奕䜣掌握朝政，共同掌握了清王朝的最高统治权力，大清采取了三个方面的措施，而这三个措施，基本上就是"同治中兴"的基本内容：

（1）重用汉族知识分子。

（2）在中外问题上，开始从自我封闭转向开放，对外国的态度也开始从抵抗转为有限度的沟通。

（3）洋务运动的全面开展。清廷先后兴办了许多近代的军事、民用工业，创建了近代的海军、修建铁路、架设电线、兴办学堂、派遣留学生等，在一定程度上增强了中国的综合国力。

大清 GDP 世界第一，是日本的五倍！

但是精神文明进步有限，大清最发达地区北京、天津没有公共厕所，人们都是就地解决，天晴的时候粪便化成粉末和灰尘漫天飞舞，下雨了和水混合在一起占领街道让人无处下脚。名妓赛金花曾接受访谈说："北京的街道，那时太腌臜了，满街屎尿无人管。"

二、徐桐其人

徐桐，字豫如，生于1820年，道光年间的进士，同治皇帝的师傅，历任翰林院检讨、实录馆协修、太常寺卿、都察院左副都御史、内阁学士、礼部右侍郎、礼部尚书、吏部尚书、协办大学士、体仁阁大学士等职。

徐桐的所作所为，可谓传奇，也可谓经典。

三、恶西学如仇

徐桐家住在北京东交民巷。

从第二次鸦片战争以后，英国、法国、美国、俄国、日本、德国、比利时等国陆续在东交民巷设立了使馆，并将东交民巷更名为使馆街。

《清史稿》说徐桐"守旧，恶西学如仇""每见西人，以扇掩面""宁可亡国，不可变法"，听到"维新"二字都要开骂。他对人们把美国翻译成"美利坚"十分恼火，其理由是：大清国才是真正的既美、又利、又坚，美国算什么"美利坚"？

现在，他竟然不得不与洋人比邻而居了！为了表示对洋人的憎恶，徐桐在大门口贴上一副对子："望洋兴叹；与鬼为邻。"至于洋人能不能看懂这副对子，他就管不了那么多了。

四、闭着眼睛看世界

有一次，徐桐与人闲聊，聊起世界上的国家，他振振有词地说，世界上只有英国、法国和意大利，西班牙和葡萄牙根本不存在。

听者惊呆了。于是徐桐进行解释："西班有牙，葡萄有牙，牙而成国，史所未闻，籍所未载，荒诞不经，无过于此。"

有人质疑说，西班牙和葡萄牙都派人来到中国了，怎么会没有这两个国家呢？

徐桐怎么回答呢？他说，那是因为英国人和法国人总来中国抢东西，来的次数太多，自己都不好意思了，随便胡诌出两个国名，好继续过来抢。

五、校理秘文

有一年秋天，朝廷为新科举子进行复试，徐桐奉旨拟题时，试帖诗的诗题是："校理秘文"。徐桐竟然将"秘"字写成"衣"字旁，成了白字。考试的时候，考场上200多名考生，看着这个白字苦不堪言，不知道怎么下手。

六、戊戌维新

甲午战争后，朝廷有意变革维新。

年届八旬的徐桐坚持祖宗之法不可变，变法诏书颁布后，他竟斥之为"多行不义必自毙"，要求慈禧制裁光绪帝。

后维新派或被杀，或被囚，京城一片血雨腥风。

徐桐高兴了，他把戏班子请到家里，连唱了三天大戏。

他曾与慈禧密谋废黜光绪。慈禧问：光绪被废后应给个什么封号？徐桐奏道："可封为昏德公。从前金封宋帝，曾用此号。"

进化 4
袁绍的谋士

人的潜意识正在操控着一个人的人生，而形成了这个人的命运。

一、田丰

东汉初平二年（191年），袁绍占领冀州，成为冀州牧，听说田丰有智谋，带着丰厚的礼物以及谦恭的言辞，招揽田丰，任命其为别驾。

田丰不负袁绍的信任，献上谋略，袁绍因此消灭了公孙瓒，平定河北，虎据四州。

建安五年（200年），刘备背叛曹操袭杀徐州刺史车胄，占领了沛县。曹操率兵征讨刘备。田丰对袁绍说："您最重要的敌人是曹操，曹操现在去东边攻打刘备，这是天赐良机，千万不能错失啊，现在应该调动全部兵力夹击曹操。"袁绍说儿子生病，没心情打仗。田丰气得用拐杖敲击地面说："大事完了！好不容易赶上这样的时机，竟然因为小孩子生病丧失机会，可惜啊！"袁绍听到以后很恼怒，从此就疏远了田丰。

不久，曹操打败刘备。刘备投奔了袁绍，袁绍这时又想进兵攻打许都。田丰认为既然失去了前时的机会，眼下不宜出兵，劝阻袁绍说："曹操已经打败了刘备，许都不再空虚。而且曹操擅长用兵，不可轻视。现在主公您凭借山岭黄河的坚固，拥有四个州的人马，外面联合英雄豪杰，内部实行农耕用以备战。然后挑选精锐部队，分为奇兵，乘虚而入，袭扰河南。敌人援救右边，我就攻其左边；敌人援救左边，我就攻其右边，使曹贼疲于奔命，治下百姓不能安于本业，不断疲劳对方，用不了三年，可稳胜曹贼，这是稳操胜券的策略。如果冒险一决胜负，万一不能如愿以偿，后悔就来不及了。"袁绍不听。田丰极力劝阻，袁绍认为他败坏军心，就将田丰关了起来，并说打了胜仗回来再收拾这个不识相的东西，并先发布檄文，大举南下。

曹操听闻田丰不在军中，喜道："袁绍必败。"在这次官渡之战中，曹操果然打败了袁绍，曹操叹道："假使袁绍用田丰之计，我还不太好办。"

袁绍率军逃回时，一路士气低落，众军士都捶胸而哭："如果田丰在这里，不至于到这个地步。"牢卒对田丰说："您说对了，以后定会受到重用。"田丰说："袁公表面宽厚但内心猜忌，如果他得胜，一高兴，说不定能赦免我；而打了败仗，心中怨恨，内心的猜忌就会发作，我不指望活命了。"袁绍回来后，想起了关在牢里的田丰说："我没有采纳田丰的意见，不知道会不会被他耻笑？"逢纪乘机进谗言："田丰听说将军败退，拍手大笑。"袁绍于是命令杀了田丰。

二、逢纪

逢纪是袁绍的老部下。袁绍看不惯董卓逃离京城时，与逢纪、许攸同到的冀州。

初平二年（191 年），袁绍在冀州寄人篱下，处境穷迫，逢纪对袁绍说："做大事业，不占领一个州，没法站住脚跟。现在冀州强大充实，但冀州牧韩馥才能平庸，可暗中约冀州的临敌公孙瓒率领军队南下来攻，韩馥得知后必然害怕恐惧。同时派一名能言善辩的人向韩馥讲述祸福。韩馥为突如其来的事情所迫，我们一定可以趁此机会占据他的位置。"袁绍采纳此计并获成功，韩馥把冀州牧让给了袁绍。袁绍因此更加亲近逢纪。

建安五年（200 年），袁绍在官渡之战败回，后悔当初不听田丰之计，逢纪即时进言田丰知道袁绍兵败后取笑袁绍是傻瓜。审配与逢纪有私怨，官渡之战后审配两个儿子被虏，孟岱说审配有投敌嫌疑，袁绍就这件事询问逢纪的意见，逢纪回答说："审配天性刚烈率直，每次所说的话和所做的事，都仰慕古人的节操，不会因为两个儿子在南边而做不义的事情，您不要对他怀疑。"袁绍说："你不是讨厌他吗？"逢纪说："从前所争的属于个人私事，现在所说的是国家大事。"袁绍说："太对了。"于是没有罢免审配。自此审配和逢纪冰释前嫌。

三、审配

袁绍消灭了邻敌公孙瓒后，逢纪统军事，准备进攻许都。袁绍征求审配意见，审配认为袁强曹弱，"十围五攻，势如覆手……今不时取，后难图也"，此语正合袁绍之意，袁绍于是让审配留守邺城，自己领兵攻打曹操。

建安五年（200年），袁绍、曹操两军在官渡对峙，这时另一个谋士许攸的家人犯法，被审配抓了并上报给了袁绍。许攸献计被袁绍嘲讽，就逃跑投降了曹操。

许攸献计袭取乌巢，曹操采纳，袁军溃败。审配的两个儿子被曹操活捉。

孟岱与审配有矛盾，就指使蒋奇对袁绍说："审配在任独揽权力，宗族大，兵力强，而且两个儿子在南方，他必定想反叛。"政敌郭图、辛评也这么认为。

袁绍就这件事又进一步询问逢纪意见，逢纪说了好话保住了审配性命。

建安七年（202年），袁绍发病去世，本该长子袁谭为继承人。但审配和逢纪向来为袁谭所厌恶，又和袁谭的谋士辛评、郭图有过节，担心袁谭即位后加害自己，因而哥俩私下改袁绍遗命，立袁尚继位。

袁谭不能继位，自号车骑将军，屯黎阳。袁尚不增兵给袁谭，更命令部下逢纪跟随监视。袁谭要求给自己增兵却为审配所拒绝，一怒之下杀了逢纪。

建安七年（202年），曹操攻打袁谭，袁谭向袁尚求救，袁尚害怕袁谭得到士兵后不还，于是留审配留守，自领士兵救援。战后，袁谭要求袁尚增送铠甲及士兵，但遭拒绝。在郭图、辛评的挑拨下，袁谭攻袁尚，但战败，退回南皮。

建安九年（204年），袁尚又到平原去进攻袁谭，留审配镇守邺城。曹操大军乘机进攻邺城。

审配任命侄子审荣担任东门校尉，审荣夜间打开城门放曹军进城，审配在城东南角楼上，望见曹军攻入，愤恨辛评、郭图坏败冀州，于是命人到监狱中杀了已经投降曹操的辛评一家。

审配在城中坚持抵抗，被活捉。将押送至曹操帐下，曹操劝审配投降，但审配誓死不投降，最终被杀。

四、辛评

建安七年（202 年），袁绍忧愤而死。袁绍以袁尚美貌及后妻刘氏所喜爱而欲立为继承人，但未正式表态。众人欲以袁谭为长子而立为继承人，但逢纪、审配一派与辛评、郭图、袁谭一派不和，逢纪等因为惧怕袁谭即位后加害，私下改袁绍遗命，立袁尚继位。袁谭不能继位，自称车骑将军，屯黎阳。袁氏兄弟反目。

在郭图、辛评挑拨下袁谭攻袁尚。战败后回南皮。众将叛离袁谭，袁尚大举进攻，袁谭退回平原。袁尚围城，袁谭派遣辛毗向曹操求援。辛毗反而建议曹操应以此机会吞并河北，曹操派大军攻袁尚的邺城。弟弟辛毗建议哥哥辛评也投降曹操，为辛评拒绝，但辛评因为其弟辛毗投降曹操，回城后因被袁谭猜忌出言刺激而被气死。

建安九年（204 年），曹操攻邺，审配侄守将审荣引兵入城，审配愤恨辛评等人败坏袁氏家业，杀害邺城中辛评一家。

五、许攸

建安五年（200 年），曹操与袁绍发生官渡之战，许攸向袁绍献计说："曹操兵少，而集中全力来抵抗我军，许都由剩下的人守卫，防备一定空虚，如果派一支队伍轻装前进，连夜奔袭，可以攻陷许都。占领许都后，就奉迎天子以讨伐曹操，必能捉住曹操。假如他未立刻溃散，也能使他首尾不能兼顾，疲于奔命，一定可将他击败。"袁绍不同意，说："我要堂堂正正地打败曹操。"正在这时，有人向袁绍报告许攸家里有人犯法，留守邺城的审配已经将他们逮捕，许攸知道后大怒，投降曹操。

曹操听说许攸来了，跣足出迎，高兴地说："子远来了，大事就可成了！"请许攸入座相谈。许攸问道："贵军军粮可以用多久？"曹操答曰："尚可支持一年。"许攸再说："哪有这么多？说真话吧！"曹操再答："还可以支持半年。"许攸说："难道你不想打败袁绍吗？为何不说真话？"曹操说："跟你开玩笑而已，其实军粮只剩此月的了。"许攸说："你已经没粮食了，现在你孤军独守，既无援军，亦无粮食，此乃危急存亡。现在袁军有粮

食存于乌巢，虽然有士兵防守，但守将嗜酒误事无防备，只要派轻兵急袭乌巢，烧其粮草，不过三天，袁军自己败亡！"

曹操听计后大喜，选精兵假扮袁军，马含衔枚，士兵拿着柴草向乌巢出发，遇上其他人问话时，皆回答："袁绍怕曹操奇袭，派我们把守。"袁军不疑有诈，放其通行。到达乌巢后，曹军放火，营中大乱，大破袁军，粮草尽烧，斩领将眭元进、韩莒子、吕威璜、赵睿等首级，割下淳于琼的鼻，杀士卒千余人。

乌巢失守后，正在攻打曹军营寨的张郃、高览投降，袁军全盘崩溃，袁绍仅带着八百骑兵逃回河北，曹操大获全胜。

建安七年（202年），袁绍病逝，之后他的两个儿子袁谭、袁尚为了争位自相残杀。

建安九年（204年），曹操攻破邺城，占领冀州，许攸立有功劳，但许攸自恃功高，屡次轻慢曹操，每次出席，不分场合，直呼曹操小名，说："阿瞒，没有我，你得不到冀州。"曹操表面上嬉笑，说："是的。"但心里颇有芥蒂。一次，许攸出邺城东门，对左右说："曹家人没有我，进不得此门。"有人向曹操告发，许攸最终被杀。

进化 5
朱元璋的功臣

朱元璋从一个吃不起饭的乞丐、和尚，一路披荆斩棘，历尽千辛万苦，成就了明朝的开国功勋。朱元璋能够打下大明江山，除了自己的卓越能力，还得益于他手底下的得力干将，明朝开国功臣无数。朱元璋打江山的十几年时间里，陪他一起打江山的功臣少说也得100多人，朱元璋称帝之后封了25个公爵、79个侯爵、12个伯爵、11个子爵和23个男爵，单单这"五爵"功臣便已经多达150人了。

这些人中最著名的有34位，那是在1370年，朱元璋论功行赏，封6人为公爵——韩国公李善长、魏国公徐达、郑国公常茂（常遇春的儿子，常遇春去世较早）、曹国公李文忠、宋国公冯胜、卫国公邓愈。28 人被封为侯爵：汤和、唐胜宗、陆仲亨、周德兴、华云、顾时、耿炳文、陈德、王志、郑遇春、费聚、吴良、吴桢、赵庸、廖永忠、俞通源、华高、杨璟、康茂才、朱亮祖、傅友德、胡美、韩政、黄彬、曹良臣、梅思祖、陆聚、郭子兴（已去世）。

下面我们来看看他们后面的结局是怎么样的？

一、韩国公李善长

李善长智勇双全，是朱元璋的嫡系亲信，参与重大事务的决策，主管军队的物资供应以及人事安排，外来将领前来投靠的，由李善长考察他们的才能，禀告给朱元璋，并替朱元璋对投诚者表达诚挚情意。有些将领因为某些事情相互意见不合，产生矛盾，李善长便想方设法从中调解。出生入死，功劳颇多，比肩汉代丞相萧何。朱元璋论功行赏，册封的六个公爵，李善长排名第一，名副其实的大明朝第一功臣。

洪武十三年胡惟庸案发，该案前后株连竟达十余年之久，三万余人被诛杀，为洪武四大案之一（另三案为空印案、郭桓案、蓝玉案）。

胡惟庸是中国历史上最后一个名至实归的丞相。案由是朱元璋称胡惟庸勾结日本，企图利用日本人的力量谋杀自己。

所谓的胡惟庸案只是一个借口，其目的在于解决君权与相权的矛盾，因为皇帝朱元璋喜欢乾纲独断，历史延续的丞相制度太碍事，该案结果是彻底废除了秦汉以来行之千年的丞相制度，皇帝直接统辖六部。胡惟庸案是一个冤案，朱元璋有想法，什么冤案不冤案的，君要臣死，臣不得不死。明初的冤案又何止这一个？

洪武二十三年，也即胡惟庸案发十年后，朱元璋想起了胡惟庸是李善长举荐的，以群众举报勾结胡惟庸为罪名杀死了年高 76 岁的韩国公李善长。

二、魏国公徐达

徐达是朱元璋最重要的军事将领，明建国的最重要的关键战役，比如鄱阳湖大败陈友谅、灭张士诚、攻入大都灭亡元朝，均是他指挥的。不但军功

卓著，而且为人谨慎忠厚，文武双全。

《明史》记载徐达的病死，而据野史徐祯卿《翦胜野闻》记载，徐达是被朱元璋毒死的。王文龙《龙兴慈记》载，徐达因病无法吃鹅，朱元璋赐给徐达蒸鹅，徐达吃完后死。

三、郑国公常茂

常茂是明朝开国第一猛将常遇春的长子，常遇春是明朝仅次于徐达的第二重要将领，文不如徐达，武更强于徐达，更重要的是，在鄱阳湖大战中救过朱元璋的命。

常茂的争议点源于《明史》与《明英烈》完全不同的记载。在《明史》中，记载"茂以遇春功，封郑国公。"这句话的意思是，常茂因为享受常遇春的功劳，被封为郑国公。而在评书《明英烈》中对于常茂的评价颇高，其功绩甚至超过了他的父亲常遇春，书中写道："常茂，自称茂太爷，明朝开国头一员猛将，打仗足智多谋，人称无敌大将雌雄眼，纵横天下，少有对手。"

按道理来说，后人应该相信正史，而不应该相信评书。但是如果正史中出现了问题，就不得不让人怀疑了。在《明史》中明确记载，常茂是明朝开国第三功臣，其地位仅次于徐达和常遇春（李善长因为"胡惟庸案"被剥夺爵位，暂且不算）。即便常茂真的只是继承常遇春的功劳，也不应该排名如此之高，李文忠、汤和、邓愈等人都在他之下。更不会另赐封号为"郑国公"，顶多也是继承常遇春"鄂国公"的封号。

常茂的结局有三种说法：

第一种说法，常茂跟随冯胜出征杀降将，导致降兵病变，被朱元璋放逐到了广西龙州，四年后去世，他怎么去世的不知道，堂堂郑国公就此消失不见了。

第二种说法，洪武二十三年，有免死铁券的李善长全家被杀，洪武二十四年常茂听说朱元璋对自己不满，诈死并藏匿于民间。

第三种说法，朱元璋猜忌忠臣，令常茂驻守长城，不给粮草，后常茂逃走，跟随燕王朱棣靖难征南。

四、曹国公李文忠

李文忠，明太祖朱元璋外甥，明朝开国著名将领、谋臣。

李文忠的祖上世代居住在泗州盱眙县，后来李文忠的父亲李贞搬家到濠州（今凤阳县）的东乡。李贞生性友善，娶朱元璋的姐姐朱氏为妻，1339年生子保儿（李文忠）。

朱元璋幼时，亲戚都比较贫寒，唯有李贞家还能吃得饱饭，经常接济朱元璋，所以朱元璋对李贞一家格外亲厚。

李贞听说保儿的舅舅朱元璋在滁州，当了郭子兴的大将，就去投奔。时值兵荒马乱，保儿父子风餐露宿，几次濒临死亡。经过一个月的辗转，终于在农历十二月到达滁州，见到朱元璋。保儿见到舅舅朱元璋，想到死去的妈妈，扑在舅舅的怀里大哭。朱元璋悲喜交集，安慰保儿说："外甥看到舅，如同看到母亲。你已经到了舅舅这里，今后生活就有了依靠，我看你不如随我改姓朱吧！"保儿点头同意，从此，改叫朱文忠。

李文忠眼见朱元璋屠杀功臣，担心失掉民心，国丧元气，危及政权。他决心冒死苦谏。

这天晚上，李文忠一夜未能安睡，他写好奏章，坐等上朝。临行之前，嘱托夫人，训教好孩子，成人之后为国出力，才与夫人泣别。李文忠上朝，递上奏章。朱元璋打开奏章，当他读到："叛臣贼子，定诛无宥，惟锻炼攀诬，滥杀无辜，人不自安，伤国元气。"犹未看完，面色早变。只见他突然离座，一边指着文忠怒责道："小子胆大包天，一派胡言乱语。朕斩绝叛逆，与你何干？"一边掷下奏章。文忠毫无惧色，朗声答道："陛下杀尽功臣宿将，一旦边疆有警，或内有叛乱，那时谁来为国效力疆场？愿陛下三思。"朱元璋勃然大怒道："李文忠，难道你就不怕死吗？朕成全你，将你一道杀了，看谁还敢再来啰唆。"文忠抗声道："文忠死不足惜，愿陛下多念及江山黎民。"朱元璋喝令武士将文忠押下监候。

李文忠劝谏被谴责的事，很快传入宫内。马皇后听了，大吃一惊。朱元璋回宫，只见马皇后闷坐一旁，脸上挂着两行泪水。他见了很是吃惊，忙问道："皇后有何不快？"皇后回答："听说陛下要斩文忠，我正为他难过呢？

陛下一家亲人几十口，都早已亡故，只留下文忠。听说陛下要杀文忠，妾为他伤心呢！文忠是开国勋臣，又是你的外甥，难道你就不能饶他一命吗？"一席话，说得明太祖动了恻隐之心，不觉泪下。他赦免了文忠死罪，但削去官职，幽闭在家。

洪武十七年春，曹国公李文忠病逝（有文记载毒死），终年四十六岁。

五、宋国公冯胜

冯胜，初名国胜，后改为胜。与兄长冯国用都爱读书，通晓兵法，元末筑寨自保。明太祖攻战至妙山时，冯胜随兄长一同归附，受到重用。冯国用累立军功，升至亲军都指挥使，去世后由冯胜袭其官职，典掌亲军。

洪武二十六年，"蓝玉案"发，凉国公蓝玉以意图谋反之罪被诛灭九族并剥皮植草，紧接着13个侯爵、2个伯爵皆被诛族，牵连被杀15000多人，不久后太子太师、颖国公傅友德和大将王弼相继被逼自杀身亡，"元功宿将，相继尽矣"。皇帝这时把目光放到了另一位开国公爵的身上——宋国公冯胜。

眼看和自己浴血沙场的功臣们一个个死在了自己的前面，冯胜知道，接下来就该轮到自己了。洪武二十八年冬，太祖朱元璋诏太子太师、宋国公冯胜入宫赴宴，并同时赐家宴给冯胜的家人。

在宫中的宴会上，君臣二人把酒言欢，追忆往昔，但冯胜没有想到的是，他的死期已经到了。在出宫返家之时，冯胜即毒发身亡，与此同时他的两个女儿冯文敏、冯秀梅（义女）也在家宴之中被毒死。

六、卫国公邓愈

邓愈，原名邓友德，字伯颜，泗州虹县人。明朝开国名将。

天生魁梧，勇武过人。16岁领兵抗元。至正十五年，率所部万余人从盱眙投奔朱元璋，任管军总管，朱元璋赐其名为邓愈。跟随朱元璋渡过长江，攻克太平、集庆，直取镇江，屡立战功，升为广兴翼元帅。后转战浙西，屡败元军。累积军功屡次升迁。为人简重缜密，智勇兼备，严于治军，善抚降者，功著一时。

洪武十年，邓愈进入川藏，一路奋勇杀敌，为大明又收回了一块属地。

可是，邓愈在班师回朝途中，染上重疾，不幸去世。

之后，朱元璋命邓愈之子邓镇，承袭邓愈卫国公之位。邓镇少年英勇，颇有邓愈之风。更难得的是，邓镇曾跟随邓愈驰骋疆场，还跟随过徐达北伐。

洪武二十三年，韩国公李善长被查出涉及胡惟庸旧案。原本胡惟庸案与邓镇无关，可是他却是李善长的外孙女婿，按照朱元璋的旨意，邓镇也被株连。朱元璋明知邓镇是被冤枉的，可依旧没有停止屠杀。

进化 6
北洋水师中的外国官兵

清末的甲午海战，北洋水师损失官兵千余人，牺牲惨重。

许多人不知道的是，在英勇作战的北洋水师官兵中，还有一些外国人，他们忠于职守，英勇无畏，菲里奥·诺顿·马吉芬是他们中的典型代表。

他们的故事，我们也应该铭记。

一、菲里奥·诺顿·马吉芬

1. 怎样来的大清

菲里奥·诺顿·马吉芬出生于军人世家。在中学毕业后，他考上了美国安那波利斯的海军学院，成为一名海军职业学员。

马吉芬在校期间的实操课程成绩优异，正常情况下会进入美国海军服役。但在他即将毕业时，出现了意外情况：美国国会通过了一项新法案，只有当军舰上有缺员时才能有新人递补，海军不养富余官兵。

1884 年的美国海军规模比较小，当年毕业生只有 12 人获得了机会，马吉芬没有位列其中，只拿了 1000 美元安置费回家自谋职业。

马吉芬喜欢自己付出努力的专业。这时他从报纸上看到了清法战争爆发，消息中还说清国将建立福建水师。"到中国去"马吉芬脑中一下子冒出了这个大胆的念头，"那里一定缺少人手，这样我就不用荒废自己喜爱的海

军专业了"。

一场说走就走的旅行就这样告成了。

2. 加入北洋舰队

马吉芬来到中国，但中法战争已经结束，真是太不走运了，如果此行没有收入，他将连回国路费都有困难。

马吉芬恳请美国副领事派曲克将自己介绍给北洋水师直隶总督兼北洋通商大臣李鸿章，并在不久后得到了召见。

马吉芬向李鸿章求职，表示愿意加入大清海军服役。

李鸿章询问了马吉芬的情况，北洋水师需要技术人才，但必须考试过关才可以。

次日，军械局水师学堂的管带们考核了马吉芬的船舶驾驶、枪炮使用、导航、航海天文学、代数、几何学、球面三角学、积分运算等海军军官应该具备的知识。马吉芬幸运地获得了留任。他成为北洋水师的外籍教习，先是负责教授船舶驾驶、枪炮使用的课程，几个月后，又受命协助指挥一艘训练舰。

3. 英勇作战

马吉芬在北洋水师服役了 10 年，按照规定他可以回美国休假，并已经请好了假期。就在这时，日军侵入朝鲜，随后中日宣战。

"他们对我很好，这个时候离开，逃离战场是可耻的。"在给家中的信中，马吉芬这样写道。

马吉芬放弃了假期，这时他被任命为北洋舰队主力战舰镇远舰的帮带。

1894 年 9 月 17 日，大东沟海战爆发。

开战伊始，中国旗舰定远号就不幸中弹，提督丁汝昌受伤，失去指挥能力。镇远舰冲出掩护，受到日舰围攻，镇远舰 12 英寸大炮命中日本舰浪速号，随后自己也多次中弹，管带林泰曾昏倒，马吉芬接替指挥。

鏖战中，镇远舰再次中弹起火，并危及了弹药库。马吉芬指挥灭火，一个炸弹在他身边附近爆炸，马吉芬多处负伤，昏了过去。

4. 黄龙旗

战争最终结果，海军基地威海卫失陷，北洋水师全军覆没。

马吉芬只得回到了美国。

马吉芬因为在甲午海战中负伤，其中有一块弹片嵌入了他的头骨，无法取出。他的视力、听力都出现严重了问题，长期处于剧痛缠身状态，导致了他的情绪激动、易怒。

1897 年 2 月 11 日，马吉芬躺在海军医院病房里，次日，他将要接受摘除一个眼球的手术。两年前的这一天，马吉芬北洋海军的同事提督丁汝昌、同为镇远舰管带的好友杨用霖自杀殉国。

马吉芬支开护士，然后平静地掏出手枪，朝自己的头上开了一枪。

下葬时，马吉芬身着北洋海军军官制服，棺材上覆着黄龙旗，也许这样，他的灵魂才能回到自己曾经战斗过的地方。

他的墓碑上刻着："谨立此碑以纪念一位虽然深爱着自己的祖国，却把生命献给了另一面国旗的勇士。"

二、北洋水师中的外国官兵

1. 八名外籍勇士

据《李文忠公全集》，黄海海战过后，李鸿章向清廷奏报，申请嘉奖为北洋水师参战的西方人士，其中便有马吉芬。

"此次海战，洋员在船者共有八人，阵亡二员，受伤四员。该洋员等，以异域兵官，为中国效力，不惜生命，奋勇争先，徇属忠于所事，深明大义，较之中国人员，尤为难得……帮办定远副管驾英员戴乐尔、帮办定远总管轮德员阿璧成、帮办镇远管带美员马吉芬，均拟请以水师游击用。该四员并请赏戴花翎，给予三等第一宝星……"

甲午海战，从目前史料上看至少有八名外籍雇员直接在军舰上战斗，职务最高者为冯·汉纳根，聘为北洋水师总教习兼副提督，另有四人在定远舰任职，分别为管炮教习尼格路士、管炮教习佘锡尔和帮办副管驾泰莱（以上三人均为英国籍），还有帮办总管轮德国籍亚伯烈希脱。

有三人在镇远舰任职：襄办管带美国籍马吉芬，总管炮务德国籍哈卜们，工程师英国人马格禄。

据李鸿章奏折中可知，在其他非主力炮舰上还有外籍六人在担任交通运

输工作。但这八位直接在主力舰上服务的外籍雇员，在黄海大战中与北洋水师官兵同仇敌忾，忠于职守，英勇作战，定远舰管炮尼格路士、佘锡尔壮烈牺牲。汉纳根、亚伯烈希脱、马吉芬、哈卜们四人负重伤。八人中无一人脱逃，无一人怯懦，充分体现了这些外籍雇员的素质和敬业精神。

尼格路士，在黄海海战中，发现舰首火炮管炮军官受伤，疾趋至船首，代理职务指挥战斗。当他发现军舰舱面被日军炮弹击中燃起大火，又不冒险奔去舍身救火，不幸在救火过程中被日舰炮弹击中牺牲。佘锡尔在舰上被炮击重伤，但他依然不下火线，继续战斗，最终与舰殉难牺牲。

2. 25000 名水师水兵和陆军士兵光荣牺牲

历史永远铭记着甲午海战及威海卫保卫战、陆地战斗牺牲的北洋水师和陆军将士的英灵：邓世昌、林泰曾、林永升、陈荣、陈京莹、黄建勋、陈金揆、林履中、杨用霖、丁汝昌、张文宣、戴宗骞、沈寿昌、黄祖莲、刘步蟾……以及英勇牺牲的甲午海战 25000 名绝大多数没有留下名字的水师水兵和陆军士兵。

历史同样也应该铭记，在黄海海战中与中国北洋水师官兵英勇抗日的八名外籍勇士，在北洋海军被炮火硝烟熏染的军旗上，也染上了他们的鲜血。

尊重历史，铭记历史，才能走得更远！

进化 7
女人间的战争

泼皮无赖刘邦，从小小的泗水亭长，到被迫起兵反秦，因义气不忿争楚汉，不经意间最终建立了大汉王朝。司马迁在《史记》中开篇就描述刘邦"好酒及色"，那么刘邦背后到底有多少位夫人和嫔妃呢？她们的人生又怎样呢？她们的人生结局又能给人们带来什么处世的思考呢？

一、曹氏

根据《史记》《汉书》的记载，曹氏有个史学家给予的称谓"外妇"，意思是刘邦在家室以外找的女人，既没有迎娶回家做正妻，又没有招纳回家做侧室嫔妃。但是，那时刘邦并没有结婚，只能说是未婚生子的女朋友吧。

曹氏这个刘邦的外妇给他生了第一个儿子，也就是后来的齐王刘肥。直到刘肥快 10 岁，刘邦才找到了自己的正妻吕雉，没过多久，46 岁的刘邦才生了第一个嫡子刘盈，也就是后来的汉惠帝。

刘邦登基当皇帝后，刘肥被封为齐王，共有 70 多座城池。这是除嫡子刘盈为太子以外所有儿子里最大的封地。

电视剧《楚汉传奇》中有这么一段，刘邦和项羽在鸿沟新订立了盟约，规定以鸿沟为界，鸿沟以东为项羽，以西为刘邦；项羽为了表示诚意放了抓获的刘邦家人，吕雉听到这个消息后和曹氏说："等我见到了汉王一定让汉王给你个名分，现在在汉王身边有一个姓戚的女人不简单，我们姊妹俩以后团结起来一起对付她。"而曹氏回答："汉王以后会有很多女人，我志愿回到沛县去，还当我的酒馆老板娘。我这一生只有两个愿望：其一就是希望他刘季好；其二就是汉王能赢。"

这只不过是电视剧编剧的演绎而已。

二、吕雉

1. 下嫁刘邦

这天吕公乔迁沛县举办家宴，由于吕公和沛县县令关系不错，沛县的官员为巴结上司，纷纷前去祝贺吕家乔迁之喜。身为沛县主吏椽的萧何负责排定宾客的座次，他叫仆役把贺礼不到一千铜钱的都安排坐在堂下。亭长刘邦认为沛县诸官吏也没什么了不起，空而手来的他随手填上献礼为贺钱一万。

吕公知道后，怒气冲冲过来想把这个无赖赶走，一见面却大吃一惊，觉得刘邦将来定是个不凡人物，因此引入堂内就座。萧何告诉吕公，这个刘邦是个只会说大话的混蛋。但吕公不以为意。刘邦坐在上宾座位后，就大声调侃其他沛县官吏。

吕公找到机会对刘邦说，我会看相，很看好你的前程，我有个女儿叫吕雉，希望你愿意娶她。事后其妻吕媪很生气，唠叨丈夫说："你以前说你这个女儿很难得，一定要嫁个好男儿。沛县县令对你这么好，你还不肯嫁女

儿，为什么要把她嫁给一个无赖？"吕公说："你不懂，照我说的做，将来你会知道原因的。"

不到 20 岁的吕雉嫁给了大她 15 岁的中年油腻男亭长刘邦。

2. 含辛茹苦

初嫁给刘邦时，生活很艰辛，刘邦时常为了公务以及与朋友们周旋，三天两头不着家。吕雉自己带着子女从事农桑针织，孝顺父母及养育儿女，过着自食其力的生活。早年的刘邦常戴一项自制的竹帽到处闲逛，骗吃骗喝，一次押解囚犯，因自己酒醉而使囚犯逃跑，自己也只好亡命芒砀山下的沼泽地区。吕雉除独立支撑家庭外，还不时长途跋涉，为丈夫送去衣物及食品。

楚汉争霸，汉军乘项羽陷入齐地不能自拔之际，一举攻下楚都彭城。而项羽率骑兵迅速回防，与汉军战于睢水，汉军大败，吕雉等一众刘邦家属为楚军所俘。被当作人质关押了三年，直到楚汉议和，吕雉等人方被放回归汉。

回到刘邦身边的吕雉却发现刘邦身边早已有了宠幸的戚夫人，此时的吕雉因为年龄长于戚夫人，常常作为留守，伴在刘邦身边的是戚夫人。

3. 夺嫡风波

吕雉身为女子，但也有英雄气，且理智善谋划，从她智杀韩信一事就可看出。

汉夺天下后，韩信的威望达到顶峰，这让刘邦很是胆战心惊，他想除掉韩信，但是韩信位高权重，天下初定，他需要等待时机，为了稳住韩信，特地封韩信为"三齐王"，意思是与天齐，与地齐，与君王齐。韩信是军事天才，在政治上却是白痴，他欣然接受了这个异常危险的封号。

刘邦曾经许诺，三齐王有三不死，见天不死，见地不死，见君不死，没有捆他的绳，没有杀他的刀。

吕后也认为韩信是自己儿子坐天下最大的障碍，韩信不死，她心不安。乘着刘邦外出征战讨伐代国丞相陈豨的时间，与丞相萧何密谋，骗韩信到了后宫之中擒住，进入了一个黑暗不见天地的小房间里面，房间里面有一个笼子，把韩信塞入笼子之后用布蒙上，一群宫女出来用竹枪把韩信活活捅死。

刘邦在汉二年六月即已立吕雉之子刘盈为太子，但他即位为皇帝后，以刘盈仁弱"不类我"为理由，想要改立戚姬子刘如意为太子，因为"如意类我"。戚夫人受到宠幸，常常跟随高祖前往关东，日夜哭泣，想立她的儿子为太子。周昌、叔孙通等朝中大臣都坚决反对废长立幼。因此刘邦一直反复犹豫。

吕后让哥哥建成侯吕释之找到张良，逼着张良献计。张良对吕释之说："陛下在战争困难的时候确实能够听我的意见，现在是家事，我说不上话。但是，陛下非常看重的商山四皓（隐居在商山的四位年长的高士），却始终请不来。如果你们想个办法把商山四皓请出来辅佐太子，也许会有一用。"

一次朝宴，刘邦发现太子身边有四位八十多岁的老人，胡须、眉毛都白了，服装、帽子非常讲究。刘邦很奇怪，就问他们：你们是谁？四位老人上前回答，并各自报了姓名：东园公、角里先生、绮里季、夏黄公。刘邦听说后大为吃惊："我请你们多年，你们逃避我。为什么要随从我的儿子呢？"四位老人回答："陛下轻视读书，又爱骂人。我们坚决不愿受辱，所以才因为恐惧而逃亡。如今听说太子仁孝恭敬，爱护天下读书人，天下人都愿意为太子效死力，所以我们就来了。"刘邦说："烦请诸位好好替我照顾好太子。"

等到宴会结束，刘邦指着四皓的背影对戚夫人说："我想更换太子，他们四个人辅佐他，还有那些看不见的势力，太子的羽翼已经形成，现在已经没有办法了。

三、戚姬

当刘邦做汉王时，遇见美貌异常的戚姬，很是宠爱，生了赵隐王刘如意。

戚姬的儿子如意被立为赵王，年纪十岁，刘邦一直担心自己死后戚姬母子不为吕后所容，并把这话告诉了大臣赵尧。赵尧出主意说："您最好为赵王派去一个地位高贵而又坚强有力的相国，这个人还得是吕后、太子和群臣平素都敬畏的人才行。"刘邦听从了赵尧的建议，任命周昌为赵王刘如意的相国。并在《手敕太子文》中嘱托刘盈："我重病缠身，使我担心牵挂的是如意母子，其他的儿子都可以自立了，怜悯这个孩子太小了。"

在刘邦病危时刻，有人诋毁樊哙和吕氏结党，皇帝假如有一天去世的话，那么樊哙就要带兵把戚夫人和赵王如意这帮人全部杀死。高祖听说之后，勃然大怒，立刻命令陈平和周勃去军中把樊哙斩首，最终因为陈平耍滑头救了吕后妹夫樊哙一命。

刘邦驾崩后，吕后下命令把戚夫人囚禁起来，召赵王来长安。使者往返了好几次，赵相建平侯周昌对使者说："高帝把赵王托付给我，赵王年龄还小。听说太后怨恨戚夫人，赵王此去危险，我不敢遣送赵王。况且赵王也病了，不能奉诏前往。"吕后大怒，就派人先召赵相来都城。赵相被召至长安，就派人再去召赵王。

戚夫人在永巷被囚禁时做了一首《戚夫人歌》："儿子为王，母亲为奴，一天到晚舂着米，常与死亡相伴！相隔三千里，谁能告诉你？"

人在倒霉时，越挣扎陷得越深。吕后听闻这歌后大怒，命人砍断了戚夫人的手脚，挖掉她的眼睛，用火熏烧她的耳朵，又给她喝哑药，让她住在猪圈里，起了个名字叫"人彘"。而赵王被毒酒毒死。

四、薄姬

秦朝末年，全国各地纷纷起兵反秦，魏豹自立为魏王，魏媪就将自己的女儿薄姬送进魏王宫中。

魏王听魏媪说，曾送女儿到名士许负那里看相，卜算女儿薄姬的命运，许负说薄姬将生下天子。

当时西楚霸王项羽正与汉高祖刘邦在荥阳相抗衡，天下大势尚未分明。魏豹开始时跟随汉高祖一起攻打项羽，当听到许负的话后，心中独自高兴，因而背叛刘邦，持中立的态度，接着与项羽联合讲和。

汉高祖派曹参等人攻打并俘虏了魏豹，把魏国改置为郡，将薄姬送进宫中织布的工房。魏豹已死，刘邦有一次到织布工房中，看见薄姬有些姿色，诏令纳入后宫。

薄姬入宫一年多，也没有得到刘邦的御幸。

薄姬年少时，与管夫人、赵子儿是小姐妹，约定说："苟富贵，勿相忘。"

后来管夫人、赵子儿都受到刘邦的宠幸。

一天，管夫人和赵子儿两位美人在一起谈笑当年与薄姬的相约。被刘邦听到，起了好奇心的刘邦当天就招薄姬同房。薄姬说："昨夜我梦见有苍龙盘踞在我肚子上。"

刘邦说："这是显贵的吉兆，我为你促成这件好事。"

这一次同房，薄姬就有了身孕，生下儿子刘恒。此后，就很少有机会再见到丈夫。

刘邦去世，那些受到皇帝御幸的爱姬如戚夫人等，都被幽禁起来，不能出宫。而薄姬因为极少见爱于刘邦，吕后放她出宫，跟随儿子刘恒前往封地代国，作代王的太后。薄姬的弟弟薄昭也跟随到代地。

有十几年，大权落入吕后手中，她想将帝位转给自己娘家人，于是，大开杀戒，几乎将刘邦的儿子赶尽杀绝，只有刘恒幸免于难。这不是吕雉心软，而是刘恒及其母亲"无欲无争"的姿态保全了他们自己的性命。薄氏知道宫廷斗争的残酷现实，苦读《道德经》，领略道家思想的精髓，走上清静无为的道路。在母亲清心寡欲思想的影响下，刘恒或无意与其他皇子争夺继承权，甘愿被分封到西北边疆贫瘠地带为代王，几乎被朝野遗忘，正因如此，才躲过了腥风血雨。

吕后去世。大臣们商议拥立继位皇帝，恨外戚吕氏势力强盛，都称赞刘恒仁慈善良，所以迎回代王刘恒，立为皇帝，是为汉文帝。

薄姬由王太后改称为皇太后，她弟弟薄昭被封为轵侯。

进化8
秦国的客卿

秦献公死后，年轻的公子渠梁成为新的秦王，为化解秦国危局，改变秦国积贫积弱的面貌，让天下诸侯不再"卑秦"，他向天下发出了那一卷千古雄文《求贤令》，并许下"五且尊官，与之分土"的诺言。

此后，自六国而入秦的人才如过江之鲫，连绵数代不绝，而秦国自此也多出了一个新的官职——客卿。

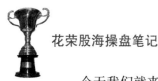

今天我们就来聊一聊秦国的客卿。

一、商鞅

商鞅，卫国人。

（1）商鞅年轻时喜欢刑名法术之学，受李悝、吴起的影响很大，据说他后来投奔秦国时就携带李悝所撰的《法经》。

（2）入秦的第一位客卿。

（3）在秦国实行变法。其主要内容有：户籍制度，实行什伍连坐法、明令军法奖励军功、建立二十等、奖励耕织，重农抑商。

（4）著《商君书》，核心内容：强国弱民。重农抑商、重战尚武、重刑轻赏。

（5）开疆拓土，收复河西失地。

（6）商鞅变法的结果：秦国战争能力强大了，秦王得利，商鞅得利，其他所有人受损。由于税高律苛，"秦民逃往六国"。

（7）《旧唐书》甚至将商鞅称为酷吏。新秦王为了平民愤，车裂商鞅。

（8）对后世影响：中国后来两千多年的制度，一直到清朝，犹秦制也。

（9）后世评价：争议很大。

二、张仪

张仪，魏国人。

（1）战国时期著名的纵横家、外交家和谋略家。早年入于鬼谷子门下，学习游说纵横之术。注意，说话是一门非常重要的技术。

（2）游说楚王，楚怀王最终答应了张仪的建议，背离了"合纵"与秦国结盟亲善。秦国痛打楚国。

（3）游说韩王，韩宣惠王听从了张仪的主意。张仪回到秦国做了汇报，秦惠文王赐给张仪五座城邑，并封他为武信君。

（4）游说赵王，赵武灵王被骗，关键时刻按兵不动。

（5）游说燕王，燕昭王听信了张仪的建议，与秦国结盟。

（6）张仪是"魏奸"，屡次帮助秦国打败魏国。再离开了秦国后，张仪回到魏国出任相国。

（7）后世评价，邵雍："廉颇白起善用兵，苏秦张仪善纵横。"

三、李昙

赵国人，赵武灵王时期名臣，沙丘之变后，来到秦国，做御史大夫，儿子都是治国能臣。后代李信是秦始皇时期名将，后代李广是汉朝名将，后代李靖是唐朝名将。

沙丘之变：赵武灵王壮年退位后，以在沙丘选看墓地为名，让公子章与赵王何随行。期间发生了太子章和赵惠文王的权力之争，兵败而死，赵惠文王将赵武灵王饿死在沙丘。

四、楼缓

楼缓，赵国人，纵横家，赵武灵王时期名臣，沙丘之变后，死心塌地地效力于嬴稷，主要功绩有：

（1）成功忽悠赵丹，是个出色的"赵奸"。

（2）破坏合纵。

五、范雎

范雎，魏国人。

（1）战国政治家、纵横家、军事谋略家、秦国宰相。

（2）范雎本是魏国中大夫须贾门客，因被诬陷通齐卖魏，差点被魏国相国魏齐鞭笞致死，后在郑安平的帮助下，易名张禄，潜随秦国使者王稽入秦。

（3）提出了远交近攻的策略，他主张将韩、魏、赵作为秦国兼并的主要目标，同时应该与齐国等保持良好关系。

（4）他提醒秦王，秦国的王权太弱，需要加强王权。

（5）范雎在担任宰相后，决定在由秦入蜀的群山峻岭中开凿栈道。也就是褒斜道，秦国加强了对巴蜀地区的联系和控制。

（6）一饭之德必偿，睚眦之怨必报。凡是给过他一顿饭的小恩小惠他是必定报答的，而瞪过他一眼的小怨小仇他也是必定报复的。

（7）后世评价储欣："秦用一策而并六国，远交近攻是也。"

六、蒙骜

蒙骜，齐国人，一生为秦国攻下百余座城池，其儿孙也是秦国的名将，如蒙武、蒙恬等。

七、吕不韦

吕不韦，卫国人。帮助嬴子楚上位，辅助嬴政等。

（1）战国末年卫国商人、政治家、思想家。

（2）主持编纂《吕氏春秋》（又名《吕览》），包含八览、六论、十二纪，汇合了先秦诸子各派学说，"兼儒墨，合名法"，史称"杂家"。

（3）吕不韦到邯郸去做生意，见到秦国在赵国做人质的异人后大喜，说："异人就像一件奇货，可以囤积居奇，以待高价售出。"

吕不韦于是归家问父亲："耕田可获利几倍呢？"父亲说："十倍。"吕不韦又问："贩卖珠玉，或获利几倍呢？"父亲说："百倍。"吕不韦又问："立一个国家的君主，可获利几倍呢？"父亲说："无数。"吕不韦说："如今努力耕田劳作，还不能做到丰衣足食；若是拥君建国则可泽被后世。我决定去做这笔买卖。"

于是，吕不韦帮助异人回国做了秦王。

八、李斯

李斯，楚国人。

（1）秦朝著名法家、文学家和书法家。

（2）在战国时期人人争名逐利的情况下，李斯也想干出一番事业来。为了达到飞黄腾达的目的，李斯辞去小吏，到齐国求学，拜荀卿为师。荀子的思想很接近法家的主张，也是研究如何治理国家的学问，即所谓的"帝王之术"。李斯学完之后，经过对各国情况的分析和比较，决定到秦国去。

（3）李斯劝秦王派人持金玉去各国收买、贿赂，离间六国的君臣，并获得成功。

（4）为秦并六国谋划，建议先攻取韩国，再逐一消灭各诸侯国。

（5）在秦朝统一之后，提出了书同文等大一统制度主张并实施。

（6）始皇死后，与赵高矫诏迫扶苏自杀，立胡亥为帝。

（7）被赵高诬为谋反，具五刑，腰斩于咸阳市，夷三族。

九、冯去疾（韩国人，官拜相国，大秦第一宰相）

冯去疾，韩国人。

冯去疾是秦始皇时的丞相。当时，李斯做的是左丞相，掌握着朝廷大权，冯去疾是右丞相。秦始皇死后，秦二世重用赵高。赵高让秦二世在宫里享乐，由自己来负责处理国家的大事，避免让大臣知道秦二世的无能。冯去疾于是和李斯、冯劫等人一起去劝说秦二世，让他减少人民的税收，不要再修宫殿了。结果，秦二世非常生气，把他们三个人抓了起来。冯去疾和冯劫商量后，说："将军和丞相是不能被人侮辱的。"两个人就一起自杀了。李斯最后被赵高折磨得认了罪，也被杀了。

十、尉缭

尉缭，魏国人。

鬼谷子弟子，兵家，相家，著《尉缭子》。为秦王嬴政统一六国立下汗马功劳，被任为国尉。

十一、郭开

郭开，赵国人。帮助秦国解决两大名将，即廉颇与李牧，功劳不少。

溜须拍马专家，威名赫赫的两位名将都栽在了小人郭开之手，逼走廉颇，害死李牧，最终赵国被王翦大军所灭。而这位小人郭开却躲过一劫，甚至还做了秦朝的官员。

十二、甘茂

甘茂，楚国人。

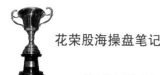

战国中期秦国名将。秦国左丞相。曾就学于史举，学百家之说，经张仪、樗里疾引荐于秦惠文王。助左庶长魏章略定汉中地。

六国人还有魏冉、景错以及芈戎等人在秦国任重要官职。秦国客卿中，两个卫国人，三个魏国人，一个齐国人，三个赵国人，一个韩国人，两个楚国人，没有燕国人，也没有鲁国人。

秦国由弱变强，无论对团体也好，个人也好，都有非常好的学习复制意义。那么秦国由弱变强最重要的原因是什么呢？有两个，一是秦王的开放好士，二是秦国的客卿。

进化 9
英雄都是怎样走麦城的

人的一生，如果做事，就有成功失败。

人们喜欢总结成功的经验，少有人总结失败的原因。其实，总结失败之因是更重要的，特别是炒股的人，因为炒股这个领域失败的人更多一些。失败不是成功之母，总结才是成功之母，失败了不总结永远都在失败，总结了才能避免失败。

人生有些时刻有些事情是不容有失的，特别是那些本来可以避免的关键性失败。其实，人生最痛苦的不是失败，而是我本可以。

下面我就来列举几个经典的失败案例，再不能失败的时刻和事情千万不能重犯。

一、武松打狗

有些看官看了这个题目，肯定会问："老花你写错了，是武松打虎，不是武松打狗。"

老花只能这样回答你：没错，就是武松打狗，而且还被狗给咬了。

事情还要从武松二度离开十字坡说起。

因血溅鸳鸯楼，武松被朝廷通缉，孙二娘张青提供了一副行者服饰。从此后武松就头戴戒箍，身穿僧衣，腰佩戒刀，披散了头发，遮住额头上金印，人前一副头陀模样。

因武松打扮与过往不同，又有度牒在身，一路走来，竟未遇上盘查。

不知不觉间，到了十一月，天气渐寒，武松一路走来，又冷又饿，望见前面有一个酒店，于是想进去买些酒肉吃。

武松进入酒店，招呼店家上酒上肉。店家告诉武松，店中只有些寻常白酒，普通小菜，肉食却早就卖光了。

武松有些气闷，但也没辙。

正吃着，从外面走来一条大汉，带着三四个人，主人笑容满面，端出青花酒，肥鸡肉。大汉大碗喝酒、大块吃鸡，看得武松十分眼热。

武松本就是脾气火爆之人，哪能受得了这气。他破口大骂："狗掌柜，好没道理，我没银钱吗？为何不卖给我酒肉。"

店主人颇为委屈，说酒肉都是人家自带，早先存放在店中的。

武松，哪里听他分说，抢起手掌，只一巴掌就将那店主人打翻在地。

旁边大汉本在吃酒，他与店主人早就熟识，见武松欺负人，站起来手指武松喝道："你这个鸟头陀，好不依本分，却怎的动手动脚？"

这位大汉其实就是孔亮，宋江的徒弟。

武松怪眼圆翻，喝道："我自打他，干你甚事？"

孔亮也怒道："我好意劝你，你这鸟头陀，敢把言语伤我？"

双方针尖对麦芒，都不肯退让，一言不合就打了起来。

孔亮哪里是武松的对手？他本待使巧要跌武松一跤，却被武松随手一扯，就扯入怀中，按翻在地，武松抢起油钵大的拳头，痛打了二三十拳，打得孔亮全身瘀青，然后将孔亮丢入店外溪水中。

孔亮自然不服，跑回家中叫人。

孔亮被打跑后，武松移到旁边桌子，大口吃起孔亮带来的酒菜。不一时，一桌酒肉全部吃完，武松又饱又醉，迎着北风走出店门。

武松醉得不成样子。他没走出多远，从庄院中冲出一条黄狗，追着他大叫。

武松心中恼恨，拔出戒刀去砍黄狗，黄狗边叫边跑，武松提刀猛追，那黄狗也颇凶悍，竟还不逃跑，武松奋力一刀砍去，不想黄狗轻松一跳避开。武松用力过猛，头重脚轻，一个筋斗竟跌下溪水中。

那溪水只有一二尺深，若在往日，自然不能伤到武松。可那时节已是农历十一月，天寒地冻。武松淋了一身的水，又被寒风猛吹，没走几步又摔倒在地。

黄狗十分可恶，竟然再次转身，对着武松又吼又叫，武松竟然拿它没有半点办法。

武松在溪水中翻滚之时，孔明带着数十人冲出，将武松擒拿，拖到家中，吊起来痛打。

若非是熟人宋江及时出现，武松的性命就要坏在这条黄狗的手里。

二、英雄气短的石达开

太平天国翼王石达开自从脱离洪秀全之后，和手下的高级将领制定了"南安决策"，制定了进军四川的战略方针。

石达开率领四万大军到达了大渡河南岸的安顺场，太平军刚到达大渡河时，大渡河的水还没有上涨，石达开让几百名骑兵渡河到了北岸进行侦察，发现北岸没有清兵，石达开又命令这些已经渡河的士兵返回了。如果这时候，石达开昼夜不停地直接渡河，太平军完全有机会渡河成功并甩开清兵。

不巧此时石达开的一位小妾生了一儿子。石达开兴奋不已，下令全军庆贺三天，暂时不渡河。就在这三天，河水暴涨，石达开延误了渡河的大好时机。

石达开只得在安顺场扎营。

安顺场周边是彝族聚集地，有两条地头蛇——土司王应元和土千户岭承恩。

石达开虽然提前已经向王应元行贿，给了重金，但是这两条地头蛇很清楚，他们站队清兵是明智的选择，于是把情报通知了清兵。

清兵各路火速人马陆续追赶到大渡河两岸。

石达开大军八面受阻，陷入十面埋伏。石达开除了突破大渡河天堑，别无选择。此后石达开组织了多次渡河，均以失败告终。有一次，5000 精锐乘坐数十只木船和竹筏强渡，眼看就要成功了，突然遇到河水暴涨，船筏都被沉毁。再加上对岸清兵的炮火袭击，5000将士无一生还。

穷途末路的石达开，为了保全部下的性命，答应了清军的提议，石达开用自己一人的性命保全军平安。石达开到清营谈判并被俘，后被凌迟处死。

进化 10
知名故事的后续故事

智慧是整体的，智慧是一种整体的阅历和眼光，哲学的基本规定：整体追问与整体解释。零散和破碎的信息，无法产生智慧和贯的整体。

最可怕的谬误，不是无中生有的凭空捏造，而是断章取义的部分真实。我们在学习历史知识的时候，在了解某个事物的时候，断章取义好像还是比较普遍的。

其实，一些知名故事，我们知道的也仅是这个故事的一部分，下面我们一起来了解一个知名故事的后续故事，也许对于思维的开拓会有所帮助。

一般人都知道明朝有一支威名赫赫的军队"戚家军"，在戚继光的带领下，他们在抗击倭寇的战斗中一战成名。

戚家军自嘉靖三十八年成军，到北方辽阳之战，戚家军共斩首级近二十万级。先后剿灭倭寇，击破蒙古铁骑，赴朝抗倭，纵横东亚。但是最后明朝灭亡那几年，却没有戚家军的身影？

为什么明朝会放着这支强军不用呢？戚家军去了哪里呢？

一、戚继光的结局

明朝没有宰相，碰上强势的首辅就相当于宰相了。张居正做过皇帝的老师，当上首辅之后更加强势。张居正甚至可以控制皇帝，权势之大在明朝文官中十分罕见。

戚继光之所以能够得失升官并屡立战功，虽是个人的才能和努力，更重要的是他是张居正的亲信，戚家军在顺周期中得到了张居正很多照顾。粮草

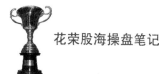

和军饷都第一时间保证，朝中有人撑腰，戚家军自然一时风光无限。

在明朝官场，人际关系异常复杂，做官的协调能力是非常重要的，可能正是这个原因，当初在决定练兵将领时，谭纶推荐了戚继光，而不是那位较为孤傲的俞大猷。俞大猷的军事才华，与戚继光不相上下，但他在处理上上下下的关系上，明显不如戚继光。

张居正当政十年，给戚继光创造了充分发挥的官场环境。对此戚继光感恩戴德，对张居正非常恭敬，自称"门下犬马"，并经常给张居正致送礼物，建立了紧密的个人联系。也有言官攻击戚继光，说他送淫药、美女等。

张居正专权十年，当然树敌不少。他死后不久，就受到了学生万历帝的清算，张居正死后被掘坟鞭尸，长子被逼自杀，一家被困饿死几十余口。

与张居正有牵连的人，也被打入了另类，首当其冲受到牵连的便有时任蓟镇总兵的戚继光。戚继光遭到事中张鼎思弹劾，被朝廷调往广东。三年后，戚继光再遭给事中弹劾，之后被罢官回乡。官场失意的戚继光一到家整个人便蒙了：妻子王氏不见了，家里的财产也全部不见了，家徒四壁，此时的戚继光生活贫困，昔日猛将很快病倒了。在戚继光苟延残喘的最后一年，病重时竟然连抓药的钱都没有，公元1588年1月5日，58岁的戚继光病逝。

二、南军的结局

没有了朝中后台，灵魂人物也离开了军队，戚家军失去了以往的优待。拖欠军饷的问题开始出现了。

这时的戚家军已经被称为南军浙兵。浙军被调到了东北后，参加了援朝战争，在攻克平壤战役中立下大功。

当时援朝主将李如松许下的奖励却迟迟没有兑现，加上此前被拖欠的军饷，士兵们越来越难以忍受，渐渐有了不满情绪。

时任蓟州总兵王保见状就定下埋伏，坑杀了戚家军。

3300名将士没有死在战场上，却死在自己人（北兵）的刀下。表面上，这是一场由欠饷引起的骚扰，但实际上背后透露的是明廷对戚家军的私人化的担忧，加上军队内都是义乌兵居多，抱团严重，朝廷担心控制不住必须痛下杀手。兵变只是一个借口而已。

这一场屠杀之后，戚家军主力已经不在，基本名存实亡。

其实历史上的知名故事，凄凉结局的还有不少。

进化 11
管仲的思维

孔子是圣人，但圣人眼中的圣人是周公和管仲。

公元前 7 世纪的"管仲变法"和公元前 4 世纪的"商鞅变法"，管仲的"四民分业"思想、盐铁专营政策以及商鞅在一切等级化、郡县制、户籍制、军爵制上的独立试验，皆具开创之功，它们分别提供了两个颇为极致的治理模型，如同左右极般地站在后世历次变革的两端。

公元前 7 世纪，从管仲先生开始，东方就和西方有不一样的地方了，东方不但有税收，还有专营收入。

今天我们就来看看管仲的思维和故事。

一、小白的故事

公子小白的哥哥是齐襄公。

齐襄公和自己亲妹妹有染，甚至当妹妹嫁到鲁国后还纠缠不清，忍不住脾气还把妹夫鲁桓公给杀了。齐襄公又被堂弟姜无知杀了，姜无知自立为齐王。没多久姜无知也被寻仇的雍廪人刺杀。这样，齐国陷入无主的状态，为了避免混乱，大臣们封锁消息，商量另立新君。

齐襄公的嫡长子按理应继位，但他年幼，在这混乱时期不能承担大任。所以只能在齐襄公的兄弟中寻找继承人。此时襄公的两个弟弟公子纠和公子小白都在国外避难。关于迎接谁回国继承王位，成为大臣心头上的焦点问题，两个派别分别通知了两个公子以最快的速度赶回国，抢先继承王位。

公子纠与公子小白几乎同时得到继承王位的消息，两人快马扬鞭地都想尽早赶回国。

公子纠更有心机，派心腹管仲去刺杀公子小白。

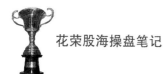
管仲也是神射手，一箭射中了公子小白。其实，这箭是射在了公子小白的衣钩上，公子小白给吓晕了，醒过来后，急中生智，继续装死。

管仲回去告知公子纠，公子小白被射死了。这样，公子纠就麻痹了，行程就放慢了。而公子小白却更加快速地赶赴都城临淄。

公子小白能及时赶到都城临淄，他的幕僚兼老师鲍叔牙功不可没。回到临淄后，鲍叔牙又四处奔走，帮助公子小白争取各方支持，让公子小白得以顺利上位，并且杀了公子纠。

这次，是历史上少有的仁者赢了智者。

二、管鲍之交

管仲和鲍叔牙两人少年时就是发小。

两人曾经合伙做生意，分钱时，管仲总要多得一些，富有的鲍叔牙总会非常照顾穷人管仲。管仲曾替鲍叔牙办过几件事，事情办砸了，鲍叔牙也不以为意。管仲曾三次当官，三次都被撤职，鲍叔牙也都能理解，鲍叔牙知道管仲是没遇到赏识他的人，没有得到发挥才干的机会。管仲曾经三次为国参战，每次作战时都畏首畏尾的，鲍叔牙也不认为他胆小怕死，因为鲍叔牙知道他家有老人要奉养。管仲感慨地说："生我的是父母，知我的是鲍叔牙啊。"

管仲和鲍叔牙后来分开，管仲做了齐襄公的弟弟公子纠的老师，鲍叔牙做了齐襄公另一个弟弟公子小白的老师。齐襄公荒淫无道，把自己的兄弟都赶到了国外。

不久，齐国发生内乱，齐襄公被杀。公子纠和公子小白得知消息后，都急忙往国内赶，想抢先得到君位。管仲运气再次不好，不但站错了队，还因为刺杀成为了新君仇人，最惨的是还被对手活捉了。

已经变成了齐桓公的公子小白恨管仲差点杀了自己，要把管仲处以极刑。

此时鲍叔牙站了出来，他对桓公说："管仲是治国奇才，各方面都比我强，不能杀他，还应该请他当宰相！"桓公瞪大了眼睛说："管仲曾经想要杀我，你居然叫我请他来当宰相？你没疯吧？"鲍叔牙却说："人各为其主，他那时这么做并没错啊。但是历史选择了咱们仁义的这边，君上现在成为了国君，如果君上只想治理齐国，那么有叔牙和高傒就够了；如果君上想成就天下霸业，那么非管仲不可。为了国家、百姓，您是能忘记这一箭之仇的。"

桓公听了鲍叔牙的话，便安慰了管仲，请他当宰相。鲍叔牙反倒做了管仲的副手。

春秋时代"兄弟故事"的主旋律还是兄弟情深，随着战争的持续，真正泯灭人性的作用就显现作用了，战国时代的"兄弟故事"就是孙膑与庞涓、李斯与韩非子的反目成仇的故事了。

三、管仲的思维

1. 四民分业

齐桓公问管仲，"要想使国家富强、社稷安定，最开始要做什么呢？"

管仲回答说："必须先得民心。"

"怎样才能得民心呢？"齐桓公接着问。

管仲回答说："要得民心，应当先从爱惜百姓做起；国君能够爱惜百姓，百姓就自然愿意为国家出力。而爱惜百姓就得先使百姓富足，百姓富足而后国家得到治理，那是不言而喻的道理。通常讲安定的国家常富，混乱的国家常贫，就是这个道理。"

齐桓公又问："百姓已经富足安乐，兵甲不足又该怎么办呢？"

管仲说："兵在精不在多，兵的战斗力要强，士气必须旺盛。士气旺盛，这样的军队还怕训练不好吗？"

齐桓公又问："士兵训练好了，如果财力不足，又怎么办呢？"

管仲回答说："要开发山林、盐业、铁业、渔业，以此增加财源。发展商业，取天下物产，互相交易，从中收税。这样财力自然就增多了。军队的开支难道不就可以解决了吗？"

经过这番讨论，齐桓公心情兴奋，就问管仲："兵强、民足、国富，就可以争霸天下了吧？"

但管仲严肃地回答说："不要急，还不可以。争霸天下是件大事，切不可轻举妄动。当前迫切的任务是百姓休养生息，让国家富强，社会安定，不然很难实现称霸目的。"

管仲的观点是四民分业，而秦商鞅变法后，秦只需要一种百姓了，即耕战之民。

2. 九合诸侯

弱小就要挨打，强大了便该打人了。

齐桓公富国强兵之后，早看邻居楚国不顺眼了，很想去攻打楚国，但楚国也不弱啊，于是就向管仲请教办法。

管仲出了一个主意，让齐桓公以高价收购楚国的活鹿，只要活的不要死的，并且通过舆论战宣传告诉楚国人，贩鹿到齐国可以发大财。

齐国人买鹿，起初三枚铜币一头，很快加价为五枚铜币一头，再后来，管仲又把鹿价提高到40枚铜币一头——这几乎和当时上千斤粮食的价格相同了。

楚国人这下可疯狂了，农民放下农具、军队停止训练，全国总动员，全都跑到山上去捕捉活鹿了。就好像全民都去炒股了，其他行业没人干了。

齐国这时却偷偷地收购楚国的粮食，接下来的一年，由于农民都不事生产，楚国发生了大饥荒，这时管仲关闭国界，终止活鹿交易，阻止邻近诸侯国与楚国通商买卖粮食，并且集合军队伐楚。

楚国全国陷入粮荒，没有粮食吃，打仗结果可想而知。

一战下来，楚人降齐者，十分之四，强大的楚国一下子元气大伤，不得不求和，保证接受齐国号令，不再欺凌其他小国。

打完楚国，还有鲁国，当年反对公子小白当国君，还攻打过齐国，算账的时候到了。

管仲让齐桓公先消消火，又出了个主意，穿绨衣！

绨是什么？其实就是一种布，这种布用丝线做"经"，棉线做"纬"织成，所以比一般的丝绸要厚实粗重，又比一般的棉布要细腻光滑。

领导带头，不仅齐桓公自己穿绨衣，而且下令大臣们也都必须穿绨料衣服，说是时尚人士的象征。

绨，很快在齐国流行起来，齐国的老百姓一时间全都穿绨料衣服，绨料价格大涨。

管仲召集商人们说，你看，我们的老百姓这么爱穿绨衣，我们有钱，但是不会做这个东西，你们能不能帮个忙，让邻近国家多织点绨料？

当然，我们付钱，齐国出十匹三金的高价购买如何？

有钱赚，不挣是傻瓜！鲁国的老百姓都赶紧把绨料运到齐国卖高价、赚大钱，鲁国国库收入随之猛增。为了进一步充实国库，鲁国的国君要求百姓都去织绨。

一年之后，鲁国的老百姓几乎全部出动，忙着织绨运绨，放弃了农业生产。

时机成熟了，管仲又劝齐桓公改穿帛料衣服，并且下令禁止大臣和百姓再穿绨衣，与制服楚国的方法一样，关闭边界，不再与这两个国家进行贸易。

这么反复操作了一番，既没有掠夺自己的民众，也没有打硬仗，齐国强大了。

公元前 655 年，周王室内讧，在立谁做天子的事情上发生争论，齐桓公联合诸侯保住太子郑的地位，并拥立郑为周襄王，号召所有诸侯国君主都要尊重和拥护周王室，谁敢不尊重的话，齐桓公就出兵打他。

当时的周王室式微，都快没有什么诸侯王理他了，突然冒出来个诸侯王说大家都要尊重他，周王自然感动，别人帮忙了总要表示一下，于是正式封齐桓公为诸侯长。

春秋五霸的第一霸就这样诞生了。

3. 管仲之死

管仲重病，桓公问他："群臣中谁可以代你为相？"管仲说："了解臣下没有人比得上君主。"桓公说："易牙如何？"管仲回答："杀掉孩子来讨好君主，不合人情，不可以。"桓公说："开方如何？"管仲回答："背弃亲人来讨好君主，不合人情，难以亲近。"桓公说："竖刁如何？"管仲回答："自己阉割来讨好君主，不合人情，难以亲爱。"桓公说："常之巫如何？"管仲回答："死生，是无法逃避的；疾病，是人体失常所致。君主不顺其自然，守护根本，却完全依赖于常之巫，那他将对国君无所不为了。"

管仲死后，齐桓公先是听了管仲的话，罢黜了这四人。但是，这四人离开后，其他的大臣拍马屁伺候桓公私人生活的水平明显下降，真是太不舒服

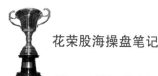

了，于是桓公忘记了管仲的话，再度重用四人。

齐桓公重病，四人专权作乱，五个儿子各率党羽互攻争位，桓公病在床上67天无人过问，被饿死。

进化 12
最高级的智慧是懂得和解

一个聪明人最高级的智慧是懂得和解，与敌人和解，与亲人和解，与自己和解，不让情绪堵恶化并败坏自己、团体和世界。一个人如果对事情看得开，他的生命再短暂，那么他也是幸福的；一个人如果看不开，他的生命再漫长，也只是漫长而已。

不过，和解不是那么容易的，特别是与自己和解，还有与敌人和解，毕竟，有些东西，不是说放就能放，有些仇，不是说忘就能忘。但是，不管如何，我们都要努力修行，争取与一切和解，做一个自在洒脱之人。

在历史上，得势的成功者并不多，郭子仪是这不多者中的一员。

一、强者肚里能撑船

唐代宗年间，郭子仪在灵州前线率领大军击败吐蕃军队。举国同庆之时，郭家祖坟，却不知被谁给掘了。

中国的文化中，极为重视孝道，祖坟被挖，这是不能忍受的羞辱。

部下众将都大骂："这肯定是鱼朝恩干的！"

鱼朝恩是个宦官，又因救驾有功，备受代宗宠信。鱼朝恩听堪舆师说郭子仪堵其官运，因此嫉恨郭子仪，经常与郭子仪作对，恨不得将郭子仪置于死地！

郭子仪觐见皇上时，郭子仪只字不提祖坟被挖之事。唐代宗沉不住气了，对郭子仪说："你家祖坟被歹人挖掘，我命人务必将人捉拿，可是，查来查去也没什么线索，朕心里很是过意不去。"

可是郭子仪的表现出人意料，只见他流着眼泪，跪在殿前，悲痛地说道："我带兵多年，不能禁束手下。兵卒挖人祖坟的事很多。我家祖坟被人所掘，这是因我不忠不孝，遭到上天的谴责，不是有人故意为之。"

一场众人认为要出大乱子的事件就这样平淡地过去了。

鱼朝恩掘过坟后也后怕，对郭子仪此举心生感激，便邀请他同游章敬寺，表示尊敬和友好。宰相元载闻此消息，怕鱼朝恩拉拢郭子仪，便说那是鸿门宴，是为谋杀郭子仪。郭子仪的部下也很担心，主张他多带卫队去赴约。

鱼朝恩那边也有人挑拨。

两人见面时，鱼朝恩见郭子仪并未带护卫，就问郭子仪。而郭子仪说道："你若有意加害于我，少带几个人，也可以免你劳神费力。"

鱼朝恩被感动了，他说："如果不是郭令公您这样宽厚待人，这种谣言实在是叫人不能不起疑心呀。"

二、相逢一笑泯恩仇

朔方节度使安思顺手底下有两员大将，一个叫郭子仪，另一个叫李光弼。两人都是能征善战的领兵之将，可是两人的关系不好，也可以说一度水火不相容。

安史之乱爆发。安思顺因为是安禄山的堂兄，被朝廷免去了的官职。同时，朝廷任命郭子仪接任朔方节度使一职，李光弼变成了郭子仪的下属。

李光弼自知在劫难逃，也做好了最坏的打算。

果然没过几天，主帅郭子仪给李光弼下达了作战命令，命令他带兵向东负责平定当时跟安禄山一起造反的赵、魏两地。李光弼认为郭子仪这是借刀杀人，但是军令又不能违抗，硬着头皮来到帅帐见郭子仪。

李光弼低头向郭子仪说道："我愿意为国战死，还请你看在昔日我们同朝为官的情分上饶恕我的夫人和子女啊！"

郭子仪见状，快步走到李光弼身边，双手紧握李光弼的胳膊，相携着把他请到自己的座位上，并且动情说道："如今国家危难，连皇上都为了逃避战乱而被迫离开都城，如此国乱主迁之际，正是你我报效朝廷之时，赵、魏两地的敌人强大我是知道的，诸将中只有你才具备这个能力，非你莫属。我岂会在这个时候因为你我二人之间的一点小隔阂而公报私仇，以泄私愤呢？

你只管奋力平乱，后援支持和家人平安你就放心地交给我好了!"

郭子仪一番发自肺腑、情真意切而又深明大义的话语和行为彻底打消了李光弼的担心。二人可谓是相逢一笑泯恩仇，两双手紧紧地握在了一起。

郭子仪是这样说的也是这样做的，后来李光弼出现了一次作战失误，郭子仪也没有处罚他，反而把责任自己承担了。李光弼也成为了平定安史之乱的重要将领。

宽容与刻薄相比，人类应该选择宽容。因为宽容失去的只是过去，刻薄失去的却是将来。原谅他人，宽容他人，也是对自己的宽容和解脱。

【花言巧语加油站】

（1）坚信比诺言更是真理的敌人。

（2）世间所有的批评，都是对爱的渴望。批评是潜意识里对爱的表达。

（3）人若是不挣脱原生家庭的束缚，不独立探索自己的出路，就无法真正成熟。

（4）把特例混淆成典型能够极大地欺骗低智商群体。

（5）没有什么比一个显而易见的事实更能迷惑人了。

（6）人的觉醒是在对旧传统、旧价值、旧风习的破坏、对抗和怀疑中取得的。

（7）情绪是最容易引起共鸣的东西。

（8）不要过于轻率地走捷径，捷径都是通向邪路最快的路。

（9）对待生活的正确态度：批判而不愤世嫉俗，好奇而不受蒙蔽，开放而不被操纵。

后 记

炒股水平提高的学习路径

知识与技能，知与行，还是有着一定的距离的。

知识是能力形成的第一步，知识能够让你拥有一张武功图解，知道了努力的方向。下面笔者就把花氏炒股技术的最重要内容做个浓缩，以及提示一下大家今后需要进一步努力的方向，并留下来一些长线辅助作业。

通过下面内容的理解、强记以及作业，可能会使你的武功快速强化。

一、花荣操盘术的浓缩

1. 股市的基础理财技术

股市基础理财技术＝六分心态＋三分技术＋一分运气。

股市理财技术必须是心平气和的，不能有多巴胺心理，逆势心理，扳本心理，输不起心理，急于证明自己的心理，有了这些心理，你就会变成一个不走运的笨蛋，技术功底发挥不出来的，甚至自己给自己挖坑。股市赢钱难不可怕，可怕的是自己给自己挖坑，一旦投资者给自己挖坑，股市就变成了地狱。

股市理财技术不难，只要你自己不犯糊涂，不给自己挖坑，一般智商的人都能发财。

股市中最基本的技术有两个：

第一个基本技术是股市周期技术，股市存在着牛市和熊市，牛市做多并

逃顶，熊市做空或者空仓；

第二个基本技术是无风险套利，即掌握和运用那些低风险、无风险的理财技术（必须是真的无风险，不能是没有落听的），就能够让股市变成天堂。

笔者自己就是一个实际的例子，笔者的财富基本上是依靠 2005～2007 年、2014～2015 年这两次牛市，以及一些无风险套利项目积累起来的。

在形成目前的投资理念之前，即 2004 年之前，笔者已经是成名的机构操盘手，在业内的名气不比现在差，也创造过大户们羡慕的传奇，但是由于防范风险技术没有过硬，成功果实没有保住，甚至遭受过巨大的不堪回首的磨难。所以，笔者现在的股市理财技术的形成是用血泪铸造的，一点也不过分。笔者自己珍惜，笔者的朋友珍惜，也希望大家珍惜。对于业余投资者，基础技术足够了，掌握好了下次牛市就能改变命运。

2. 股市的专业理财技术

股市高级理财技术是一种概率。

盈利模式＝强势模式＋平衡势模式＋弱势模式＋题材爆破点模式＋无风险套利模式＋人生赌注股模式＋阶段规律博弈模式。

花式万能选测股法＝大盘＋题材热点＋主力＋均线趋势＋MACD＋K 线逻辑＋心理障碍。

股市判断逻辑＝超越＋连续＋反击＋逆反＋规律＋过渡＋混沌＋目的或结果。

股市的概率＝确定性（时间、价格）＋趋势力量（系统）＋组合（仓位、成本）＋最后防线（清零、接受可接受的结果，不赌博）。

股市专业技术掌握需要一定的天赋素质，需要足够的阅历实践，如果掌握好了，能够增大发财的概率，能够让股市理财成为职业。

二、掌握和提高技术的途径

1. 去除坏习惯

许多人在学习花荣技术前，或多或少地学习过技术分析、基本面分析，或者是其他的赌博技术（可能你自己以为是投资技术），如果你对以前的投资结果不满意，就放弃吧，别学江南七怪里的柯镇恶，武功明明不行，还固执得不行，那不是自己吃亏吗？

2. 努力养成新习惯

决定人行为的因素不是知识而是习惯，为了能够发财过上好日子，不辜负老婆孩子，多花些力气吧，要熟记、要应用、要不断地总结，优秀是财富的副产品！

3. 提高基础素质

许多人学股市理财，学下棋，学某项技能，达到一定程度后就水平固化停滞不前，这是因为基础素质到了"瓶颈"。提高一下基础素质，就会继续突破的。《万修成魔》专门提供了这方面的内容。

4. 进一步学习

《万修成魔》再看几遍。

三、技能实习作业

（1）把本文全篇理解并能背诵默写。

（2）写一篇文章：花家军股友常犯的错误以及怎样改正？

（3）在熊市中不赔钱（不要求赚钱，只要求不赔钱），在熊市中你怎样赚一些小钱（可以用一切手段）？

（4）正确地操作一个无风险套利的大项目，例如，要约收购、现金选择权、封转开等，要组合正确的操作，不能盲目套利赔钱。

（5）在大盘底部区域（去杠杆完成、贸易战结束、注册制实施，至少两项利空消失）来临后，用1/4的仓位抓住一个人生赌注股。

（6）在下次大牛市中，挣下一千万以上。写一篇文章：你怎样保证你能在下一次大牛市中赚一笔大钱？

（7）以上作业开卷，可以问别人，可以抄，可以跟别人合作，要不惜一切代价完成作业。

本书有部分章节的资料总结得到了几位股友的帮助，在这里谢谢他们的辛勤劳动！

本书的阅读参考书是《百战成精》《千炼成妖》《万修成魔》《青蚨股易》《操盘手1》《操盘手2》《操盘手3》。

花荣的新浪微博：http://weibo.com/hjhh。